AF550201

Richard Gutzwiller

Meditationen über Lukas

Richard Gutzwiller

Meditationen über Lukas

media
maria

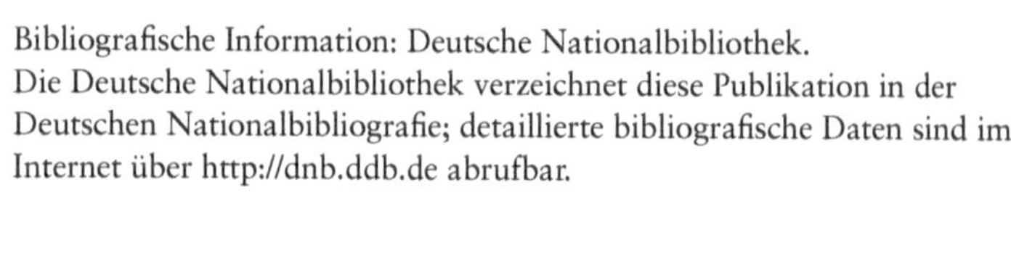

Bibliografische Information: Deutsche Nationalbibliothek.
Die Deutsche Nationalbibliothek verzeichnet diese Publikation in der Deutschen Nationalbibliografie; detaillierte bibliografische Daten sind im Internet über http://dnb.ddb.de abrufbar.

Die kirchliche Druckerlaubnis erteilte am 6. Juli 1956:
† Christianus Caminada, Bischof von Chur.

Erstmals erschienen im Benziger Verlag, Einsiedeln – Zürich – Köln 1954.

MEDITATIONEN ÜBER LUKAS
Richard Gutzwiller
Media Maria Verlag, 2. Auflage 2023

ISBN 978-3-9454019-1-0

www.media-maria.de

AUFBAU DES LUKASEVANGELIUMS

Die Meditationen folgen dem Aufbau des Evangeliums

ERSTER HAUPTTEIL: DIE JUGEND JESU

Verkündigung des Vorläufers (Lk 1,5–25)
Verkündigung Jesu
  Verkündigung (Lk 1,26–38)
  Besuch bei Elisabeth (Lk 1,39–45)
  Magnifikat (Lk 1,46–56)
Geburt des Vorläufers (Lk 1,57–80)
Geburt Jesu (Lk 2,1–20)
Jugend Jesu
  Darstellung im Tempel (Lk 2,21–40)
  Der Zwölfjährige im Tempel (Lk 2,41–50)
  Nazareth (Lk 2,51–52)

ZWEITER HAUPTTEIL: WIRKEN IN GALILÄA

Vorbereitung
  durch den Vorläufer
    Das Auftreten des Herolds (Lk 3,1–6)
    Die Worte des Herolds (3,7–20)
  durch Jesus selbst
    Gottessohn und Menschensohn (Lk 3,21–38)
    In der Wüste (Lk 4,1–13)

Wirken

In Galiläa:

1. Phase: Jesus allein (Lk 4,14–15)
Beginn in Nazareth (Lk 4,16–30)
Ein Tag in Kapharnaum (Lk 4,31–44)

2. Phase: Jünger und Feinde
Die ersten Jünger (Lk 5,1–11)
Die ersten Feinde (Lk 5,12–16)
1. Angriff: Gotteslästerung (Lk 5,17–26)
2. Angriff: Wahre und falsche Heiligkeit (Lk 5,27–32)
3. Angriff: Vom Beten und Fasten (Lk 5,33–39)
4. Angriff: Buchstabe oder Geist (Lk 6,1–11)

3. Phase: Neue Führung und neue Botschaft
Neue Führung
Apostelwahl (Lk 6,12–16)
Neue Botschaft: Bergpredigt
Der neue Mensch (Lk 6,17–26)
Der neue Geist (Lk 6,27–36)
Die neuen Lehrer (Lk 6,37–49)

4. Phase: Schulung des Volkes im Glauben
Erste Etappe: Die verschiedenartige Aufnahme der Botschaft (ein Heide, das Volk, die Führer, eine Sünderin) – (Lk 7,1–50)
Zweite Etappe: Theoretische Schulung im Glauben (Wichtigkeit des Glaubens, Bekenntnis des Glaubens, Leben aus dem Glauben) – (Lk 8,1–21)
Dritte Etappe: Praktische Schulung im Glauben (Macht über die Natur, Macht über Satan, Macht über die Krankheit, Macht über den Tod) – (Lk 8,22–56)

5. Phase: Schulung der Jünger zum Leiden
Sendung (Lk 9,1–9)
Festigung (Lk 9,10–17)
Leidensforderung
1. Voraussage (Lk 9,18–27)
2. Voraussage (Lk 9,28–36)
3. Voraussage (Lk 9,37–50)

DRITTER HAUPTTEIL: AUF DEM WEG NACH JERUSALEM

Erste Hälfte: Der Aufbruch nach Jerusalem
1. Feierlicher Aufbruch (Lk 9,51–10,24)
2. Lehren, die bei diesem Anlass gegeben werden
   a) Die richtige Haltung (Lk 10,25–11,36)
   b) Warnungen und Mahnungen (Lk 11,37–13,21)

Zweite Hälfte: Unterwegs (Lk 13,22–13,35)
1. Bei Gastmählern (Lk 14,1–14,24)
2. Verlieren und Verloren (Lk 14,25–15,32)
3. Das Irdische (Lk 16,1–16,31)
4. Verschiedene Mahnungen (Lk 17,1–18,30)

VIERTER HAUPTTEIL: JUDÄA UND JERUSALEM

In Judäa:

1. Jesus als Helfer: Kranke, Sünder (Lk 18,31–19,10)
2. Die Verantwortung der Menschen (Lk 19,11–19,27)

In Jerusalem:

1. Der Einzug in Jerusalem (Lk 19,28–19,48)
2. Worte:
   a) Auseinandersetzung mit Pharisäern und Schriftgelehrten (Lk 20,1–21,4)
   b) Reden vom Ende (Lk 21,5–21,38)
3. Geschehnisse:
   a) Jesu Niederlage (Lk 22,1–23,56)
   b) Jesu Triumph und Abschied (Lk 24,1–24,49)

ABSCHLUSS (Lk 24,50–24,53)

Inhalt

ZUM GELEIT

Je mehr man sich in das Wort Gottes vertieft, mit seinem strömenden Reichtum, seiner herben Größe, seiner befreienden Weite und seiner farbigen Lebendigkeit, desto mehr verblasst das Menschenwort mit seiner versickernden Dürftigkeit, seiner kleinlichen Gefühlsbetonung, seiner zeit- und raumgebundenen Enge und seiner farblosen Abstraktion. Darum wollen diese Meditationen über das Lukasevangelium nicht zum Wort Gottes eine Menge armseliger Menschenworte hinzufügen, sondern wollen den Menschen zum Wort Gottes hinführen. Den viel beschäftigten Menschen dieser Zeit wollen sie helfen, sich wenigstens eine Viertelstunde täglich mit dem einen Notwendigen zu befassen, mit dem ewigen Gott, seinem Wort und seinem Reich.

Die Meditationen sind aus dieser praktischen Rücksicht heraus möglichst kurz gehalten. Sie bilden nicht ein Buch zum Lesen, sondern Hilfe zur Besinnung. Damit das Evangelium selbst möglichst zur Geltung kommt, wird auch die gedankliche Linienführung des heiligen Lukas ständig im Auge behalten. Dem Ganzen ist eine Skizze des Aufbaus nach Lukas beigegeben, und kurze Zwischenbemerkungen zwischen einzelnen Abschnitten verweisen immer wieder auf diesen Zusammenhang.

Die Meditationen über Matthäus waren in kurzer Zeit vergriffen. Das ist wohl ein Zeichen, dass sie einem Bedürfnis entsprechen. Möge das auch für diese Meditationen über Lukas gelten.

VOM LESEN DES EVANGELIUMS

1. Die Bibel ist ein seltsames Buch oder genauer, eine ganze Sammlung von Büchern. Millionen haben sich darübergebeugt, die einen, um darin das Wort Gottes zu vernehmen und religiöse Hilfe, Richtlinien für die Gestaltung des Lebens, Trost in schweren Stunden, aufrüttelnde Mahnung im Versagen, Hinweis auf die Ewigkeit im Ablauf der Zeiten zu finden. Andere haben mit gerunzelter Stirn und mit kritischem Blick in der Schrift geblättert mit dem Versuch, das Menschliche vom Göttlichen, das Falsche vom Wahren, das Zeitgebundene vom Ewigen zu scheiden. Aber vor lauter Rationalismus und Kritiksucht sind sie schließlich an der Schale haften geblieben, bis sie den Kern nicht mehr gesehen haben. Ihre tausend Fragezeichen haben ihnen den Blick verdunkelt. Ihr Rationalismus hat dem Glauben den Weg versperrt, bis sie überhaupt nur mehr Menschlich-Allzumenschliches in der Bibel gefunden haben. Wieder andere haben höhnisch zum Buch der Bücher gegriffen nur mit der Absicht, darin Waffen gegen den Glauben zu finden, Angriffsfläche ihrer gläubigen Gegner und Material für ihren Spott. Aber auch die ernste, sachliche Wissenschaft hat sich mit der Heiligen Schrift befasst. Die Naturwissenschaft hat die zeitgebundene und menschlich-falsche Perspektive des biblischen Weltbildes feststellen wollen. Man hat mit Berufung auf die Wissenschaft den Schöpfungsbericht nicht gelten lassen, die Sintflut geleugnet, die Schilderung von Naturkatastrophen und die Art des angedrohten Weltuntergangs als falsch hingestellt. Man hat dabei zu wenig bedacht, dass die Bibel kein Lehrbuch der Naturwissenschaft ist, sondern in den menschlichen Kategorien des Denkens und menschlichen Formulierungen des Wortes die religiöse Wahrheit verkünden will, dass hinter allem und über allem Gott als Schöpfer und Herr der Welt steht. Historiker haben die Ergebnisse profaner Geschichtswissenschaft mit Geschichtsdarstellungen der Bibel verglichen und Verzeichnungen,

Entstellungen, Lücken nachzuweisen versucht. Sie haben nicht beachtet, dass die Bibel kein profanes Geschichtswerk sein will, sondern dass sie Heilsgeschichte verkündet, in welcher die geschichtlichen Erscheinungen von Völkern, Königen, Schlachten und Kriegen, Siegen und Niederlagen völlig anders gewertet sind und in einem völlig anderem Zusammenhang gesehen werden, als der Historiker es gewohnt ist. In der Heilsgeschichte hat die Profangeschichte Raum und Recht, aber sie bietet nur das Material, um auf das Wirken Gottes im Geschehen und damit im Schicksal von Menschen und Völkern hinzuweisen. Philologen und Literarkritiker haben ihren Maßstab an die Bibel gelegt, ihre hebräische, aramäische und griechische Sprache untersucht, die Einflüsse ägyptischer, babylonischer, assyrischer Schriften feststellen wollen, Echtheit oder Unechtheit, künstlerischen Wert oder Unwert, literarische Form der Darstellung ihrer Kritik unterworfen. Sie haben dabei zu wenig beachtet, dass es der Bibel mehr um den Inhalt als um die Form geht und dass sie die verschiedenartigsten Formen wählt, um den göttlichen Inhalt aufscheinen zu lassen. Neben der künstlerischen Form der Psalmen, des Hoheliedes, der Spruchweisheit, des Buches Ijob, der johanneischen Mystik und der paulinischen Dialektik stehen unkünstlerische Erzählungen der Alltagssprache. Neben der unvergleichlichen Schönheit neutestamentlicher Gleichnisse finden sich trockene Aufzeichnungen alter Chronisten und dürre Bestimmungen gesetzlicher Vorschriften. Aber durch die Unbeholfenheit und das Stammeln menschlicher Formen und Formeln strahlt bald leuchtend, bald dürftig schimmernd, doch immer das Licht des Gottesgeistes, das sich dem verschließt, der in seiner Verblendung nur auf Buchstaben und Worte starrt, bis sich ihm der Geist verbirgt, der dem Wortklauber und Buchstabenreiter unzugänglich ist, weil er auf das Wogen des Weltmeeres nicht zu achten imstande ist, sondern nur die chemische Analyse des salzigen Wassers vornimmt.

Juristen haben die Thora studiert und bei Paulus die Anfänge einer neuen Gesetzlichkeit finden wollen. Sie haben damit den

Codex Hammurapi verglichen oder die Gesetzgebung Solons oder gar die Gesetzeswerke moderner Staaten. So sind sie zum Urteil gekommen, dass zwar die biblischen Gesetze mancherlei Weisheit und wertvolle Erkenntnisse enthalten, aber doch noch primitiv sind im Vergleich zu den Rechtsordnungen moderner Völker. Sie haben zu ausschließlich nur durch die Juristenbrille gelesen, anstatt zu bedenken, dass auch in der stählernen Formulierung gesetzlicher Bestimmungen der Geist Gottes weht und dass es auch hier darum geht, hinter der Form nicht so sehr das staatliche und religiöse Gesetz zu finden, sondern den Geist, aus dem heraus dieses Gesetz erlassen ist, die Zucht, durch die der Mensch und das Volk vor dem sittlichen Zerfall geschützt und für den Empfang des Gotteswortes und Gotteswirkens bereitet werden soll.

Philosophen haben die Bibel studiert und sie mit dem Ideenflug Platons, mit der Systematik eines Aristoteles, mit der Ethik der Stoa verglichen, um schließlich den menschlichen Denkern den Vorzug zu geben vor den unmetaphysischen Schriften der Israeliten. Pascal hat ihnen ins Stammbuch geschrieben, dass es sich in der Bibel nicht um den Gott der Weisen und der Philosophen handle, sondern um den lebendigen Gott Abrahams, Isaaks und Jakobs, und dass infolgedessen in der Bibel nicht in erster Linie der Niederschlag menschlicher Ideen und Systeme zu suchen ist, sondern das Wort Gottes, vor dem nach dem Wort des Apostels Paulus die Weisheit dieser Welt zur Torheit wird.

Theologen haben die Schrift von vorne bis hinten und von hinten bis vorne durchgearbeitet und große Erkenntnis daraus gewonnen. Aber sie haben bisweilen zu wenig auf die lebendige Frömmigkeit, auf das eigentlich Religiöse geachtet und zu sehr nur das Ideenmäßige herausgearbeitet. Wenn man heute die gewaltige Arbeit der wissenschaftlichen Auseinandersetzung um die Bibel einigermaßen überblickt, findet man als Ergebnis, dass die Wissenschaften uns zum Verständnis der Bibel viel wertvolles Material geliefert und viele brauchbare Hinweise gegeben haben. Wir lesen und beurteilen heute manches anders, haben das

Zeitgebundene vom Überzeitlichen, das Formale vom Inhalt schärfer zu scheiden gelernt und auf diese Weise eine Vertiefung der Bibelkenntnis gewonnen. Aber der tiefste Gehalt des Gotteswortes ist dem Glauben vorbehalten, und es kann oft der schlichte Gläubige, der betend und vom Heiligen Geist erleuchtet die Schrift liest, mehr darin finden als der Wissenschaftler, der vor lauter Kritik das Entscheidende, das sich unter der Oberfläche verbirgt, nicht mehr richtig sieht. Das Ideal bleibt immer die Verbindung von Wissen und Glauben, von Forscherarbeit und schlichter Lektüre, von Denken und Beten. Die Zusammenarbeit ernster sachlicher Wissenschaft einerseits und gläubigen Betens andererseits wird zur richtigen und vertieften Schriftlesung führen.

2. Das Neue Testament bildet äußerlich nur einen kleinen Teil der Bibel, aber inhaltlich den wichtigsten. Es ist Erfüllung, aber nicht Vollendung des Alten Testaments. Erfüllung ist es in mehrfacher Hinsicht. Der Gottesbegriff des Alten Testaments ist vor allem die wuchtende, unheimliche Majestät des lebendigen Gottes. Im Gegensatz zum Götzendienst umliegender Völker hat Israel seinen Ein-Gott-Glauben mit eindringlichem Ernst, erschütternder Größe und bedingungsloser Ausschließlichkeit empfangen, immer schärfer herausgearbeitet, kämpfend verteidigt und schließlich zu selbstverständlichem Bewusstsein entfaltet. Der neutestamentliche Gottesbegriff ist der gleiche, aber nun erweitert, vertieft in der Richtung des gnädigen Gottes der Liebe. Auch im Alten Testament ist Gott Gnade und Liebe, aber vor allem erwählende Gnade des einen Volkes, nicht so sehr des einzelnen Menschen. Und die Gnade und Liebe ist doch aufs Ganze gesehen von der richtenden Strenge überschattet. Das Neue Testament dagegen verkündet nicht nur lehrend, dass Gott die Liebe ist, sondern zeigt in Jesus Christus die menschgewordene, die fleischgewordene Liebe des Herrn. Erfüllung im Sinne einer Vertiefung ist weiterhin in der Ethik zu finden. Alttestamentliches Ethos ist noch »Aug um Aug, Zahn um Zahn«. Neutestamentliche Ethik ist Liebe von Mensch

zu Mensch, nicht nur von Gott zu Mensch und von Mensch zu Gott, und zwar eine Liebe, die umfassend ist und darum auch vor dem Feind nicht haltmacht. In der Bergpredigt stellt Jesus die neue Ethik bewusst als Vervollkommnung alttestamentlicher Sittlichkeit dar. Weiterführung findet sich auch in den drei zentralen Größen des Alten Bundes: Gesetz, Tempel und Bund. Auch das Neue Testament ist ein Gesetz. Aber nun ist es nicht mehr die Beobachtung des Gesetzes als solche, die entscheidend ist, sondern die innere Gesinnung, aus der heraus das Gesetz beobachtet wird: Gesinnungsethik anstelle der Werkheiligkeit. Gott richtet den Menschen nach seinem Herzen, nicht nach seinem äußeren Tun. Der Tempel und sein Kult sind abgelöst durch die Anbetung im Geist und in der Wahrheit. Die alten Opfer waren nur Symbole. Das Opfer des Neuen Testaments ist das Opfer des gekreuzigten Herrn, das alle Symbole erfüllt. Das Messopfer ist nichts anderes als die Vergegenwärtigung des einen, allein gültigen Kreuzesopfers Christi. Der Bund ist jetzt nicht mehr der Bund Jahwes mit dem einen erwählten Volk, sondern Berufung aller Völker ins Reich Gottes als Gemeinschaft der Erlösten.

Trotzdem ist auch das Neue Testament noch nicht die Vollendung. Es berichtet wohl vom Kommen Gottes und damit vom wichtigsten Geschehen der Menschheitsgeschichte, aber es verheißt noch ein zweites Kommen, eine Wiederkunft des Herrn. Erst dann wird er die eigentliche Vollendung bringen. Dann wird man an Gott nicht mehr glauben, sondern ihn schauen. Die Liebe wird nicht mehr durch menschliche Begrenztheit und Schwäche immer wieder Stückwerk und armseliger Versuch sein, sondern sie wird alles durchdringen und die eigentliche belebende Kraft aller Menschen sein. Das Gesetz ist dann abgelöst durch das freudige und freie Tun aus Liebe. Der Tempel ist dann erst vollendet, weil es nichts Profanes mehr gibt, sondern alles im Heiligtum ist. Und der Bund ist dann vollendet, weil die Zahl der Erwählten voll ist. Das neue Jerusalem mit dem geistigen Israel wird als triumphierende Kirche die streitende ablösen und im neuen Himmel und der neuen Erde das neue Paradies sein, mit dessen Schilderung das letzte Kapitel im letzten Buch des Neuen Testamentes die Frohbotschaft beschließt.

3. Das Entscheidende im Neuen Testament ist das Evangelium. Das Wesen der Frohbotschaft ist negativ die Möglichkeit, von der Sünde frei zu werden, und positiv die Berufung ins Reich Gottes. Beides, die Erlösung der Menschen und die Gestaltung des Reiches Gottes, vollzieht sich durch Jesus Christus. Und so ist Christus als der vom Vater gesandte viel geliebte Sohn, der die Menschen erlöst und den Vater verherrlicht, das eigentliche Thema der Bibel: Friede den Menschen und Gott in der Höhe die Ehre durch den Menschensohn und Gottessohn Jesus Christus.

Schon das Alte Testament hat geheimnisvoll, in immer deutlicher werdenden Umrissen seine Gestalt gezeichnet. Der Alte Bund ist nach Paulus ein Schattenriss der sich nahenden Christusgestalt und der Typus des Kommenden. Das Neue Testament zeigt seine Gestalt in vollem Licht. In den Evangelien spricht und wirkt er selbst, in der Apostelgeschichte breitet sich seine Botschaft in der römisch-griechischen Kulturwelt aus. Die Briefe der Apostel verkünden seine Lehre und zeigen die Entwicklung seines Reiches mit Fortschritten und Rückschlägen, mit Schwierigkeiten und Erfolgen. Die Apokalypse stellt sein Kommen in den großen heilsgeschichtlichen Zusammenhang der Gegenwart und der Zukunft bis zu seiner Wiederkunft, welche die Erlösung vollendet und das Reich Gottes in der Herrlichkeit bringt.

So ist Christus das verkörperte Evangelium. Der Mensch leidet schmerzlich unter der Erkenntnis seiner Grenzen und leidet doppelt unter dem Bewusstsein seiner Sünde. Die Humanität ist außerstande, den idealen Menschen und die ideale Menschheit zu schaffen. Durch die Tragödien der Antike, durch die Erlösung suchenden Mysterienkulte, durch die Religionen und Riten der heidnischen Völker zieht sich diese schmerzende Erkenntnis, und sie hat im Neuheidentum von heute mit seinem Nihilismus einerseits und seinem pseudomessianischen Auftreten andererseits eine neue Ausprägung gefunden. Die Lösung kommt aber von der anderen Seite her, nicht von der Seite des Menschen, sondern vonseiten Gottes. Und zwar kommt sie durch das Kommen Gottes selbst in der Menschwerdung Gottes, die sich in Jesus Christus vollzogen hat. So ist seine Gestalt die Frohbotschaft für den Menschen. Und sie ist es auch für die Menschheit. Denn alle Versuche zur Einigung enden immer wieder in neuen Konflikten, in geistigen und oft auch sehr ungeistigen Auseinandersetzungen bis zu selbstvernichtenden, mörderischen Kriegen. Alle Bestrebungen um geistige Einheit oder gemeinsamen Rechtsboden oder organisatorischen Zusammenschluss erweisen sich auf die Dauer als Illusion. Denn die Menschen haben das Bewusstsein ihres Ursprungs im selben einen Gott verloren und lehnen das Gehen zum selben einen Gott als Ziel ab. Aber Christus ist als das neue Haupt der Menschheit gekommen, sodass in ihm ein neues Einheitsprinzip gegeben und die neue Einigung möglich ist. Darum die Sendung der Apostel zu allen Völkern. Die Vielheit soll wieder zur Einheit werden, die Verwirrung, die im Turmbau zu Babel ihr Symbol gefunden hat, soll durch die Einigung überwunden werden, die im Kommen des Pfingstgeistes zu Jerusalem sichtbar geworden ist. Nicht der Geist von unten bringt die Einheit, sondern der Geist von oben. Dieser Geist ist durch Christus verheißen und gesandt worden, sodass auch von dieser Seite her Christus die Frohbotschaft ist.

Er ist sie aber nicht nur durch das Aufzeigen und Verwirklichen des Menschen- und Menschheitsideals, sondern auch und vor allem durch die Offenbarung des Wesens Gottes. Der Mensch kann wohl mit seinem Verstand bis zu den Grenzen Gottes tastend vorstoßen und auch dürftige Blicke in das Wesen Gottes tun, aber selbst dieses wenige ist mit mancherlei Irrtümern behaftet und darum mit vielen Fragezeichen versehen. Christus ist aber die Selbstmitteilung Gottes. Er tut Gott kund als den Vater und sein innerstes Wesen als die Liebe. Und der ferne Gott kommt in Christus in die Nähe. Der Unsichtbare wird in ihm sichtbar, sodass der Mensch durch Jesus Christus nun eine klare Gotteserkenntnis und die Möglichkeit zu einer persönlichen Gottesliebe hat, und zwar Gottesliebe im Sinne von Liebenkönnen und -dürfen und im Sinne von Geliebtsein. Christus als menschgewordene Liebe ist der Brückenschlag, der beide Ufer verbindet, Frohbotschaft des Hinüber und Herüber. Dieser Brückenschlag vollzieht sich durch das Kreuzesopfer Christi, sodass dieses Kreuz, das doch als gewaltsame Hinrichtung Hass und Sünde offenbart, zugleich die größere und stärkere Liebe Gottes kundtut. Durch diese am Kreuz sichtbar gewordene Liebe erweist sich das Leben stärker als der Tod, die Gnade größer als die Sünde, die Liebe mächtiger als der Hass, weil eben Gott nicht nur alle Abgründigkeit des Menschen, sondern auch alles Dunkle und Unheimliche des Dämonisch-Satanischen überwindet. Die Frohbotschaft des gekreuzigten und auferstandenen Herrn ist somit das zentrale Thema des Evangeliums.

4. Diese eine Botschaft findet im Neuen Testament einen vierfachen Ausdruck, denn das Evangelium ist in vier Evangelien kundgetan. Sie enthalten dieselbe eine Botschaft, aber mit verschiedener Blickrichtung.

Matthäus zeichnet Christus als den Messias. Seine Botschaft ergeht zuerst an Israel, wird aber von dessen verantwortlichen politischen, geistigen und religiösen Führern abgelehnt und nur vom wahren, innerlich gläubig-bereiten Israel aufgenommen. So gründet Jesus, der Messias, das neue Israel, die Kirche, auf dem weltweiten Boden der Berufung aller Völker. Die Matthäus-Botschaft, die ein erschütterndes Ringen und Kämpfen, ein immer neues Werben und Rufen und schließlich ein kraftvolles Trotzdem und Dennoch aufzeigt, endet im triumphalen Ausklang einer Sendung der Berufenen zu allen Völkern und einer Verheißung einer unsichtbaren, geheimnisvollen Gegenwart Christi in der Mitte dieser Berufenen bis zum Ende der Zeiten. Anders das Markusevangelium. Es weist nicht diese scharfe Linienführung auf, hat nicht diesen geschlossenen Aufbau und diese kunstvolle Komposition, sondern ist der schlichte Bericht des Mannes aus dem Volk, der die Ereignisse so erzählt, wie er sie miterlebt hat. Man hört durch die Markus-Erzählungen die Stimme des Petrus. So ist dieses Evangelium besonders reich an unmittelbarer, farbiger Darstellung einer Fülle von Einzelheiten, an naiven, spontanen Reaktionen. Christus steht mitten im Volk der Bauern und Fischer Galiläas, erzählt vom Vater, verkündet das Reich Gottes, heilt ihre Kranken und ist von ihrer Begeisterung umbrandet. Lebendige Volkstümlichkeit, urwüchsige Selbstverständlichkeit, kindliches Staunen, ungebrochene Verwunderung finden sich in besonderer Weise in der Markus-Schrift.

Anders Lukas. In seiner Schrift spürt man den griechischen Einschlag des kultivierten, gebildeten Arztes mit seiner geschärften Beobachtungsgabe, seinem Abstreifen des spezifisch Jüdischen, seinem weltweiten Horizont und vor allem seinem Sinn für Helfen und Heilen. Das Christusbild des Lukasevangeliums ist Jesus als Heiland der Welt, d. h. als der große Heilsbringer für alle menschliche Not. Und zwar geht durch seine Schrift in besonderer Weise der Gedanke der Universalität, des Umfassenden und Umspannenden. Es ist die Schrift, in der am meisten Licht leuchtet und ein besonders frohes und freies Schreiten zu spüren ist.

Wieder anders Johannes. Sein Evangelium ist die Schrift eines Mystikers, der einerseits einen besonderen Sinn für das Mysterium hat und damit für alles Geheimnisvolle, Dunkle, Hintergründige und Tiefe. In keinem Evangelium ist die düstere Macht der Sünde und die Unheimlichkeit des Dämonischen so spürbar wie bei Johannes. Zu gleicher Zeit aber hat gerade er, wie der Adler, der seine Schwingen breitet und zur Sonne emporstrebt, einen besonderen Blick für das übermenschlich Große, das Geheimnisvolle, unfasslich Göttliche in Jesus Christus. Johannes lässt uns immer wieder durch die Hülle des Sichtbaren hindurchblicken. Bei ihm ist alles transparent. Jesus ist das menschgewordene Gotteswort, der

Geist im Fleische. Johannes hat als Mystiker auch den besonderen Sinn für die zentrale Stellung des Opfers Christi. Denn sein Passionsbericht vom Lamm Gottes, dem »kein Bein zerbrochen wird«, und vom »Durchbohrten, zu dem sie aufschauen«, von der geöffneten Seite des neuen Adam, aus der im Blut und Wasser sakramentalen Lebens die neue Eva, die Kirche, geboren wird, ist Aufzeigen des Herzensgeheimnisses Jesu, des Geheimnisses blutiger Hingabe und zugleich der strömenden Fülle der Wasser des Heiligen Geistes.

Alle vier Evangelien zusammen zeichnen zwar den ganzen Christus, aber sie zeichnen ihn nicht ganz, denn kein Menschenwort vermag die Tiefe Christi auszuloten und die Höhe Christi auszumessen. Er übersteigt immer wieder das menschliche Denken und Ahnen und entzieht sich dem menschlichen Zugriff. Alles Sprechen über ihn ist trotz aller Kunst der Darstellung nur ein Stammeln über das eigentliche Wort, das man im Letzten nicht verstehen, sondern nur im Glauben aufnehmen kann. Darum ist der Glaube an Jesus Christus, den menschgewordenen Gott, den Messias, den Heilsbringer, den geopferten Lebensspender, der Weg zum Heil. Glaube ist Aufnahme des Evangeliums als Frohbotschaft Gottes an den Menschen.

5. Die Lesung der Heiligen Schrift ist dabei Voraussetzung, allerdings nicht wesentliche Voraussetzung, denn das Evangelium wird durch die Kirche mündlich verkündigt. Aber die Verkündigung durch die Predigt muss sich immer wieder mit Einzelabschnitten begnügen und so bleibt die Kenntnis dieses wichtigsten aller Bücher Stückwerk. Die persönliche Lesung füllt diese Lücke aus und vermittelt erst einen richtigen Einblick und Überblick über das Ganze. Es hat sich so vieles im heutigen Leben als zweitrangig, vorübergehend und brüchig erwiesen, dass der Ruf »Zurück zu den Quellen« überall hörbar wird. Zu den Quellenschriften des Christentums gehört aber in erster Linie und vor allem die Heilige Schrift. Darum ist ein neues Verständnis für die Bibel und

ein neues Interesse an ihr lebendig geworden. Hier hat der Mensch die Sicherheit, das Unverfälschte, Unveränderte vor sich zu haben, das Ursprüngliche ist ihm zugängig. Alle späteren Zutaten, alle Verschnörkelungen des ursprünglich stilreinen Baus, alle Übermalungen des Urbildes fallen weg. In dieser Quelle findet der Gläubige eine Frömmigkeit, die echt ist, im Unterschied zur Gebetbuchfrömmigkeit. Es gibt sehr gute und brauchbare Gebetbücher. Und es wäre engstirniger Fanatismus und lächerliche Einseitigkeit, die Benutzung von Gebetbüchern verpönen zu wollen. Aber sie haben vielfach etwas allzu Subjektives an sich, bisweilen auch etwas Gekünsteltes, mit übertriebenen Formulierungen, mit gemachten Affekten, oder auch eine unangenehme Sentimentalität, etwas Muffiges und Engbrüstiges. Die Frömmigkeit der Heiligen Schrift ist ganz anders. Der Atem Gottes ist darin spürbar. Das kühne, tapfere Schreiten Christi hat etwas Unwiderstehliches. In der Frömmigkeit des Neuen Testamentes ist alles groß und weit, frei und echt, kernig, saftig und kühn. Wer aus dieser Quelle schöpft, muss sich zuerst an die sprudelnde Frische dieses erquickenden Trankes gewöhnen. Aber hat er einmal angefangen, sich daran zu laben, findet er an anderem kaum mehr Geschmack oder höchstens so weit, wie biblische Frömmigkeit darin Niederschlag und Echo findet. Der Einstieg in dieses Gebirge ist freilich nicht ganz leicht. Die Verstiegenheiten der Sektierer und die Verirrungen von Pietisten verschiedenster Art beweisen es. Wer aber die Heilige Schrift aus der Hand der Kirche entgegennimmt, in ihrer Lehre immer wieder eine sichere Norm und einen zuverlässigen Wegweiser findet, überlässt sich mit ruhigem Vertrauen dieser ursprünglichen und echten Frömmigkeit. Darum ist die Schriftlesung, wenn nicht nötig, so doch fruchtbar und belebend.

6. Zur Lesung sollte die Meditation kommen. Wir haben das richtige Lesen verlernt. Unser Jahrhundert ist durch Film, Rundfunk und Fernsehen mehr auf das Schauen und Hören eingestellt als auf das Lesen. Und wenn wir lesen, so geschieht es, als Wirkung

der Zeitungslektüre, meist obenhin und flüchtig. Auch Zeitschriftenartikel werden meist nur diagonal gelesen. Und selbst wenn man ein Buch zur Hand nimmt, wird ein kundiger Leser aus dem Inhaltsverzeichnis rasch die für ihn entscheidenden Kapitel herausfinden, sich in diese vertiefen und das andere in rascher Lektüre dazunehmen. Eine solche Lesung des Neuen Testaments ist sinnlos. Hier geht es um das Wort Gottes. Darum ist besinnliche Lektüre die einzig richtige Art der Lesung. Es handelt sich nicht nur um intellektuelle Aneignung des Stoffes, um Bereicherung verstandesmäßiger Erkenntnis, sondern das Wort Gottes soll den Einzelnen treffen, soll von ihm in persönlicher, innerer Aufgeschlossenheit und Empfänglichkeit des Geistes und Herzens aufgenommen werden. Darum muss die Lesung Aufnahme des Wortes Gottes sein, also betende Lesung in Ehrfurcht und Bereitschaft. Alles Vorwärtshasten beeinträchtigt die Wirkung. Man muss bei Einzelheiten stehen bleiben, sie mehrmals lesen und besinnlich überdenken. Es soll eine Lesung sein, die vom inneren Licht des Heiligen Geistes durchstrahlt wird. In diesem Lichte sehen wir anders, verstehen Geheimnisse, die sich hinter diesen Worten verbergen. Texte, die man schon oft gehört oder gelesen hat, werden plötzlich ganz neu, greifen ins Lebendige, beginnen das Herz und das Leben umzugestalten. Der Leser weiß sich von Gott angesprochen und aufgerufen. Die Lesung wird zu bereitwilligem Jawort lebendigen Glaubens. Es ist besser, sich täglich eine Viertelstunde Zeit zu nehmen, um einen vielleicht kurzen Text besinnlich meditierend zu lesen, als in längerer zusammenhängender Zeit einen möglichst großen Abschnitt bewältigen zu wollen. Man muss so lesen, dass es ein inneres Hören ist. Dann werden Lesen und Hören zum rechten Schauen führen, und das erst ist ein innerliches Lesen ohne Hast und Oberflächlichkeit, ein *intus legere*, und somit eigentliche Intelligenz.

7. Dazu kommt noch ein Letztes: die Auslegung des Textes. Der Mensch trägt allzu leicht eigene Auffassungen in die Schrift hi-

nein. Damit wird nicht das Wort Gottes ausgelegt, sondern Menschenwort in die Schrift hineingelegt. Die sichere Auslegung geschieht durch die Kirche. Sie hat den Auftrag der Verkündigung und die Verheißung des Heiligen Geistes zur Verkündigung in Wahrheit und mit Sicherheit. Wer sich nicht an die Schrifterklärung der Kirche hält, läuft Gefahr, in die Irre zu gehen und damit dem Sektierertum zu verfallen oder einer einseitigen Sensibilität, die dann nur einen Teil der geoffenbarten Wahrheit enthält und sich den Zugang zum übrigen Wort des Herrn verschließt. Die Predigt der Kirche soll zwar nicht nur, aber doch auch und vor allem Erklärung des geschriebenen Gotteswortes sein, also Auslegung der Bibel.

Und so greifen persönliche Lektüre der Heiligen Schrift, meditierendes Gebet und Anhören der Predigt ineinander. So wird die Aufnahme der Frohbotschaft den Menschen wirklich froh machen. Wer einmal diese echte Freude gefunden hat, gewinnt in ihr einen inneren Frieden, der die schönste Wirkung des Wortes Gottes ist.

VORWORT DES EVANGELISTEN

(Lk 1,1–4)

Viele haben es unternommen, über die Tatsachen, die in unserer Mitte geschehen sind, einen Bericht zu verfassen. Sie haben sich dabei an die Überlieferung derer gehalten, die von Anfang an Augenzeugen waren und zu Dienern der Botschaft bestellt wurden. So habe auch ich, nachdem ich allem von Anfang an sorgfältig nachgegangen bin, es für gut gehalten, es für dich, hochgeborener Theophilus, der Reihe nach aufzuschreiben, damit du erkennst, wie sicher das ist, worin du unterrichtet worden bist.

Aus dem Vorwort, das Lukas seinem Evangelium vorausschickt, ergeben sich zwei wichtige Erkenntnisse:

1. Das Evangelium will Sicherheit vermitteln. Ausdrücklich wird das als eigentlicher Zweck angegeben. Diese Sicherheit beruht auf verschiedenen Elementen. Einmal auf dem Inhalt des Evangeliums. Dieses ist nicht in erster Linie eine Lehre, also ein Gedankengebäude, eine Weltanschauung. Auch nicht ein Gesetz mit Vorschriften und Verboten. Noch weniger ein Kranz von Legenden, die eine spätere Generation um die Gestalt Jesu gewunden hat. Und am allerwenigsten ist es ein Mythos, also die Dramatisierung eines Gedankens. Sondern es werden Tatsachen berichtet. Richtige Religiosität muss sachlich, d. h. auf Sachen aufgebaut sein. Nun ist Gott die erste Ur-Sache. Sein Kommen in die Welt ist die größte und wichtigste Tat-Sache. Denn hier ist eine sachliche Tat geschehen, durch welche alle menschlichen Taten und alle anderen Sachen einen neuen Sinn und einen neuen Wert erhalten. Von diesen sachlichen Taten, den Tatsachen, berichtet das Evangelium. Es sind weiterhin Tatsachen, die sich unter uns, »in unserer Mitte«, zugetragen haben. Lukas berichtet nicht wie ein

Historiker, der mühsam aus seinen Quellen Ereignisse rekonstruiert, die Jahrhunderte zurückliegen, sondern er schreibt in dem Land, in welchem sich die Dinge ereignet haben, und gehört zu der Generation, in deren Mitte diese Taten geschehen sind.

Sicherheit verbürgen auch die Quellen, aus denen Lukas schöpft. Er ist nicht selbst unmittelbarer Apostel und Jünger Jesu gewesen, hat also den Herrn nicht von Angesicht geschaut und hat seine Worte nicht mit eigenen Ohren gehört. Aber er hat die Kunde von Augenzeugen, also von Menschen, deren Mitteilung auf dem Zeugnis ihrer eigenen Augen beruht. Und es sind Menschen, welche diese Ereignisse nicht einfach nebenher erlebt haben, sondern diese Zeugen sind zu Dienern der Botschaft bestellt. Dieses Zeugnis ist somit ihre eigentliche Lebensaufgabe. Ihr ganzes Tun steht im Dienst dieses Zeugnisgebens. Die Worte, die sie bezeugen, sind nicht irgendwelche Worte, sondern sind das Wort. Was sie vermitteln sind *verba verbi*, gottmenschliche Worte des menschgewordenen Gotteswortes.

Es ist nicht nur eine einzige Quelle, die Lukas zur Verfügung steht. Er spricht ausdrücklich von »vielen«. Neben den kanonischen Schriften des Matthäus und Markus standen ihm noch andere schriftlich niedergelegte Berichte zur Verfügung und außerdem eine große Zahl mündlicher Zeugnisse. Wenn man die Gedächtnistreue des alten Orientalen kennt, so weiß man, dass solche mündlichen Berichte schon sehr bald feste Form hatten und in dieser mit äußerster Zuverlässigkeit weitergetragen wurden.

Und schließlich ist Lukas selbst eine Garantie der Sicherheit. Er betont, dass er allem »sorgfältig« nachgegangen sei. Er ist kein leichtgläubiger, naiver Erzähler, sondern als Grieche und als Arzt ein nüchterner Beobachter mit dem Sinn für die Wirklichkeit, allen Träumereien abhold und allen Fantastereien feind. Er begnügt sich auch nicht damit, einfach das Wesentliche zu berichten, sondern betont, dass er den Anfängen nachgegangen sei. Er beginnt sein Evangelium nicht wie Markus erst mit dem öffentlichen Auftreten Jesu, sondern berichtet so ausführlich wie kein anderer

Evangelist die Anfänge der seltsamen Botschaft, die Empfängnis und Geburt Jesu, und noch weiter zurück die Empfängnis und Geburt des Vorläufers. Und schließlich will er »der Reihe nach«, also in fester Ordnung, berichten. Er reiht nicht Ereignis an Ereignis, sondern legt seiner Schrift einen festen Plan zugrunde, einen geordneten, wohlgefügten Aufbau.

So ist dieses Evangelium schon rein menschlich gesehen eine Schrift, die Sicherheit vermitteln kann. Als gläubige Christen wissen wir, dass hinter diesem menschlichen Wort der Geist Gottes steht, der den Evangelisten inspiriert hat. Dieser Gottesgeist als eigentlicher Verfasser des Evangeliums gibt uns die volle Sicherheit untrüglicher Wahrheit.

2. Neben dem Zweck ergibt sich aus dem Vorwort in etwa auch schon die Eigenart dieses Evangeliums. Der Verfasser ist Arzt und Grieche. Beides ist wichtig. Als Arzt hat er einen besonders geschärften Blick für das heilende und helfende Wirken Jesu. Darum zeichnet er das Tun Christi in besonderer Weise als Helfen und Heilen bei den körperlich Kranken und als Trösten und Vergeben bei den seelisch Kranken, den Sündern. Darum ist das Christusbild des Lukasevangeliums ein wirkliches Heilandsbild. Jesus ist der an Leib und Seele Heilende. Bei allen Auseinandersetzungen, Kämpfen, bei Leiden, Sterben und Auferstehung, bei Niederlage und Triumph ist doch alles verklärt durch den hell leuchtenden Zug der Menschenfreundlichkeit und Güte Jesu. Lukas ist nicht der einfache Mann aus dem Volk wie Markus, nicht der geistige Kämpfer wie Matthäus und nicht der Theologe und Mystiker wie Johannes, sondern eben der Arzt mit seinem Verständnis für die menschliche Not und göttliche Hilfe, für Krankheit und Genesung, für Sünde und Vergebung.

Und Lukas ist Grieche. Er kommt nicht vom Judentum her, sondern vom Heidentum. Darum sprengt seine Botschaft in besonderer Weise den engen jüdischen Rahmen. Als Grieche hat er einen Blick für die ganze Menschheit, einen weltweiten Horizont.

Und so wird sein Evangelium zu einer besonderen Betonung dieses Neuen, das Jesus gebracht hat, des Neuen Bundes und der Schaffung des neuen Gottesvolkes, in welchem nicht mehr ein einziges Volk auf engem Raum erwählt ist, sondern der Ruf an alle über die ganze Welt hin geht, sodass die Weltkirche das Werk des Weltenheilandes wird.

Das gedrängte, inhaltlich dichte Vorwort ist wirkliche Ein-Führung in Zweck und Eigenart dieses Evangeliums. So schafft es beim Leser die richtige geistige Einstellung und seelische Bereitschaft. Jesus bringt und fordert eine völlige innere und weithin auch äußere Umstellung des Lebens. Der Mensch ist dazu nur dann bereit, wenn diese Forderung auf Sicherheit beruht und wenn sie ihm Größe und Weite bringt. Zweck und Eigenart des Lukasevangeliums bieten für beides Garantie.

VERKÜNDIGUNG DES ZACHARIAS

(Lk 1,5–25)

Es geschah in den Tagen, da Herodes König der Juden war. Ein Priester namens Zacharias aus der Dienstabteilung des Abias war verheiratet mit einer Frau von den Töchtern Aarons mit Namen Elisabeth. Beide waren gerecht vor Gott und wandelten untadelig in allen Geboten und Vorschriften des Herrn. Sie hatten kein Kind, denn Elisabeth war unfruchtbar, und beide waren schon betagt. Da geschah es, als er der Reihe seiner Abteilung entsprechend den priesterlichen Dienst vor Gott verrichtete, dass er nach der Sitte des Priesterdienstes durch das Los bestimmt wurde, ins Heiligtum des Herrn zu gehen und das Rauchopfer darzubringen. Die ganze Volksmenge war draußen und betete zur Zeit des Rauchopfers. Da erschien ihm ein Engel des

Herrn zur Rechten des Opferaltares. Als Zacharias ihn sah, wurde er verwirrt, und Furcht befiel ihn. Der Engel aber sprach zu ihm: »Fürchte dich nicht, Zacharias, denn deine Bitte ist erhört worden, deine Frau Elisabeth wird dir einen Sohn gebären, und du sollst ihm den Namen Johannes geben. Du wirst Freude haben und frohlocken, und viele werden sich über seine Geburt freuen, denn er wird groß sein vor dem Herrn. Wein und berauschende Getränke wird er nicht trinken. Er wird vom Mutterschoße an vom Heiligen Geist erfüllt sein und viele von den Söhnen Israels zum Herrn, ihrem Gott, hinführen. Er wird vor ihm hergehen im Geist und in der Kraft des Elias, um die Herzen der Väter den Kindern zuzuwenden, die Ungehorsamen zu gerechter Gesinnung zu bringen und dem Herrn ein gerüstetes Volk zu bereiten.« Zacharias sprach zum Engel: »Woran kann ich das erkennen, denn ich bin alt und meine Frau ist hochbetagt.« Der Engel antwortete ihm: »Ich bin Gabriel, der vor Gott steht, und bin gesandt, zu dir zu sprechen und dir diese frohe Botschaft zu verkünden. Siehe, du sollst stumm sein und nicht sprechen können bis zu dem Tag, da dies geschieht, weil du meinen Worten nicht geglaubt hast, die zur rechten Zeit in Erfüllung gehen werden.« Das Volk wartete auf Zacharias und wunderte sich, dass er so lange im Tempel blieb. Als er aber herauskam und nicht sprechen konnte, erkannten sie, dass er im Tempel eine Erscheinung gehabt hatte. Er winkte ihnen nur zu und blieb stumm. Als die Tage seines Dienstes zu Ende waren, ging er in sein Haus zurück. Nach diesen Tagen empfing Elisabeth, seine Frau, und blieb fünf Monate lang verborgen. Sie sagte: »So hat der Herr an mir getan in den Tagen, in denen er darauf geschaut hat, meine Schmach vor den Menschen von mir zu nehmen.«

VORBEREITUNG

1. Der äußere Rahmen

Das Geschehen beginnt zeitlich und räumlich in einem würdigen Rahmen äußerer Größe.

Die Zeit ist bestimmt durch die Worte »in den Tagen, da Herodes König von Judäa war«. Noch einmal ist ganz Palästina unter einem Zepter vereinigt. Herodes hat als Herrscher dem Land und vor allem der Hauptstadt Jerusalem neuen Glanz gegeben. Der Bau von Theatern, Thermen, Stadien, Palästen und vor allem der Neubau des gewaltigen Tempels sind Zeichen seiner Macht. Und doch ist es nur äußerer Glanz. Denn in Wirklichkeit herrscht Herodes nur durch die Gnade Roms. Die eigentliche Unabhängigkeit ist verloren. Herodes selbst ist kein Jude, sondern ein Idumäer und somit ein Nachkomme Esaus, der nun wieder über Jakob herrscht. So ist das Zepter in doppeltem Sinn von Juda gewichen.

Räumlich beginnt das Geschehen im Tempel zu Jerusalem bei der Feier des Opfers, also in der Stadt der großen Könige und Propheten, im Tempel Jahwes, im versteinerten Bundeszelt des erwählten Volkes. Und es beginnt bei der Feier des Opfers, das die Vergangenheit zusammenfasst und ahnungsvoll in die Zukunft weist. Aber auch hier ist es nur äußere Größe. Das Priestertum des Gottesvolkes ist verweltlicht. Und selbst Zacharias, also der Besten einer, der aus reinem Priestergeschlecht stammt und mit Elisabeth, Nachfahrin der Töchter Aarons, also ebenfalls aus reinem Priestergeschlecht, verheiratet ist, steht bei diesem Geschehen nicht auf der Höhe seiner Aufgabe. Jetzt, da die Zeit sich erfüllt und die Garbe der Jahrtausende gebunden werden soll, jetzt, da die Worte der Propheten ihre Erfüllung finden, die Heilige Stadt der entscheidenden großen Zeit entgegengeht, Tempel und Opfer als Symbole in der Wirklichkeit ihre Erfüllung finden, jetzt, da die äußere Größe vorhanden ist, um das Geschehen würdig einzuleiten und vorzubereiten, wird schon sichtbar, dass das Prunkgefäß der Form weitgehend leer geworden ist und der Rahmen nur noch Rahmen ist.

2. Das Wort Gottes

Alles Große geht von Gott aus. Er hat die Initiative. Sein Wort ist das eigentliche Geschehen sowohl in der Schöpfung wie im Heil. So auch hier. Er schickt seinen Boten, der in seinem Auftrag sein Kommen vorbereitet. Die Botschaft ist eine doppelte: Zuerst wird die persönliche Größe des Herolds verkündet, der dem Herrn die Wege bereiten soll. »Er wird groß sein vor dem Herrn.« Es geht also bei ihm um die wahre Größe, die vor Gott bestehen kann. »Er wird weder Wein noch berauschende Getränke trinken.« Er wird also ein Mann der Entsagung, des Verzichtes sein, mehr durch Beispiel als durch Worte wirken. »Er wird vom Mutterschoß an vom Heiligen Geist erfüllt sein.« Also ein von vornherein Erwählter und Begnadeter, ein von der Welt Leerer, aber von Gott Erfüllter. Ein vom Geist Gottes Berauschter. Ein Mensch des wahren Enthusiasmus.

Das Wichtige ist aber seine amtliche Größe. Sie ist schon durch seinen Namen gegeben. Denn »Johannes« heißt »Gott ist gnädig«. Sein Auftrag, seine Funktion, ist Heroldsdienst. Er wird Vorläufer sein, der das Kommen des Herrn anzeigt, und zwar in der Kraft und im Geist des Elias. Von diesem Elias heißt es, er werde das Herz des Vaters dem Sohn und das Herz des Sohnes dem Vater wieder zuwenden, also die erste Generation Israels geistig mit der jetzigen Generation verbinden. Die großen Anfänge in der Patriarchenzeit und das jetzige Ende sollen zu einer Einheit und damit zu einem neuen Anfang und zum großen Ende werden. Wie Elias ein Eiferer für Gott gewesen ist, soll auch Johannes den Eifer für Gott neu entfachen. Darüber hinaus soll der kommende Vorläufer »die Ungehorsamen zur gerechten Gesinnung bringen und dem Herrn ein gerüstetes Volk bereiten«. Er soll also die seelische

Bereitschaft wecken, das Volk zu Bereitwilligkeit bringen. Die Hinwendung und Aufgeschlossenheit des Willens zu Gott hin soll erreicht werden. Damit erfüllt sich das Wort des Propheten Malachias, dass der große Tag des Herrn, also die messianische Zeit, nun anbricht. Das Wort des Engels bringt damit die Prophetenworte zum Abschluss, denn Johannes soll der letzte der Propheten und der erste beim Anbruch des Gottesreiches sein. Darum betont das Wort des Engels, dass große Freude nicht nur Zacharias, sondern viele aus dem Volk erfüllen werde. Zum ersten Mal klingt hier der Ton der Frohbotschaft an.

Aber diesem großen Rahmen und dieser großen Botschaft entspricht keineswegs die Größe der Menschen.

3. Menschliches Versagen

Zacharias, dessen Größe soeben betont wurde, einer der Besten und Bereitesten, versagt in der entscheidenden Stunde. Er zweifelt. Denn er selbst ist alt, seine Frau ist alt und unfruchtbar. Wie soll sich da das Wort des Engels erfüllen? Er gibt nach der Überwindung des ersten Schreckens und Staunens diesem Zweifel Ausdruck. »Woran kann ich das erkennen? Ich bin ja alt und auch meine Frau ist hochbetagt.« Zacharias denkt zu menschlich. Er beurteilt alles nach den Kategorien menschlicher Möglichkeiten. Sein Glaube greift nicht hoch genug und gräbt nicht tief genug. Der Engel weist in vorwurfsvollem Ton darauf hin, dass er, der die Botschaft gebracht hat, doch vor Gott stehe und in Gottes Auftrag spreche. Das müsste genügen. Aber das genügt eben nur für den Menschen eines großen und tiefen Glaubens, der weiß, dass bei Gott kein Ding unmöglich ist und dass Gottes Macht erst dort richtig anfängt, wo des Menschen Ohnmacht das Ende menschlicher Möglichkeiten aufzeigt. Weil Zacharias nicht richtig zu hören und zu gehorchen weiß, also das Wort Gottes nicht richtig aufnimmt, soll er zum Zeichen nun auch menschliche Worte nicht mehr richtig hören und sprechen können. Es ist ein Zeichen, dass nun Israel verstummt, weil Gott zu reden anhebt und das Volk Gottes für das Wort Gottes nicht das richtige Gehör hat.

Draußen wartet das erstaunte Volk. Aber es erfasst nur in leiser Ahnung, dass Geheimnisvolles geschehen ist. Es ist noch nicht bereit, das Geheimnis aufzunehmen. Wie Zacharias verstummt, soll auch das stumme Volk warten, bis die Botschaft des menschgewordenen Wortes menschlich und göttlich zugleich hörbar wird.

So beginnt das Heilsgeschehen mit dem machtvollen Wort Gottes einerseits und der Schwäche menschlichen Versagens andererseits. Aber ein Tröstliches überstrahlt alles. Denn »meine Worte werden zu ihrer Zeit in Erfüllung gehen«, spricht der Engel des Herrn. Gott führt seinen Heilsplan trotz des Menschen durch. Und darum wird das Heilsgeschehen ein Siegen Gottes über menschliches Versagen sein. Gott ist immer der Größere, seine Gnade entscheidet. Das Heil ist sein Werk.

VERKÜNDIGUNG

(Lk 1,26–38)

Im sechsten Monat wurde der Engel Gabriel von Gott in einen Ort Galiläas namens Nazareth gesandt zu einer Jungfrau, die mit einem Manne namens Joseph verlobt war, aus dem Hause Davids. Der Name der Jungfrau war Maria. Er ging zu ihr hinein und sprach: »Sei gegrüßt, Begnadete, der Herr ist mit dir.« Sie aber wurde durch dieses Wort ganz verwirrt und sann darüber nach, was das für ein Gruß sei. Der Engel aber sprach zu ihr: »Fürchte dich nicht, Maria, denn du hast Gnade bei Gott gefunden. Siehe, du wirst in deinem Schoß empfangen und einen Sohn gebären und sollst ihm den Namen Jesus geben. Er wird groß sein und Sohn des Allerhöchsten genannt werden, und es wird ihm Gott, der Herr, den Thron Davids, seines Vaters, geben. Er wird über das Haus Jakob herrschen in Ewigkeit, und seines Reiches wird kein Ende sein.« Da sprach Maria zum Engel: »Wie soll das geschehen, da ich keinen Mann erkenne?« Der Engel antwortete ihr und sprach: »Heiliger Geist wird über dich kommen und die Kraft des Allerhöchsten dich überschatten. Darum wird auch das Heilige, das geboren wird, Sohn Gottes heißen. Und siehe, Elisabeth, deine Verwandte, hat noch in ihrem Alter einen Sohn empfangen, und dies ist der sechste Monat für sie, die unfruchtbar genannt wurde. Denn bei Gott ist jedes Wort nicht ohne Kraft.« Maria sprach: »Siehe, ich bin die Magd des Herrn, mir geschehe nach deinem Wort.« Und der Engel schied von ihr.

1. Der äußere Rahmen

Wieder ist es eine Verkündigung, wieder ist der Inhalt die überraschende Voraussage einer völlig unerwarteten Empfängnis, wieder ergeht dieses Wort durch den Engel Gabriel, und wieder handelt es sich um denselben einen Plan Gottes, der nun Schritt für Schritt durchgeführt wird.

Und doch ist alles anders. Sowohl der äußere Rahmen wie die innere Haltung.

Dort erging das Wort des Herrn in Judäa und seiner Hauptstadt Jerusalem. Hier wird das Wort des Engels in der halb heidnischen, am Rande liegenden Provinz Galiläa gesprochen. Und nicht einmal in der Provinzhauptstadt Sepphoris oder wenigstens in einem der Städtlein und Dörfer am See, sondern im völlig unbedeutenden Bergdorf Nazareth. Dort erging die Verkündigung im Tempel zur Stunde der großen Opferfeier, hier in einer kleinen primitiven Hütte zu irgendeiner nicht einmal näher angegebenen Tagesstunde. Dort war der Empfänger einer der Priester Israels, draußen betete harrend die Volksmasse. Hier ergeht das Wort des

Engels an ein junges, unbekanntes Mädchen mit dem gewöhnlichen, in Israel verbreiteten Namen Maria, und es ist niemand anders zugegen. Es fehlt also eigentlich der Rahmen völlig. War dort äußerlich alles groß, feierlich, eindrucksvoll, so ist hier äußerlich alles klein, gewöhnlich und unbedeutend.

Und doch ist schon äußerlich hier etwas wesentlich größer. Denn dort stand beim Eintritt des Zacharias ins Heiligtum der Engel bereit. Er war der Empfangende und Zacharias der Kommende und Eintretende. Und ohne Gruß erging das Wort des Engels an den Priester. Hier ist es anders. Maria ist im Raum. Sie ist die Empfangende. Der Engel dagegen ist der Kommende. Er tritt ein. Er ist also der Kleinere, der zur Audienz kommt. Und sein erstes Wort ist ein Gruß: »Sei gegrüßt.« Es liegt im Urtext dieses Wortes das dreifache Element des Grüßens, der Freude und der Gnade. Dieses Letztere wird noch eigens unterstrichen. »Sei gegrüßt, Begnadete.« Maria war schon immer begnadet und wird es jetzt in dieser Stunde in besonderer Weise. »Der Herr ist mit dir.« Er war schon immer mit ihr, wird es aber jetzt wieder in besonderer Weise sein und bleiben. War dort bei Zacharias die erste Wirkung Verwirrung und Furcht, so ist hier bei Maria nach dem Urtext des biblischen Berichtes die Verwirrung noch größer, d. h. sie geht bis ins innerste Herz und Wesen. Dieser Gruß des Engels und die Tatsache, dass ein Gotteswort an sie ergeht, ist für Maria etwas völlig Unerwartetes. Sie wollte den gewöhnlichen Weg schlichter Frömmigkeit gehen, war darum auch verlobt mit einem Manne namens Joseph. Es war für sie selbstverständlich, dass sie das Leben irgendeiner Frau in Israel führe, äußerlich durch nichts von anderen unterschieden. Was sollte auch Jahwe Besonderes mit ihr wollen? Der Anruf kommt unerwartet. Ist also nicht etwa Wirkung einer psychologisch erklärbaren seelischen Haltung, nicht Projizierung einer inneren Hoffnung, nicht Antwort auf ein seelisches Verlangen, sondern alles kommt von Gott und nur von ihm. Bei Zacharias und Elisabeth war die Unfruchtbarkeit des Lebens ein Schmerz und eine stille Trauer, und vielleicht glühte noch immer ein letztes Fünklein der Hoffnung. Gerade darum wollte Zacharias keine Enttäuschung erleben und stellte die Frage nach einem Zeichen. Maria dagegen erwartet nichts und ist vom Wort Gottes überrascht und überwältigt. So sind die beiden Szenen zugleich parallel dargestellt und doch äußerlich und innerlich völlig verschieden. Das zeigt sich noch deutlicher im Gespräch.

2. Das Gespräch

Eine zweimalige Botschaft des Engels löst eine zweimalige Antwort Marias aus.

Erste Botschaft. Das beruhigende Wort »Fürchte dich nicht, Maria« wird begründet durch die Tatsache: »Du hast Gnade bei Gott gefunden.« Gnade kann man nicht holen oder sich verschaffen. Man kann sie nur suchend finden und empfangen. Und der Inhalt dieser Gnade lautet hier: »Du wirst in deinem Schoß empfangen und einen Sohn gebären.« Zum Empfangen der Gnade kommt hier die körperliche Empfängnis des nicht bloß geistigen, sondern auch körperlichen Wortes Gottes. Maria, die das Wort des Engels aufnimmt, nimmt die zweite Person des Dreifaltigen Gottes auf, und so wird das Wort in ihr Fleisch. Sie wird nicht nur empfangen, sondern gebären. Weil das Kind, das sie gebärt, Gott ist, wird sie mit Recht Gottesgebärerin heißen. »Du wirst einen Sohn empfangen und gebären.« Der Sohn Gottes wird Menschensohn. Darum wird seine menschliche Mutter auch Gottesmutter sein.

»Und sollst ihm den Namen Jesus geben.« War schon der Name des Vorläufers inhaltsreich, so erst recht der Name Jesus. Er besagt zu Deutsch: Gott ist das Heil. Jesus ist der Heilsbringer schlechthin. Und darum ist diese Botschaft des Engels Heilsbotschaft und ist das Geschehen, das hier geschieht, das entscheidende Heilsgeschehen der Heilsgeschichte.

Das Wort des Engels ist nicht nur Aussage, sondern Auftrag: Du sollst empfangen. Darum soll die Hörende durch ihr Jawort mitwirken.

Wie beim Vorläufer werden auch hier durch den Engel persönliche und amtliche Aussagen gemacht.

Das Persönliche: »Er wird groß sein.« Er ist der Große schlechthin. *Tu solus altissimus.* »Und Sohn des Allerhöchsten genannt werden.« Darum wird er nicht nur von den Menschen Sohn genannt werden, sondern vom Vater im Himmel selbst. Der Logos als innergöttliches Wort ist der Gesprochene schlechthin. Durch sein Gesprochensein ist er Sohn und durch sein Sohnsein ist er der Gesprochene. Darum ist er »genannt« im vollsten und reichsten Sinn des Wortes.

Das Amtliche: »Und es wird ihm Gott, der Herr, den Thron Davids, seines Vaters, geben.« Zur Sohnschaft aus Maria und zur Sohnschaft aus dem Vater im Himmel kommt noch die geschichtliche Sohnschaft aus David. Der erloschene Glanz des königlichen Davidshauses strahlt neu auf, aber nicht im Sinne äußeren Glanzes menschlicher Macht, sondern inneren Strahlens göttlicher Herrlichkeit.

»Er wird über das Haus Jakob herrschen in Ewigkeit.«

Der Satz geht über das Vorherige hinaus durch das Wort »in Ewigkeit«. Es geht also hier um eine andere Art des Herrschens und eine andere Art des Reiches. Der geschlossene Ring der Zeitlichkeit mit ständiger Wiederkehr des Gleichen wird durchbrochen; denn der überzeitliche Gott kommt in die Zeit, und so wird diese verlängert in die Zeit ohne Ende. Damit ist das Reich, das jetzt gegründet wird, die Herrschaft, die jetzt errichtet wird, ein ewiges Reich und eine ewige Herrschaft. Zeitlich begrenztes irdisches Königtum wird daneben bedeutungslos. Der »König der Juden« braucht keinen irdischen Thron und keine goldene Krone. Wenn er am Kreuz die Dornenkrone trägt, wird das nicht das Ende seines Reiches und seiner Herrschaft sein, sondern im Gegenteil dessen eigentliche Begründung und dessen entscheidender Anfang.

»Seines Reiches wird kein Ende sein.« Seine Herrschaft hat weder ein räumliches noch ein zeitliches Ende. Sie ist ohne Grenzen und Enden. Dies ist Andeutung der Un-Endlichkeit und leiser Hinweis auf Übermenschliches und Ungeschaffenes. So ist das Wort des Engels eine schlichte, aber feierlich gewaltige, von Wort zu Wort sich steigernde Aussage, voll glühender Sonnen und rauschender Meere. Diese Worte sind wie Hochgebirge und wie rollende Donner.

Die Antwort Marias ist in ihrer Einfachheit überraschend, beim ersten Hören beinahe enttäuschend nüchtern, und verrät doch eine erstaunliche Seelengröße. »Wie soll das geschehen, da ich keinen Mann erkenne?« Ihre seelische Haltung ist also weder freudige Bereitschaft, die sich förmlich anbietet und jubelnd Ja sagt, noch erschrockene Abwehr und Rückzug in falscher Demut. Aber auch nicht Zweifel wie bei Zacharias. Dass es geschehen soll, was Gott durch seinen Engel mitteilend und fordernd spricht, ist für Maria selbstverständlich. Ihre einzige Frage geht nach dem Wie. Sie will und muss wissen, was sie ihrerseits zu tun hat, welchen Weg Gott gewählt hat. Wenn sie hinzufügt, dass sie einen Mann nicht erkenne, so besagt das, dass sie wissen will, ob sie nun mit Joseph ehelich zu verkehren habe, weil Gott das so will. Will Gott eine eheliche Zeugung und Empfängnis als Abbild innergöttlicher Zeugung des Sohnes durch den Vater? Maria ist erst verlobt, noch nicht verheiratet. Will also Gott die sofortige Ehe und die eheliche Empfängnis Jesu aus ihr oder will er es anders? Maria stellt keine Bedingungen, sondern stellt nur die Frage. Sie will den Willen Gottes erkennen. Dann ist das Erfüllen des Erkannten für sie selbstverständlich.

Die zweite Verkündigung des Engels führt nun über die erste hinaus. »Heiliger Geist wird über dich kommen und die Kraft des Allerhöchsten dich überschatten.« So ist also die ganze Heiligste Dreifaltigkeit beteiligt: der Allerhöchste, sein Sohn und der Geist. Dieser Geist schwebte über der Urflut als Schöpfungsprinzip beim Beginn der Schöpfung. Und so schwebt er hier über dem Schoß der Jungfrau, schaffend und zeugend. Darum ist der Sohn Marias zugleich Sohn Gottes und ist Maria durch die Zeugung aus dem Heiligen Geist Braut des Gottesgeistes. Wenn die Kraft des Allerhöchsten sie überschattet, ist dieses Bild der beschattenden Wolke biblisch gesehen ein Zeichen der verborgenen, geheimnisvollen, aber besonderen Gegenwart Gottes.

»Darum wird auch das Heilige, das geboren wird, Sohn Gottes heißen.« Es heißt nicht der Heilige, sondern das Heilige. Denn unmittelbar geboren wird die Natur. Die Person, der diese Natur zugehört, ist Gott selbst. Heilig wird dieser Sohn genannt, denn er ist heilig im vollsten Sinn des Wortes: *Tu solus sanctus*. Sohn Gottes wird er heißen, weil er der Messias ist, in dem sich das ganze Gottesvolk, das von Jahwe den Liebesnamen Sohn erhalten hat, verkörpert. Darüber hinaus ist er Sohn Gottes, weil eben der innergöttliche Sohn diese menschliche Natur als seine eigene besitzen wird.

Maria verlangt nicht ein Zeichen wie Zacharias. Aber der Engel gibt ihr von sich aus ein Zeichen: Die unfruchtbare Elisabeth hat in ihrem Alter einen Sohn erhalten. Das Wunder einer Empfängnis soll Zeichen des Wunders dieser ganz anderen Empfängnis sein. Dort ist es Unfruchtbarkeit der Natur, hier ist es scheinbare Unfruchtbarkeit durch das Nichtverheiratetsein: »Ich erkenne keinen Mann.« Die letzte Begründung lautet: »Bei Gott ist kein Ding unmöglich.« Das Wort ist ein Zitat aus Gen 18,14. Dort wurde dem unfruchtbaren Abraham verheißen, dass die greise Sara noch empfangen und gebären werde. Es war nur Vor-Zeichen, Vor-Bereitung auf dieses jetzige Wunder der Empfängnis und Geburt, bei der der wahre Sohn Gottes das wahre Volk Gottes bringen wird. Wörtlich heißt es im Urtext: »Bei Gott ist jedes Wort nicht ohne Kraft.« Das Wort Gottes, das der Engel hier spricht, ist ein kraftvolles Schöpfungswort. Es ist Imperativ Gottes, Dynamik göttlichen Willens. Darum geschieht es. Es ist nicht nur Einladung, sondern Forderung. Ja nicht bloß Forderung, sondern schöpferisches Tun Gottes.

Darum lautet die zweite und letzte Antwort Marias in schlichter Größe: »Ich bin die Magd des Herrn, mir geschehe nach deinem Wort.« So steht es hart und schroff nebeneinander: Sklavin und Herr. Gott ist der Herr schlechthin und darum nennt sich diejenige, die jetzt in dieser Stunde Herrin wird, Sklavin schlechthin. Es ist demütige Anerkennung der Wirklichkeit, Erkennen der Distanz zwischen Schöpfer und Geschöpf, zwischen bestimmendem Willen, der in souveräner Freiheit fordert und schafft, und dem von außen her bestimmten Willen eines Menschen, dessen Freiheit darin besteht, sich einzufügen in den allein heiligen Willen Gottes, um ganz in der Stromrichtung des Herrn zu treiben.

»Mir geschehe nach deinem Wort.« Dieses Geschehen ist das wichtigste Geschehen der Geschichte. »Mir geschehe« ist zugleich passive Bereitschaft und aktives Jawort. Gott hat den menschlichen Faktor in die Gestaltung des Geschehens und der Geschichte mit einbezogen. Nach der Frage »Wie soll es geschehen?« kommt jetzt die Antwort Marias: »Mir geschehe.« Es geht hier nicht um ekstatischen Jubel und nicht um demütige Bitte, sondern ganz einfach um selbstverständliches Jasagen zum klar erkannten Willen Gottes. Aber gerade in dieser Selbstverständlichkeit liegt die Größe. Das, was für Maria bestimmend ist, ist nicht ihr eigener Wunsch, ihr eigenes Wollen, nicht das Wollen und Reden der Menschen, sondern einzig und allein das Wollen und das Wort des Herrn.

»Und der Engel schied von ihr.« Bei Zacharias scheidet dieser selbst aus dem Heiligtum. Hier scheidet der Engel. Nun ist das Gemach zu Nazareth zum Heiligtum geworden. Die stille Verborgenheit Elisabeths war nur eine Andeutung der großen Stille, in der sich jetzt das Geheimnis Gottes im Schoß der Jungfrau vollzieht. Eine wunderbare Zartheit und feierliche Größe verbindet sich in diesem unsterblichen Bericht mit schlichter Einfachheit, welche wahre Größe des Menschen anzeigt, der in völliger Bereitschaft vor Gott steht.

BESUCH BEI ELISABETH

(Lk 1,39–45)

Maria machte sich in jenen Tagen auf und ging eilends ins Bergland in einen Ort Judäas. Sie trat in das Haus des Zacharias und grüßte Elisabeth. Es geschah aber Elisabeth, als sie den Gruß Marias vernahm, dass das Kind in ihrem Schoße hüpfte, und Elisabeth mit dem Heiligen Geist erfüllt ward. Mit lauter Stimme rief sie und sprach: »Gepriesen bist du unter den Frauen und gepriesen die Frucht deines Leibes. Wie wird es mir zuteil, dass die Mutter meines Herrn zu mir kommt? Denn siehe, als die Stimme deines Grußes mir zu Ohren kam, hüpfte das Kind mit Frohlocken in meinem Schoße auf. Selig, die du geglaubt hast, dass sich das, was vom Herrn gesagt wurde, erfüllen wird.«

1. Taten

Die Begegnung zwischen Elisabeth und Maria, in welcher die beiden bisherigen biblischen Szenen sich nun auch äußerlich berühren, ist sehr bedeutsam. Elisabeth ist Vertreterin Israels, alt, naturhaft unfruchtbar, aus priesterlicher Familie, durch ein Wunder Gottes fruchtbar gemacht zur Geburt des Vorläufers des Messias. Maria ist Vertreterin der Kirche, jung, jungfräulich, durch ein Wunder Gottes fruchtbar gemacht zur Geburt des Messias. Zwei Mütter, deren Mutterschaft weltgeschichtliche Bedeutung hat, treffen sich in der Einigkeit des Lobpreises der Gnade Gottes.

Das Motiv zur Begegnung ist bei Maria einerseits der natürliche Wunsch nach Mitteilung des großen Geschehens, nach Aussprache, aber andererseits auch Hilfsbereitschaft, Dienstwille und schließlich Annahme des Zeichens, auf das Gott hingewiesen hat, und damit ein Sicheinfügen in den großen Plan Gottes.

Es steht dahinter die Initiative Marias, ihr eigener Entschluss. Eine Andeutung des Engels und die Anregung der Gnade genügen. Sie versteht und handelt. Das Evangelium fügt hinzu, dass sie es »eilends« getan habe. Das Jawort zum Willen Gottes, der Gehorsam gegenüber dem Ruf des Herrn, soll nicht langsam und schwerfällig sein, sondern freudig und beschwingt. Wer dem Ruf Gottes folgt und vom Geist Gottes erfüllt ist, schreitet frohen Herzens und aufgeschlossenen Geistes auch auf beschwerlichen Straßen. Dieser Schritt Marias ist keine Selbstverständlichkeit. Dass ein Mädchen im Alter von 12 bis 14 Jahren einfach diese dreitägige Wanderschaft unternimmt, um dann monatelang von zu Hause weg zu sein, war im damaligen Israel auffallend und beinahe anstößig. Aber Maria kennt keine menschliche Rücksicht, wenn es sich um Gottes Willen handelt.

2. *Worte*

Maria begrüßt im Haus des Zacharias Elisabeth. Ob es nur ein Gruß war oder ob dieser Gruß dann auch die Mitteilung der Engelsbotschaft über das wunderbare Geschehen enthielt, wissen wir nicht. Jedenfalls haben die Worte Marias die Wirkung, dass Elisabeth und damit auch das Kind, das sie in ihrem Schoß trägt, in eine natürliche und zugleich vom Heiligen Geiste gegebene Begeisterung und Erregung gerät. Und so antwortet sie tief ergriffen: »Gepriesen bist du unter den Frauen und gepriesen die Frucht deines Leibes.« Der erste Teil des Ave-Maria war vom Engel Gottes selbst gesprochen, der zweite Teil ist von Elisabeth und damit von der bewundernden Menschheit beigefügt. Den dritten Teil hat später die Kirche im Sinn und Geist der sündigen Menschen formuliert. So ist dieses Ave-Maria biblischen und kirchlichen Ursprungs zugleich, eines der schönsten und tiefsinnigsten Gebete, in dem Elisabeth und damit das Alte Testament sich mit Maria und damit dem Neuen Testament verbindet, beides abgeschlossen durch das Wort der Kirche, in der Altes und Neues Testament vereinigt sind.

Die Frucht des Leibes der Jungfrau ist Ursache des Lobpreises. Weil die Frucht ihres Leibes gepriesen ist, darum ist sie selbst unter allen Frauen gepriesen. Marias Mutterschaft ist das Geheimnis ihrer Größe und damit der Marienverehrung all derer, die biblisch denken und glauben.

»Wie wird es mir zuteil, dass die Mutter meines Herrn zu mir kommt?« Elisabeth ist die Ältere, und doch erkennt und anerkennt sie sich hier als die Kleinere, die staunend und freudig die Größe der Jüngeren preist. »Mutter meines Herrn.« Sie weiß also, welches Kind im Schoß der Jungfrau ruht. Sie weiß, dass dieses Kind im doppelten Sinn ihr Herr sein wird. Weil ja dieses Kind der Herr aller Menschen und damit auch Elisabeths Herr ist und weil es als der König Herr des Herolds und Vorläufers ist, den sie, Elisabeth, in ihrem Schoß trägt.

»Selig, die du geglaubt hast, dass sich das, was vom Herrn gesagt wurde, erfüllen wird.« Zur sachlichen und amtlichen Größe Marias als Mutter des Herrn kommt ihre persönliche Größe im Glauben an die Kraft und Macht des Gotteswortes. Dem Unglauben des Menschen steht der Glaube Marias gegenüber. So ist der Glaube als das Jasagen zum fordernden und schenkenden, zum rufenden und begnadenden, zum zeugenden und schaffenden Wort hier gleich an den Anfang des Heilsgeschehens gestellt. Das Heil geht von Gott aus und ist ein Tun Gottes. Aber der Mensch soll das Jawort seiner Bereitschaft geben, denn das Tun Gottes geschieht nicht ohne das Mittun des Menschen. Das Wirken Gottes fordert das Mitwirken des Menschen. Und dieses Mittun und Mitwirken ist der Glaube, der sich im Werk auswirkt, der lebendige Glaube als das Jawort des ganzen Menschen zum Wort Gottes.

Das Lob Marias durch Elisabeth ist Lob der Kirche durch Israel, ist Anerkennung des Neuen Bundes durch den Alten, ist Huldigung des alten Gottesvolkes an das neue.

In dieser ganzen Szene liegt eine Begründung der Marienverehrung. Denn diese hat ihren Urgrund im biblischen Wort und Bericht. Und dieser enthält die doppelte, nämlich die amtliche und die persönliche Größe Marias, ihre Mutterschaft und ihre Glaubensbereitschaft. Der Lobpreis aus dem Mund Elisabeths ist nur ein Weiterführen des Lobpreises aus dem Mund des Engels. Beides wird weitergeführt durch den Mund der Kirche und den Mund all derer, die das Wort und den Geist der Bibel und der Kirche aufgreifen und das Lob der jungfräulichen Mutter Jesu nicht verstummen lassen.

MAGNIFIKAT

(Lk 1,46–56)

Maria sprach:

»Meine Seele preist den Herrn
und mein Geist frohlockt über Gott, meinen Heiland:
denn er hat auf die Niedrigkeit seiner Magd herabgeschaut.
Siehe, von jetzt an werden mich seligpreisen alle Geschlechter,
denn Großes hat an mir getan der Mächtige,
heilig ist sein Name.
Sein Erbarmen geht von Geschlecht zu Geschlecht,
auf die, die ihn fürchten.
Er hat Macht gewirkt mit seinem Arm,
hat zerstreut, die stolz sind in der Gesinnung ihrer Herzen.
Er hat Gewaltige von den Thronen gestürzt
und Niedrige erhöht.
Hungrige hat er mit Gütern erfüllt
und Reiche leer hinweggeschickt.

Er hat sich Israels, seines Knechtes, angenommen,
eingedenk der Barmherzigkeit,
Wie er unseren Vätern versprochen hat,
Abraham und seinem Samen auf ewig.«

Maria aber blieb etwa drei Monate bei ihr. Dann kehrte sie nach Hause zurück.

Die Verkündigung an Zacharias verliert sich in der Stille, Zacharias selbst wird stumm, Elisabeth lebt in völliger Zurückgezogenheit und der heranwachsende Täufer geht in die Wüste. Die Verkündigung an Maria endigt im Gegenteil im ekstatischen Jubel, in der taufrischen, lerchentrillernden Freude eines beglückten Herzens. Die Brunnen dieses Geistes laufen über. Aus diesem stillen, besinnlichen Menschen, von dem im Evangelium so wenig Worte berichtet werden, bricht hier in strömender Fülle ein Hymnus, ein Lied, ein Psalm der Freude, hervor. »Meine Seele preist den Herrn.«

Die Schriftausleger sind in der formalen Einteilung des Magnifikat verschiedener Meinung. Inhaltlich werden jedenfalls deutlich drei Gedankenkreise und insofern drei Strophen unterschieden.

Die erste Strophe gilt Maria selbst. Freilich geht ihr Blick nicht zuerst aufs eigene Ich, sondern auf Gott, und in Gott, dem eigentlich und allein Großen, sieht sie ihre eigene durch ihn gegebene Größe.

»Meine Seele preist den Herrn.« Alles Lob gilt Gott. Die *ancilla Domini* (»Magd des Herrn«, Anm. d. Verl.) preist ihren *Dominus.* Und es ist, als ob sie kein Wort finden könnte, das diesem Lobpreis einen würdigen Ausdruck gibt. Der Große und Hohe wird hochgepriesen. Die Verherrlichung des Herrlichen ist das Allererste. Der Aufblick zu Gott ist für den religiösen Menschen nichts Mühsames, sondern eine Selbstverständlichkeit, nichts Bedrückendes, sondern etwas Erhebendes. Es ist das Atemholen der Seele, das Aufschauen aus dunklen Tälern und dumpfen Hütten zu den leuchtenden Firnen des unendlichen Gottes. Die Liturgie zieht das Wort »wir« dem Wort »ich« vor. Aber Maria hat unter allen Menschen eine Sonderstellung. Das ist ihr gerade jetzt in diesen Gnadenworten durch den Engel gesagt worden. Darum preist sie in ihrer Seele für sich Gottes Gnade in besonderer Weise. Die einmalig Erwählte hat einen besonderen Grund, die Gnade des Erwählenden zu preisen.

»Mein Geist frohlockt über Gott, meinen Heiland.« Seele und Geist vereinigen sich zum Lob Gottes. Das Frohlocken des Herzens ist Echo der Frohbotschaft des Wortes. Gott ist das Heil. Der Name des Kindes, das sie empfangen hat, heißt Jesus, also: Jahwe ist das Heil.

Die Heilsbotschaft ist an Maria ergangen. Sie ist die Erste, die die Antwort des Frohlockens zu Gott als dem Heil gibt. Sie trägt den Heilsbringer in ihrem jungfräulichen Schoß. Soll sie nicht über diese größte Tatsache der Heilsgeschichte jubilieren?

»Denn er hat auf die Niedrigkeit seiner Magd herabgeschaut.« Maria betrachtet sich nicht als sehenswürdig. Aber Gott schaut auf sie. Und zwar nicht mit den Feuerflammen seiner richtenden Augen, sondern mit dem gnadenvollen Blick der Erwählung und der Liebe. Im Licht und unter dem Blick Gottes erkennt der Mensch seine eigene Niedrigkeit und Armseligkeit in schmerzender Klarheit. Vor den Augen des Herrn wird sich das Geschöpf seiner Sklavenexistenz erst recht bewusst. Darum bekennt hier Maria ihr Magdtum vor dem Herrn, dessen Magd zu sein schon Großes besagt, der aber als Herr die Magd zur Herrin macht.

»Von jetzt an werden mich seligpreisen alle Geschlechter.« Das »Jetzt« ist der Wendepunkt im Leben Marias, die bisher als Unbekannte und Unbeachtete den gewöhnlichen Weg der Verborgenheit schritt, von jetzt an aber durch das helle Licht Gottes, das auf sie fällt, vor den bewundernden Augen steht und von allen gepriesen wird. Das Jetzt ist aber auch Wendepunkt der Heilsgeschichte, denn nun haben Unheil und Heillosigkeit ein Ende, weil der Heilende und Heiligende gekommen ist, und zwar gekommen ist durch sie, die jungfräuliche Mutter. Darum werden alle, die von ihr hören, sie seligpreisen. Dieser prophetische Blick in die Zukunft ist eine vorausgenommene Anerkennung der Marienverehrung und ist deren Rechtfertigung durch das von Gott inspirierte Wort Marias selbst. Der Lobpreis Elisabeths »Selig, die du geglaubt hast« ist nur die Antifon. Das Magnifikat ist der eigentliche Psalm. Von Maria angestimmt, wird er nicht mehr verklingen, sondern von Geschlecht zu Geschlecht weiterhallen bis zum Ende der Zeiten und hinüber in die Zeit ohne Ende.

»Großes hat an mir getan der Mächtige.« Maria kennt keine falsche Demut, kein verkrampftes Leugnen der Gaben Gottes. Sie behauptet von sich keine Mauerblümchen-Existenz und kein Aschenbrödel-Dasein und zieht sich nicht beschämt in den Schatten zurück. Sie weiß, dass alles, was sie Großes hat, Gnade des Herrn ist. Es wäre Undank, das nicht dankbar anzuerkennen. Wer um die Größe Gottes weiß, soll die Großtaten Gottes freudig verkünden. Der Allmächtige hat durch die Macht seiner Gnade im Schoß der Jungfrau das Wunder der Empfängnis vollbracht und die Ohnmacht der Menschheit, die aus eigener Macht das Heil nicht wirken kann, durch seine Allmacht überwunden, und zwar durch Maria, in der das Heil seinen Anfang nahm.

»Heilig ist sein Name.« Neben der Macht Gottes steht die Heiligkeit, die nun sichtbar wird im menschgewordenen Gottessohn. Der Heilige ist in die unheilige Welt getreten. Dadurch wird der entweihte Name Gottes wieder geheiligt, in einer unheiligen Welt hörbar und sichtbar gemacht. Der Unnahbare hat sich genaht. Er hat den unüberschreitbaren Kreis seiner eigenen Heiligkeit gewissermaßen durchbrochen und geöffnet, damit die unheiligen Menschen durch seinen Ruf und seine Gnade in den Bezirk seiner Heiligkeit hineingenommen werden. Die Welt wird in ein *fanum* (»Heiligtum, Tempel«, Anm. d. Verl.) umgewandelt, das Pro-fane hat seine Existenzberechtigung verloren.

So fordert in der ersten Strophe die Gegenüberstellung »Gott – Ich« die Verherrlichung Gottes, in die hinein das Ich sich verliert.

Zweite Strophe. Maria blickt über sich hinaus auf die Menschheit. Sie weiß, dass sie das Kind nicht für sich empfangen hat, sondern für die anderen.

»Sein Erbarmen geht von Geschlecht zu Geschlecht auf die, die ihn fürchten.«

Das ist die Überschrift der zweiten Strophe und besagt, dass die Gnade nun allen gegeben wird unter der Voraussetzung, dass sie wie Maria die Haltung der *ancilla* Gott gegenüber haben, also Gott als den Herrn fürchten und vor ihm als dem Herrlichen in staunender Ehrfurcht stehen. Ein Gnadengesetz kommt zur Auswirkung. Das, was sich bei Maria zeigt, ist von Allgemeingültigkeit. Dieses Gesetz besagt, dass Gott seine Gnade dort gibt, wo der Mensch um seine Gnadenbedürftigkeit weiß. Nur wer sich seiner Armseligkeit bewusst ist, wird nun beseligt durch den Reichtum Gottes. Das wirkt sich auf drei Gebieten aus: Die Gnade erwählt nicht die Stolzen, sondern die Demütigen, nicht die Mächtigen, sondern die Schwachen, nicht die Satten, sondern die Leeren.

»Er hat Macht gewirkt mit seinem Arm, hat zerstreut, die stolz sind in der Gesinnung ihrer Herzen.«

Stolz ist das eigentlich Gottfeindliche. Selbstüberhebung führt zum Sturz in das Unter-Ich. Der Übermensch wird zum Untermenschen. Die Macht des göttlichen Armes ist stärker als die Macht antigöttlicher, aus Stolz geborener Organisation derer, die da wähnen, durch die Kraft ihrer Arme das Werk der Selbsterlösung vollbringen zu können. Gott treibt die Zusammengerotteten auseinander und gegeneinander.

»Er hat Gewaltige von den Thronen gestürzt und Niedrige erhöht.« Das Kind Marias, der Magd des Herrn, wird den Thron Davids einnehmen und die Thronenden, ob sie Herodes heißen oder Pilatus oder Tiberius, werden gestürzt. Ob die Menschen auf dem Thron der Macht, des Geldes, des Ruhmes oder der Bequemlichkeit sitzen, sooft sie thronen und sich großmächtig vorkommen, werden sie gestürzt in die Kleinheit ihrer Ohnmacht. Und wäre es auch erst in der dunklen Stunde, in der der Tod mit seinem unerbittlichen Arm dem Größenwahn derer, die sich groß wähnen, ein jähes Ende macht.

»Hungrige hat er mit Gütern erfüllt und Reiche leer hinweggeschickt.« Es gibt einen Hunger und Durst nach Gott. Er brennt in den Herzen derer, die um die eigene Leere wissen und spüren, dass die Räume ihres Herzens durch nichts Geschaffenes wirklich ausgefüllt werden können. Wenn die Schale leer ist, wird sie durch Gott bis zum Rande gefüllt. Wo der Mensch aber satt ist, erfüllt von sich selbst oder von den Dingen dieser Welt, ist kein Raum für Gottes Gnade. Das Offensein nach oben ist Vorbedingung für das Erfülltwerden durch die Gnade des Herrn. Wer sich satt dünkt durch Einbildung, Genuss, Besitz, ist in Wirklichkeit vor Gott leer. Wer aber das Vakuum seines Herzens schmerzlich verspürt, ist bereit zum Erfülltwerden durch Gott. Die seelische Bereitschaft ist Voraussetzung für das Wirken Gottes.

Dritte Strophe. Nach dem Blick auf Gott und auf die Menschheit schaut Maria auf Israel. Denn was an Maria geschehen ist und im weiteren Sinn für alle Gültigkeit hat, zeigt sich in besonderer Weise an Israel, das nun über sich hinausgehoben wird zum geistigen Israel des neuen Gottesvolkes der Kirche.

»Er hat sich Israels, seines Knechtes, angenommen.« Israel ist der Knecht Jahwes. Aber nun wird die Knechtschaft durch das Kind im Schoße Mariens zur Kindschaft. Der Sklave wird durch den Sohn zum Sohn. Das erwählte Volk wird nun im neuen Sinn erwählt. So ist Israel nun endgültig aufgenommen in die Erwählung, in die Besonderheit, ja in die Familie Gottes selbst.

»Eingedenk der Barmherzigkeit.« Gott gedenkt Israels. Er hat sein Volk nicht vergessen. Sein Wesen ist Treue und Gnade. Erwählung ist nicht Verdienst der Menschen, sondern Erbarmen Gottes. Man ist nicht erwählt, weil, sondern obwohl: Primat der Gnade des Herrn vor dem Tun des Menschen.

»Wie er unseren Vätern versprochen hat, Abraham und seinem Samen auf ewig.« Gott hat gesprochen. Er hält sein Versprechen. Auch wenn Israel den Bund bricht, bleibt Gott dem Bund treu.

Auch wenn Israel wortbrüchig ist, bricht Gott sein Wort nicht. Sein Sprechen ist ein Versprechen. Er hält es. Die Verheißung ist an die Väter ergangen und erfüllt sich nun an den Söhnen. Abraham ist der Stammvater aller Gläubigen. Alle, die glauben, gehören nun zum Stamm derer, die Gott zum wahren Vater haben. Abraham als Unfruchtbarer hat Samen und Nachkommenschaft zahlreich wie Sand am Meer, wie Sterne am Himmel. Aber hier ist von dem einen Nachkommen, dem einen und besonderen Sohn Abrahams die Rede, und dieser bleibt auf ewig. So endet der Hymnus des Magnifikat mit dem Hinweis auf den Ausklang Israels in den Messias hinein. Er ist die Erfüllung des Alten Bundes und aller Verheißungen. Er ist die Größe Marias, die Größe der Menschheit und die Größe des wahren Israel. Darum wird seine Größe im Jubel gepriesen: »Meine Seele preist den Herrn.«

BENEDICTUS

(Lk 1,57–80)

Für Elisabeth erfüllte sich die Zeit des Gebärens, und sie gebar einen Sohn, und ihre Nachbarn und Verwandten hörten, dass der Herr ihr große Barmherzigkeit erwiesen hatte, und freuten sich mit ihr. Es begab sich am achten Tage, dass sie kamen, um das Knäblein zu beschneiden, und sie gaben ihm den Namen seines Vaters Zacharias. Seine Mutter antwortete und sprach: »Nein, er soll Johannes heißen.« Sie sprachen zu ihr: »In deiner Verwandtschaft ist keiner, der diesen Namen trägt.« Sie winkte seinem Vater, wie er wolle, dass er heiße. Er verlangte ein Schreibtäfelchen und schrieb: »Johannes ist sein Name.« Und alle wunderten sich, und sein Mund öffnete sich im gleichen Augenblick, seine Zunge wurde gelöst und er sprach und pries Gott. Furcht kam über alle, die in jener Gegend wohnten, und im ganzen Bergland von Judäa sprach man von diesen Ereignissen. Alle, die davon hörten, nahmen es sich zu Herzen und sagten: »Was wird wohl aus diesem Kinde werden, denn die Hand des Herrn war mit ihm.« Sein Vater Zacharias wurde vom Heiligen Geiste erfüllt und sprach prophetisch:

»Gepriesen sei der Herr, der Gott Israels,
denn er hat auf sein Volk geschaut
und ihm Erlösung gebracht.
Er hat uns ein Horn des Heiles aufgerichtet
im Hause Davids, seines Knechtes,
wie er geredet hat durch den Mund seiner heiligen Propheten von alters her.
Uns Rettung von unseren Feinden zu bringen
und aus den Händen aller, die uns hassen.
Unseren Vätern Erbarmen zu erweisen
und seines Heiligen Bundes eingedenk zu sein,
wie er einen Eid geleistet Abraham, unserem Vater:
Dass er uns geben werde, furchtlos zu sein,
und von der Hand unserer Feinde befreit zu werden,
ihm zu dienen in Heiligkeit und Gerechtigkeit
vor seinem Angesicht all unsere Tage.
Und du, Knäblein, wirst Prophet des Höchsten genannt werden,
denn du wirst vor dem Antlitz des Herrn einherschreiten,
seine Wege zu bereiten,
und seinem Volk Kenntnis des Heils zu geben
in Vergebung seiner Sünden.
Durch Mitleid und Erbarmen unseres Gottes,
wodurch uns der Aufgang aus der Höhe aufleuchten wird,
denen zu scheinen,
die in Finsternis und Todesschatten sitzen
und unsere Füße auf den Weg des Friedens zu leiten.«

Der Knabe wuchs heran und erstarkte im Geist und war in der Wüste bis zu den Tagen seines Auftretens vor Israel.

Lukas hat zum Teil fest gefügte mündliche Berichte, zum Teil auch schon schriftlich gefasste Teilstücke vorgefunden. Er hat sie aber in künstlerischer Gestaltung zu einem einheitlichen Ganzen zusammengefügt. So sind schon die beiden Verkündigungsberichte in ihrer Übereinstimmung und ihrer Verschiedenheit parallel gestaltet. Ähnlich nun die beiden Geburtsberichte. In einen Lobgesang des Zacharias ist der erste Bericht eingebettet, in den Gesang der Engel der zweite.

Das Benedictus ist der Gruß des scheidenden Israel an den kommenden Messias. Alles ist von Freude erfüllt. Freude, dass der stumme Zacharias die Sprache wiederfindet, Freude, dass die greise Elisabeth ein Kind gebiert, Freude über die erstaunlichen Dinge, die bei der Geburt dieses Kindes geschehen. Diese Freude sprudelt im Benedictus.

1. Die messianische Zeit

Das, worauf Israel immer gewartet hat und was nun seine eigentlicheGröße herbeiführt, ist das messianischeZeitalter. Der Messias ist gekommen. Der Gott Israels hat sich seines Volkes angenommen und ihm nun die Freiheit gebracht. Die Befreiung aus der Knechtschaft Ägyptens war nur wie ein Vorbild, ein Symbol dieser geistigen Befreiung, die der Messias seinem Volk bringt. Er ist ein »Horn des Heiles«. Als Hirtenvolk ist Israel von der Wüste her ins Gelobte Land gekommen. Und so weiß es, dass das Horn die Kraft des Tieres und der Herde bildet. Nun ist, ins Geistige übertragen, dieser Herde der machtvolle Messias gegeben. Und zwar »aus dem Hause Davids, seines Knechtes«. Neben der *ancilla Domini* (»Magd des Herrn«, Anm. d. Verl.) steht hier das ganze Haus Davids und damit ganz Israel als *servus Domini* (»Knecht des Herrn«, Anm. d. Verl.). So wird Israels Geschichte nun zu ihrem Höhepunkt geführt.

Die Prophetenworte sind erfüllt. Die Verheißung der messianischen Zeit hat Gott schon lange durch den Mund der Propheten gegeben. Nun erfüllen sich diese Worte. Die Barmherzigkeit Gottes erweist sich an Vätern und Söhnen, an der ersten Generation der Patriarchen und an der gegenwärtigen Generation derer, die nun das Heil schauen dürfen. In Israel ist Vergangenheit und Gegenwart ein Ganzes. Das Versprechen wird eingelöst, weil Gott ein barmherziger Gott ist.

Der Eid Gottes ist gehalten. Jahrhunderte hindurch ist kein Prophetenwort mehr an Israel ergangen, und man hätte meinen können, Gott habe sein Volk vergessen. Aber Gottes Wort war durch Gottes Eid bekräftigt. Darum war die Erfüllung gesichert. Die Treulosigkeit Israels wird durch die Treue Jahwes überwunden. Sein heiliger Bund bewährt sich. Die Verheißung an den unfruchtbaren Abraham wird nun in der Fruchtbarkeit seines Volkes erfüllt.

Neues Leben ist das Ergebnis. Es ist ein Leben ohne Furcht und in Freiheit. Es ist Dienst Gottes in Heiligkeit und Gerechtigkeit. Hier wächst die bloß politisch-irdische Vorstellung einer Sicherheit vor Feinden und eines äußerlich ruhigen Lebens hinauf ins Höhere des Geistigen, Sittlichen und Religiösen. Das Volk Gottes wird Gott in Freiheit dienen können.

All das ist Ursache zum Lobpreis Gottes. Der religiöse Mensch soll nicht auf sich schauen, um über die eigene Armseligkeit zu jammern. Er soll auch nicht bloß auf seine Zeit und seine Umgebung blicken, um über schlechte Zeiten und schlechte Sitten zu lamentieren, sondern er soll zu Gott aufschauen, der die Verheißung gegeben hat und sie in Treue hält. Dann wird er trotz allem zum frohen Sänger, der immer wieder den Herrn preisen kann. Das Stummsein des Zacharias löst sich auf in das Lied auf Gottes Größe. Jedes Verstummen vor Gott führt zu einem Jubel des Herzens über Gott.

2. *Die Aufgabe des Herolds*

Johannes ist Wegbereiter. »Prophet des Höchsten« wird er sein. Die große Reihe dieser geisterfüllten Gottesmänner, dieser seltsamen

Gestalten aus einer anderen Welt, dieser furchtlosen Verkünder göttlichen Willens findet in Johannes dem Täufer ihren Abschluss. Er ist der ausgestreckte Finger der prophetischen Hand mit dem Hinweis auf den Messias. »Du wirst vor dem Angesicht des Herrn einherschreiten«, wie es einer dieser Propheten vorausgesagt hat (Malachias). Aber Johannes ist mehr als die Propheten. Sie schauten aus der Ferne, er dagegen bereitet nun dem bereits gekommenen Herrn aus nächster Nähe den Weg. Er wird dem Volk das rechte Verständnis für die Heilsbotschaft der Vergebung der Sünden erschließen. All das geschieht durch das Erbarmen des Herzens Gottes. Hier steht zum ersten Mal im Neuen Testament dieses Wort vom erbarmenden Herzen. Es wird noch einmal in besonderer Weise hörbar im johanneischen Passionsbericht vom durchbohrten Herzen und wird wieder aufklingen in der Apokalypse, wo von der zweiten Wiederkunft des Herrn mit dem durchbohrten Herzen die Rede ist, und es wird im Beten und Singen der heiligen Kirche nicht mehr verstummen.

Das Kommen des Herrn ist das Wichtigste, was der Herold kundtut. Und zwar wird der Herr kommen wie eine strahlende Sonne. Als »Aufgang aus der Höhe«. Diese Sonne steht nicht aus der Tiefe auf, aus dem Abgrund des Meeres, aus dem Chaos der dunklen Flut, sondern sie kommt strahlend von der Höhe des Himmels. Christus ist nicht ein Aufsteigender, sondern ein Herabsteigender. Eine neue und ganz andere Sonne bringt nun das wahre Licht für alle, die in Finsternis und Todesschatten sitzen. Und darum ist von jetzt an ein Schreiten auf dem Weg des Friedens möglich.

So ist dieses Benedictus aus alttestamentlichem Text zusammengesetzt und atmet noch den alttestamentlichen Geist. Aber es ist doch staunend frohes Schauen in die Zukunft, Blick auf das wahre, geistige, kommende Israel. Unsicherheit und Unruhe sollen nun überwunden werden durch die Gewissheit und Freude des Glaubens. Das wandernde Israel findet nun den »Weg des Friedens«. Das irdisch-politische Israel wird hineingeführt in das religiöse Reich Gottes. Wenn dann der Herr zum zweiten Mal wiederkommt, wird Irdisches und Himmliches, Äußeres und Inneres, Politisches und Religiöses zu einer neuen Einheit des neuen eigentlichen Gottesvolkes, wenn der neue Himmel und die neue Erde geschaffen sind. Und damit werden das Magnifikat der Jungfrau, das Benedictus des Zacharias und der Lobgesang der Engel auf den Fluren Bethlehems zusammenklingen zum einen großen Lied der Dankbarkeit, durch welches die Erlösten den Herrn preisen, der ihnen Freiheit und Frieden gebracht hat: *Benedictus Dominus Deus Israel.* (»Gespriesen sei der Herr, der Gott Israels«, Anm. d. Verl.).

GEBURT DES HERRN

(Lk 2,1–20)

Es geschah in jenen Tagen, dass ein Befehl des Kaisers Augustus ausging, den ganzen Erdkreis aufzuzeichnen. Diese erste Aufzeichnung geschah, als Quirinus Statthalter von Syrien war. Es machten sich alle auf, um sich eintragen zu lassen, jeder in seine Stadt. Auch Joseph zog aus der Stadt Nazareth in Galiläa nach Judäa in die Stadt Davids, die Bethlehem heißt, um sich mit Maria, seiner Verlobten, die gesegneten Leibes war, eintragen zu lassen, denn er stammte aus dem Hause und der Vaterstadt Davids. Es geschah aber, als sie dort waren, dass sich die Tage ihres Gebärens erfüllten. Und sie gebar ihren Sohn, den Erstgeborenen, wickelte ihn in Windeln und legte ihn in eine Krippe, denn in der Herberge war kein Platz für sie.

Hirten waren in jener Gegend auf dem Felde und hielten bei ihrer Herde Nachtwache. Und ein Engel des Herrn erschien ihnen, und die Herrlichkeit des Herrn umstrahlte sie, und sie fürchteten sich sehr. Und der Engel sprach zu ihnen: »Fürchtet euch nicht, denn ich verkünde euch eine große Freude, die dem ganzen Volk zuteilwird. Heute ist euch in der Stadt Davids der Heiland geboren, der da ist der Messias, der Herr. Und das soll euch ein Zeichen sein: Ihr werdet ein Kind finden, das in Windeln gewickelt ist und in einer Krippe liegt.«

Und plötzlich war eine Menge himmlischer Heerscharen beim Engel. Sie lobten Gott und sprachen: »Ehre sei Gott in der Höhe und auf der Erde Friede den Menschen seines Wohlgefallens.« Als die Engel von ihnen weg in den Himmel gingen, sprachen die Hirten zueinander: »Wir wollen nach Bethlehem gehen und sehen, wie dieses Wort sich erfüllt hat, das der Herr uns hat wissen lassen.« Sie gingen eilends hin und fanden Maria und Joseph und das Kind, das in der Krippe lag. Als sie es sahen, verkündeten sie, was ihnen von diesem Kind gesagt worden war. Und alle, die es hörten, wunderten sich über das, was ihnen von den Hirten berichtet wurde. Maria aber bewahrte diese Worte in ihrem Herzen und überdachte sie. Die Hirten kehrten zurück, priesen Gott und lobten ihn für alles, was sie gehört und geschaut hatten, so wie es ihnen gesagt worden war.

Schon die Verkündigung der Menschwerdung Jesu war seltsam durch den Gegensatz äußerer Niedrigkeit und innerer Größe. Noch seltsamer und auffälliger ist dieser Gegensatz bei der Geburt Jesu.

1. Die Geburt

Sie vollzieht sich nicht in Nazareth, was doch eigentlich selbstverständlich gewesen wäre, sondern in Bethlehem. Und es geschieht diesmal nicht auf ein ausdrückliches Wort des Engels hin, sondern durch ein rein irdisches Ereignis, nämlich durch den Erlass des römischen Kaisers. So erscheint Jesus schon bei seiner Geburt als den menschlichen Mächten unterstellt wie einer, der der irdischen Macht ohnmächtig gegenübersteht, der Schwache, der dem Starken weicht. Und doch ist es das Werk Gottes. Denn einmal wird hier sichtbar, dass auch menschliches Tun, ohne dass der Mensch es ahnt, dem Plan Gottes dient. Augustus lässt die Volkszählung in seinem gewaltigen Reich vornehmen, um die Einheit der Welt sicherzustellen, um zu zeigen und zu wissen, wie viele Soldaten er zur Verfügung hat, und um mit größerer Zuverlässigkeit die Steuern einzutreiben, die er für seine großen Pläne braucht. Aber in Wirklichkeit ist diese irdische Macht, der Jesus scheinbar ausgeliefert ist, doch nur Werkzeug der Macht Gottes und es wird durch sie der Heilsplan durchgeführt.

So wird denn Jesus in Bethlehem geboren, also in der Stadt Davids, wie das Evangelium mehrmals betont. Hier in Bethlehem ist David, der Hirtenknabe, gerufen und gesalbt worden. Hier wird nun der wahre Sohn Davids geboren, der wahre Hirt, der die Herde Gottes führt, er, der als Wort Gottes dem innersten Wesen nach ein Gerufener und als Messias und Sohn Gottes der Gesalbte schlechthin ist. Noch ein Weiteres geschieht durch diesen Erlass des Augustus. Die Geburt Jesu wird in die Weltgeschichte eingebaut und eingefügt. Es wird festgestellt, an welchem Ort und welcher Zeit diese Geburt geschehen ist. Es geht also hier nicht um eine Legende oder einen Mythos, sondern um ein wirkliches geschichtliches Geschehen, dem der Platz in Raum und Zeit angewiesen ist. Neben Augustus, der durch seine *Pax Romana* (»Römischer Friede«, Anm. d. Verl.) Heilsbringer der Welt sein wollte, steht hier Jesus, der durch die *Pax Divina* (»göttlicher Friede, Anm. d. Verl.) der wirkliche Heiland der Welt geworden ist.

In Bethlehem ist aber kein Platz für ihn. Und so wird er im Stall geboren. Wenn es heißt, dass in der Herberge kein Platz gewesen sei, so kann das entweder heißen, dass tatsächlich die Suchenden dort keine Unterkunft mehr fanden. Es kann aber auch heißen, und zwar mit größerer Wahrscheinlichkeit, dass in der Herberge, in der sie als Fremde wohnten, nicht der rechte Platz für das heilige Geheimnis dieser Geburt Jesu gewesen wäre. So kommt der Herr draußen in der Einsamkeit und Armut eines Stalles zur Welt. Wiege muss ihm der rohe Futtertrog sein, der aus der Felswand herausgehauen ist und aus dem sonst das Vieh frisst. Das Evangelium betont noch besonders, dass das Kind in Windeln gewickelt wurde. Neben der Armut steht also die völlige Menschlichkeit mit all ihrer Schwäche.

Der Erstgeborene Gottes, der Sohn schlechthin, ist hier zur Welt geboren als ein kleines Kind. Der ganze Rahmen ist so einfach, schlicht, ärmlich und klein wie nur möglich. Diese Armut und Einfachheit kann nicht mehr unterboten werden. Und doch ist dieses Geschehen das Gewaltigste und ist der, der hier zur Welt kommt, der Träger allen Reichtums. Vor Gott braucht es keinen äußeren Apparat und kein Drum und Dran. Im Gegenteil: Je mehr dieses Äußere zurücktritt, desto mehr kann innere Größe in Erscheinung treten. Alles Pompöse, Bombastische, Gemachte, alles Zur-Schau-Gestellte widerspricht dem Wesen Jesu von der ersten Stunde seiner Geburt im Stall an bis zur letzten Stunde seines armen und entblößten Sterbens am Kreuz.

2. *Die Verkündigung der Geburt*

Die erste Botschaft ergeht an Hirten. Israel ist ein Hirtenvolk und Jesus selbst ist der Hirt der neuen Menschheit. Die Großen verstehen diese wahre Größe nicht. Die Reichen laufen dem falschen Reichtum nach, und die Wissenden haben für die Weisheit des Herrn nicht das rechte Verständnis. So sind die Erstgerufenen die kleinen, armen, unwissenden Hirten auf dem Feld.

Der Inhalt der Botschaft ist eine Frohbotschaft. In drei Worte ist sie zusammengefasst: Retter, Gesalbter, Herr. Retter ist er, weil er die Menschen, die sich selbst nicht helfen können, aus ihrer Not befreit. Gesalbter ist er, weil seine Menschennatur durch das Salböl der Gottheit zum Priester, Propheten und König geweiht ist.

Und Herr ist er, weil ihm alle Macht gegeben ist im Himmel und auf Erden.

Wie seltsam ist das Zeichen. »Ihr werdet ein Kind finden, das in einer Krippe liegt.« Das Kleine wird zum Zeichen des Großen, das Schwache zum Zeichen der Macht, das Ärmliche zum Zeichen des Reichtums. Man muss schon bei der Geburt Jesu umlernen und umdenken. Über göttliche Dinge müssen wir in anderen Kategorien denken und daran andere Maßstäbe anlegen.

Die Botschaft wird durch den Gesang der Engel zum Abschluss gebracht. Diese Botschaft enthält in zwei Gliedern je drei Parallelelemente. Im ersten Glied ist die Rede von der Höhe, von der Ehre und von Gott; im zweiten von der Erde, vom Frieden und von den Menschen.

Gott in der Höhe wird nun wieder die Ehre und Verherrlichung zuteil. Denn nun wird Gottes verborgene Herrlichkeit durch Jesus sichtbar gemacht. Und er, dessen Tun den Charakter des Unendlichen hat, kann nun Gott wirklich die Ehre gehen, die kein Mensch zu geben imstande ist. Auf der Erde haben die Menschen nun Frieden, denn Himmel und Erde, die durch die Sünde getrennt waren, sind jetzt durch die Gnade geeint. Die Friedlosigkeit der Sünde wird in den Frieden der Gnade umgewandelt. Und all das geschieht, weil Gott nun den Menschen um des menschgewordenen Gottes willen sein Wohlwollen schenkt. So ist dieser Gesang der Engel die gewaltige Antifon zum Psalm des Lebens Jesu, der tiefsinnige Prolog zum großen Geschehen, das sich jetzt auf der Bühne dieser Welt vollzieht. Es ist nicht nur ein Wunsch oder ein Gebet: »Ehre sei Gott«, sondern ist Feststellung und Verkündigung einer Tatsache: Ehre ist Gott und Friede ist den Menschen gegeben. Die Stunde des Heils hat geschlagen, das Werk des Heils hat begonnen. Denn der Heiland der Welt ist geboren.

Die erste Wirkung ist der Entschluss der Hirten, das Wort gläubig aufzunehmen und ihm zu folgen. Die Suchenden finden Maria, Joseph und das Kind. Staunende Verwunderung und Bewunderung belohnt ihr Suchen und Finden. Das Schweigen der jungen

Mutter zeigt, wie der Jubel ihres Magnifikat stiller Besinnlichkeit gewichen ist, und die Rückkehr der Hirten zu ihrer gewöhnlichen Alltäglichkeit bringt uns zum Bewusstsein, dass hier auf Erden das Finden des Herrn nicht eine Änderung der äußeren Lebenslage bedeutet, sondern eine innere Umwandlung der Herzen.

So ist in dieser Szene der Gegensatz in die Augen springend. Jesus ist verborgen, wird aber doch bekannt gemacht, ist niedrig und wird doch verherrlicht, ist auf die Hilfe von zwei schwachen Menschen angewiesen und wird doch von Engeln umsorgt, ist in Schwäche und ist doch Heilsbringer der Welt. Er ist in allem ganz Mensch und doch vom Glanz Gottes umstrahlt. Der Akzent des biblischen Berichtes liegt auf diesem Gegensatz, in welchem das Göttliche in die menschliche Niedrigkeit eintritt, sie aber nun durchstrahlen wird zur Verherrlichung Gottes.

DARSTELLUNG IM TEMPEL

(Lk 2,21–40)

Als acht Tage vollendet waren und man ihn beschneiden musste, wurde ihm der Name Jesus gegeben, wie er vom Engel genannt worden war, noch bevor er im Mutterschoß empfangen wurde.

Als auch die Tage für die im mosaischen Gesetz vorgeschriebene Reinigung erfüllt waren, brachten sie ihn hinauf nach Jerusalem, um ihn dem Herrn zu weihen, wie es im Gesetz des Herrn geschrieben steht: »Alle männliche Erstgeburt soll dem Herrn geheiligt heißen«, und um der Bestimmung im Gesetz des Herrn entsprechend das Opfer darzubringen: »ein paar Turteltauben oder zwei junge Tauben«.

Es lebte aber in Jerusalem ein Mann namens Simeon. Dieser Mann war gerecht und gottesfürchtig und wartete auf den Trost

Israels. Der Heilige Geist ruhte auf ihm und er hatte vom Heiligen Geist die Gewissheit empfangen, dass er den Tod nicht schauen werde, bevor er den Gesalbten des Herrn sehe. Er kam vom Geiste erfüllt in den Tempel. Als die Eltern das Kind Jesus hineinbrachten, um an ihm nach der Vorschrift des Gesetzes zu handeln, nahm er es auf die Arme, pries Gott und sprach: »Jetzt lässest du deinen Knecht, o Herr, nach deinem Wort im Frieden scheiden. Denn meine Augen haben dein Heil gesehen, das du angesichts aller Völker bereitet hast, ein Licht zur Erleuchtung der Heiden und zur Verherrlichung deines Volkes Israel.«

Sein Vater und seine Mutter wunderten sich über das, was von ihm gesagt wurde. Simeon pries sie und sprach zu Maria, seiner Mutter: »Dieser ist zum Fall und zur Auferstehung vieler in Israel gesetzt und zum Zeichen, dem widersprochen wird – deine Seele wird ein Schwert durchbohren –, damit aus vielen Herzen die Gedanken offenbar werden.«

Es war da auch Anna, eine Prophetin, die Tochter Phanuels, aus dem Stamme Aser. Sie war hochbetagt. Mit ihrem Manne hatte sie nach der Jungfrauschaft nur sieben Jahre zusammengelebt. Sie war Witwe, 84 Jahre alt, wich nicht vom Tempel und diente Gott bei Tag und Nacht mit Fasten und Beten. Auch sie kam zu ebendieser Stunde, pries Gott und sprach von ihm zu allen, welche die Erlösung Israels erwarteten.

Als sie alles nach dem Gesetz des Herrn erfüllt hatten, kehrten sie zurück nach Galiläa in ihre Stadt Nazareth. Das Kind wuchs heran, erstarkte, war mit Weisheit erfüllt, und das Wohlgefallen Gottes ruhte auf ihm.

Aus der Jugend des Vorläufers berichtet Lukas nichts. Sie verschwindet völlig in der Stille und Einsamkeit. Aus der Jugend Jesu werden dagegen drei Ereignisse erzählt. Das erste ist die Beschneidung. Sie wird mit einem einzigen Satz erwähnt. Das Entscheidende dabei ist die Tatsache, dass Jesus den Namen erhält, den der Engel gefordert hat und der Wesen und Aufgabe des neugeborenen Kindes enthält. Es ist der Name, den die Kirche mit einem eigenen Fest feiert, über den besinnliche Menschen immer wieder meditiert haben und der den Mystikern Quelle der Freude und der Begeisterung geworden ist: der Name Jesus, vor dem, nach dem Worte des Apostels Paulus, alle Knie sich beugen im Himmel, auf der Erde und unter der Erde.

Ausführlicher wird dagegen bei Lukas die Darstellung im Tempel berichtet. Es sind vor allem zwei Dinge, die dabei hervorgehoben werden.

1. Die Ereignisse

Äußerlich geschieht gar nichts Auffälliges. Hunderte junger Ehepaare schreiten im Laufe des Jahres den Tempelberg hinauf, um an einem Portal, das zum Eingang des Frauenvorhofes führt, die rituelle Reinigung und den Loskauf des neugeborenen Knaben vornehmen zu lassen. Die Reinigung war im Gesetz vorgeschrieben, weil Empfängnis und Geburt so häufig mit Sünde und ungezügelter Leidenschaft verbunden sind. Nach Gottes Plan sollten Zeugung und Geburt etwas Sakramentales sein, weil sie nicht nur natürliches, sondern auch übernatürliches Leben vermittelten. Aber die Sünde hat die Quelle verunreinigt. Und so mischt sich zum Guten das Böse, zum Göttlichen das Menschlich-Allzumenschliche. Erst wenn das vorgeschriebene Opfer dargebracht wird, gilt die Mutter wieder als gereinigt und kann den Tempel wieder betreten. Maria hat nicht das nötige Geld, um zum Opfer ein Lamm zu kaufen, und muss sich als arme Frau mit einem Paar Tauben begnügen, die im Gesetz als Opfergabe zugelassen waren. Der Loskauf des neugeborenen Knaben war im Gesetz verordnet, weil jede Erstgeburt der Felder, der Herden und vor allem der Menschen in besonderer Weise Eigentum Jahwes war. Und so musste der Knabe gewissermaßen freigekauft werden, damit er sein Eigenleben führen konnte. Bei alldem war nichts Auffälliges und nichts Besonderes. Und doch war es innerlich etwas anderes. Gerade Maria war eine Mutter, bei der jede Unreinheit ausgeschlossen war. Sie hatte ja nicht vom Mann empfangen, sondern vom reinen Heiligen Geist Gottes. Bei ihr war kein falsches Begehren, da sie ja »keinen Mann erkannte«. Auch der Loskauf des Kindes war nur äußerlich. Denn innerlich war und blieb Jesus als der eigentlich Erstgeborene des Vaters dessen Eigentum. Er wird nicht losgekauft, sondern er wird die anderen loskaufen. Und das Lösegeld, das er bezahlt, sind nicht ein paar Silbersekel, sondern der Preis seines Herzblutes.

So wie Christus hier in allem dem Gesetz unterworfen wird, sowohl dem Edikt des Cäsars wie dem Gesetz des Mose, so soll auch der Christ in allem, was Recht ist, sich den äußeren Mächten unterstellen, die durch Gottes Willen oder Zulassung Macht über den Menschen haben, und soll sich den Anordnungen fügen wie alle anderen. Das Entscheidende im Christenwesen und Christenleben ist äußerlich unauffällig; denn es ist ein inneres Anderssein vor Gott. Es geht nicht um Revolution der Verhältnisse, sondern um Revolution der Herzen.

2. Die Worte

Die Ereignisse wären unbeachtet geblieben, wenn nicht ein Mann dem jungen Paar entgegengetreten wäre, um mit seltsamen Worten dieses Kind zu begrüßen. Es ist nicht ein Priester, sondern ein schlichter, einfacher Mann aus dem Volk, aber ein wirklich Gerechter, der auf den »Trost Israels«, also auf den Messias, wartet. Er ist vom Geist Gottes erfüllt und erkennt innerlich erleuchtet in diesem Kind auf den Armen der schlichten Mutter den Messias.

Sein *erstes Wort* richtet sich an Gott. »Jetzt lässest du deinen Knecht, o Herr, nach deinem Wort im Frieden scheiden.« Gott ist der Herr. Wer ihm dienen will, ist sein Knecht. Das Leben des greisen Simeon war ein Stehen und Arbeiten im Dienste Gottes.

Gottesdienst noch als Knechtdienst gesehen. Aber jetzt ist der Feierabend nach der harten Tagesarbeit dieses langen Lebens gekommen. Der Tod ist Entlassung aus Dienst und Knechtschaft. Es ist für Simeon eine Entlassung in Frieden und zum Frieden. Die Fron der harten Arbeit war für diesen Mann getragen von der Hoffnung auf das Heil am Abend. Erst jetzt, da der Heilsbringer gekommen ist, erweist sich die Arbeit als sinnvoll und das Leben als ein Schreiten auf der Straße zum Heil. Das *nunc dimittis* (»Nun lässt du, Herr« – Lobgesang des Simeon, Anm. d. Verl.) ist das Abendgebet Israels, das dann abgelöst wird durch das Morgengebet der Kirche.

»Meine Augen haben dein Heil gesehen.« Simeon war ein denkender und besinnlicher Mensch, der sich der Heillosigkeit, die ihn umgab, schmerzlich bewusst war. Seine Augen haben Unheil und Unheiliges schauen müssen. Aber jetzt ist alles anders, denn nun erblicken seine Augen den, der Heil und Heiligkeit bringt. Christus ist der Arzt, der alles heilt, und er ist der Heilige Gottes, der alles heiligt.

»Angesichts aller Völker.« Die Enge Israels wird gesprengt. Die Weite der Weltkirche wird sichtbar. Das scheidende Israel erweitert in Simeon den engen Horizont und ahnt die kommende neue Weite des Geistes und der Herzen.

»Ein Licht zur Erleuchtung der Heiden.« Die prophetischen Worte aus dem 42. und 49. Jesaja-Kapitel werden hier aufgegriffen. Die Heiden werden nicht mehr die Verachteten und Verstoßenen sein, auf welche die Erwählten mit falscher Selbstgefälligkeit herabschauen. Denn nun soll das Licht Christi alle Nächte spalten, alles Dunkel verscheuchen und einen neuen Tag bringen, auf den keine Nacht mehr folgt.

»Zur Verherrlichung deines Volkes Israel.« Der Baum dieses Volkes findet in Jesus Blüte und Frucht. Das falsche Israel wird den Menschen zum Ärgernis und sein Name wird von vielen verspottet und gehasst werden. Das wahre Israel dagegen ist der Ackerboden, in welchem diese Edelfrucht heranwächst, ist der

Berg, aus dessen Innerem dieser Quell sprudelt, ist der Himmel, von dem diese Sonne leuchtet, und wird darum von allen Gläubigen mit Dank und Verehrung genannt. In den Worten Simeons legt Israel die Größe, die es vom Herrn empfangen hat, dem menschgewordenen Herrn zu Füßen. Sein Sterbelied ist ein Preislied Christi. Sein Verlöschen ist nur ein Überstrahltwerden vom helleren Licht. Sein Sterben ist ein Hineingenommenwerden in das neue eigentliche Leben durch Jesus, den Messias.

Das zweite Wort Simeons geht an Maria.

»Dieser ist zum Fall und zur Auferstehung vieler in Israel gesetzt und zum Zeichen, dem widersprochen wird.« Das Christentum ist nicht Zwang und kein unwiderstehlich-gewaltsames Sichdurchsetzen, sondern es ist Einladung und Aufruf. Der Mensch ist vor die Entscheidung gestellt. Er kann Ja und kann Nein sagen. Das Ja wird für ihn zu einem Aufstehen, denn dann wird er als Lahmer geheilt und kann die Straße Gottes beschreiten. Sein Nein wird für ihn zu einem Fall, denn dieses Nein ist Selbsterhebung und Selbstüberhebung. Sie enden im Sturz und Untergang. So entscheidet die Stellungnahme zu Christus das Schicksal des Menschen und der Völker vor Gott. Christus ist die große Gabelung der Wege zum Heil und zum Untergang. Er ist die Wasserscheide, die Prüfung des Echten und Unechten. Für die Mutter wird diese Erkenntnis, dass selbst Christus und gerade er Widerstand und Widerspruch erfährt, der große Schmerz ihres Lebens sein. »Deine Seele wird ein Schwert durchbohren.« Denn dieses Ja und dieses Nein lassen die Herzen vieler in Israel offenbar werden. Das Verborgene kommt ans Licht. Verhärtung der Herzen, bösartige Gedanken, selbstgefälliger Egoismus, Hochmut und Hass, all das Hässliche, Gottwidrige wird sichtbar. Alles Schmutzige wird entblößt, alles Kranke und Eiternde wird bloßgelegt. So ist das Offenbarwerden der Gedanken eine Demaskierung hässlicher Gesichter und ein Öffnen übertünchter Gräber. Vor allem aber wird diese Lieblosigkeit, mit der die menschgewordene Liebe aufgenommen wird, das Herz der liebenden Mutter im Innersten treffen. So steht schon am Anfang des Lebens Jesu die *Mater dolorosa*, die am Ende dieses Lebens unter dem Kreuz steht und mit ihrem Sohn, dessen Herz durchbohrt wird, selbst mit durchbohrtem Herzen das große Opfer der Liebe darbringt, das stärker ist als der Hass der Menschen.

Wenn das Evangelium sagt, »sein Vater und seine Mutter wunderten sich über das, was gesagt wurde«, so ist daraus ersichtlich, dass sie keineswegs von Anfang an über alles im Klaren waren, sondern dass auch sie im Jawort des Glaubens Schritt für Schritt vorwärtsschreiten mussten, immer neu erkennend und neu bejahend.

Zum greisen Simeon gesellt sich die ehrwürdige Greisin Anna, sodass ganz Israel, Männer und Frauen, hier in Simeon und Anna vertreten sind, um Gott zu preisen und die Botschaft zu denen zu tragen, welche »die Erlösung Israels erwarteten«.

Vom Tod der beiden alten Leute wird nichts berichtet. Sie haben ihre Mission erfüllt und sind mit friedvollem, stillem Herzen hinübergegangen als Zeichen des wahren Israel, das still und freudig im Messias und damit im neuen Israel aufgeht.

DER ZWÖLFJÄHRIGE IM TEMPEL

(Lk 2,41–50)

Seine Eltern zogen jährlich zum Osterfest nach Jerusalem. Als er zwölf Jahre alt war, zogen sie ihrer Gewohnheit entsprechend zum Feste hinauf. Als die Tage ihres Aufenthaltes vorüber waren und sie wieder heimkehrten, blieb der Knabe Jesus in Jerusalem, und die Eltern bemerkten es nicht. Da sie glaubten, er sei unter der Reisegesellschaft, zogen sie eine Tagesreise weit und suchten ihn unter Verwandten und Bekannten. Als sie ihn aber dort nicht fanden, kehrten sie nach Jerusalem zurück, um ihn dort zu suchen. Und es begab sich, dass sie ihn nach drei Tagen im Tempel fanden, wo er mitten unter den Lehrern saß, ihnen zuhörte und Fragen stellte. Alle, die ihn hörten, staunten über seine Einsicht und seine Antworten. Als sie ihn sahen, wurden sie bestürzt, und seine Mutter sprach zu ihm: »Kind, warum hast du uns das getan? Dein Vater und ich haben dich mit Schmerzen gesucht.« Er antwortete ihnen: »Warum habt ihr mich gesucht? Wusstet ihr nicht, dass ich in dem sein muss, was meines Vaters ist?« Sie verstanden das Wort nicht, das er zu ihnen sprach.

Die Ereignisse um den zwölfjährigen Knaben im Tempel sind von besonderer Bedeutung. Denn sie sind das Einzige, was aus dem langen Zeitraum einer dreißigjährigen Verborgenheit berichtet wird. Nur dieses eine Mal wird das Schweigen durchbrochen. So ist diese Szene wie ein Licht in der Nacht.

1. Ostern

Es ist von Bedeutung, dass es sich um das Osterfest handelt. Ostern war ursprünglich ein Frühlingsfest nomadisierender Hirten in der Wüste. Wenn sie im Zelt zusammenkamen, um gemeinsam das geschlachtete und gebratene Lamm zu essen, denselben Brotkuchen zu teilen und den Pokal kreisen zu lassen, waren sie sich ihrer Gemeinschaft bewusst. Und wenn sie dabei das Blut des Lammes an die Zeltpflöcke strichen, glaubten sie dadurch die Dämonen abzuwehren. So konnten sie in Freude und Gemeinschaft das Kommen des Frühlings feiern. Moses, der in der Wüste dieses Fest kennengelernt hatte, gab ihm neue Weihe und neuen Inhalt. Nun ging es um den Frühling einer neuen Freiheit durch den Auszug aus der Knechtschaft Ägyptens. Es ging um neue Gemeinschaft der Familien und Stämme des Gottesvolkes als einer Gemeinschaft mit Jahwe. Und es ging im Blut des Opferlammes um den Schutz des Lebens und die Abwehr des Todesengels. So feierte Israel alljährlich die Erinnerung an jenes Verlassen Ägyptens und jenes Schreiten unter der Führung Jahwes. Aber stehend musste das Lamm gegessen werden, mit dem Wanderstab in der Hand als einem Zeichen, dass Israel noch nicht am Ziel sei, sondern immer noch unterwegs. Jesus wird am letzten Osterfest diesem Ritus einen neuen Gehalt geben. Er wird selbst das Lamm sein. Und sein Blut wird vor dem seelischen Tod und vor Satan schützen. Die Tischgemeinschaft des neuen Mahles, das er stiftet, wird nicht mehr bloß das Essen von gemeinsamem Brot und das Trinken aus dem gleichen Kelche sein, sondern dieses Brot wird verwandelt in seinen Leib und dieser Wein in sein Blut. So wird es Tischgemeinschaft mit ihm und dadurch untereinander. Und es wird nicht mehr bloß Erinnerung sein an das Verlassen ägyptischer Sklaverei, sondern an das Verlassen der Sünde und der Sündenknechtschaft und das Schreiten in ein neues Leben der Freiheit. Seine Auferstehung vom Tod ist der erste Schritt des neuen Gottesvolkes ins Gelobte Land des Gottesreiches der Herrlichkeit.

Aber auch das wird noch nicht das Letzte sein. Es ist immer noch Feier der wandernden Kirche, die immer noch unterwegs ist. Aber einmal kommt dann die vierte Umwandlung dieser Osterfeier, am Tag seiner Wiederkunft. Dann wird das Gottesvolk aller Erwählten das Ägypten dieser irdischen Zeitlichkeit verlassen und ins Land der Verklärung des Himmels schreiten. Dann werden alle erkennen, dass sie durch das Blut des Lammes erlöst sind. Alle werden am himmlischen Hochzeitsmahl der Gemeinschaft mit Christus teilnehmen. Dann wird Satan durch das Blut Christi endgültig überwunden sein. Es ist das ewige Ostern, auf das alljährlich das Osterfest hinweist und an das allwöchentlich der Sonntag erinnert.

So hat das Osterfest seine Etappen vom primitiv-naturhaften Beginn über die Symbolik Israels zur Erfüllung beim Kommen Christi und zur Vollendung bei der Wiederkunft des Herrn.

2. *Das Zurückbleiben des Knaben*

Maria und Joseph machen sich mit der Dorfgemeinde von Nazareth wieder auf den Rückweg in der frohen Stimmung der Wallfahrer, in deren Herzen der Jubel des Festes nachklingt. Die Jugendlichen sind oft unter sich und kommen erst am Abend wieder mit den Erwachsenen am Treffpunkt der ersten Station zusammen. Aber diesmal ist der Jesusknabe zurückgeblieben. Das hat seine besondere Bedeutung. Zum ersten Mal ist der Sohn in vollem Bewusstsein in den Tempel Jahwes, seines Vaters, gekommen. Und da ist es mit besonderer Helligkeit in strömender Fülle und in überwältigender Größe über ihn gekommen, jenes Wissen um seine besondere Sendung vom Vater, sein besonderes Sein beim Vater und im Vater. Es ist die erste dieser großen Szenen des Evangeliums. Die Taufe am Jordan mit der Stimme vom Himmel und der Herabkunft des Geistes wird die zweite sein, der Tabor die dritte. Auch wenn Jesus in der höheren Schicht seines Geistes die Schau des Vaters hatte, so überschwemmt dieses Schauen nicht ständig seine ganze Seele, sonst hätte er nicht leiden können und wäre sein ganzes Heranwachsen und Heranreifen, sein Lernen und sein allmähliches Aufblühen nur ein äußerliches Tun-als-ob gewesen. So bricht denn auch in seine Seele von Zeit zu Zeit, je nach der Aufgabe, die in seiner messianischen Sendung gerade vor ihm steht, in besonderer Weise das Licht von oben ein. Dann ist er besonders erfüllt und hingerissen. Darum wird er am Jordan innerlich so überwältigt sein, dass diese Fülle des Geistes ihn von den Menschen wegtreibt in die Einsamkeit. Darum wird ihn auf dem Tabor das Licht so durchstrahlen, dass es nach außen bricht. Hier, am zwölfjährigen Knaben, ist das innere Erfülltsein vom Geist Gottes so gewaltig, dass er im Tempel bleibt und gewissermaßen das Bewusstsein zeitlicher und räumlicher Enge verliert. Er ist im Hause seines Vaters nicht bloß äußerlich, sondern vor allem innerlich. Und so ist er wirklich zu Hause. Warum soll er weggehen? Für ihn ist das Sein im Tempel nicht eine kurze Wallfahrt, von der er nach Hause zurückkehrt, sondern es ist das eigentliche Daheimsein. Er ist da, wo er hingehört. Überraschend ist nicht, dass er hierbleibt, sondern dass er überhaupt wieder weggeht.

Für uns andere ist das Sein beim Vater im Himmel in kurzen Gebetsstunden immer nur ein schwaches Erlebnis. Nur ein leises, fernes Echo des mächtigen Rufes, der in die Seele des Jesusknaben gedrungen ist. Nur ein dämmriges Aufleuchten der Lichtfülle in seinem Geist. Für uns ist es immer etwas Selbstverständliches, dass wir nur allzu rasch wieder zurückkehren in die gewöhnliche Alltäglichkeit. Wir sind zu wenig dort zu Hause, wo wir doch eigentlich zu Hause sein sollten. Die Welt des Gebetes ist uns eine fremde, wenig bekannte Welt, während wir uns dort genau und nur zu gut auskennen, wo wir uns eigentlich fremd fühlen sollten: in der Gottesferne.

3. Das Wort Jesu

Diesem Wort kommt ebenfalls besondere Bedeutung zu. Denn es ist das erste Christuswort, das im Evangelium berichtet wird. Und weil es von einer abgründigen Stille vorher und nachher umgeben ist, ragt es wie eine wundersame Insel aus dem Meer dieses Schweigens empor.

»Warum habt ihr mich gesucht? Wusstet ihr nicht?« Das Wort Marias: »Kind, warum hast du uns das getan?«, war ein ernster Vorwurf. Seine Antwort ist ebenfalls der Ausdruck des Erstaunens und birgt ebenfalls einen leisen Vorwurf. Warum sucht man ihn dort, wo er doch eigentlich nicht hingehört? Wenn man ihn suchen will, muss man ihn beim Vater suchen. Dort ist sein Ort. Sie müssten doch wissen, wo er hingehört, wo sie ihn demnach zu suchen und zu finden haben. Auch wir suchen Christus oft am falschen Ort. Wir meinen, er müsste zu uns kommen: dorthin, wo sich unsere scheinbar so ernsten und doch so spielerischen Geschehnisse abwickeln; dorthin, wo unsere scheinbar großen und in Wirklichkeit so kleinen Anliegen uns quälen; dorthin, wo wir das Leben für wichtig halten, das gerade in diesen scheinbar wichtigen Dingen so unwichtig ist. In Wirklichkeit müssten wir den Herrn dort suchen, wo nicht wir sind, sondern wo er ist: beim Vater, im Willen und im Geiste des Vaters.

Das Wort Jesu besagt auch eine deutliche Distanzierung. Er gehört nicht seinen irdisch-menschlichen Eltern. Er wird nicht im kleinen Nazareth, im Kreis dieser geborgenen Heiligen Familie bleiben. Wenn er jetzt zurückkehrt und ihnen untertan ist, so wissen sie von diesem Tag an, dass das keinen Dauercharakter hat, dass es nur vorläufig und vorbereitend ist, dass er in Wirklichkeit ihnen gegeben ist, damit sie ihn wieder weggeben. Er ist in ihrer Mitte, damit sie ihn dann ziehen lassen in die Mitte seines Volkes und in die Mitte der Menschheit. Es darf keinen religiösen Egoismus geben, kein Für-sich-Haben der Gnade, sondern ein Weitergeben und Weiterschenken.

»Ich muss in dem sein, was meines Vaters ist.« Er gehört in die Größe und Weite des Reiches Gottes. Seines Vaters ist die Welt und die ganze Menschheit. Seines Vaters ist alles. Darum ist er für Welt und Menschheit, für alle und alles da. Seine Sendung geht an alle. Wenn er in der Säulenhalle des Tempels mitten unter den Schriftgelehrten sitzt, fragend und antwortend, ist das nur ein äußeres Zeichen, dass er fragend und antwortend mitten in der Menschheit weilt, seine Fragen stellt, auf welche die Menschen meist keine Antwort wissen, und seine Antworten gibt, über die auch die Weisen und Gelehrten immer aufs Neue staunen.

Seit diesen Worten der Distanzierung von Nazareth und dem Sein im Tempel weiß jeder, an den ein besonderer Ruf Gottes ergeht, zum Priestertum oder zum Ordensstand, dass er die Geborgenheit des schönen, aber kleinen Familienlebens drangeben muss und ausgeliefert ist an die kämpferische, unruhige, aber große und weite Welt der Menschheit mit der Geborgenheit allein im Vater.

Dieses seltsame Ereignis am ersten Osterfest ist ein Beginn. Das noch seltsamere Ereignis am letzten Osterfest des irdischen Lebens

Jesu wird Abschluss sein und zugleich Beginn eines neuen Seins beim Vater.

Das Evangelium fügt hinzu: »Sie verstanden das Wort nicht, das er zu ihnen sprach.« Maria und Joseph, diese Wissenden und Verstehenden, verstanden sein Tun und sein Wort an jenem Osterfest nicht. Es ist nicht leicht, das Geheimnis Jesu auch nur einigermaßen zu verstehen und das Überraschende seiner Worte auch nur in etwa zu begreifen. Erst langsam und allmählich ist Maria in das Verständnis seines Geistes eingedrungen. Und dieses Eindringen war nur möglich, weil sie, wie das Evangelium hinzufügt, »alle Worte bewahrte in ihrem Herzen«. Nur dann, wenn der Mensch immer wieder mit klarem Geist und liebendem Herzen die Worte Gottes überdenkt und im eigentlichen Sinn des Wortes beherzigt, wird er langsam, Schritt für Schritt, weitergeführt in die Welt der Geheimnisse Gottes.

NAZARETH

(Lk 2,51–52)

Er zog mit ihnen hinab, kam nach Nazareth und war ihnen untertan. Seine Mutter bewahrte alle Worte in ihrem Herzen, und Jesus nahm zu an Weisheit und Alter und Wohlgefallen vor Gott und den Menschen.

1. Das Leben

Man kann sich das Leben in Nazareth kaum primitiv genug vorstellen, sowohl die Wohnverhältnisse wie den Ablauf des Lebens. Das Leben in diesem orientalischen Dorf im abgelegenen Hügelland

Galiläa wurde nur unterbrochen durch den zweimaligen Wechsel der Jahreszeit, durch die Feier des Sabbats und durch die religiösen Feste. Die Frage drängt sich auf, warum Jesus, der die gewaltigste Aufgabe vor sich hatte, die je einem Menschen gestellt war, den größten Teil seines Lebens, volle dreißig Jahre, in dieser Abgeschiedenheit und menschlich bedeutungslosen Tätigkeit verbracht hat. Das Evangelium gibt keine Gründe an, und so sind wir beim Nachdenken auf eigene Überlegungen angewiesen. Man wird wohl Folgendes namhaft machen können: Einmal ist die Verborgenheit als solche ein Grund. Sie zeigt uns, dass vor Gott ein anderer Maßstab gilt als vor den Menschen. Menschlich gesehen macht immer das Eindruck, was in die Augen springt, auffällt, sichtbar und hörbar ist. Das äußere Wirken und das äußere Werk scheinen entscheidend. Vor Gott ist es anders. Da ist das Entscheidende die innere Gesinnung. Gewöhnliches mit außergewöhnlicher Liebe getan ist vor Gott groß. Außergewöhnliches mit gewöhnlicher Gesinnung vollbracht ist vor Gott klein. Die Gesinnung entscheidet. Ein Bauer oder eine Bäuerin, die das kleine Bergdorf ihr Leben lang nie verlässt und jahraus, jahrein das Gleiche tut, ist häufig nach Gottes Urteil größer und reicher als ein Mensch, der die Welt durchstürmt, Gewaltiges schafft, tiefe Spuren hinterlässt und von allen bestaunt wird. Wer den Wert der Verborgenheit und der Stille nicht kennt, wird vor dem verborgenen, stillen Gott nicht bestehen.

Dazu kommt als Zweites die Wichtigkeit der Vorbereitung. Gerade weil Jesus eine große Aufgabe vor sich hat, lässt er sich die im Gesetz vorgeschriebene Zeit der Vorbereitung. Ein Gesetzeslehrer soll nicht vor das Volk hintreten, bevor er das dreißigste Lebensjahr erreicht hat. Nur der reife Mensch gilt als bereit zur Verkündigung des göttlichen Gesetzes. Darum soll auch der Priester, der Gottes Wort verkünden und Gottes Gnade spenden soll, sich Zeit lassen zur Vorbereitung des Geistes und des Herzens. Die Menschen, die zum Priester kommen, suchen nicht den gesellschaftlich gewandten Salonmenschen, der alle Lebensformen beherrscht;

auch nicht den trainierten Sportsmann, der durch Muskelkraft und sehnigen Körper imponiert; auch nicht den gewandten, geschäftstüchtigen Finanzmann, der weiß, wie man Geld gewinnbringend anlegt; auch nicht den Organisator und Betriebsmenschen, bei dem immer etwas läuft; auch nicht den Gelehrten und Wissenschaftler, der auf alle Fragen Antwort weiß; auch nicht den klugen, gerissenen Diplomaten, der immer noch ein Hintertürchen findet, sondern das Volk sucht im Priester den Mann Gottes, der durch Studium und Gebet das Wort Gottes aufgenommen und durchdacht hat und sich ehrlich bemüht, danach zu leben. Der Mann Gottes wächst aber vor allem in der Stille und Verborgenheit heran. Darum das Herausholen und Herauslösen unserer Priesterkandidaten aus ihren Familien, ihrem Freundeskreis und dem Lärm und Betrieb des städtischen Lebens. Darum die Abgeschiedenheit der Seminare und Noviziate. Der Priester braucht diese stillen Jahre des Studiums und der Meditation. Nur wenn er sein Nazareth gehabt hat, wird er dann auch in dem, was des Vaters ist, richtig leben und wirken können.

Ein Drittes kommt dazu. Nazareth ist die Heiligung des Familienlebens, denn dort leben Vater, Mutter und Kind als eine Gemeinschaft in Arbeit und Gebet, in Freude und in Sorge zusammen. Dreißig Jahre hat Christus in der kleinen, aber Heiligen Familie gelebt, um der Welt die Wichtigkeit des Familienlebens und seiner Heiligung unter Beweis zu stellen. Unsere Familien sind dabei zu zerbrechen. Neben inneren, sittlichen Ursachen wirken auch äußere Faktoren mit: falsche Siedlungspolitik mit den kleinen Wohnungen, Frauenarbeit, die die Mutter aus dem Heim herausnimmt, Überbeanspruchung der Jugendlichen, die kaum mehr zu Hause sind, Freizeitgestaltung vonseiten des Staates und aller möglichen Organisationen. Das Familiengespräch wird gestört durch Radio und Fernsehen. Und vor allem zerbrechen die Familien durch die erleichterte Ehescheidung, die zunehmende Geburtenbeschränkung und den immer weiter um sich greifenden Mangel an Ehrfurcht, Gehorsam und Liebe im Kreis der Familie.

Erneuerung des Familienlebens nach dem Beispiel der Familie zu Nazareth ist eine der wichtigsten Forderungen der Gegenwart.

2. *Das Wachsen*

Von Jesus wird betont, dass er in Nazareth ständig gewachsen sei an Alter, Weisheit und Wohlgefallen vor Gott und den Menschen. *Alter:* Das scheint selbstverständlich, denn darin wächst jeder Mensch, ob er will oder nicht. Aber gerade bei Jesus ist es nicht selbstverständlich. Er ist ja der Herr aller Dinge. Er ist der Vollkommene und doch fügt er sich dem Lebensgesetz des Wachstums. So wie er den Eltern in Nazareth untertan ist, sich im Gehorsam an das moralische Gesetz hält, so ist er auch den anderen Lebensgesetzen im Gehorsam unterstellt. Auch bei ihm gibt es ein Wachstum. Er wird vom Kind zum Knaben und zum Jüngling und zum Mann. Aus der Knospe wird die Blüte und die Frucht. Sein Körper erstarkt, sein Geist öffnet sich immer mehr. Er überspringt die Etappen nicht, sondern hält sich in Geduld und Gehorsam an das ruhige, langsame Heranwachsen. Er will nichts erzwingen, nichts gewaltsam durchsetzen, sondern hält sich an das Gesetz organischen Wachstums, räumlich und zeitlich. Dieser Gehorsam gegenüber den Wachstumsgesetzen setzt seelische Größe voraus und Bereitschaft, in diesen Gesetzen den Willen Gottes zu sehen und zu erfüllen.

Er nahm zu an *Weisheit:* Hier ist es ausdrücklich betont. Es ist also nicht bloß so, dass seine Weisheit immer mehr in Erscheinung trat, immer mehr nach außen sichtbar wurde, sondern es ist inneres Wachstum. Er lernt tatsächlich. Er fügt die Lebenserfahrungen zusammen, sodass sie immer mehr ein Ganzes werden. Und es ist bei ihm nicht bloß ein Wissen, das er aufnimmt, sondern es ist Weisheit. Denn er sieht alles in der rechten Beziehung zu Gott, dem Vater, und damit alles am rechten Platz, im rechten Maß und in der richtigen Gewichtsverteilung. Diese Weisheit, die die Dinge in der rechten Ordnung sieht und sich nicht von blinder Anhänglichkeit, falschen Bindungen, ungeordneten Neigungen und stürmischen Leidenschaften bestimmen lässt, sondern von der Liebe, die von Gott kommt und zu Gott führt, ist die wahre Weisheit, die dem Wissen erst den eigentlichen Wert gibt.

Wenn es heißt, er nahm zu an *Wohlgefallen* vor Gott und den Menschen, so besagt das, dass jeder neue Tag in diesem kostbaren Leben das Wohlgefallen Gottes immer heller aufstrahlen lässt und damit die Erde immer mehr heiligt. Auch vor den Menschen wächst das Wohlwollen. Jesus ist in Nazareth nicht aufgefallen. Wir sehen es aus einem ersten Auftreten in seinem Heimatdorf. Er hat also in der Jugend weder Wunder gewirkt noch irgendetwas Außergewöhnliches getan. Aber man hatte ihn gern. Er gewann die Sympathien. Er war geachtet und geliebt. Das Wohlwollen der Menschen umgab ihn. Das dauerte so lange, bis er eben den Wünschen seiner engeren Landsleute nicht mehr entgegenkam und den Rahmen ihres engen Horizontes sprengte. Da er aber die Jahre seiner Jugend mehr schweigend als redend verbringt, horchend und gehorchend, ist dieser Widerstand und Widerspruch noch nicht in Erscheinung getreten. So strahlt über seiner Jugend der blaue Himmel menschlichen Wohlwollens. Es war ein ruhiges, frohes Wachsen und Reifen, ein Frühling, der reichen Sommer und fruchtschweren Herbst versprach. Niemand ahnte, wie ganz anders in Wirklichkeit dieses Leben später verlaufen und vor den Augen der Menschen enden sollte.

Wenn der Mensch keinen rechten Jugendfrühling hat, wird er den Stürmen und Gefahren des Lebens nicht gewachsen sein. Der Baum muss Wurzel fassen, um den Stürmen trotzen zu können. Das Haus muss Fundamente haben, um nicht zu wanken. Gebt der heranwachsenden Generation eine frohe, sittlich saubere, religiös echte Jugend, und sie wird die Zukunft nach Gottes Willen meistern und gestalten.

DAS AUFTRETEN DES HEROLDS

(Lk 3,1–6)

Im fünfzehnten Jahr der Regierung des Kaisers Tiberius, als Pontius Pilatus Statthalter von Judäa war, Herodes Fürst von Galiläa, sein Bruder Philippus Fürst von Ituräa und der Landschaft Trachonitis, Lysanias Fürst von Abilene, Annas und Kaiphas Hohepriester, da erging das Wort Gottes an Johannes, den Sohn des Zacharias, in der Wüste. Er zog durch die ganze Gegend am Jordan, predigte die Taufe der Buße zur Vergebung der Sünden, wie im Buche der Reden des Propheten Jesaja geschrieben steht:
»Die Stimme eines Rufenden: In der Wüste
bereitet den Weg des Herrn, macht eben seine Straße.
Jedes Tal soll ausgefüllt,
jeder Berg und Hügel abgetragen werden.
Was krumm ist, soll gerade,
unebene Wege sollen eben werden.
Und alles Fleisch soll das Heil Gottes schauen.«

Nach den erstaunlichen Ereignissen bei der Verkündigung und Geburt des Johannes und der Verkündigung und Geburt Jesu ist es wieder still geworden. Volle dreißig Jahre hat man nichts mehr gehört. Die Szene mit dem zwölfjährigen Knaben im Tempel ist niemandem aufgefallen. So war das Raunen, das bei den Verkündigungsereignissen durch das Volk ging, längst wieder vergessen. Darum ist das Auftreten des Täufers und das erste Auftreten Jesu völlig überraschend. Zuerst tritt der Herold auf, dann der Herrscher.

1. Die Zeit

Die Zeitangabe des Evangeliums klingt feierlich und ernst. Es verbirgt sich hinter den geschichtlichen Namen, die hier genannt werden, eine große Tragödie.

»Im 15. Jahr der Regierung des Kaisers Tiberius«: Der große Augustus, dessen Erlass bewirkt hat, dass Jesus nicht in Nazareth, sondern in Bethlehem geboren wurde, ist inzwischen gestorben. Alle Hoffnungen, die das Römische Reich auf ihn gesetzt hatte, sind begraben. Er ist nicht der »Retter der Welt« geworden, wie man lange Zeit gehofft hatte. Auch seine Söhne sind tot. Und so herrscht an seiner Stelle der von ihm adoptierte Tiberius, ein griesgrämiger, misstrauischer Mensch. Von ihm wird das Heil bestimmt nicht mehr erwartet. Der Glanz Roms beginnt schon zu verlöschen. Es kracht im Gebälk des Reiches. Zerfallserscheinungen werden sichtbar.

»Als Pontius Pilatus Statthalter von Judäa war«: Der Satz birgt ebenfalls große Ereignisse. Denn inzwischen ist auch Herodes, der letzte große Herrscher über die Juden, gestorben. Die Einheit des Reiches ist dahin. Es ist aufgeteilt in vier kleine Fürstentümer. Wenn deren Herrscher auch noch bisweilen den Königstitel tragen, ist das nur verblichener Glanz. Und der wichtigste Teil, Judäa mit Jerusalem, hat auch den Schein der Selbstherrschaft verloren. Denn der Nachfolger des Herodes, Archelaus, ist von den Römern abgesetzt, Judäa ist unmittelbar der römischen Herrschaft unterstellt worden und wird durch einen römischen Statthalter verwaltet. Römische Truppen liegen in der Burg Antonia, römische Soldaten bewachen Stadt und Land. Das Volk Gottes ist den Heiden unterworfen und tributpflichtig. Freiheit und Größe sind dahin.

Pilatus ist außerdem ein harter und rücksichtsloser Hochkommissar. Bisweilen lässt er seine Soldaten in Zivil, mit Knütteln bewaffnet, sich unter das Volk mischen, um zu wissen, was vor sich geht. Dann wieder lässt er seine Truppen in aller Offenheit eingreifen. Auch auf die religiösen Anschauungen der Juden nimmt er keinerlei Rücksicht. Er will seinem Willen zur Macht frönen und sich bereichern.

»Als Herodes Fürst von Galiläa war, sein Bruder Philippus Fürst von Ituräa und der Landschaft Trachonitis, Lysanias Fürst von Abilene«: Herodes Antipas ist ein Fremdling und Wüstling.

Er will mit den Römern gut stehen und hat darum aus Schmeichelei die Residenz, die er sich am Ufer des Sees Genezareth gebaut hat, zu Ehren des Kaisers Tiberius mit dem Namen Tiberias benannt. Er will aber auch mit den Juden gut stehen und so geht er jeweils an den Festen nach Jerusalem, um seine Frömmigkeit unter Beweis zu stellen. Außerdem hat er geheime Waffenlager, um im Notfall eine günstige Lage auszunutzen gegen die eine oder die andere Macht. Galiläa, das Land des Wirkens Jesu, untersteht diesem Ritter von der traurigen Gestalt. Der dritte Bezirk wird von einem Griechenfreund verwaltet. Er ist ein ruhiger, aber bedeutungsloser Herrscher. Und der vierte Herrscher ist überhaupt ein sonst Unbekannter. So ist das Land gespalten, das Volk der Willkür kleiner Herrscher ausgeliefert, die vor allem an sich und ihr reiches und bequemes Leben denken. Von der Größe des alten Königtums ist nichts mehr übrig. Die Krone ist Israel vom Haupte gefallen.

»Als Annas und Kaiphas Hohepriester waren«: Israel ist ein priesterliches Volk. Sein Heiligtum ist das Wichtigste. Priester und Könige sind Gesalbte Jahwes, von ihm bestellt, beaufragt und in Dienst genommen. Aber auch die Heiligkeit des Priestertums ist geschwunden. Der Hohepriester war die geheiligte Persönlichkeit des Volkes und auf Lebzeiten in seinem Amte. Aber die Römer kümmerten sich nicht darum. Sie ernannten nach Belieben Hohepriester und setzten sie wieder ab. Das heilige Amt war Heiden ausgeliefert und käuflich geworden. So werden hier gleich zwei Hohepriester genannt, Annas und sein Schwiegersohn Kaiphas. Ersterer hatte das Hohepriestertum früher verwaltet, dann waren fünf seiner Söhne an die Reihe gekommen, und nun amtete sein Schwiegersohn. Weltliche und geistliche Größe sind also geschwunden. Und so ist das ganze Geschichtsbild, das durch diese Namen gezeichnet wird, nur traurige Erinnerung an vergangene Größe und Hinweis auf eine hoffnungslose Gegenwart.

»Da erging der Ruf des Herrn«: Wo Menschenweisheit zu Ende ist, fängt Gottesweisheit erst richtig an. Und wo Menschenmacht nicht mehr weiterkommt, wird die Gottesmacht sichtbar. Die Gnade setzt die Natur voraus und knüpft an sie an, ist aber in keiner Weise darauf angewiesen. Das Wort Gottes kann dann und dort ergehen, wo man es am wenigsten erwartet. Gott kann römische Cäsaren und das Römische Reich benutzen, um die Einheit des Weltkreises zu schaffen, kann die römischen Straßen gebrauchen, um die Verbreitung des Evangeliums zu erleichtern und durch römische Soldaten und Kaufleute die Botschaft überall hinkommen zu lassen. Er kann aber auch auf diese natürliche Vorbereitung verzichten und vollständig unerwartet durch die Macht seines Wortes eingreifen. In souveräner Freiheit bestimmt er, wann, wo, zu wem, wie, was und wozu er spricht. Gottes Wort ist immer aus Freiheit gesprochen. Gerade darum darf der Mensch die Hoffnung nie aufgeben. Denn die größte und wichtigste Möglichkeit, dass nämlich Gott spricht und handelt, bleibt immer offen. Israel ist in der Stunde der Erniedrigung am höchsten emporgehoben worden. In der Zeit seiner politischen und religiösen Schwäche ist der Starke und Mächtige gekommen. Eine Generation des Zerfalls hat im Messias den Gestalter einer neuen Welt hervorgebracht.

2. Der Ort

»Da erging das Wort Gottes an Johannes, den Sohn des Zacharias, in der Wüste. Er zog durch die ganze Gegend am Jordan.« Zwei Orte sind hier genannt. *Die Wüste:* Moses ist in der Wüste vom Herrn gerufen und gesandt worden. Das Volk ist aus Ägypten in die Wüste geführt und in ihr geschult worden. Elias ist in die Wüste gegangen, Jesus selbst wird sich in der Wüste für seine Sendung rüsten. Paulus wird nach seiner Bekehrung in die Wüste gehen. Tausende und Zehntausende werden später diesem Beispiel folgen. In der Stille kann man dem Wort Gottes lauschen und die Härte des Lebens lässt die Liebe Gottes besser erfahren.

Am Jordan: Der Fluss ist nicht nur die Grenzscheide zwischen Wüste und bewohntem Land, sodass das Volk hier zu dem Mann kommen kann, der seinerseits aus der Wüste kommt, sondern der Jordan ist der Fluss, den das Volk von der Wüste her überschritten hat, um vom Gelobten Land Besitz zu ergreifen. Nun soll es eine geistige Wüste verlassen und ins Reich Gottes einziehen. Am Jordan ist die Festung Jericho durch Gottes Macht gefallen; und nun soll das geistige Bollwerk Satans, das den Zugang zum Gottesreich versperrt, zum Einsturz kommen. So sind Wüste und Jordan bedeutsam. Es gibt Orte, an denen Gottes Wort besonders gesprochen und besonders vernommen wird. Gnadenorte, zu denen das Volk wallfahrtet und hinpilgert, Stätten besonderen göttlichen Wirkens, an denen man Heiligtümer errichtet, weil der heilige Gott dort besonders nahe ist.

3. Das Wirken

Drei Dinge werden besonders betont.
Johannes predigt. Jahrhunderte ist es her, seit das Wort Gottes an Israel ergangen ist. Nun tritt zum ersten Mal wieder einer der großen Gottesmänner auf, die früher in Israel so oft zu finden waren. Es ist jetzt nicht mehr das Wort des Engels, sondern unmittelbar das Wort Gottes, das an Johannes ergeht und das er weiterträgt. Die Predigt ist nicht Mitteilung eigenen Wissens, Resultat theologischen Studiums, Verkündigung innerer Erlebnisse, sondern Wort Gottes. Der Prediger ist nur Werkzeug, nur Vermittler. Seine Person spielt eine völlig nebensächliche Rolle. Er hat nur richtig zu hören und richtig weiterzutragen. So muss er nach zwei Seiten hin offen sein, nach oben zu Gott hin und nach unten zum Volke hin. Er soll nichts für sich zurückhalten und erst recht nichts ändern, abschwächen, verfälschen. Weil der Prediger das Wort Gottes verkündet, spricht er nicht mit den Fragezeichen der Unsicherheit, mit dem Minderwertigkeitsgefühl des Schwachen, der

seiner Sache nicht sicher ist, aber auch nicht mit diktatorischem Auftrumpfen, selbstgefälligem Besserwissen, sondern er spricht im Geist und mit der Kraft, die allein dem Wort Gottes entspricht.

Johannes tauft. Zum Wort kommt das Zeichen, zur Predigt der Ritus. Der Mensch ist nicht bloß ein geistiges, sondern ein geistig-sinnliches Wesen. So wird das Geistige ihm anschaulich gemacht in sinnenfälligen Zeichen. Christus wird zum Wort das Sakrament fügen. So steht schon bei dem Täufer neben dem Wort, das nur vorläufig ist, jenes Zeichen, das ein Vorläufer der Sakramente ist. Taufe ist Waschung, denn nun soll ja die Sünde abgewaschen werden. Ein unreines Volk wird gereinigt. Taufe ist Untertauchen und Emporgehobenwerden, denn nun soll der Mensch mit dem sterbenden Christus untertauchen in den Tod des alten sündigen Menschen und durch den auferstehenden Christus emporgehoben werden für das neue Sein und Leben der Gnade. Taufe ist strömendes Wasser. Denn nun werden die Wasser des Gottesgeistes ausgegossen und reichlich strömen. So ist auch die Taufe des Johannes bedeutsam.

Johannes fordert Buße. Wenn der Mensch sich nicht abkehrt von seiner Sündhaftigkeit und sich nicht durch die Wendung um 180 Grad völlig umkehrt und damit bekehrt, ist er für das Wort Gottes nicht empfänglich. Buße als Abkehr von Sünde, vom eigenen Ich, und als Hinwendung zu Gott ist die erste Forderung und Voraussetzung zur Heiligung. Das Umlernen und die Gesinnungsänderung, die schon bei der Geburt Jesu und beim Zwölfjährigen im Tempel sichtbar waren, werden jetzt hörbar gefordert. Buße gehört wesentlich zum Heil. Es ist eine Forderung, die der Mensch nie gerne hört, aber immer braucht.

4. Die Erfüllung

Das Evangelium fügt bei, dass sich nun der Text des Jesaja erfüllt. »Die Stimme eines Rufenden: In der Wüste bereitet den Weg des

Herrn, macht eben seine Straße. Jedes Tal soll ausgefüllt, jeder Berg und Hügel abgetragen werden. Was krumm ist, soll gerade, unebene Wege sollen eben werden. Und alles Fleisch soll das Heil Gottes schauen.«

Der Text beim Propheten handelt von der Rückkehr des Volkes aus der Verbannung. Jahwe zieht an der Spitze seines Volkes durch die Wüste zurück ins Heilige Land. Für diesen triumphalen Zug sollen ihm in der Wüste die Wege bereitet und geebnet werden. Dieses Prophetenwort erfüllt sich jetzt in einem viel höheren, geistigen Sinn. Es geht nicht um irdische Straßen und irdisches Land. Aus geistiger Knechtschaft und Verbannung soll die Menschheit nun in unwiderstehlichem Zug ins Reich Gottes ziehen. Dieser Zug wird geführt von Gott, der sich selbst an die Spitze stellt, genauer: vom menschgewordenen Gott, dem Messias, Jesus Christus. Darum sollen ihm die geistigen Straßen geebnet werden durch Bereitschaft des Geistes und der Herzen. Johannes ist der Herold, der große Rufer, der diese Wegbereitung fordert, weil das Kommen des großen Königs bevorsteht.

Es ist nicht verwunderlich, dass nach alldem das Volk in Bewegung gerät und in hellen Scharen zum Jordan hinströmt, um diese Worte zu vernehmen und dieses Geschehen zu verfolgen. Die messianische Bewegung gerät in Gang.

DIE WORTE DES HEROLDS

(Lk 3,7–20)

Zur Volksmenge, die hinausging, um sich von ihm taufen zu lassen, sprach er: »Ihr Natterngezücht, wer hat euch überzeugt, dass ihr dem kommenden Zorn entrinnen könnt? Bringt würdige Früchte der Buße. Fangt nicht an, zu euch selbst zu sagen: ›Wir haben Abraham zum Vater.‹ Ich sage euch, Gott kann aus diesen Steinen Kinder Abrahams erwecken. Schon ist die Axt an die Wurzel der Bäume gelegt. Jeder Baum, der keine guten Früchte bringt, wird umgehauen und ins Feuer geworfen.«

Die Volksmenge fragte ihn: »Was sollen wir tun?« Er antwortete ihnen: »Wer zwei Röcke hat, gebe einen dem, der keinen hat; wer Speise hat, handle ebenso.« Es kamen auch Zöllner, um sich taufen zu lassen. Sie sprachen zu ihm: »Meister, was sollen wir tun?« Er antwortete ihnen: »Verlangt nicht mehr, als was euch festgesetzt ist.« Auch Soldaten fragten ihn: »Und was sollen wir tun?« Er antwortete ihnen: »Verübt gegen keinen Gewalt oder Erpressung und begnügt euch mit eurem Sold.«

Da nun das Volk voller Erwartung war und alle sich in ihrem Herzen Gedanken über Johannes machten, ob er am Ende der Messias sei, antwortete Johannes zu ihnen allen: »Ich taufe nur mit Wasser, es kommt aber einer, der größer ist als ich. Ich bin nicht würdig, ihm die Schuhriemen zu lösen. Er wird euch mit dem Heiligen Geist und mit Feuer taufen. Er hat die Wurfschaufel in der Hand, um die Tenne zu fegen, den Weizen in die Scheunen zu sammeln, die Spreu dagegen in unauslöschlichem Feuer zu verbrennen.« Er gab noch viele andere Mahnungen und predigte dem Volk die frohe Botschaft.

Herodes, der Fürst, der von ihm wegen Herodias, der Frau seines Bruders, und all der anderen bösen Dinge, die er getan hatte, getadelt wurde, fügte zu allem nun auch noch das hinzu, dass er Johannes ins Gefängnis werfen ließ.

Die Worte des Täufers entsprechen ganz seinem Auftrag, dem kommenden Herrn die Wege zu bereiten. Sie enthalten dementsprechend ein Doppeltes.

Johannes sieht, wie alle Propheten, das messianische Reich als ein einmaliges. Dass der Messias zweimal kommt, in einer ersten vorbereitenden Ankunft und in der endgültigen Parusie zur Vollendung des Gottesreiches, ist ihm ein fremder Gedanke. Darum sieht er den Messias als den kommenden Richter.

Drohende Worte sollen den Ernst und die Dringlichkeit der Bereitschaftsforderung unterstreichen. Das »Zorngericht« steht bevor und keiner wird entrinnen. Die Axt ist an die Wurzel der Bäume gelegt. Unfruchtbare Bäume werden umgehauen und ihr Holz wird im Feuer verbrannt. Fruchtbar ist der Baum, der die Früchte trägt, die man mit Recht von ihm erwartet. Für Israel besagen diese Früchte Buße, Änderung der Gesinnung, Bekenntnis der eigenen Sündhaftigkeit.

Mangelnde Bereitschaft ist aber in Israel vorhanden. Diese Menschen berufen sich auf die fleischliche Abstammung von Abraham, auf die bluthafte Verbundenheit mit dem Stammvater und die äußere Zugehörigkeit zum Volk Gottes. In Wirklichkeit ist das eine völlig falsche Gesinnung. Denn vor Gott, der aus Steinen Kinder Abrahams machen kann, besagt das gar nichts. Anstelle des Bluthaften muss der Geist treten, anstelle der äußeren Zugehörigkeit zu Israel die innere Zugehörigkeit zu Gott. Jeder, der sich im Religiösen auf Äußeres etwas einbildet, sei es äußere Zugehörigkeit zur Kirche oder äußere Funktion eines Amtes oder äußere Werke des persönlichen Tuns, und nicht zugleich die Bußgesinnung eigenen Schuldbekenntnisses, die Einsicht eigener Sündhaftigkeit und den ehrlichen Willen zu innerer Umkehr hat, ist nicht ein Sohn Abrahams und erst recht nicht ein Kind Gottes, sondern er gehört zum »Natterngezücht«, d. h. zu einer Brut der Schlange. Er ist also Sohn des Teufels und nicht Kind Gottes.

Rechte Umkehr mit würdigen Früchten der Buße muss sich darin zeigen, dass der Mensch anfängt, selbstlos Gutes zu tun. »Wer zwei Röcke hat, gebe einen dem, der keinen hat; und wer Speise hat, handle ebenso.« Schon die Propheten haben immer das Ethos dem Ritus vorgezogen oder wenigstens ethische Gesinnung und moralisches Tun als wesentliche Ergänzung ritueller Feiern hingestellt. So fordert auch der Täufer selbstloses Wohltun, soziale Hilfe, eine offene Hand als Wirkung eines offenen Herzens. Liebe ist die Wirkung der Buße. Tätige Liebe ist die Frucht innerer Umkehr. Der Blick zu Gott muss den Blick für den Mitmenschen schärfen. Eine Gottbezogenheit, welche die Beziehung zum Nächsten nicht ändert, ist eine falsche Frömmigkeit.

Zwei Gruppen werden noch besonders genannt: die Zöllner und die Soldaten. Die Angehörigen beider Gruppen sind in den Augen der Israeliten als verloren zu betrachten, weil beide mit den Heiden zu tun haben und somit wesentlich immer wieder sich verunreinigen und weil beide Berufe zu Gewalttat und falscher Bereicherung gelangen. Der Täufer denkt anders. Er ist ihnen gegenüber mild und stellt nur geringe Anforderungen. Den Zöllnern sagt er: »Verlangt nicht mehr, als euch festgesetzt ist.« Sie sollen sich an die rechte Grenze halten. Nicht ihr Beruf ist mit Frömmigkeit unvereinbar, sondern nur die Überschreitung des Maßes. Von den Soldaten fordert er: »Verübt gegen keinen Gewalt oder Erpressung und begnügt euch mit eurem Sold.« Wieder ist es die Forderung, die Grenzen einzuhalten. Nicht das Soldatentum als solches ist böse und nicht das Stehen im Dienst einer Macht, wohl aber willkürliche Gewaltanwendung, Missbrauch der Macht und der Waffen und habgierige Unzufriedenheit.

2. *Das Kommen des Messias*

Das Volk betrachtet Johannes als Messias. Aber der Vorläufer ist nicht der König. Darum lautet sein Wort: Nicht ich, sondern er. Der Herold wendet die Blicke von sich ab und zu Christus hin. Er ist kein Egoist, der die Menschen an sich bindet, sondern ein selbstloser Gottesmann, der die Menschen zu Gott führt. Ja, der

Unterschied zwischen ihm und dem Messias ist so groß, dass er als Sklave sich nicht einmal für würdig hält, ihm als dem Herrn die Schuhriemen aufzulösen. Dementsprechend ist auch der Unterschied zwischen seiner und des Messias Taufe. »Ich taufe nur mit Wasser, es kommt aber einer, der größer ist als ich. Er wird euch mit dem Heiligen Geist und mit Feuer taufen.« Die Johannes-Taufe ist nur Symbol, die Jesus-Taufe ist Fülle und Wirklichkeit. Die Johannes-Taufe ist nur äußerlich, wie das Wasser, das über den Körper rinnt. Die Jesus-Taufe ist innerlich, wie das Feuer, das alles verbrennt, wie der Heilige Geist, der mit seiner Glut ins Innerste der Herzen dringt und dort alles umwandelt.

Noch einmal betont der Täufer abschließend den Ernst der Lage. Man muss zu Christus Stellung beziehen. Man muss sich entscheiden; denn Christus wird kommen, um zu scheiden. Er wird mit der Wurfschaufel die Tenne fegen, den Weizen in die Scheune sammeln, die Spreu im Feuer verbrennen. Mit dem Gerichtswort hat die Botschaft des Johannes begonnen, mit dem Gerichtswort schließt sie. Der Mensch, der vor Gericht gerufen wird, muss den Ernst der Stunde erkennen. Noch hat er Zeit, die Dinge zu ordnen, damit er vor Gericht bestehen kann. Aber es ist höchste Zeit. Der Bericht des Evangeliums schließt mit einem Hinweis, dass die Scheidung und Entscheidung bereits beginnt, denn auf der einen Seite nimmt das Volk die »frohe Botschaft« auf. Es erkennt, dass selbst diese ernsten und drohenden Worte Frohbotschaft sind. Das Evangelium hat begonnen. Auf der anderen Seite beginnt der Widerstand. Herodes, dem sein unerlaubtes Verhältnis mit der Frau seines Stiefbruders wichtiger ist als das Wort Gottes, greift zum Missbrauch seiner Macht und lässt den Täufer ins Gefängnis werfen. Die Scheidung der Geister beginnt und damit auch das Gericht.

GOTTESSOHN UND MENSCHENSOHN

(Lk 3,21–38)

Es geschah aber, als alle getauft wurden, und auch Jesus sich taufen ließ und betete, da öffnete sich der Himmel und der Heilige Geist kam in körperlicher Gestalt wie eine Taube auf ihn hernieder, und eine Stimme war vom Himmel zu hören: »Du bist mein geliebter Sohn, an dir habe ich Wohlgefallen.«

Jesus war, als er mit seinem Auftreten begann, etwa dreißig Jahre alt. Er galt als Sohn Josephs. Von ihm geht der Stammbaum weiter zu Eli, Mattat, Levi, Melchi, Jannai, Joseph, Mattitja, Amos, Nahum, Hesli, Naggai, Mahat, Mattitja, Schimi, Josech, Joda, Johanan, Resa, Serubbabel, Schealtiël, Neri, Melchi, Addi, Kosam, Elmadam, Er, Joschua, Eliëser, Jorim, Mattat, Levi, Simeon, Juda, Joseph, Jonam, Eliakim, Melea, Menna, Mathatha, Nathan, David, Jesse, Obed, Booz, Salmon, Naasson, Aminadab, Admin, Arni, Esron, Phares, Juda, Jakob, Isaak, Abraham, Thara, Nachor, Sarug, Regu, Peleg, Eber, Schelach, Kainan, Arphaxad, Sem, Noach, Larnech, Metuschelach, Henoch, Jered, Mahalalel, Kainan, Enosch, Set, Adam; der von Gott stammt.

Nach der Vorbereitung durch den Täufer erfolgt die Vorbereitung Jesu selbst. Von oben wird er durch den Vater als Gottessohn und Menschensohn ausgewiesen. Von unten wird er durch Satan versucht.

1. Sohn Gottes

Das Geschehen am Jordan durch das Sichtbarwerden des Heiligen Geistes und das Hörbarwerden der Stimme des Vaters hat eine doppelte Bedeutung.

Zuerst für Jesus selbst. Es ist wieder eines der großen Erlebnisse wie beim Zwölfjährigen im Tempel. Wenn der Himmel sich öffnet, ist das nicht nur eine äußerliche Sache, sondern es ist vor allem etwas Innerlich-Religiöses. Von der göttlichen Natur strömt die Fülle des Lichtes in die menschliche Natur Jesu. Die Stimme des Vaters spricht zu ihm, und der Geist wird im Symbol sichtbar, Jesus steht gewissermaßen in der Mitte. So ist die ganze Heiligste Dreifaltigkeit hier als die Dreieinheit genannt: Vater, Sohn und Geist. Ja, der Vater nennt ihn ausdrücklich »mein geliebter Sohn« und der Geist lässt das in besonderer Weise deutlich werden. Jesus ist einer der heiligen drei, und er weiß und erfährt es hier wieder in besonderer Weise, dass er auch als Mensch in den Feuerstrom dieses dreifaltigen Lebens hineingenommen ist. Er ist ganz anders als alle übrigen Menschen. Er ist der einmalige Sohn in einmaliger und besonderer Liebe des Vaters und in einmaliger und besonderer Fülle des Geistes. So ist es nicht verwunderlich, dass dieses Einmalige ihn so überwältigt, dieses Unerhörte ihn in der Ekstase so über sich hinausreißt, dass er in der Fülle dieses Geistes wie außer sich in die Wüste getrieben wird, als hielte es den Sohn Gottes nicht mehr zurück unter den Menschen, den Einen nicht mehr unter den vielen.

Die Theophanie am Jordan ist aber auch für die anderen gegeben. Darum wird die Stimme hörbar. Es sollen alle wissen, dass er vom Vater im Himmel feierlich bezeugt und beglaubigt ist. Dass somit alles, was der Sohn sagen wird, als Worte Gottes, des Vaters, aufzunehmen sind, und dass alles, was der Sohn tun wird, vom Geist Gottes erfüllt und durchglüht ist. Und der Geist wird sichtbar in Gestalt der schwebenden Taube, jener Geist, der über der Urflut befruchtend schwebte und über dem Schoß der Jungfrau Maria, ist der fruchtbare Geist, der nun auf Jesus kommt, um mit schöpferischer Gewalt aus seinen menschlichen Worten und menschlichen Taten eine neue Welt, ein neues Leben, eine Neuschöpfung zu machen: die Welt des Übernatürlichen, die Welt des Göttlichen mitten im Menschlichen.

Dieses Außergewöhnliche geschieht in der Stunde, da Jesus in gewöhnlicher Gestalt den gewöhnlichen Weg der anderen wählt und sich unter die Sünder reiht. Diese Erhöhung über alles Menschliche hinaus in die Reinheit des Göttlichen vollzieht sich in dem Augenblick, da Jesus sich erniedrigt, um unter den Sündern die Bußtaufe für Sünder zu empfangen. Aller Welt soll sichtbar gemacht sein, dass der erhöht wird, der sich erniedrigt, und dass er der Reine und Heilige ist, der hier als Sündenbeladener in die Flut steigt, um die Wasser der Sünde über sich hinwegspülen zu lassen. Das erste Auftreten Jesu in der Öffentlichkeit vollzieht sich äußerlich in völliger Unscheinbarkeit, unauffällig, unbeachtet. Aber gerade da geschieht das Ungewöhnliche, Auffallende, sodass ihn alle nun beachten müssen. Gott selbst hat diese Einführung und Beglaubigung vorgenommen.

2. *Menschensohn*

Unmittelbar daran zählt Lukas die menschlichen Ahnen Jesu auf.

Schon die formalen Elemente dieses menschlichen Stammbaumes sind eigenartig, besonders im Vergleich zum Stammbaum bei Matthäus. Die Ahnenreihe bei Matthäus ist gegliedert in drei mal vierzehn Generationen, geht von oben nach unten und beginnt erst bei Abraham. Der Stammbaum bei Lukas ist anders. Er reiht einfach 77 Namen aneinander; die heilige Zahl mit der zweimaligen Sieben ist nicht zufällig gewählt. Lukas führt den Stammbaum von unten nach oben und lässt ihn über Abraham hinausgehen bis auf Adam und über Adam hinaus bis auf Gott. Der Gottessohn wird als Menschensohn aufgezeigt. Er ist bluthaft durch Maria tief in die Menschheit hineingesenkt. Sein Stammbaum reicht mit den Wurzelästen und Wurzelfasern tief hinein ins menschliche Erdreich.

Neben dem Formalen ist aber noch etwas besonders Inhaltsreiches hervorgehoben. Das Evangelium sagt: »Er galt, wie man annahm, als Sohn des Joseph.« Wichtiger als das Bluthafte ist für den Evangelisten das Rechtliche. Der Stammbaum ist nicht der blutmäßige seiner Mutter, sondern der gesetzmäßige desjenigen, der bluthaft gar nicht sein Vater war. Jesus ist rechtlich Menschensohn, rechtlich in der Menschheit verwurzelt und nimmt nun von Rechts wegen alle Schuld und alle Last der Menschheit auf sich. Und zwar die Schuld und die Last bis hinauf zu Adam, dem ersten Menschen, durch den Schuld und Last als Erbmasse in die Menschheit hineingekommen sind. Jesus, der *de facto* (»tatsächlich«, Anm. d. Verl.) diese Erbmasse der Schuld nicht in sich trägt, nimmt sie *de jure* (»von Rechts wegen«, Anm. d. Verl.) auf sich. Er will alle Gerechtigkeit erfüllen. Er will die sündige Menschheit in seinem eigenen Ich vor das Gericht des Vaters stellen und will das Todesurteil auf sich nehmen, es vollstrecken lassen und so durch seine blutige Sühne die Rechtsordnung der Gerechtigkeit wiederherstellen. Weil er aber nicht nur Menschensohn, sondern auch Gottessohn ist, wird er durch die Auferstehung Tod und Todesurteil überwinden, um der todgeweihten Menschheit das Leben zu bringen. Bis auf Adam geht der Stammbaum zurück, denn nun schließt sich der Kreis. Jesus als der neue Adam ist nicht nur Abschluss, sondern Anfang. Es beginnt eine neue Menschheit mit einem neuen Leben, das vom Vater durch den Sohn im Heiligen Geist ihr geschenkt ist. Es ist ein innerer Zusammenhang zwischen der Dreifaltigkeits-Offenbarung am Jordan und dem Aufzeigen der Menschennatur Jesu.

Lukas, der immer wieder den engen jüdischen Rahmen sprengt, um als Grieche die Universalität des Heiles aufzuzeigen, redet darum hier nicht nur von Abraham und seinen Nachkommen, sondern von Adam und allen Adamssöhnen, also von der gesamten Menschheit. Denn nun werden alle durch den Sohn Gottes in die Sohnschaft berufen. Die Menschenkinder werden Gotteskinder, weil Gott selbst ein Menschenkind geworden ist.

So ist Jesus als Gott und als Mensch in seiner doppelten Beziehung und Verwurzelung aufgezeigt und eingeführt. Nur weil er beides ist, Sohn Gottes und Menschensohn, kann er Gott ins

Menschengeschlecht herabbringen und die Menschheit zu Gott hinaufführen. Darum wird auch der Stammbaum über Adam hinaus bis auf Gott geführt. Denn Gott ist Anfang und Ende der Schöpfung und darum auch des Menschengeschlechts. Der Gottmensch wird die Menschheit, die von Gott weggegangen ist, zu Gott zurückführen, sodass Gott nicht mehr bloß Anfang und Ende, sondern wieder Mitte der Menschheit wird, jene Mitte, die Jesus als Mittler aufzeigt und herstellt.

IN DER WÜSTE

(Lk 4,1–13)

Jesus kehrte voll des Heiligen Geistes vom Jordan zurück und wurde vom Heiligen Geist in die Wüste geführt. Vierzig Tage war er dort und wurde vom Teufel versucht. In jenen Tagen aß er nichts. Als sie vorüber waren, hungerte ihn. Der Teufel sprach zu ihm: »Wenn du der Sohn Gottes bist, so gebiete diesem Stein, dass er zu Brot werde.« Jesus antwortete: »Es steht geschrieben: ›Nicht vom Brote allein lebt der Mensch.‹« Der Teufel führte ihn hinauf und zeigte ihm in einem Augenblick alle Reiche der Welt, und der Teufel sprach zu ihm: »Dir will ich diese ganze Macht und ihre Herrlichkeit geben. Denn mir ist sie gegeben, und so gebe ich sie, wem ich will. Dir soll sie ganz gehören, wenn du mich anbetest.« Jesus antwortete ihm: »Es steht geschrieben: ›Du sollst den Herrn, deinen Gott, anbeten und ihm allein dienen.‹« Darauf führte er ihn nach Jerusalem, stellte ihn auf die Zinne des Tempels und sprach zu ihm: »Wenn du der Sohn Gottes bist, so stürze dich da hinab. Es steht ja geschrieben: ›Seinen Engeln hat er befohlen, dich zu schützen. Auf ihren Händen sollen sie dich tragen, damit du deinen Fuß nicht an einen Stein stoßest.‹« Jesus antwortete ihm: »Du sollst den Herrn, deinen Gott, nicht versuchen.« Als der Teufel alle diese Versuchungen vollendet hatte, ließ er von ihm ab bis zu einer günstigen Zeit.

Vom Geist Gottes getrieben geht Jesus in die Wüste. Er ist von der Fülle dieses Geistes und von der geheimnisvollen Zwiesprache mit dem Vater so hingerissen, dass er an Essen und Trinken nicht mehr denkt und, wie über sich hinausgehoben, völlig in der anderen Welt lebt. Nach vierzig Tagen tritt der ekstatische Zustand zurück, und nun melden sich die menschlichen Bedürfnisse umso stärker. Nach dem Licht von oben geistern nun die Schatten von unten herum, nach der Fülle Gottes, die ihn durchströmt hat, nun die Versuchung Satans, die ihn umwittert. Niemand ist der Versuchung so ausgesetzt wie der Mystiker und der Heilige. Sie leben in besonderer Höhe und darum auch in der Gefahr eines besonderen Sturzes in die Tiefe. Von allen Mystikern und Heiligen ist aber niemand so hocherhoben wie Jesus, aber auch niemand von Satan so verfolgt wie er. In einem dreifachen Ansturm sucht der Feind diese Stellung zu nehmen.

Die erste Versuchung besagt Missbrauch der Macht Gottes zu materiellem Vorteil. Jesus soll durch ein Wunder Steine in Brot verwandeln und damit seinen Hunger stillen. Seine Antwort lautet: »Nicht vom Brot allein lebt der Mensch.« Immer wieder wird der Mensch vor die Entscheidung gestellt, ob ihm das Brot wichtiger ist oder der Geist, der Körper wichtiger oder die Seele. Die meisten wollen zwar beides, aber in der falschen Rangordnung. Sie wollen zuerst Körperlichkeit, Sättigung, materiellen Wohlstand und dann nachher oder nebenher auch das Geistige und Seelische zur Geltung bringen. Wieder andere sind völlig dem Materialismus verfallen. Sie kümmern sich überhaupt nicht um Geist und Seele. Körperliches Wohlbehagen ist ihr einziges Ziel. *Panem et circenses!* (»Brot und Spiele«, Anm. d. Verl.). Der Materialismus ist heute von besonderem Gewicht, weil der Marxismus das Wirtschaftliche als den entscheidenden Faktor hinstellt und alles andere nur als Überbau betrachtet. Im Gegensatz dazu betont Jesus bedingungslos den Primat des Geistigen, denn Gott ist wichtiger als die Welt. Darum soll man das Reich Gottes zuerst suchen und dann erst das andere. Der Himmel ist wichtiger als die Erde. Giftmischer sind darum alle, die nur von der Erde reden. Die Ewigkeit ist wichtiger als die Zeit. Wer darum sein eigenes Leben an diese vergängliche Zeit verliert, hat alles auf die falsche Karte gesetzt.

Das Wort, das Jesus zitiert, stammt aus dem achten Kapitel des fünften Buches Mose und erinnert an das Brot, das Gott dem Volk in der Wüste gegeben hat, betont aber, dass Gottes schöpferisches Wort und Gottes Geist wichtiger sind. Also sie sind wichtiger als ein wunderbar gottgegebenes Brot und erst recht wichtiger als das gewöhnliche Brot des Alltags. Christus ist kein Verächter des Körpers und seiner Forderungen. Er wird die Kranken heilen, wird das Wunder der Brotvermehrung wirken, wird Tote wieder zum Leben erwecken. Er ist also kein einseitiger Intellektueller, der nur um die geistigen Dinge weiß, kein Fanatiker, der nur Gott kennt. Aber er will, dass Gottes Geist und Gottes Wort den Platz einnehmen, der ihnen gebührt. Denn auch der Körper kommt nur dann zu seiner richtigen Bedeutung, die körperlichen Bedürfnisse kommen nur dann zur richtigen Erfüllung, wenn alles in der rechten Ordnung Gottes steht und dem Willen Gottes entspricht. Jesus wird seine Wundermacht gebrauchen nach dem Wort und Willen Gottes, nicht nach eigener Willkür und erst recht nicht nach körperlicher Lust oder Unlust. Das Reich Gottes zu verkünden ist seine Sendung. Er wird ihr bedingungslos entsprechen. Materialismus hat im Christentum keinen Platz.

Die zweite Versuchung besagt: Wille zur Macht. Satan zeigt dem Herrn »alle Reiche der Welt« und betont: »Mir ist diese Macht und Herrlichkeit gegeben, und so gebe ich sie, wem ich will.« Ein seltsamer Satz. Aber Jesus selbst nennt Satan den »Fürsten dieser Welt«. Nicht die Macht an sich ist böse. Aber es gibt eine Dämonie der Macht. Der Mensch wird von ihr berauscht und von der

Herrlichkeit des Herrschens besessen. Er fragt dann nicht mehr nach dem Allmächtigen, in dessen Dienst die Macht stehen soll, und gebraucht die Macht nicht mehr nach dem Willen des allein souveränen Gottes, sondern die eigene Macht ist ihm das Höchste, und er gebraucht sie nach eigener Willkür. Überhebung ist die notwendige Folge, maßloser Stolz die selbstverständliche Begleiterscheinung. Die Apokalypse nennt die Macht das Tier aus dem Abgrund. Die Versuchung zur Macht ist gerade für große Menschen gefährlicher als die immerhin plumpe Versuchung des Materialismus. Und die Versuchung tarnt sich religiös, denn sie legt den Gedanken nahe, mit den Mitteln äußerer Macht der Politik, des Militärs, der Organisation, des Geldes usw. das Reich Gottes zu fördern, wo in Wirklichkeit, selbst wenn es in guter Absicht beginnt, fast notwendig ein allmähliches Abgleiten in die Bewunderung der Macht als solcher, ins bedingungslose Festhalten an ihr und damit schließlich ins Dämonische erfolgt. »Dir soll sie ganz gehören, wenn du mich anbetest.« Anbetung der Macht ist Anbetung Satans. Bewunderung der Macht und ihrer Erfolge ist Gefolgschaft Satans. Darum die Antwort Jesu: »Du sollst den Herrn, deinen Gott, anbeten und ihm allein dienen.« Nur einer ist der Höchste, dem alles untertan sein soll. Nur der Allmächtige hat und vergibt richtige Macht. Jede Macht, die nicht Gott dient, ist missbrauchte Macht und dient Satan. Mag sie noch so schimmernd und prunkvoll dastehen. Bedingungsloser Wille zur Macht ist bedingungslose Auslieferung an Satan. Jesus ist aber gekommen, das Reich Gottes aufzurichten, und darum wird er das Reich Satans zerstören. Im Tode Jesu wird die Macht Satans ihren größten Triumph feiern, in Wirklichkeit aber gerade dann und gerade dadurch gebrochen und als Ohnmacht sichtbar werden. Das Leben Jesu ist Gottesdienst, nicht Satansdienst. »Du sollst Gott allein anbeten.« Wer etwas anderes anbetet, was immer es sei, hat Gott verraten.

Die dritte Versuchung ist Missbrauch des Wunders zur Sensation. Satan stellt Jesus im Geist auf die Zinne des Tempels. »Wenn du der Sohn Gottes bist, so stürze dich da hinab.« Und er beruft sich dabei auf die Schrift. »Es steht ja geschrieben: ›Seinen Engeln hat er befohlen, dich zu schützen. Auf ihren Händen sollen sie dich tragen, damit du deinen Fuß nicht an einen Stein stoßest.‹«

Jesus hat sein öffentliches Leben schlicht und unscheinbar begonnen, denn er hat sich unter das Volk gemischt und in die Sünder am Jordan gereiht. Die Versuchung möchte es anders. Er soll vor allem Volk das Wunder eines Kommens vom Himmel bewirken, das Außergewöhnliche in Erscheinung treten lassen. Das Volk will Sensationen. Es will ihn auf den Wolken des Himmels kommen sehen. Von Engeln getragen soll er erscheinen, nicht einfach als Mensch unter Menschen stehen. Immer wieder lockt im Religiösen das auffällige Wunder. Die Menschen wollen Gott nicht im harten Alltag dienen und wollen Gottes Willen nicht im gewöhnlichen Leben erfüllen. Sie wollen ein wunderbares Erlebnis, entweder das äußerlich Wunderbare oder das innerlich Mystische außergewöhnlicher Gebetserfahrungen. Muttergotteserscheinungen, Stigmatisierte usw. locken sie auf weite Reisen und sind für sie wichtiger als das verborgene, schlichte Jasagen zu Gottes Wort und Willen im Opfer der Berufsarbeit, in der Sorge für die Familie und im täglichen Kreuztragen, das von niemandem beachtet und bewundert wird. Jesus wird das Wunder nicht verschmähen, sondern selbst Wunder wirken. Aber nicht um den Sensationshunger der Massen zu befriedigen, nicht um der Religion den Charakter des Außergewöhnlichen zu geben, sondern nur nach dem Willen seines Vaters im Himmel, nur als Erweis seiner Sendung vom Vater. Alles andere heißt Gott versuchen, d. h. Gott veranlassen wollen, Wunder zu wirken, wo das Wunder nicht nötig und nicht der Ordnung und dem Willen Gottes entsprechend ist. Darum die Antwort Jesu: »Du sollst den Herrn, deinen Gott, nicht versuchen.«

So steht als Antwort gegen alle drei Versuchungen die Größe Gottes, seines Geistes, seiner Macht und seines Willens. Jesus überwindet Satan durch Gott und verscheucht die Versuchung durch Berufung auf Gott. Der Mensch wird nicht aus eigener Kraft mit der Versuchung fertig. Er steht zwischen Gott und dem Teufel und wird den Teufel nur überwinden mit der Hilfe Gottes. Es gibt hier keine Neutralität und kein Ausweichen. Die Abkehr von Satan ist nur möglich durch die Hinkehr zu Gott. Die Wendung zu Gott ist aber auch zugleich Abwendung satanischer Versuchung.

Damit ist die Vorbereitung zum öffentlichen Auftreten Jesu vollendet. Er ist von Gott beglaubigt und steht doch mitten in der Menschheit. Er ist aus Gott geboren und doch ein Menschenkind. Er ist vom Geiste Gottes erfüllt und wird den Geist Satans bekämpfen. Gottes Wille ist sein Gesetz, Gottes Reich ist seine Aufgabe, alles Satanische sein Feind. Gottes Reich wird er aufrichten, Satans Reich zerstören. Nach diesem gewaltigen dramatischen Prolog und diesem Stehen zwischen den Mächten von oben und von unten beginnt nun sein Wirken im Volk.

IN GALILÄA

(Lk 4,14–15)

Jesus aber kehrte in der Kraft des Geistes nach Galiläa zurück. Sein Ruf verbreitete sich in jener ganzen Gegend. Er lehrte in ihren Synagogen und wurde von allen gepriesen.

Einleitung

Lukas schickt dem großen Hauptabschnitt des Wirkens Jesu in Galiläa eine Art kurzer Einleitung voraus, die das ganze Wirken des Herrn für diese Zeit charakterisiert.

»Jesus kehrte nach Galiläa zurück.« Das ist an sich keine Selbstverständlichkeit. Die messianische Bewegung hat durch den Täufer in Judäa begonnen. Es wäre also das Gegebene, dort mit dem Wirken einzusetzen. Außerdem ist Jesus in Judäa durch die Ereignisse am Jordan feierlich eingeführt, und Judäa mit der Hauptstadt Jerusalem ist doch der eigentliche Sitz des Gottesvolks. Dort ist der Tempel, dort werden die Opfer gefeiert, dort strömen die Massen zusammen, dort ist die Priesterschaft, dort sind die Schulen der Schriftgelehrten, dort ist die Tradition der Propheten. So sollte man erwarten, dass Jesus dort beginnt. Aber er geht nach Galiläa. Jesus wird später nach Judäa kommen und dort auch den Kampf mit den Feinden führen, dort das Opfer seines Lebens darbringen und dort das Werk der Erlösung vollenden. Aber diese Stunde ist noch nicht gekommen. Er will zuerst noch in Ruhe das Reich Gottes verkünden, die Kirche grundlegen, die Gläubigen sammeln. Dazu findet er in Galiläa ein willigeres und bereiteres Volk. Das Reich Gottes ist Gnade. Darum sind die Mächtigen, die Reichen, die Geistesstolzen nicht empfänglich. Sie glauben, sich selbst helfen zu können. Wer an Selbsterlösung glaubt, wartet nicht auf den Erlöser. Wer auf eigene Kraft und Macht vertraut, weiß nicht, dass er auf Gnade angewiesen ist.

Mit Galiläa ist im Lukasevangelium auch das Stichwort der Einteilung im Großen gegeben. Denn die folgenden Hauptteile des Evangeliums sind nach den geografischen Räumen gegliedert. Der erste Teil in Galiläa, der zweite auf dem Weg von Galiläa nach Judäa und der dritte in Judäa selbst. Innerhalb dieser drei Räume stellt Lukas auch eine einigermaßen chronologische Abfolge der Ereignisse zusammen, aber nur in großen Strichen, denn es geht immer mehr um das Thematische als um die zeitliche Abfolge.

»In der Kraft des Geistes.« Derselbe Geist, der den Herrn in die Einsamkeit geführt hat, führt ihn jetzt unter die Menschen. Damit ist gesagt, dass Jesus sich in allem vom Heiligen Geist leiten lässt. Wer sein Leben nur nach eigenen Ideen gestalten will und nur dem eigenen Geist vertraut, ist nicht richtig eingefügt in die große, heilige Ordnung Gottes. Der betende Mensch, der nach oben geöffnet ist, wird vom Geist Gottes richtig geführt, bald in die Stille, bald unter die Menschen. Wir haben weithin diese Bereitschaft für die Führung durch den Geist Gottes verloren. Darum das Durcheinander.

Der Geist Gottes ist auch das eigentliche innerste Geheimnis Jesu. Von diesem Geist ist er erfüllt und aus dieser Fülle quellen seine Worte, seine Taten und seine Entschlüsse.

Das Evangelium redet von der Kraft des Heiligen Geistes. Das kraftvolle Reden Jesu und die Kraft seiner Wundertaten strömen aus dieser Kraftquelle des Gottesgeistes. Das griechische Wort *dynamis* enthält das Element des Dynamischen, des Bewegten. Wo der Geist Gottes am Werk ist, da geschieht etwas. Es ist keine bloße Geruhsamkeit. Sondern es ist Wirken am Werk. Die große Arbeitskraft, die schöpferischen Leistungen der Heiligen sind keine äußere Betriebsamkeit, sondern sind echte Dynamik aus der Kraft des Heiligen Geistes. Heilige waren oft körperlich schwache, kränkliche Menschen und haben doch Leistungen vollbracht, die kein Gesunder und körperlich Starker ihnen nachmacht. Ihre Kraft ist die Kraft des Gottesgeistes. Und der Geist des Herrn wirkt auch mit gebrechlichen Werkzeugen Großes.

»Sein Ruf verbreitete sich in jener ganzen Gegend.« Nun sind die Stille von Nazareth und die Einsamkeit der Wüste vorüber. Jesus tritt unter die Menschen. Seine Botschaft ist keine Winkelsache. Der Ruf geht zuerst von Dorf zu Dorf und später von Land zu Land und von Volk zu Volk. Der Stein ist ins Wasser geworfen. Die Wellenkreise gehen weiter, bis sie ans Ufer der Ewigkeit schlagen. Die neue Melodie ist erklungen. Sie wird nicht mehr verstummen, auch in der Ewigkeit nicht. Dieses Weitertragen der Frohbotschaft am Anfang des galiläischen Wirkens gibt dem ersten Auftreten des Herrn etwas Ungebrochenes, Frühlingshaftes, Taufrisches, Morgenfrohes. Es ist ein beschwingtes Schreiten und ein freudiges Aufgenommensein. Das schlichte Volk jener Bauern und Fischer ist besonders beglückt, dass nun in seiner Mitte ein Prophet aufgestanden ist, der aus den eigenen Reihen stammt, einer, der sie versteht, ihr Leben kennt, ihr Schicksal teilt. Und der doch zugleich größer ist als sie alle, mit Klarheit spricht, mit Sicherheit führt und mit Liebe wirkt.

»Er lehrte in ihren Synagogen.« Jesus lehrt auch anderswo. Am Ufer des Sees, am Hang der Hügel, in den Häusern, aber er lehrt vor allem zuerst und immer wieder in den Synagogen. Denn dort kommt das Volk zusammen, dort wird die Thora und werden die Propheten gelesen. Darum ist in der Synagoge der äußere und innere Anknüpfungspunkt für die Lehre Jesu gegeben. Das Lehren wird als Erstes betont. Es ist im Leben Jesu nicht das Wichtigste. Sein Tod und seine Auferstehung sind wichtiger. Wenn das Lehren trotzdem als Erstes hier hervorgehoben wird, so ist damit die Wichtigkeit des Wortes gezeigt. Jesus ist der menschgewordene Logos, das inkarnierte Wort. Darum sind seine Worte in doppeltem Sinn immer Wort Gottes. Worte, die von Gott ausgehen, Worte des Wortes selbst. Aber auch Worte, die von Gott handeln. Seine Lehre ist somit etwas ganz Besonderes. Die Wunder, die nachher berichtet werden, sind dem Wort untergeordnet. Als Gesetzeslehrer tritt er auf, denn er verkündet die richtige Auffassung des alten Gesetzes und proklamiert das neue Gesetz des Evangeliums. Immer wieder müssen wir dem Wort Gottes lauschen, um nicht durch Menschenworte in die Irre geführt zu werden. Nicht die Wissenschaft löst die letzten Rätsel und beantwortet die tiefsten Fragen, sondern das Wort Gottes, die Lehre Jesu.

»Er wurde von allen gepriesen.« Seine Gestalt, seine Art zu reden und sich zu geben, sein Auftreten und sein Wirken haben etwas Unwiderstehliches. Wer nicht mit einem Vorurteil zuhört und schon innerlich gegen ihn eingenommen und verhärtet ist, muss ihn bewundern und lieben. Und er zwingt zur Entscheidung. Die Massen geraten in Bewegung. Sie nehmen alle Stellung mit einem Ja oder mit einem Nein. Es gibt keine Neutralen, die gleichgültig abseitsstehen. Das Erste ist nicht etwa der Widerstand, sondern die helle Begeisterung. Erst langsam meldet sich die Opposition zu

Wort und verdichtet sich zu einer eigentlichen Front des Widerstandes. Aber am Anfang steht die jubelnde Anhängerschaft. Es klingt alles wie ein neues Lied, und es ist ein neuer Aufbruch. Sein Geist weckt Begeisterung. So ist mit diesen wenigen Worten das galiläische Wirken gezeichnet als ein Lehren und Wirken in die Breite, als ein Wecken der Freude und als ein Werk des Heiligen Geistes.

NAZARETH

(Lk 4,16–30)

Er kam auch nach Nazareth, wo er aufgewachsen war. Seiner Gewohnheit gemäß ging er am Sabbat in die Synagoge. Er erhob sich, um vorzulesen. Man reichte ihm die Buchrolle des Propheten Jesaja. Er öffnete die Rolle und fand die Stelle, wo geschrieben steht: »Der Geist des Herrn ruht auf mir. Deshalb hat er mich gesalbt, den Armen die frohe Botschaft zu verkünden. Er hat mich gesandt, den Gefangenen Befreiung und den Blinden das Augenlicht zu bringen, Zerschlagene zu befreien und zu entlassen und ein Gnadenjahr des Herrn auszurufen.«

Dann rollte er die Schrift zusammen, gab sie dem Diener und setzte sich. Alle Augen in der Synagoge waren auf ihn gerichtet. Er begann zu ihnen zu sprechen: »Heute ist diese Schriftstelle vor euren Ohren in Erfüllung gegangen.« Alle gaben ihm Zeugnis, wunderten sich über die Anmut der Worte, die aus seinem Munde kamen, und sprachen: »Ist dieser nicht der Sohn Josephs?« Er sprach zu ihnen: »Ihr werdet mir das Sprichwort entgegenhalten: ›Arzt, heile dich selbst‹, verrichte auch hier in deiner Vaterstadt Dinge, wie wir sie aus Kapharnaum vernommen haben.« Und er sprach: »Wahrlich, ich sage euch, kein Prophet findet in seiner Vaterstadt Aufnahme. Ich sage euch wahrhaftig: Viele Witwen gab es in den Tagen des Elias in Israel, als der Himmel drei Jahre und sechs Monate verschlossen war und eine große Hungersnot über das ganze Land kam. Aber zu niemandem wurde Elias geschickt außer nach Sarepta in Sidon zu einer Witwe. Und viele Aussätzige gab es in Israel zur Zeit des Propheten Elisäus. Aber keiner von ihnen wurde geheilt außer Naaman, der Syrer.«

Da wurden alle in der Synagoge, die dies hörten, von Zorn erfüllt. Sie erhoben sich, stießen ihn zur Stadt hinaus und führten ihn an den Rand des Berges, auf welchem ihre Stadt gebaut war, um ihn hinabzustürzen. Er aber schritt mitten durch sie hindurch und ging weg.

Jesus beginnt nach Lukas sein öffentliches Auftreten in seinem Heimatdorf Nazareth. Der Evangelist will damit nicht sagen, dass Jesus dort zeitlich die erste Predigt gehalten habe, denn es geht ja aus dem Text hervor, dass der Herr schon vorher in Kapharnaum und anderswo gewirkt hat. Lukas will vielmehr durch die Szene in Nazareth an einem Beispiel gleich zu Beginn des öffentlichen Wirkens Jesu zeigen, wie dieses Wirken eine Scheidung der Geister in Aufnahme und Ablehnung, in Ja und Nein, hervorgerufen hat. So ist diese Szene in Nazareth inhaltlich und stimmungsmäßig wie eine Art Prolog und Ouvertüre zum galiläischen Wirken des Herrn. Die Szene ist deutlich in zwei Abschnitte gegliedert.

1. Begeisterte Aufnahme

Wenn in der Synagoge die beiden Lesungen aus dem Gesetz und den Propheten vollendet waren, konnte einer der Anwesenden sich zu Wort melden, um in erklärender oder erbauender Ansprache etwas zum Text zu sagen. So meldet sich auch Jesus. Er lässt sich die Schriftrolle des Propheten Jesaja geben, liest den von ihm gewählten Text und setzt sich zum Lehrvortrag. Das erwartungsvolle Staunen ist groß. Jesus war in Nazareth nie aufgefallen. Er war kein Rabbi, der studiert hatte. Nun hat man plötzlich von ihm gehört, dass er in anderen Städten Galiläas zu predigen begonnen habe. Jetzt ist er zum ersten Mal im Heimatdorf, wo ihn alle kennen. Was wird er sagen? Jesaja hat in seinem Schrifttext vom Ende der Verbannung und von der großen kommenden Heilszeit durch den Heilsbringer geschrieben. Jesus wendet diesen Prophetentext mit der Selbstverständlichkeit schlichter Größe auf sich selbst an. »Heute ist diese Schriftstelle vor euren Ohren in Erfüllung gegangen.«

»Der Geist des Herrn ruht auf mir.« Wenn einer das sagen kann, dann Jesus. Denn er hat nicht nur am Jordan den Geist des Herrn in sichtbarer Gestalt auf sich herabkommen sehen, sodass er auch als Mensch sichtlich vom Geist Gottes erfüllt ist, sondern er ist durch die Verbindung menschlicher und göttlicher Natur in der einen Person so vom Geist Gottes erfüllt, dass dieser Geist einfachhin sein Geist ist. So ruht der Geist Gottes nicht nur vorübergehend, sondern dauernd und wesentlich auf ihm. Er ist ein Gottesmann und Geistesmann wie kein anderer.

»Er hat mich gesalbt.« Christus ist der Gesalbte. Denn er steht höher als alle Propheten und spricht wie keiner vor ihm im Namen und Auftrag Gottes. Er ist menschgewordenes Wort Gottes. Als Gesalbter ist er der König aller Könige und Herr aller Herrscher, denn sein Reich ist das Reich Gottes, das räumlich und zeitlich weder Grenzen noch Ende kennt. Er ist der gesalbte Priester, weil er als Gottmensch der Mittler zwischen Gott und den Menschen ist und das eine alleingültige Opfer darbringen wird, von dem alle anderen Opfer Sinn und Kraft haben. Er ist der Messias, auf den Israel wartet und der jetzt gekommen ist.

»Er hat mich gesandt.« Religiöse Berufung ist immer auch religiöse Sendung. Salbung ist nicht in erster Linie für den Gesalbten bestimmt, sondern für die anderen, zu denen der Gesalbte Sendung hat. Jesus ist wesentlich Gesandter. Seine Sendung ist Weiterführung seines Geborenseins aus dem Vater. Er, der durch Zeugung hervorgeht aus dem Vater, geht hinein in die Welt, um diese

Welt wieder zum Vater zurückzuführen. So ist seine Sendung wesentlich.

»Den Armen die frohe Botschaft zu verkünden.« Es handelt sich um die materiell und vor allem um die seelisch Armen, die Armen im Geiste. Diejenigen, die sich ihrer Armseligkeit bewusst sind, sind empfänglich für die Frohbotschaft der Gnade. Jesus weiß sich nicht zu denen gesandt, die da glauben, keine Hilfe zu brauchen und keines Helfers zu bedürfen, sondern zu denen, die unter dem eigenen Zustand und dem Zustand der Welt leiden und auf Hilfe warten. Ihnen ist seine Botschaft Frohbotschaft.

»Den Gefangenen Befreiung.« Die äußere Gefangenschaft in Babylon mit der Rückkehr in die Freiheit war nur ein kleines Zeichen dieses kommenden großen geistigen Geschehens, Befreiung aus der inneren Gefangenschaft des Menschen durch die Sünde und durch den Teufel. Hier ist das eigentliche Exil und hier ist die eigentliche Befreiung. Christus ist der größte Befreier der Menschheit. Darum ist Freiheit eine der Zentralwahrheiten, der wesentlichsten Elemente der christlichen Botschaft. Wo der Atem dieser Freiheit nicht verspürt wird, wo alles wieder durch Gesetzlichkeit, Ängstlichkeit und Furcht abgeschnürt wird, ist das Wesen der Frohbotschaft entstellt.

»Den Blinden das Augenlicht.«Auch hier geht es um die innere Verblendung des Geistes und des Herzens, das Dunkel der Unwissenheit in den entscheidenden Dingen, und die Nacht der Seele durch die Ferne vom Licht Gottes. Christus ist das Licht der Welt. Durch ihn kommt Klarheit in den suchenden Geist, Erleuchtung in die bedrückten Herzen und das helle Licht in die Nacht der Sünde.

»Blinde werden sehend.« Wenn Christus durch die Berührung seiner Hände den körperlich Blinden das Augenlicht zurückgibt, ist das immer wieder ein Zeichen, dass er den geistig Blinden wahre Erleuchtung bringen will. Das Licht der Vernunft wird nun durch das Licht der Offenbarung zur eigentlichen Helligkeit, bis es einmal im Licht der Herrlichkeit ohne alles Dunkel aufstrahlt.

So kommt zum *lumen rationis* das *lumen revelationis* und schließlich das *lumen gloriae*, und alle drei sind letztlich gegeben durch das *lumen Christi.*

»Zerschlagene zu befreien.« Christus steht aufseiten der Schwachen, der Zukurzgekommenen, der Vergewaltigten. Seine Botschaft hat sozialen Charakter. Aber auch hier geht es um Tieferes. Es geht um das innere Bedrückt- und Bedrohtsein durch die Macht des Satanischen und Dämonischen. Der Mensch ist unter Druck gesetzt und führt darum eine bedrohte Existenz. Satan ist der Fürst dieser Welt, und darum ist das Christentum eine religiöse Revolution, denn es stürzt den falschen Machthaber, den Usurpator, vom Thron, der ihm nicht gebührt, um an seiner Stelle die Herrschaft Gottes wieder aufzurichten, diese Herrschaft, die nicht bedrückt, sondern befreit.

»Ein Gnadenjahr des Herrn.« Es ist jetzt durch das Kommen des Messias die große Heilszeit angebrochen. Alle Jubeljahre Israels waren nur Andeutung der großen kommenden Zeit, bei der der Jubilus nicht mehr verstummen wird, weil die Frohbotschaft gekommen ist.

So zeichnet Jesus durch die Anwendung dieses Prophetentextes auf sich selbst sein eigenes Wesen und seine Sendung. Und all das legt er in schlichten, aber herrlich großen Worten dar, sodass das Volk in atemloser Spannung lauscht und völlig hingerissen ist. Sie staunen, dass er lehrt, er, der doch nirgendwo gelernt hat, sie wundern sich, wie er lehrt, denn er spricht so ganz anders als die Gesetzeslehrer, die sie sonst anhören müssen, und sie sind begeistert über das, was er lehrt, denn es ist Botschaft des Heils. Es ist Licht, Hilfe, Freiheit.

Auf den Lehrvortrag folgt eine Pause. Die Zuhörer reden miteinander, tauschen ihre Eindrücke aus. Es ist zuerst nur freudige Begeisterung. Aber dann melden sich langsam andere Stimmen, vor allem durch anwesende Gesetzeslehrer, und allmählich ändert sich die Stimmung und schlägt um. Der zweite Teil dieser Szene verläuft völlig anders.

2. Hasserfüllte Ablehnung

Wenn man nach den Gründen dieses Umschlages forscht, wird man einerseits feststellen müssen, dass beim Nachdenken über Jesus und seine Worte die Person und Botschaft dieses Messias nicht so sind, wie die Nazarener erwartet haben. Seine Person entspricht nicht ihren Vorstellungen. Er ist ja einer wie sie. Er ist nicht auf den Wolken des Himmels gekommen. Er wirkt hier vor ihren Augen keine Wunder. Und auch seine Botschaft ist nicht das, was sie eigentlich wollen. Denn er verkündet ihnen nicht irdisches Wohlleben und materiellen Reichtum, nicht politische Macht und Größe Israels. Sie haben gerade das erwartet, was Jesus in der Wüste als Versuchung von sich gewiesen hat: das Brot, die Wunder und die Macht. Er aber bringt das Wort Gottes, die schlichte Einfachheit und die Größe des Reiches Gottes. Die Gesetzeslehrer legen dem Volke das dar und bewirken so ein Umschlagen der Stimmung. Dass er außerdem anderswo, vor allem in Kapharnaum, Wunder gewirkt hat, dagegen bei ihnen in Nazareth nicht, verletzt ihren Lokalpatriotismus. Und so sagen sie: »Arzt, heile dich selbst.« Wenn du von Befreiung und Größe sprichst, so zeige selbst durch Wunder, dass du es kannst. Jesus antwortet: »Kein Prophet findet in seiner Vaterstadt Aufnahme.« Er geht also auf ihren falschen Patriotismus nicht ein. Er richtet sich nicht nach ihnen, sondern sie haben sich nach ihm zu richten. Ja, er geht noch weiter, zeigt ihnen, dass die Zugehörigkeit zu ihrem Volk, dem erwählten Gottesvolk, keineswegs eine Heilsgarantie bedeutet, sondern dass die Gesinnung des Herzens entscheidet, nicht die Verbundenheit des Blutes. Schon Elias ist von seinen Landsleuten weggegangen zu einer Fremden und hat ihr und nicht ihnen das Heil gebracht, denn die Witwe von Sarepta in Sidon nahm ihn auf, während die Seinen ihn nicht verstanden. Und zum Propheten Elisäus ist ebenfalls der fremde Syrer gekommen und hat das Heil erlangt, nicht aber seine Landsleute, die ihm immer wieder Schwierigkeiten machten. Beide Propheten haben somit gezeigt, dass es nicht genügt, Israelit zu sein, sondern dass man nur durch den rechten Geist und das rechte Herz das Heil erlangen kann. Die Nazarener verstehen die Drohung. Seine Antwort zeigt ihnen, dass er nicht auf ihre Vorstellungen und Erwartungen eingeht, sondern dass sie ihre Gesinnung ändern müssen. Das kommt aber für sie nicht infrage. Also ist Feindschaft zwischen ihnen und ihm. Ihre anfängliche Begeisterung, die mehr gefühlsmäßig war, schlägt um ins Gegenteil. Es ist ihnen klar geworden, dass er ihre Umkehr verlangt, dass sie aber nicht umkehren wollen. Und so verstoßen sie ihn, treiben ihn in wildem Tumult aus der Synagoge an den Rand ihres Dorfes, um ihn über die Felsen hinabzustürzen. Er aber schreitet mitten durch ihre Reihen, ohne dass sie imstande sind, ihn zu vernichten. Er geht weg und kommt nie mehr nach Nazareth zurück. Das Verlassen seines Heimatdorfs ist eine erste Andeutung dieses Verstoßenwerdens durch sein Volk und seines Weggangs zu den Völkern. Der jähe, plötzliche Umschlag von Liebe zu Hass und von Begeisterung zu Verwerfung stimmt nachdenklich. An sich weckt die christliche Botschaft bei jedem unvoreingenommenen Menschen spontane Begeisterung. Denn das Evangelium ist Antwort auf innerste Fragen des Menschen und innerste Nöte der Herzen. Aber die Menschen nehmen die Botschaft eben nicht unvoreingenommen auf. Sie haben verkehrte Meinungen und sind verhetzt. Sie urteilen aufgrund von Vorurteilen, die man ihnen beigebracht hat. Sie denken sich Erlösung, Hilfe, Heil in ihrer Weise, die einen materialistisch, die anderen sozial, die Dritten politisch, wieder andere in einer nach eigenen Ideen konstruierten Ethik oder einer selbst gebauten Religion. Sie hören nicht, um einfach aufzunehmen, sondern sie hören, um das bestätigt zu finden, was sie selbst denken und wünschen. Das eigene Urteil ist Maßstab, mit dem sie das Wort Gottes messen. Wenn dieses Wort nicht ihren Ideen und Wünschen entspricht, ändern sie keineswegs diese Ideen und Wünsche, sondern verurteilen und verwerfen das Wort Gottes. Sie wollen nicht gemessen sein, sondern messen, wollen nicht bestimmt werden, sondern bestimmen. So ist die

Szene von Nazareth mit der anfänglichen Begeisterung und dem Umschlagen in tödlichen Hass bedeutsam. Die Szene erneuert sich immer und immer wieder. Die Wirkung des ersten Auftretens Jesu ist Mahnung und Warnung. Wenn Jesus trotz allem mitten durch sie hindurchschreitet, zu anderen hin, so ist es ein Zeichen, dass die Verwerfung nicht ihn trifft, sondern sie. Christus schreitet weiter, auch wenn die Menschen Nein sagen. Wenn sie ihn hassen, bringt er anderen die Liebe. Wenn sie ihn töten wollen, spendet er anderen das Leben. Sie gehen zugrunde, er schreitet weiter.

EIN TAG IN KAPHARNAUM

(Lk 4,31–44)

Er kam nach Kapharnaum, einer Stadt in Galiläa, und lehrte am Sabbat. Sie wunderten sich über seine Lehre, denn seine Rede war machtvoll.

In der Synagoge war ein Mann, der von einem unreinen, bösen Geist besessen war. Er schrie mit lauter Stimme: »Was haben wir mit dir zu schaffen, Jesus von Nazareth? Bist du gekommen, uns zu verderben? Ich weiß, wer du bist, der Heilige Gottes.« Jesus drohte ihm und sprach: »Verstumme und fahre aus!« Der böse Geist warf ihn in ihrer Mitte hin und fuhr von ihm aus, ohne ihm Schaden zu tun. Da ergriff ein Schauer alle, und sie sprachen zueinander: »Was ist das für eine Rede? Mit Macht und Gewalt gebietet er den unreinen Geistern, und sie fahren aus.« Sein Ruf verbreitete sich an allen Orten jener Gegend.

Er machte sich auf aus der Synagoge und ging in das Haus des Simon. Die Schwiegermutter Simons war von einem starken Fieber befallen, und sie baten ihn um ihretwillen. Er trat ihr zu

Häupten und gebot dem Fieber. Es verließ sie. Sofort stand sie auf und bediente sie.

Als die Sonne unterging, brachten alle, welche Kranke mit mancherlei Leiden hatten, diese zu ihm. Er legte einem jeden die Hände auf und heilte sie. Und die bösen Geister fuhren von vielen aus und schrien: »Du bist der Sohn Gottes!« Er aber gebot ihnen und ließ sie nicht sprechen, weil sie wussten, dass er der Messias war.

Bei Tagesanbruch ging er hinaus an einen einsamen Ort. Aber die Scharen suchten ihn, kamen zu ihm und wollten ihn zurückhalten, damit er nicht von ihnen weggehe. Er aber sprach zu ihnen: »Auch den anderen Städten muss ich die frohe Botschaft vom Reich Gottes verkünden, denn dazu bin ich gesandt.« Und er predigte in den Synagogen des Judenlandes.

Nach dem Wort die Tat. Christus lehnt das Wunder nicht ab. Aber er wirkt es nicht, um die Neugier zu befriedigen, sondern um dort zu helfen, wo wirkliche Not ist, die sich gläubig an ihn wendet, und er wirkt es vor allem als Zeichen seiner Sendung. Seine Macht über die Mächte der Welt und der Unterwelt ist Ausweis seiner überweltlichen Macht. Und damit Bestätigung, dass der, der in Macht wirkt, auch das Recht hat, mit Macht zu sprechen.

1. In der Synagoge

Macht im Wort. Jesus spricht in Kapharnaum, und sie staunen über seine Lehre, denn seine Rede ist machtvoll. Er verliert sich nicht in Spitzfindigkeiten und Kasuistik wie die Gesetzeslehrer, spricht aber auch nicht in unverbindlicher Diskussion oder mit dem Fragezeichen der Problematik, auch nicht wie einer, der das Ergebnis eigenen Denkens vorlegt und damit rechnen muss, dass man ihn widerlegen und eines Besseren belehren kann. Denn Irren ist menschlich. Er spricht vielmehr in gottgegebener Vollmacht, darum mit selbstverständlicher Autorität, unerschütterlicher Gewissheit und mit dem Recht zu fordern. Seine Rede ist immer klar, eindeutig, allen verständlich und doch das Verständnis aller überschreitend. Fordernd und doch nicht gewaltsam, herrlich, aber nicht herrisch. Darum staunen die Hörer, die noch nie eine solche Art zu reden vernommen haben.

Macht über Satan: Ein Besessener erkennt und anerkennt ihn als den Stärkeren, den »Heiligen Gottes«. Jesus zwingt ihn, zu verstummen und auszufahren. Wieder bekennt das Volk staunend seine »Gewalt und Macht«. Bei ihm ist zwischen Reden und Handeln weder Gegensatz noch Unterschied. Beides ist mächtig. Wenn er diese seine göttliche Macht gleich zu Beginn gegenüber der satanischen Macht unter Beweis stellt, weiß das Volk, dass nun das Reich der Finsternis abgelöst wird durch das Reich des Lichtes. Der Machtkampf zwischen Christus und Satan, der in der Wüste begonnen hat, geht nun durch das öffentliche Leben Jesu weiter, und zwar immer so, dass Satan dem Machtwort Christi unterliegt, aber zugleich so, dass Christus ihn zwar bindet, aber nicht vernichtet. Der Kampf wird weitergehen durch die Jahrtausende, sowohl im Inneren der Seelen wie im äußeren Ablauf der Geschichte. Die Endphase dieses Kampfes wird in der Apokalypse gezeichnet, denn erst das Ende dieser Zeit wird auch das Ende satanischer Macht bringen. Erst bei der Wiederkunft wird der Herr seine volle Herrschaft antreten und werden alle feindlichen Mächte ihm huldigen müssen.

2. Im Hause des Petrus

Es ist kein Zufall, wenn Jesus das erste Heilungswunder im Hause und in der Familie des Petrus wirkt. Petrus muss in besonderer Weise im Glauben gefestigt sein, weil er ein besonderes Amt und eine besondere Sendung hat. So heilt Jesus die an starkem Fieber erkrankte Schwiegermutter des Petrus. Wieder wird die Macht des Heilenden betont. Das Evangelium gebraucht den seltsamen Ausdruck, dass Jesus dem Fieber »gedroht« habe. Er behandelte es wie eine feindliche, rebellische Macht, die aber in ihm den Stärkeren erkennt und vor seiner Drohung zurückweicht. Jesus ist als Heiland der Heilende. Der Mensch kannte im Urstand, wie er aus Gottes Hand hervorgegangen ist, die Krankheit nicht. Erst durch die Sünde ist sie in die Welt gekommen. Jesus, der nun den Urstand wiederherzustellen beginnt, ein Beginnen, das mit der Schaffung des neuen Himmels und der neuen Erde seine Vollendung findet, sieht darum die Krankheit wie einen Feind, bekämpft diese feindliche Macht und gibt später auch den Seinen den Auftrag, die Kranken zu heilen. Der ganze Mensch ist Werk Gottes an Leib und Seele, darum soll auch der ganze Mensch an Leib und Seele durch Christus gesunden und einmal durch Christus an Leib und Seele in der Verklärung und Herrlichkeit am leidlosen Dasein Anteil haben.

3. Unter dem Volk

Nach Sonnenuntergang ist der Sabbat zu Ende. So ist es dem Volk erlaubt, die Kranken herbeizubringen. Aus allen Straßen und Gassen schleppen sie sich zu ihm oder werden auf Tragbahren gebracht. Das Elend ist vervielfacht, die Wogen des Schmerzes steigen und branden an ihm empor, der allein diese Wogen zu glätten imstande ist. Er legt jedem Einzelnen von ihnen die Hände auf und heilt ihn. Handauflegung besagt, dass die Heilung von oben her kommt, also von Gott. Wenn Christus nicht durch bloßen Willensakt, sondern durch die körperliche Berührung mit seiner Hand die Kranken heilt, ist das Andeutung der Sakramente, die auch durch einen äußerlichen, sichtbaren, körperlichen Vorgang eine innerliche, unsichtbare, göttliche Kraft vermitteln.

Wieder werden auch Besessene geheilt. Sie anerkennen schreiend, dass er der Sohn Gottes ist. Hier wird der Zeichencharakter der Wunder sichtbar. Die bösen Geister erkennen an diesem Zeichen der Wunder, dass ein höherer Geist, der Geist Gottes, hier zur Auswirkung kommt. Wunder sind Feuerzeichen einer höheren Welt, Wegweiser, die Gott an die Straße seines Sohnes gestellt hat, feierliche Beglaubigung der Botschaft Jesu. Auf diese Zeichen wird Jesus sich immer wieder berufen. Sie nehmen den Menschen die Ausreden und die Entschuldigung für ihren Unglauben.

Während die Bewohner von Nazareth ihn verstoßen haben, wollen die Bewohner von Kapharnaum ihn mit Gewalt zurückhalten. Aber er muss seiner Sendung entsprechen und auch anderen die Frohbotschaft vom Reiche Gottes verkünden.

In diesen ersten Szenen wird das Christusbild des Lukasevangeliums schon deutlich. Es ist Christus als der Machtvolle, der aber seine Macht zum Helfen und Heilen gebraucht. Für diese überweltliche, übermenschliche, göttliche Macht hat der Grieche Lukas ein besonderes Verständnis und der Arzt Lukas einen besonderen Blick. Macht, die zum Dienen gebraucht wird, genauer: Macht im Dienst der Liebe ist das, was an der Christusgestalt dieses Evangeliums sichtbar wird.

DIE ERSTEN JÜNGER

(Lk 5,1–11)

Als viel Volk ihn umdrängte, um das Wort Gottes zu hören, und er am Ufer des Sees Genesareth stand, erblickte er zwei Boote nahe am Ufer. Die Fischer waren ausgestiegen und wuschen die Netze. Er bestieg eines der Boote, das Simon gehörte, und bat ihn, etwas vom Land abzustoßen. Er setzte sich im Boot und lehrte von dort das Volk. Als er aufgehört hatte zu reden, sprach er zu Simon: »Fahrt hinaus und werft eure Netze zum Fangen aus.« Simon aber antwortete: »Meister, die ganze Nacht haben wir gefischt und nichts gefangen. Aber auf dein Wort will ich die Netze auswerfen.« So taten sie und fingen eine große Menge Fische, sodass ihre Netze zu zerreißen drohten. Sie winkten ihren Gefährten im anderen Boot, dass sie kommen sollten, um ihnen zu helfen. Sie kamen und beide Boote wurden gefüllt, sodass sie zu sinken drohten. Als Simon Petrus das sah, fiel er Jesus zu Füßen und sprach: »Gehe weg von mir, denn ich bin ein sündiger Mensch, Herr!« Denn Furcht hatte ihn befallen und alle, die mit ihm waren, ob des großen Fischfanges, den sie getan hatten; so auch Jakobus und Johannes, die Söhne des Zebedäus, die mit Simon zusammen waren. Jesus aber sprach zu Simon: »Fürchte dich nicht, von jetzt an sollst du Menschenfischer sein.« Sie brachten die Boote an Land, verließen alles und folgten ihm nach.

Bisher hat Jesus allein gewirkt. Jetzt beginnt er, Jünger um sich zu sammeln, und zwar nicht nur als eine Gemeinde von Hörenden, sondern als Mitarbeiter, die er an seinem Werk aktiv teilnehmen lässt. Das ist keineswegs selbstverständlich, sondern überraschend. Denn dass der Mensch am Werk des Gottmenschen mitwirken soll, ist etwas völlig Unerwartetes. Und doch gehört es zum Wesen des menschgewordenen Gottes, dass er Menschen zum Ausbau des Gottesreiches gebraucht. Die Berufung beginnt bezeichnenderweise mit Simon Petrus.

1. Die Vorbereitung

Simon war, ohne dass er es ahnte, schon in die Vorbereitung einbezogen. In der Synagoge hat er die Heilung des Besessenen miterlebt. In seinem Haus hat der Herr seine Schwiegermutter geheilt und am Abend war vor seinem Haus die Heilung der vielen Kranken erfolgt. Und nun setzt sich Jesus in sein, des Simons Fischerboot, lässt ihn vom Ufer etwas abstoßen und beginnt von seinem

Boot aus, das Volk zu lehren. So kann Simon ihn aus nächster Nähe sehen und hören. Er ist schon äußerlich dadurch näher bei Christus und vom Volk distanziert, in einer Sonderstellung, die er dann auch geistig einnehmen wird.

Die unmittelbare Vorbereitung umfasst nun ein Zweifaches: Forderung und Festigung.

Die erste Forderung ist Glaubensgehorsam. Jesus gibt ihm den Auftrag, auf den See hinauszufahren und das Netz zum Fang auszuwerfen. Einem anderen würde Petrus mit einem entschiedenen Nein antworten, denn er betont ausdrücklich, dass er mit seinen Gefährten während der ganzen Nacht, also in der zum Fischfang günstigsten Zeit, gearbeitet habe ohne jeden Erfolg. Wozu dann jetzt, in der ungünstigsten Zeit, wo menschlich gesprochen kein Erfolg möglich und wo er müde ist, das Netz noch einmal auswerfen? Aber seine Antwort lautet: »Auf dein Wort will ich die Netze auswerfen.« Er leistet den Gehorsam aus dem Geist des Glaubens. Der Lohn und die Bestätigung ist der wunderbare Fischfang. Die Menge der gefangenen Fische ist so groß, dass Simon und sein Bruder Andreas, der wohl mit ihm im Schiff ist, ihre Freunde, Jakobus und Johannes, die im anderen Schiff in der Nähe sind, herbeirufen müssen, um beide Boote mit der Beute zu füllen.

Sache des Menschen ist das Sichmühen, Sache Gottes ist der Erfolg. Der Mensch hat sich einzusetzen, sich anzustrengen, alle Mittel zu gebrauchen, die helfen können. Aber der Erfolg in der Reich-Gottes-Arbeit liegt nicht in seiner Hand. Oft genug hat die Kirche seitdem alle Methoden der Seelsorge angewandt, beste Kräfte eingesetzt, lange Zeit gearbeitet und doch trotz der Aussaat keinen Erfolg geerntet. Dann wieder hat Gott völlig unerwartet und plötzlich dort eine Ernte gegeben, wo keine oder nur eine dürftige zu erwarten war. Es soll gleich vor der ersten Berufung und Sendung für Simon Petrus, der bezeichnenderweise hier nun zum ersten Mal diesen Beinamen Petrus erhält, klar und deutlich sein, dass Erfolg und Misserfolg in der Hand des Herrn liegen und dass Seelsorgearbeit nur dann Sinn hat, wenn sie dem Willen und dem Geheiß des Herrn entspricht und auch bei scheinbarem Misserfolg durch das Dennoch der Glaubenshaltung unternommen wird.

Die zweite Forderung ist die Erkenntnis der eigenen Sündhaftigkeit. Petrus weiß, was dieser Fischfang bedeutet. Wie die Magier durch den Stern, so wird der Fischer durch den Fischfang auf Christus aufmerksam. Denn ein so reicher Fischfang, zu einer Zeit und an einem Ort eingebracht, wo es rein natürlich nicht möglich ist, weist auf eine übernatürliche Kraft hin. So erkennt und erfährt Petrus das Göttliche, das in Jesus ihm nahe ist. Durch diese Nähe Gottes erschrickt er bis ins Innerste und wird sich seiner eigenen Sündhaftigkeit bewusst, die in der Nähe Gottes nicht bestehen kann. Je mehr der Mensch den lebendigen Gott erfährt und in die Nähe Gottes kommt, desto schmerzlicher und unerträglicher ist ihm das eigene sündige Ich. Darum bricht Petrus in die Knie und stammelt erschreckt: »Herr, gehe weg von mir, denn ich bin ein sündiger Mensch.« Aber gerade das ist die richtige Haltung. Der Mensch wird zur Mitarbeit im Reich Gottes nicht gerufen, weil er durch seine geistigen Qualitäten, seinen moralischen Stand und seine religiöse Gesinnung besonders befähigt ist, sondern er wird gerufen ganz einfach, weil Gott ihn ruft, obwohl er selbst weder heilig noch moralisch noch religiös entsprechend ausgewiesen ist. Er wird gerufen nicht weil, sondern obwohl. Das muss er anerkennen durch das ehrliche Eingestehen eigener Sündhaftigkeit. Dann wird er den Erfolg nicht sich selbst, sondern Gott zuschreiben, und darum nicht sich die Ehre geben, sondern dem Herrn. So ist das Wunder dieses Fischfanges die beste Vorbereitung auf die Sendung. Wenn der sündige Mensch im Vertrauen auf die Größe und Kraft Gottes in gläubigem Gehorsam an die Arbeit geht, ist er in der richtigen Haltung. Alles andere entspricht bloß natürlichem Denken und ist eine falsche Haltung.

Christus begnügt sich aber nicht mit Forderungen, sondern er bewirkt durch das Wunder die innere Festigung des Simon und seiner Gefährten. Die Fischer, die sich auf ihr Handwerk verstehen, werden diesen Fischfang nie vergessen. Sie haben Ähnliches auch nur entfernt nie geschaut und erlebt. Dass urplötzlich zur ungünstigsten Zeit eine Menge Fische von allen Seiten ins Netz schwimmen und der Fischfang so reichlich wird, dass beide Boote bis zum Sinken überladen werden, ist für sie etwas Unfassliches, weil Übermenschliches. Wenn sie später hei der Verkündigung der Frohbotschaft in Israel Widerstand finden und schließlich ihr eigenes Volk nach jahrelanger Arbeit fast ohne Erfolg verlassen müssen, wenn sie dann in die Heidenwelt hinausziehen und dort als kleine Minderheit in den heidnischen Großstädten fast untergehen, wenn sie schließlich als Märtyrer ihr Leben lassen müssen und das Reich Gottes mit einem ungewissen Schicksal zurücklassen, werden sie trotzdem an Christus nicht irrewerden, denn sie wissen von dieser Stunde an, dass der Erfolg urplötzlich, unerwartet kommen kann, an dem Ort und zu der Zeit, die Christus in souveräner Freiheit bestimmt. Sie werden sich um den Erfolg und Misserfolg keine Sorge mehr machen, denn nun wissen sie, dass Christus darüber entscheidet und dass er nach langen Nächten der Erfolglosigkeit plötzlich einen Morgen des Erfolges schenken kann. Man darf in der Reich-Gottes-Arbeit nicht mit rein natürlichen Maßstäben messen, nicht rein menschlich rechnen, sondern darf und soll glauben, dass alles in den Händen des Herrn liegt. Darum gibt es in dieser Arbeit nur Hoffnung und keine Verzweiflung.

2. *Die Sendung*

Die Antwort Jesu auf die Bitte des Simon: »Geh weg von mir«, ist das gerade Gegenteil. »Fürchte dich nicht; von jetzt an wirst du Menschenfischer sein.« Der Mensch der Sünde hat Grund zur Furcht. Aber die Gnade Christi verscheucht die Furcht. Die Sünde führt in die Ferne. Die Gnade ruft in die Nähe. Und zwar in die

Nähe nicht bloß und nicht in erster Linie zu persönlichem Genuss und persönlicher Erfahrung, sondern zur Mitarbeit, zum Mitwirken am Werke des Herrn. »Du wirst Menschenfischer sein.« Das Schifflein Petri wird von nun an über das Meer der Weltgeschichte fahren und die Besatzung wird immer wieder versuchen, mit Netz und Angel Menschen zu fischen. Sie sollen die Beute Gottes werden, nicht zu Tod und Untergang, sondern damit sie aus der armseligen Pfütze des bloß Menschlichen und Irdischen herausgerissen und ins uferlose Meer der göttlichen Liebe versetzt werden. Denn die Wasser dieser Zeit sind nur scheinbar ein Meer, sind in Wirklichkeit aber nur ein Tümpel, ein halb verschlammter Teich. Erst wenn der Mensch sich in den Netzen des Herrn verfangen hat und durch ihn in die wogenden Wasser der Gnade gebracht wird, erfährt er, was es um die Freiheit und Weite eines Lebens in Gott ist.

Und für dieses Werk der Menschenfischer holt sich Jesus Menschen und gibt ihnen Auftrag und Vollmacht zum Fischen. Man darf also die Menschen nicht einfach sich selbst überlassen, darf auch nicht meinen, Gott allein tue alles, sondern man soll nach dem Willen Christi, der es nun einmal so und nicht anders angeordnet hat, sich um diese Menschen mühen mit der Geduld und hartnäckigen Leidenschaft eines Fischers. Man soll Klugheit und Gewandtheit beim kleinen Fang im Einzelnen und die Methoden des Schleppnetzes im Großen zur Anwendung bringen, um durch den Einsatz aller Mittel das Seine zu tun. Nichts ist so wichtig wie das Handwerk der Menschenfischer. Immer wieder sollen sie anfangen, immer wieder auf den Fang gehen, in allen sozialen Schichten, in allen politischen Systemen, in allen nationalen, politischen und rassischen Gruppen, in allen Altersstufen, Geschlechtern, Bildungsgraden, überall sollen die Menschenfischer dem Auftrag des Herrn entsprechend an der Arbeit sein. Das ist die Sendung.

Und die Antwort? »Sie verließen alles und folgten ihm nach.« Es wird von diesen vier ersten Jüngern in diesem Text kein einziges Wort als Antwort berichtet. Weder ein zweifelndes Zögern noch eine Ablehnung in stolzer Demut noch ein Sturm der Begeisterung, sondern es wird ganz einfach das Doppelte betont, dass sie alles verlassen und dass sie ihm nachfolgen sollen. Beides ist wichtig. Alles verlassen. Der Mensch muss die Bindungen, die ihn hemmen und hindern können, lösen. Er muss Herz und Hand frei haben. Er gehört nicht mehr seiner bisherigen Umgehung und seiner bisherigen Welt. Christus will den Menschen, den er zur Mitarbeit ruft, völlig zur Verfügung haben. Ganze Hingabe setzt ganzes Verlassen voraus. Der Verzicht ist die Vorbereitung für die ganze Bereitschaft.

Sie folgten ihm nach. Von jetzt an ist der Meister von einem Jüngerkreis umgehen. Aber sie folgten ihm nicht bloß, wie sonst ein Schülerkreis einem philosophischen Meister Folge leistet, denn es ist nicht nur eine geistige Gefolgschaft, sondern es ist völliger Einsatz des Lebens. Jesus, der diese Fischer zu Menschenfischern macht, holt sie aus ihrer kleinen Welt heraus. Nun werden sie ihm in seiner großen Welt Gefolgschaft leisten. Sie gehören völlig ihm an. Ihr Leben hat eine neue Mitte gefunden, ihr Arbeiten ein neues Ziel. Es ist von jetzt an für sie alles durch Christus bestimmt. Christus ist ihr Schicksal auf Leben und Tod und neues Leben. Als andere sind sie von diesem seltsamen Fischfang ans Ufer zurückgekehrt. Diese Ausfahrt ist für sie zu einer Fahrt auf neue Meere geworden, zu einer Fahrt voll Größe und Kühnheit, die sie einstweilen mehr ahnen als verstehen. Nachfolge Christi, mit wirklichem Verzicht und wirklicher Hingabe geleistet, ist das Größte, was es im Leben des Menschen gibt.

FEINDE: DER AUFTAKT

(Lk 5,12–16)

Es geschah aber, als er in eine der Städte kam, da war ein Mann, der ganz vom Aussatz bedeckt war. Als er Jesus erblickte, fiel er auf sein Antlitz nieder und bat ihn: »Herr, wenn du willst, kannst du mich rein machen.« Jesus streckte die Hand aus, berührte ihn und sprach: »Ich will, werde rein.« Sofort verließ ihn der Aussatz. Er gebot ihm, niemandem davon zu sprechen, sondern: »Gehe hin, zeige dich dem Priester und bringe für die Reinigung das Opfer dar, wie Moses es angeordnet hat, ihnen zum Zeugnis.« Aber die Kunde von ihm verbreitete sich umso mehr und viel Volk kam, um ihn zu hören und um von den Krankheiten geheilt zu werden. Er aber zog sich zurück an einen einsamen Ort und betete.

Neben den Jüngern, die Jesus um sich sammelt, beginnen nun auch die Gegner, ihre Front zu schließen. Den Auftakt bildet ein Wunder Jesu.

1. Das Wunder

Ein Aussätziger begegnet ihm in einem Städtlein. Das ist an sich schon merkwürdig. Aussätzige waren aus der Gemeinschaft der Menschen ausgeschlossen und mussten draußen, außerhalb der Städte und Dörfer leben, um jede Ansteckung zu vermeiden. Aber diesen Menschen, der vom Aussatz völlig bedeckt, von Schwären und Beulen am ganzen Leib zerfressen ist, treibt die Verzweiflung. Er durchbricht alle Schranken der Gesetze und Bestimmungen menschlicher Rücksicht, kommt bei der Kunde, Jesus sei da, einfach in die Stadt hinein, auf Jesus zu und fällt vor ihm aufs

Angesicht mit dem verzweifelten Schrei: »Wenn du willst, kannst du mich rein machen.« Jesus weicht nicht vor dieser Jammergestalt und dieser Gefahr der Ansteckung zurück. Im Gegenteil, er berührt ihn und legt ihm die Hände auf den kranken Leib. Dazu spricht er das machtvolle, herrische Wort: »Ich will, werde rein.« Der Aussatz fällt wie ein schmutziges Kleid von diesem Kranken ab. Die Begegnung zwischen dem gesunden, reinen Christus und diesem kranken, schmutzigen Menschen, dem starken, frohen Christus und diesem verzweifelten Menschen, dem aufrechten, ragenden Christus und dem auf sein Antlitz niederbrechenden Menschen ist erschütternd.

2. Die Bedeutung

Aber das Wunder ist in sich nicht die Hauptsache des Berichts, sondern die Bedeutung des Wunders, gewissermaßen die Absicht des Wunders. Es soll ihnen, den Feinden, zum Zeugnis sein, und zwar in mehrfacher Hinsicht. Einmal soll es bezeugen, dass Jesus die Menschen veranlasst, sich an das Gesetz des Mose zu halten: »Gehe hin, zeige dich dem Priester und bringe für die Reinigung das Opfer dar, wie Moses es angeordnet hat.« Jesus ist kein Revolutionär. Er erkennt das mosaische Gesetz an und er will, dass die Menschen es halten, solange es in Gültigkeit ist. Die Feinde werden ihm keinen Vorwurf machen können. Das Wunder soll weiterhin ein Zeugnis sein, dass hier Dinge geschehen, mit denen sie sich auseinandersetzen müssen. Das Wunder geschieht nicht einfach in der Stille und Verborgenheit, sondern der Kranke, der nun geheilt ist, soll sich den Priestern stellen, und sie müssen ihrerseits nun Stellung beziehen. Das heißt, sie müssen in aller Form feststellen, dass er wirklich aussätzig war und dass er wirklich geheilt ist und somit das Recht hat, in die menschliche Gemeinschaft zurückzukehren. Es gibt also kein Ausweichen für sie. Sie müssen selbst dem Geheilten und dem Heilenden ein Zeugnis ausstellen.

Damit wird das Dritte erkannt, nämlich der Wundercharakter dieses Zeugnisses. Wenn die beauftragten Priester den Fall untersuchen, werden sie eindeutig feststellen müssen, dass eine solche plötzliche Heilung durch bloßes Wort und bloße Berührung mit rein natürlichen Kräften nicht möglich ist. Sie müssen somit Jesus bezeugen, dass er über andere, übermenschliche, übernatürliche Kräfte verfügt. So ist das Wunder wie eine Art Herausforderung. Jesus lässt die Feinde nicht ausweichen. Er stellt sie und nötigt sie zur Stellungnahme. Damit beginnen Auseinandersetzung und Kampf. Noch ein Letztes liegt wie eine Art Zeugnis in diesem Wunderbericht. Jesus gebietet dem Geheilten und dem Volk, nicht darüber zu sprechen. Trotzdem geht die Kunde wie ein Lauffeuer durch die Reihen und löst eine förmliche Kettenreaktion aus. Von allen Seiten kommen sie nun, um sich heilen zu lassen. Aber gerade das will Jesus nicht. Er will nicht, dass sie nur wegen ihrer körperlichen Gebrechen zu ihm kommen, denn ihm geht es vor allem um die Seele. Und er will weiterhin nicht, dass die messianische Botschaft schon jetzt zu rasch um sich greift und falsche Hoffnungen weckt. So zieht sich Jesus in die Einsamkeit, zum Gebet zurück. Jetzt, wo die ersten Jünger sich um ihn geschart haben und der Widerstand der Feinde einsetzt, hat eine neue Phase seines Wirkens begonnen. Er wirkt nicht mehr allein in unbekümmert frohem Ausschreiten, sondern nun kommt das, was in Nazareth und Kapharnaum angefangen hat, zur vollen Entfaltung: Die Geister scheiden sich. Jesus geht in die Einsamkeit, um für die Seinen und auch für seine Feinde zu beten. So ist dieses Wunder der Heilung des Aussätzigen in der Art, wie es geschieht und wie Jesus es auswertet, ein Auftakt zum ersten großen Waffengang mit dem Feind.

ERSTER ANGRIFF: GOTTESLÄSTERUNG

(Lk 5,17–26)

An einem jener Tage lehrte Jesus wieder und auch Pharisäer und Schriftgelehrte, die aus allen Dörfern Galiläas und Judäas und Jerusalems gekommen waren, saßen da. Die Kraft des Herrn war bei ihm zum Heilen. Da trugen Männer auf einer Bahre einen Menschen herbei, der gelähmt war. Sie versuchten, ihn hineinzutragen und vor ihn hinzulegen. Da sie aber wegen der Volksmenge keinen Zugang finden konnten, stiegen sie auf das Dach und ließen ihn mit der Bahre durch die Ziegel hinunter, mittenhin vor Jesus. Als er ihren Glauben sah, sprach er: »Mensch, deine Sünden sind dir vergeben.« Da begannen die Schriftgelehrten und Pharisäer sich Gedanken zu machen und sprachen: »Wer ist dieser, der so gotteslästerlich redet? Wer kann Sünden vergeben außer Gott allein?« Da Jesus ihre Gedanken erkannte, antwortete er ihnen: »Was macht ihr euch in euren Herzen für Gedanken? Was ist leichter zu sagen: Deine Sünden sind dir vergeben, oder zu sagen: Steh auf und wandle? Damit ihr aber wisst, dass der Menschensohn Macht hat, auf Erden Sünden zu vergeben«, sprach er zum Gelähmten: »Ich sage dir, steh auf; nimm deine Bahre und geh nach Hause.« Sofort stand er vor ihnen auf, nahm die Bahre, auf der er gelegen hatte, ging in sein Haus und pries Gott. Sie waren alle wie außer sich, priesen Gott, waren voll Furcht und sprachen: »Unglaubliche Dinge haben wir heute geschaut.«

Die Feinde schließen sich zusammen. »Es saßen Pharisäer und Gesetzeslehrer da, die aus allen Dörfchen von Galiläa und Judäa und von Jerusalem gekommen waren.« Ihr Angriff ist noch nicht systematisch. Sie beobachten Jesus und lauern ihm förmlich auf, um je nach Anlass und Gelegenheit einhaken zu können. Der erste Vorwurf lautet auf Gotteslästerung.

1. Die Szene

Es wird auf einer Tragbahre ein Lahmer herbeigebracht. Da die Träger wegen der Volksmenge nicht ins Haus gelangen können, steigen sie von außen kurzerhand aufs flache Dach des niedrigen Hauses, brechen in die leichte Konstruktion dieses orientalischen Hauses ein Loch und legen den Lahmen auf der Bahre unmittelbar vor Jesus nieder. Jesus sagt zum Lahmen: »Mensch, deine Sünden sind dir vergeben.« Die Feinde nennen diesen Satz Gotteslästerung. Von ihrem Standpunkt aus mit Recht, denn wie sie betonen, kann Gott allein Sünden vergeben. Wenn ein Mensch sich göttliche Eigenschaften und göttliche Vollmacht anmaßt, zieht er Gott auf das menschliche Niveau herunter oder erhebt sich selbst in die Höhe Gottes. Es ist somit eine Ineinssetzung von Gott und Mensch und somit Gotteslästerung. Nur wer durch den Glauben weiß, dass Jesus eben nicht bloß Mensch ist, sondern menschgewordener Gott, sieht in seinem Wort weder Anmaßung noch Gotteslästerung, sondern Ausdruck seines gottmenschlichen Wesens.

Die Antwort Jesu auf den Angriff klingt eigenartig und doch psychologisch sehr geschickt. An sich braucht es mehr Macht, um Sünden zu vergeben, als um Krankheiten zu heilen. Denn Sünde ist schlimmer als Krankheit, Sünde greift ins Metaphysische und Religiöse der Beziehung von Gott und Mensch. Das ist etwas, das der Mensch nicht aus eigener Kraft ordnen und regeln kann. Sünde ist Absturz vom Gebirge. Wer aber halb tot in der Tiefe liegt, kann nicht aus eigener Kraft wieder emporsteigen. Heilung von Krankheit dagegen ist etwas, was nicht grundsätzlich die menschlichen Möglichkeiten übersteigt, es sei denn in der Art und Weise, wie eine solche Heilung erfolgt, nämlich wie hier durch ein einziges Wort, mit sofortiger Wirkung. Sündenvergebung ist also schwieriger. Aber bei der Sichtbarkeit nach außen, bei dem ins Auge Springende, bei dem für den Menschen ohne Weiteres Erkennbare, ist es umgekehrt. Es ist leichter, mit Worten zu sagen: »Deine Sünden sind dir vergeben.« Denn die Wirkung ist für den Menschen nicht kontrollierbar. Und es ist schwieriger zu sagen: »Steh auf, nimm deine Bahre und wandle.« Denn da ist die sofortige Wirkung oder Nichtwirkung durch den Menschen feststellbar. Darum lautet die Antwort Jesu: »Was ist leichter zu sagen: Deine Sünden sind dir vergeben, oder zu sagen: Steh auf und wandle?« Jesus sagt nun das, was schwerer zu sagen ist, damit die anderen erkennen, dass er infolgedessen das, was leichter zu sagen ist, eben auch kann. Und so wird die Heilung des Lahmen für sie ein Beweis und ein Zeugnis. Wer das Schwerere sagen kann, kann auch das Leichtere sagen. Sie wissen in der Tat keine Antwort auf dieses Tatsachenzeugnis. Im Gegenteil: »Sie waren alle wie außer sich, priesen Gott, waren voll Furcht und sprachen: ›Unglaubliche Dinge haben wir heute geschaut.‹«

2. *Die hintergründige Frage*

Hinter dieser Verbindung von Sündenvergebung und Heilung des Gelähmten steht die tiefe Menschheitsfrage nach der Beziehung von Krankheit und Sünde.

a) Krankheit und Sünde haben etwas miteinander zu tun. Denn ursprünglich gab es in der Schöpfung keine Krankheit. Erst durch die Sünde sind Krankheit und Tod in die Welt gekommen. Das ist ausdrückliche Lehre der Bibel. Darüber hinaus zeigt die tägliche Erfahrung, dass es viele Krankheiten gibt, welche unmittelbare Wirkung des Sündigens sind: Geschlechtskrankheiten, Wirkung des Alkohols, Zerrüttung des Nervensystems durch ein Leben im Laster usw.

Es ist weiterhin Lehre der Offenbarung, dass Satan die Menschheit mit Krankheiten schlagen kann. Das ist ersichtlich aus dem Buche Ijob und aus der Apokalypse.

Und schließlich wissen wir ebenfalls aus der Heiligen Schrift, dass Krankheit auch eine von Gott zugelassene oder direkt von Gott geschickte Prüfung und Läuterung des Menschen sein kann, diesmal nicht als Strafe für die Sünde, sondern im Gegenteil zur Loslösung von Sünde und falscher Anhänglichkeit an Irdisches. Über dieses Negative hinaus hat Krankheit für den Christen den unschätzbaren Wert einer Teilnahme am Leiden und am Kreuzesopfer des Herrn und ermöglicht damit dem Menschen, am Erlösungswerk Christi mitzuwirken.

Es ist somit falsch, wenn man einerseits die Krankheit notwendig und nur als Folge der Sünde ansieht und wie die Primitiven den Zauberer und den Medizinmann als ein und dasselbe betrachtet, die Krankheiten somit durch Beschwörung der bösen Geister und Versöhnung der Götter beheben will. Es ist aber ebenso falsch und ebenso unchristlich, wenn man Krankheit und Sünde völlig auseinanderreißt als zwei Welten, die nichts miteinander zu tun haben. Brom und Luminal, Insulin und Elektroschock sind wirkungsvolle Heilmittel. Aber sie können weder die Religion noch ein berechtigtes Sündenbewusstsein abschaffen.

b) Wenn Krankheit und Sünde nebeneinanderstehen, zeigt das Wort Jesu zum Gelähmten, dass die Sünde schlimmer ist als die Krankheit, dass also die Lähmung der Seele gefährlicher ist als die Lähmung des Körpers. Der Blick Christi geht durch die körperliche Hülle hindurch auf den seelischen Zustand des Menschen. Die Diagnose, die Jesus stellt, lautet auf Lähmung der Seele durch die Sünde. Dementsprechend ist seine Therapie die Nachlassung der Sünde. Die für die Umgebung dieses Gelähmten scheinbar allein wichtige Tatsache seiner körperlichen Unbeholfenheit ist für Jesus Nebensache. Und die Heilung dieser Lähmung ist etwas, was er nur so nebenher wie eine Art Begleiterscheinung seiner in die Tiefe des Herzens wirkenden Worte vollzieht. Dieses Werturteil des Herrn ist etwas, das die Heutigen kaum mehr begreifen. Eine materialistische, einseitig aufs Körperliche eingestellte Menschheit, welcher die Gesundheit wichtiger ist als die Heiligkeit, der Körper wichtiger als die Seele, die Kraft der Muskeln wichtiger als die Reinheit des Herzens, steht kopfschüttelnd vor diesen Worten. Und doch ist es für einen Christen selbstverständlich. »Was nützt es dem Menschen, wenn er die ganze Welt gewinnt, an seiner Seele aber Schaden leidet?«

c) Der vollendete Mensch ist an Leib und Seele gesund. In ihm sind Sünde und Krankheit überwunden. Diese Vollendung ist aber hier auf dieser Erde und im Ablauf des menschlichen Lebens unerreichbar. Der Heilige ist infolgedessen keineswegs auch der körperlich Gesunde. Die Erfahrung und die Geschichte der Heiligen beweisen das Gegenteil. Das Sichabfinden mit Krankheiten, auch mit seelischen Krankheitserscheinungen, der Kampf gegen diese und die Geduld in ihnen kann für den Christen geradezu ein Weg zur Heiligkeit sein. Umgekehrt ist der Gesunde keineswegs notwendig ein Heiliger. Der trainierte, muskulöse Körper des sportlichen Menschen kann durchaus mit einem Leben in Sünde verbunden sein.

Aber der vollendete Mensch, d. h. der Mensch im Zustand der Vollendung, die erst jenseits dieses Lebens und erst am Ende dieser ganzen Zwischenzeit zwischen der ersten und zweiten Ankunft des Herrn zu finden ist, ist ein Mensch, dessen Seele in diesem irdischen Leben und im Läuterungsprozess des Jenseits endgültig von aller Sünde gereinigt und durch Gottes Gnade geheiligt ist. Er wird außerdem nach der Auferstehung des Fleisches einen Körper haben, für den es keine Krankheit mehr gibt. Das erst ist der vollendete Mensch. Jesus ist gekommen, diesen vollendeten, an Seele und Leib gesunden Menschen zu schaffen. Wenn Jesus hier auf Erden Sünden vergibt und Krankheiten heilt, ist es wie das Aufleuchten eines Feuers aus einer anderen Welt, die Fundamentlegung eines Neubaues. Die Menschen erkennen daraus, wie es einmal sein wird, wenn das heilende Wirken des Heilandes zur vollen Auswirkung kommt.

So ist diese Heilung des Gelähmten an Seele und Leib eine Andeutung dessen, was Christus für alle, die zu ihm gehören, dereinst tun wird. Solche Macht, den ursprünglichen Menschen wiederherzustellen, ja Größeres aus ihm zu machen, als er ursprünglich war, also eine Neuschöpfung zu schaffen, ist etwas, das nur der Schöpfer der Welt vermag, ist ein Werk Gottes. Wenn ein bloßer Mensch sich das anmaßt, lästert er in der Tat Gott. Wenn aber ein Mensch sich diese Macht zuschreibt und tatsächlich ausübt, ist er eben kein bloßer Mensch, sondern ist er der Gottmensch. Darum ist der Vorwurf der Gotteslästerung durch die Nichtglaubenden verständlich und das Staunen und die freudige Verwunderung der Glaubenden erst recht begreiflich. So wirft diese Szene ein Licht auf die Hintergründigkeit der Gestalt und des Tuns Jesu.

ZWEITER ANGRIFF: WAHRE UND FALSCHE HEILIGKEIT

(Lk 5,27–32)

Danach ging er hinaus. Da sah er einen Zöllner namens Levi an der Zollbank sitzen. Er sprach zu ihm: »Folge mir!« Dieser verließ alles, stand auf und folgte ihm. Levi veranstaltete ihm in seinem Hause ein großes Gastmahl. Viel Volk von Zöllnern und anderen war mit ihm bei Tisch. Da murrten die Pharisäer und Schriftgelehrten gegenüber seinen Jüngern und sprachen: »Warum esst und trinkt ihr mit Zöllnern und Sündern?« Jesus aber antwortete ihnen: »Nicht die Gesunden bedürfen des Arztes, sondern die Kranken. Ich bin nicht gekommen, Gerechte zu berufen, sondern Sünder zur Bekehrung.«

1. Das Ärgernis

Die Pharisäer haben einen dreifachen Anlass, an Jesus Anstoß zu nehmen, denn er beruft einen Zöllner zur besonderen Nachfolge und damit in seine besondere Nähe, Erwählung und Sendung. Nun ist aber der Zöllner von Berufs wegen aufs Geld eingestellt und hat infolgedessen wenig Sinn für das Geistige und Religiöse. Er ist außerdem beruflich beinahe dazu genötigt, andere zu übervorteilen, damit er auf seine Rechnung kommt und den nötigen Gewinn machen kann. Und schließlich ist er wieder von Berufs wegen gezwungen, mit Nichtjuden zusammenzukommen, ist also der Gefahr religionsfeindlicher oder heidnischer Ansteckung ausgesetzt. Auf alle Fälle wird er sich immer wieder levitisch verunreinigen, weil er mit Gesetzesfremden in engem Kontakt lebt. Wie kann Jesus einen solchen besonders erwählen? Dazu kommt ein Zweites: Der Berufene veranstaltet zum Ausdruck seiner Freude und zum Abschied von seinen Freunden ein großes Gastmahl. Sein Haus ist gefüllt mit seinesgleichen. Jesus und seine Jünger leben mitten unter diesen Zöllnern und Sündern, sitzen mit ihnen zu Tisch, plaudern und tafeln mit ihnen in völliger Sorglosigkeit. Wie kann ein religiöser Meister in Israel Derartiges wagen? Ein Drittes: Auf diesen scheinbar berechtigten Vorwurf antwortet Jesus damit, dass er weder seine Jünger noch sich selbst irgendwie entschuldigt, sondern im Gegenteil betont, er sei gekommen, Sünder zu berufen, nicht Gerechte. Das widerspricht völlig dem pharisäischen Denken. Pharisäer betrachten sich als Ausgesonderte, weil sie besonders streng leben wollen. Sie wollen Heilige sein, die mit den Unheiligen nichts zu tun haben. Aus Gewissenhaftigkeit heraus vermeiden sie jede Berührung mit denen, die es mit dem Gesetz nicht ernst nehmen. Sie sind Radikale, die keinen Kompromiss dulden, Integrale, die mit den Halben nichts zu tun haben. Infolgedessen erwarten sie mit Sicherheit, dass, wenn Jesus es mit der Heiligkeit ernst nimmt, er sie, die Heiligen, in erster Linie rufen muss und nicht die unheiligen Zöllner. Man versteht ihr

Ärgernis. Man kann doch nicht einfach alle Schranken niederreißen und sich mit diesem »Gesindel« einlassen. Rabbi Hillel hat geschrieben: »Es gibt keinen Ungebildeten, der die Sünde fürchtet, keinen Mann aus dem Volk, der fromm ist.« In Joh 7,49 redet ein Pharisäer vom »verfluchten Pöbel, der das Gesetz nicht versteht«. Aber gerade mit diesem »Gesindel« und »Pöbel« lassen sich die Jünger Jesu und lässt sich der Meister selbst ein. Hier kann man zum Schutz wahrer Religiosität und aus Ehrfurcht vor der Heiligkeit sich nur mit Entrüstung abwenden. So denken die Pharisäer.

2. *Die Erklärung*

Wenn Jesus sagt: »Nicht die Gesunden bedürfen des Arztes, sondern die Kranken«, und: »Ich bin nicht gekommen, Gerechte zu berufen, sondern Sünder zur Bekehrung«, so geht es dabei zuerst nicht einmal um das bloß äußere Zusammenleben oder die äußere Distanz. Der Rückzug aus der Welt ins Kloster, der Bau eines äußeren oder auch inneren Gettos, der Schutz der Jugend durch konfessionelle Schulen, Organisationen hat seine Berechtigung und widerspricht nicht dem Geist Christi. Gewiss wird Jesus die Seinen zum Salz der Erde und zum Sauerteig machen und sie mitten unter die anderen schicken. Aber man kann auch vom Kloster aus zu den anderen gehen, im Kloster für die anderen beten und arbeiten. Man kann in konfessioneller Zurückgezogenheit die Kräfte sammeln zur geistigen Durchdringung einer christentumsfeindlichen Welt und kann und soll vor allem die noch unfertigen, erst heranwachsenden jungen Menschen stilrein formen und bilden, damit sie dann stark genug sind, in einer ganz anderen Umgebung zu leben. Um dieses Äußere geht es hier nicht. Und es wäre Vergewaltigung des Textes, wenn man ihn missbrauchen wollte, um gegen Klöster und konfessionelle Institutionen ins Feld zu ziehen.

Noch weniger besagt die Antwort Jesu und das Vorgehen seiner Jünger ein Lob für Sünde und Sünder. Denn Jesus nennt ja ausdrücklich die Kranken krank und die Sünder Sünder. Der Arzt befasst sich mit den Kranken, aber nur um sie gesund zu machen, und Jesus beruft Sünder, aber um sie zur Buße zu führen. Es kann also einer nicht Zöllner und Sünder werden, damit er ins Gottesreich komme. Sünde ist nicht der Weg zu Gott. Es wäre wiederum völlige Verdrehung des Sinns, wenn man eine solche Schlussfolgerung aus dem Text ziehen würde.

Es geht vielmehr um die innere Gesinnung. In ihr entscheidet sich wahre und falsche Heiligkeit. Falsche Heiligkeit ist die der Pharisäer. Nicht dass sie ernst machen wollen und darum auch den äußeren Kontakt mit den Unreligiösen vermeiden, ist das Falsche, sondern dass sie sich auf dieses Ernstmachen und diese Absonderung etwas einbilden. Aufgrund ihres Tuns halten sie sich für Gerechte. Das ist Selbstgerechtigkeit. Und diese Selbstgerechten verachten alle anderen als ungerecht. Aufgrund ihrer Selbstheiligung sind sie von der eigenen Heiligkeit überzeugt und schauen mit Verachtung auf die anderen als Unheilige hinab. Sie haben, was sie brauchen, und brauchen somit nichts mehr. Als Bekehrte brauchen sie keine Umkehr, als Heilige brauchen sie keinen Heiligen Geist. Als Gerechte fürchten sie sich nicht vor dem Gericht Gottes.

Der Messias ist für sie überflüssig. Darum wissen sie nichts mit ihm anzufangen, lehnen ihn und seine Botschaft ab. Solche werden allerdings von Jesus nicht berufen.

Wahre Heiligkeit ist der Sünder, der um seine Sündhaftigkeit weiß und davon loskommen will. Der Sünder weiß, dass er nicht alles hat, sondern dass ihm das Wichtigste fehlt. Er leidet unter seiner Leere und möchte sie ausgefüllt sehen. Er ist sich bewusst, dass er sich selbst nicht helfen kann, und bittet darum um die Hilfe von oben. So ist Sünderbewusstsein wesentliche Voraussetzung für das Gnadenbewusstsein. Ohne das Wissen um Schuld gibt es kein dankbares Wissen um Nachlass. Nur wer sich gebunden weiß, schätzt die Befreiung. Nur wer unter seiner Existenz als Dasein im Gefängnis und im Kellerloch leidet, freut sich über die Erlösung als Führung in die Freiheit und die Weite. Christus als der Heilige ist gekommen, denen Heiligkeit zu bringen, die unter ihrer Unheiligkeit leiden. Er kann mit den Scheinheiligen nichts anfangen, die ihren Schein für Wirklichkeit halten. Der Gegensatz zwischen Pharisäertum und Christentum könnte nicht schärfer sein. Das Kloster und der Weg der Evangelischen Räte ist der beste, aber nicht jeder, der auf diesem Wege schreitet, ist schon ein besserer Mensch. Er wird sogar ein schlechterer, wenn er sich auf dieses Schreiten etwas einbildet. Priestertum als Berufung in die besondere Nähe und Gefolgschaft des Herrn ist etwas Großes. Wer sich aber darin groß wähnt, ist dem Größenwahn verfallen. Das Amt, das ihn in Gottes Nähe führt, hat ihn durch falsche Gesinnung als Person in die Gottesferne geführt. Diese Tragik des Pharisäismus ist auch im Christentum zu finden. Und doch sind Christentum und Pharisäismus unvereinbare Gegensätze.

DRITTER ANGRIFF: VOM BETEN UND FASTEN

(Lk 5,33–39)

Sie aber sprachen zu ihm: »Die Jünger des Johannes fasten häufig, verrichten Gebete, ebenso die Jünger der Pharisäer, die Deinen aber essen und trinken.« Jesus antwortete ihnen: »Ihr könnt doch die Hochzeitsgäste nicht fasten lassen, solange der Bräutigam bei ihnen ist? Es werden aber Tage kommen, da der Bräutigam von ihnen genommen wird. An jenen Tagen werden sie fasten.«

Er legte ihnen auch ein Gleichnis vor: »Niemand reißt ein Stück von einem neuen Kleid und näht es auf ein altes. Sonst wird nur das neue zerrissen und auf das alte wird das Stück vom neuen nicht passen. Und niemand schüttet neuen Wein in alte Schläuche, sonst wird der neue Wein die Schläuche sprengen, wird ausgeschüttet, und die Schläuche gehen zugrunde. Sondern man schüttet neuen Wein in neue Schläuche. Niemand, der alten Wein getrunken hat, will neuen, denn er sagt, der alte ist besser.«

1. Die Frage

Die Pharisäer greifen scheinbar immer kleine Dinge und Äußerlichkeiten an. In Wirklichkeit geht es aber bei jedem Angriff um eine wesentliche Frage des Religiösen. So auch hier. Ihr Vorwurf lautet: »Die Jünger des Johannes fasten häufig und verrichten Gebete, ebenso die Jünger der Pharisäer; die Deinen aber essen und trinken.«

Gebet und Fasten und überhaupt die religiösen Übungen sind wichtig. Jesus selbst hat gefastet und gebetet. Seine Jünger werden es tun. Und zwar zu bestimmten Gebetszeiten und Fasttagen, wie das aus der Apostelgeschichte ersichtlich ist. Auch die Kirche wird bestimmte Fasttage und Fastenzeiten einsetzen, und ihre Priester und Ordensleute sind zu bestimmten Gebetsverrichtungen verpflichtet. Aber Beten und Fasten ist nicht die Hauptsache. Religiöse Übungen sind nur der Weg, nicht das Ziel, nur das Mittel, nicht der Zweck, nur die Bereithaltung des Gefäßes, nicht der Inhalt. Dass die Johannesjünger und die Pharisäer fasten und beten, ist in Ordnung. Aber sie haben es als das Entscheidende betrachtet. Und damit werden die religiösen Übungen zu einem Menschenwerk, das in sich selbst Wert haben soll. Gerade das ist aber das Verkehrte. Sie verwechseln Frömmigkeit und Religiosität mit dem Verrichten bestimmter Übungen.

Die Frage nach der Bedeutung dieser Übungen ist für jeden wichtig, der ein religiöses Leben führt. Er braucht das Fasten, weil er sein Triebleben ordnen und in Zucht halten muss. Er braucht das Beten, weil er sich für Gott bereithalten und immer wieder zu Gott wenden soll. Aber es ist nur Vorbereitung und Hilfsmittel der eigentlichen Religion. Dementsprechend ist die Antwort Jesu.

2. *Die Antwort*

Das Wort des Herrn lautet: »Ihr könnt doch die Hochzeitsgäste nicht fasten lassen, solange der Bräutigam bei ihnen ist?« Jesus will sagen, dass jetzt, in der kurzen Zeit, die er bei den Seinen ist, Freudenzeit ist, die Hochzeit der Weltgeschichte. Er ist der göttliche Bräutigam, der gekommen ist, seine Braut, die heilige Kirche, zu freien. Wenn er einmal nicht mehr sichtbar bei ihnen ist, haben sie auch noch Freude, aber nicht mehr diese hochzeitliche Hochstimmung ungetrübter Freude. Dann ist für sie die Fastenzeit gekommen.

Die Antwort Jesu ist wichtig. Sie stößt vor ins eigentlich Zentrale und legt das innerste Wesen echter Religiosität bloß, nämlich das Wirken Gottes. Nicht was der Mensch tut, also nicht seine Übungen sind das Wichtigste, sondern was Gott tut, das Kommen Gottes. Das ist das Ziel, der Zweck, der Inhalt. Wenn der Mensch betet, so ist es entweder, weil er von Gott ganz erfüllt ist, dann ist sein Gebet ein Strömen aus innerer Fülle, oder weil er diese Fülle nicht hat, und dann ist sein Beten sehnsüchtiges Aufschauen, Warten und Flehen, bis Gott kommt. Wenn der Mensch Gott hat, fastet er auch. Entweder, weil er so von Gott erfüllt ist, dass ihm alles andere gar nichts mehr sagt – so hat Jesus in der Wüste gefastet. Oder weil der Mensch spürt, dass er noch zu sehr vom Irdischen erfüllt ist und darum noch nicht die Fülle Gottes besitzt. Und so wird er versuchen, durch Fasten sich vom Irdischen loszulösen und frei zu machen, damit ihn Gott ganz erfüllen kann. Also nicht das Fasten und Beten unterscheidet Pharisäer und Christen, ihre Jünger und seine Jünger, sondern die Bedeutung, die sie dem Fasten beimessen, die Gesinnung, aus der heraus sie fasten und beten. Pharisäer setzen das Gebet und das Fasten zum Selbstzweck. Für Christen ist es nur Vorbereitung und Begleiterscheinung des ganz anderen, das der Frömmigkeit Wert gibt, nämlich des Besitzes Gottes. Es ist also ein Wesensunterschied.

Darum fügt Christus seiner Antwort noch ein Zweites hinzu. Sein Kommen und seine Botschaft ist nicht nur Flicken eines alten Kleides, Füllen alter Schläuche mit neuem Wein. Christentum ist also nicht bloß Verinnerlichung des Judentums, Weiterführung einer natürlichen Sittlichkeit, Läuterung heidnischer Religion, sondern etwas ganz anderes und ganz Neues, ein völlig neues Kleid, das Hochzeitsgewand des Menschen, völlig neuer Wein, der auch in neue Schläuche gefüllt wird. Also neuer Inhalt, der auch neue Formen braucht. Darum sind seit dem Kommen Christi auch die Übungen des religiösen Lebens etwas völlig anderes und Neues. Nur der Schein bleibt der gleiche, das Sein ist anders. Man fastet und betet hüben und drüben, aber völlig anders. Nur wer dieses andere und Neue erfasst hat, ist Christ. Weil das Äußere trügt, gibt es viele, die heilig scheinen und es doch nicht sind, und viele, die es sind, aber nicht scheinen. Die Jünger Jesu scheinen keine Heiligen zu sein, denn sie fasten und beten weniger als die Pharisäer. Und doch sind sie Heilige, weil sie vom heiligen Gott gerufen und mit seinem Heiligen Geist erfüllt werden. Die Pharisäer scheinen Heilige zu sein, weil sie viel fasten und beten, sind es aber nicht, weil sie dabei nicht Gott suchen, sondern sich selbst. Gott, die Gnade Gottes und der Wille Gottes entscheiden, nicht der Mensch und sein Tun. Der Primat des Religiösen ist bedingungslos Gott. Darum geht es bei diesem Angriff und bei der Antwort des Herrn.

VIERTER ANGRIFF: BUCHSTABE ODER GEIST

(Lk 6,1–11)

Als er an einem Sabbat durch die Felder wanderte, rissen seine Jünger Ähren ab, zerrieben sie zwischen den Händen und aßen sie. Da sagten einige der Pharisäer zu ihm: »Warum tut ihr, was am Sabbat nicht erlaubt ist?« Jesus antwortete ihnen: »Habt ihr nicht gelesen, was David tat, als er und seine Gefährten hungerten? Dass er nämlich in das Haus Gottes hineinging, die Schaubrote nahm und aß, die niemand essen durfte als nur die Priester, und dass er auch seinen Gefährten davon gab?« Und er sprach zu ihnen: »Der Menschensohn ist Herr des Sabbat.«

An einem anderen Sabbat ging er in die Synagoge und lehrte. Dort war ein Mann, dessen rechte Hand erstorben war. Die Schriftgelehrten und Pharisäer beobachteten ihn, ob er am Sabbat heilte, damit sie so eine Klage gegen ihn finden könnten. Er aber durchschaute ihre Gedanken und sprach zu dem Mann mit der erstorbenen Hand: »Steh auf und stelle dich hier in die Mitte.« Er stand auf und stellte sich dorthin. Jesus aber sprach zu ihnen: »Ich frage euch, ist es erlaubt, am Sabbat Gutes zu tun oder Böses zu tun? Ein Leben zu retten oder zu vernichten?« Er blickte sie alle ringsum an und sprach zu ihm: »Strecke deine Hand aus.« Dieser tat so, und seine Hand wurde wiederhergestellt. Da gerieten sie in Wut und besprachen sich miteinander, was sie Jesus antun könnten.

Auch der vierte Angriff berührt eine Lebensfrage, nämlich die Frage, worum es eigentlich beim Gesetz Gottes geht. Die Sache ist so wichtig, dass die Gegner hier den Angriff in zwei Stößen vortragen.

Beim ersten Stoß geht es um das Sabbatgebot. Die Heiligung des Sabbats ist im Gesetz des Mose mit besonderem Ernst betont und wird in Israel mit rücksichtsloser Strenge durchgeführt. Jede Arbeit ist verboten. Es ist auch in der Tat nicht mehr als recht und billig, dass ein Wochentag völlig Gott, dem Herrn, gehört. Das ist in Ordnung. Aber die Pharisäer achten nicht so sehr auf den eigentlichen Geist und den Zweck dieser Gesetzesbestimmung, sondern nur auf die Bestimmung als solche. Der Buchstabe des Gesetzes ist für sie wichtig, nicht der Geist.

Sie sehen, dass die Jünger Jesu am Sabbat Ähren zwischen den Fingern zerreiben, um ihren Hunger zu stillen. Das ist nach der Auffassung der Pharisäer verbotene Arbeit. Sie nehmen daran Anstoß und machen Christus daraus einen Vorwurf. Er verweist sie in seiner Antwort auf dieselbe Heilige Schrift, auf die sie sich berufen, und erinnert sie daran, dass David nicht nur Körner, sondern ganze Brote gegessen und anderen gegeben hat, deren Gebrauch doch nach dem Buchstaben des Gesetzes verboten war. Denn die Schaubrote im Heiligtum gehörten dem Herrn, nicht den Menschen, waren dem Herrn geweiht und darum den Menschen entzogen. Trotzdem belobigt die Schrift das Vorgehen Davids, denn er diente damit zwar nicht dem Buchstaben nach, aber dem Geiste nach dem inneren Gesetz und Willen Gottes.

So sollten auch die Pharisäer, sollten alle Menschen nicht auf den äußeren Buchstaben schauen, sondern auf den Geist. Das Entscheidende am Sabbat ist nicht, dass man nichts tut, sondern dass man nichts tut, um ganz bereit und offen zu sein für den Herrn. Das Ruhen der Arbeit ist nur das Negative, das entscheidend Positive ist das Dasein und Offensein für Gott. Der Buchstabe des Gesetzes, der die menschliche Arbeit verbietet, ist nur Hilfsmittel für den Geist, der sich dem Geist Gottes öffnen soll. Die Pharisäer sehen vor lauter Buchstabenbäumen den herrlichen Wald des Gesetzesgeistes nicht mehr. Sie sind Paragrafenseelen, Buchstabenklauber, die vor lauter Bücherweisheit am Lebendigen vorbeisehen. Der Zaun ist ihnen wichtiger als der Garten, den er schützt.

Der zweite Vorstoß wird durch ein Heilungswunder des Herrn ausgelöst. Am Sabbat steht in der Synagoge ein Mann mit einer verdorrten Hand. Er möchte von Jesus geheilt werden. Die Pharisäer betrachten diese Heilung als unerlaubte Tätigkeit, als knechtliche Arbeit, die am Sabbat nicht verrichtet werden darf. Jesus durchschaut ihre Gedanken und fordert sie nun förmlich heraus. »Ich frage euch, ist es erlaubt, am Sabbat Gutes zu tun oder Böses zu tun? Ein Leben zu retten oder zu vernichten?« Mit kristallener Klarheit ist in diesem Worte Jesu das Entscheidende herausgearbeitet. Äußere Erfüllung des Gesetzesbuchstabens kann unter Umständen böse sein, wenn sie nämlich dem eigentlichen Geist Gottes und damit dem Wesen der Religiosität widerspricht. Übertretung des äußeren Buchstabens kann gut sein, wenn nämlich dadurch dem Geiste Gottes entsprochen wird. Nicht der Buchstabe entscheidet, sondern der Geist. Und so heilt er den Kranken, ihnen zum Trotz.

Es gibt immer wieder Christen, die am Buchstaben hängen. Sie vergessen, dass das kirchliche Gesetzbuch Schutz des Evangeliums und Auswirkung seines Geistes ist, also eine höhere Norm im Evangelium und seinem Geist findet. Sie vergessen, dass Rubriken Hilfsmittel sind, die heilige Messe würdig zu lesen und die Sakramente in würdiger Form zu spenden. Wer sich aber so sehr in die Rubriken verliert, dass ihre Beachtung seinen Geist vom Wesentlichen ablenkt, ist auf einem Irrweg. Es gibt Ordensleute, denen die äußere Erfüllung der Tagesordnung, der Ordensregeln, der Bestimmungen über Stillschweigen usw. das Wichtigste ist. Und sie merken gar nicht, wie sie dadurch langsam in der geistigen Haltung eingeschnürt und eingeengt werden, bis ihnen die echte Freiheit der Kinder Gottes verloren geht, die Großzügigkeit des Evangeliums verkürzt wird und das freie Atmen schlichter Gotteskindschaft erschwert wird durch ständiges, ängstliches Achten auf äußere Bestimmungen. Alle diese mögen sich immer wieder von der Stellungnahme Jesu gegen die ursprünglich ernst gemeinte, aber allmählich zur Karikatur gewordene Religiosität der Pharisäer warnen lassen. Der Buchstabe ist wichtig, aber er ist nur da zur Kundgabe und zum Schutz des Geistes. Der Geist ist das Wichtigste.

Es liegt eine gewisse Tragik darin, dass diese Buchstabenmenschen so verkrustet sind, dass sie die Größe des Geistes nicht mehr ertragen und mit Berufung auf ihre Buchstaben dem Geist den Kampf ansagen. Darum schließt dieser Abschnitt des Evangeliums mit den erschütternden Worten: »Da gerieten sie in Wut und besprachen sich miteinander, was sie Jesus antun könnten.«

Die Szene von Nazareth wiederholt sich hier im Großen. Dort hat die Scheidung der Geister ihren Anfang genommen; hier treibt sie bereits ihrem Höhepunkt entgegen. Die Lehre und das Wesen Jesu Christi sind eben etwas anderes und Neues. Der Mensch soll dazu Ja sagen und sich von diesem Geiste formen und führen lassen.

APOSTELWAHL

(Lk 6,12–16)

In jenen Tagen ging er auf einen Berg, um zu beten. Und er verbrachte die ganze Nacht im Gebet zu Gott. Als es Tag wurde, rief er seine Jünger, wählte aus ihnen zwölf aus und gab ihnen den Namen Apostel: Simon, den er Petrus nannte, und seinen Bruder Andreas, Jakobus und Johannes, Philippus und Bartholomäus, Matthäus und Thomas, Jakobus, den Sohn des Alphäus, und Simon, genannt der Eiferer, Judas, den Sohn des Jakobus, und Judas Ischariot, der zum Verräter wurde.

Die Scheidung der Geister hat begonnen. Der Jüngerkreis und die feindliche Front sind bereits vorhanden. Nun schreitet Jesus zu einer festen Formgebung der Seinen: Er gibt dem Neuen Bund die neue Führung durch die Wahl der Zwölf. Dass es hier um etwas Wichtiges geht, ist schon aus der Tatsache ersichtlich, dass sich

Jesus eine ganze Nacht zum Gebet zurückzieht. Dann erst macht er den entscheidenden Schritt.

1. *Die Berufung*

Jesus ruft die Jünger zu sich, wählt aus ihnen zwölf aus und gibt ihnen den Sondernamen Apostel. Die Initiative geht völlig von Christus aus. Er ruft. Man kann sich in der Kirche die Berufung nicht selbst geben oder nehmen. Es ist nicht eigene Wahl, sondern man wird berufen und wird erwählt. Die Kirche ist nicht demokratisch von unten her gebaut. Ihre entscheidenden Ämter sind nicht im Laufe der Entwicklung durch einen historischen Prozess entstanden, sind auch nicht eine Art Geist-Ersatz und somit ein notwendiges Übel. Der Priester wird aber auch nicht auf charismatischem Weg berufen, dadurch dass der Geist über ihn kommt und er mit Berufung auf diesen Geist zu reden und zu wirken anfangen darf, sondern alles geht von oben nach unten, hat somit hierarchisches Gepräge. Gott ruft, und zwar konkret durch die Kirche. Wohl kann eine Priesterberufung innere Anregung des Geistes und Herzens sein und ein persönlicher Entschluss eines jungen Menschen. Es wird sogar meistens so sein. Aber das ist nicht entscheidend. Entscheidend ist vielmehr die Annahme vonseiten der Kirche, die Weihe durch ihre Handauflegung. Erst durch diese Annahme ist eine eigentliche Berufung vorhanden. Das Amt gehört wesentlich zur Kirche. Damit ist nicht gesagt, dass das charismatische Element fehlt. Es kommt in der Kirche durch die Heiligen zur Auswirkung. Ohne Amt, ohne äußeren Auftrag, aber durch innere Sendung Gottes kann ihre Art erneuernd, anregend, belebend und religiös führend wirken. Aber das Charismatische ist der Autorität des Amtes unterstellt. Und am schönsten ist es immer dort, wo Amt und Charisma in der gleichen Person verbunden sind, wie es bei den zwölf Aposteln der Fall war.

Jesus beruft zwölf. Es wird eigens betont. Das alte, bluthafte Zwölfstämmevolk wird nun abgelöst durch das neue Volk Gottes, das nicht eine natürliche, bluthafte Einheit, sondern eine übernatürliche, geistige Gemeinschaft ist. Anstelle der zwölf Söhne Jakobs sind nun die zwölf Apostel Christi aufgestellt. Die Zwölfzahl wird beim Abfall des Judas durch die Wahl des Matthias wieder erfüllt, und die Apokalypse betont noch in besonderer Weise beim Bau der Kirche diese zwölf Bausteine. Durch die Wahl der Apostel ist die neue Führung des Neuen Bundes bestellt.

Die Zwölf erhalten den Sondernamen Apostel, also Gesandte. Sie wirken nicht in eigener Vollmacht und eigener Autorität, sondern im Auftrag eines anderen und nach dem Willen eines anderen. Sie sind nicht Souveräne, sondern Botschafter. Sie sind nicht die Hand, sondern das Werkzeug. Alles, was sie empfangen, empfangen sie nicht in erster Linie und nicht bloß für sich selbst, sondern für die anderen. Sie sollen es weitertragen. Die Tradition als das Weitergeben von etwas Empfangenem ist im Apostelnamen grundgelegt.

2. *Die Berufenen*

Die Zwölf werden mit Namen aufgeführt. An der Spitze steht Simon. Und es wird ausdrücklich gesagt, dass er den Amtsnamen »Felsen« durch Jesus erhalten habe. Die Person Simons wird hier zum Amtsträger. Auf den Ämtern der Zwölf mit Simon an der Spitze ist die Kirche aufgebaut, sodass Simon der Felsen ist, der, von der Hand Christi hingelegt, das Ganze trägt. Dieser Felsen hat nicht bloß eine vorläufige und vorübergehende Hilfsfunktion. Man kann den Felsen nicht entfernen, ohne dass der ganze Bau zusammenstürzt. Darum wird das Amt des einen bleiben, solange die Kirche besteht. Der Primat hat Dauercharakter. Aus dem Bild des Felsens ist es schon ersichtlich.

Neben ihm wird Andreas, sein Bruder, genannt. Der Name ist griechisch. Die beiden Brüder stammen als Galiläer aus dem

Grenzgebiet. Die Einflüsse griechischer Kultur werden hier sichtbar. Unter den zwölfen sind auch andere Brüderpaare. Durch die ganze Kirchengeschichte bis in die Gegenwart erneuert sich das immer wieder, dass Brüder zusammen den Weg der Nachfolge Christi gehen und zum Priestertum gerufen werden. Der gleiche Nährboden einer christlichen Familie schafft von unten her die richtige Vorbereitung, sodass der Ruf, der von oben her kommt, verstanden und beantwortet wird.

Jakobus und Johannes sind das weitere Brüderpaar, das genannt wird. Der erste Märtyrer steht hier neben dem ersten großen Mystiker. Der erste Blutzeuge neben dem großen Geisteszeugen des Evangeliums und der Apokalypse. Donnersöhne werden sie einmal von Jesus genannt. Aber ihr ungestümes Temperament ist durch die Gnade gezügelt und gemäßigt worden.

Neben Philippus, dem Ängstlichen, steht Bartholomäus oder Nathanael, der Israelit ohne Falsch. Es sind zwei Stille, Ehrliche, Geradlinige, die sich besonders gut verstanden haben.

Matthäus, der Zöllner, steht neben Thomas, dem Schwerblütigen, Zweiflerischen. Beide haben innerlich einen nicht leichten Weg zurücklegen müssen, aber beide haben, einmal erobert, die Treue gehalten bis zum Letzten.

Neben Jakobus, dem konservativen Juden, steht Simon, der revolutionäre Zelot. Und als Letzte werden zwei mit dem Namen Judas genannt, der eine ist Bruder oder Sohn des Jakobus, Verfasser eines der neutestamentlichen Briefe, der andere ist Judas Iskariot, von dem das Evangelium beifügt, »der zum Verräter wurde«. Auch er gehört zu den Zwölf. Auch seine Linie geht weiter durch die Geschichte der Kirche. Unter den Aposteln gibt es Apostaten. Unter den Berufenen gibt es Verräter. Die Elite kennt Versager.

So bieten die Zwölf ein buntes Bild. Aufs Ganze gesehen entstammen sie weder der obersten Schicht der Reichen und Vornehmen noch der untersten Schicht des Proletariates. Im Wesentlichen gehören sie alle dem Mittelstand an, freilich mit der großen

Spannweite verschiedener Bildungsgrade und auch starker sozialer Unterschiede. Auch ihre Charaktere sind sehr verschieden. Die Priester des Herrn sind nicht uniformiert und nicht die Verwirklichung einer Schablone. Bei aller Verschiedenheit verbindet sie das eine zu einer Gemeinschaft, dass sie eben von Christus gerufen, von ihm gesandt sind und völlig in seinem Dienst stehen. Das einigende Band ist er selbst, ihr Geheimnis, ihre Einheit in der Vielheit.

Mit ihnen, wie das Evangelium betont, steigt nun Jesus vom Berg hinab. Er in ihrer Mitte, sie bilden seine Gefolgschaft.

Der Jüngerkreis hat feste Form erhalten. Der Neue Bund ist auch in seiner organisatorischen Gestalt geschaffen: Christus – die Zwölf – im weiteren Kreis die übrigen Jünger. Alle von Christus gesandt zur großen Masse des Volkes. Dieses Bild am Berghang hat Dauerzustand angenommen als die organisierte Kirche der Christen.

DIE NEUE BOTSCHAFT

(Lk 6,17–26)

Dann stieg er mit ihnen hinunter und blieb auf einem ebenen Platz stehen. Eine große Schar seiner Jünger war da und eine große Volksmenge aus dem ganzen Judenland und aus Jerusalem und vom Küstenland Tyrus und Sidon, die gekommen waren, ihn zu hören und von ihren Krankheiten geheilt zu werden. Auch Menschen, die von unreinen Geistern geplagt waren, wurden geheilt. Alles Volk suchte ihn zu berühren, denn es ging eine Kraft von ihm aus und heilte alle.

Da erhob er seine Augen zu seinen Jüngern und sprach:
»Selig ihr Armen, denn euer ist das Reich Gottes.

Selig, die ihr jetzt hungert, denn ihr werdet gesättigt werden.
Selig, die ihr jetzt weint, denn ihr werdet lachen.
Selig seid ihr, wenn die Menschen euch hassen und euch ausschließen und schmähen und eure Namen ächten um des Menschensohnes willen. Freut euch an jenem Tag und frohlockt, denn euer Lohn wird groß sein im Himmel. So haben eure Väter es auch mit den Propheten getan.
Aber wehe euch, ihr Reichen, denn ihr habt schon euren Trost.
Wehe euch, die ihr jetzt satt seid, denn ihr werdet hungern.
Wehe euch, die ihr jetzt lacht, denn ihr werdet trauern und weinen.
Wehe euch, wenn alle Menschen nur Gutes von euch sagen, denn so haben es eure Väter mit den falschen Propheten getan.«

Wichtiger als die äußere organisatorische Form und das autoritäre Amt ist der neue, innere Geist. Er wird in der Bergpredigt skizziert. Bei Lukas ist diese nicht für jüdische Leser bestimmt, sondern für Heiden. Darum ist alles typisch Jüdische weggelassen und die ganze Predigt auf ein Drittel des Matthäus-Textes reduziert.

DER NEUE MENSCH

1. Der Prediger

Christus steht auf der Höhe seiner Wirksamkeit. Er wird von der Begeisterung der Massen getragen. »Eine große Schar seiner Jünger war da und eine große Volksmenge aus dem ganzen Judenland und aus Jerusalem und vom Küstenland Tyrus und Sidon.« Sein Ruf ist also bereits über die Grenzen des Landes hinausgedrungen. Die Wogen der Begeisterung heben ihn empor. Er ist kein

Einsamer, kein Winkelprophet, keiner, der mühsam ein paar Hörer zusammenbringt, kein Gesetzeslehrer wie die anderen, die von einem kleinen Kreis von Verehrern umgeben sind. Er ist ein Mann des Volkes und doch zugleich über dem ganzen Volke stehend.

Als der Kraftvolle steht er da, denn er heilt die Kranken und vertreibt die bösen Geister. »Eine Kraft ging von ihm aus.« Alles Schwache weicht vor dieser Kraft, alles Kranke schwindet unter seiner heilenden Hand. Alles Unreine weicht vor seiner Reinheit zurück und alles Dämonische flieht seine Gottheit.

Von diesem Prediger, der in der Masse steht und zur Masse spricht, der als der Starke seine Kraft verströmt, erwartet man eine Botschaft der Erneuerung, durch die alles Kleine groß, alles Schwache stark, alles Unreine rein, alles Enge weit und alles Unheilige geheiligt wird. Umso erstaunlicher ist das Programm, das er entwirft. Es ist zwar eine Umgestaltung, aber in einem ganz anderen Sinn. Dieser Prediger bringt eine neue Welt, denn nun bricht das Reich Gottes ins Menschenreich hinein, um das Dämonenreich zu zerstören. Dieser Prediger, der das Neue bringt, sieht dieses Neue in seiner Vollendung. Es fängt jetzt erst an, in ihm und durch ihn. Aber es wird zur Vollendung kommen, nämlich für den Einzelnen im Tod als dem Übergang zum neuen Leben, und für die gesamte Welt am Jüngsten Tag als dem Übergang zum neuen Himmel und zur neuen Erde. Bei der ganzen Verkündigung dieses Predigers ist der Blick auf das Letzte gerichtet. Nur so ist seine Botschaft verständlich.

2. *Die Predigt*

Einem viermaligen »Selig« steht ein viermaliges »Wehe« gegenüber.

»Selig ihr Armen – wehe euch, ihr Reichen.« Es geht bei Christus nicht um eine soziale Botschaft, um eine neue Verteilung des Besitzes, um einen wirtschaftlichen Umsturz, sondern um den

Blick auf die eine und entscheidende Umwälzung, die allein wirkliche und ernste Revolution, um jene Umkehr, wo Letzte Erste und Erste Letzte werden. Dort wird es sich zeigen, dass alle, die in der jetzigen Welt in Armut leben, gerade dadurch von dieser Welt nicht umgarnt worden sind, sondern sich den Blick frei gehalten haben für die kommende Welt des Reiches Gottes. Der Arme ist vom Irdischen nicht ausgefüllt und darum wartet er auf das Bessere, das kommen wird. Der Reiche dagegen richtet sich in der jetzigen Welt ein, als wäre sie von ständiger Dauer. Er findet jetzt und hier seine Erfüllung. Darum denkt er nicht an das Dort und Dereinst. Ja, er fürchtet es und flieht es. Aber das Reich Gottes kommt trotzdem. Darum wehe ihm, der es nicht herbeisehnt, sondern wegwünscht.

»Selig, die ihr jetzt hungert – wehe euch, die ihr jetzt satt seid.« Wieder ist der Blick auf das kommende Gottesreich entscheidend. Der Hungrige weiß, dass er etwas braucht, dass er bedürftig ist. Er wartet sehnsüchtig auf die Erfüllung, die ihm jetzt verweigert ist. Der Satte ist selbstzufrieden. Er will das Jetzt verewigen und nicht eine Ewigkeit, die das Jetzt ablöst. So ist er, wenn das Gottesreich kommt, nicht zu beglückwünschen, sondern zu bedauern. Darum gilt ihm nicht das »Selig«, sondern das »Wehe«.

»Selig, die ihr jetzt weint – wehe euch, die ihr jetzt lacht.« Auch hier ist das Wort »jetzt« wesentlich. Die Weinenden sind mit dieser jetzigen Welt nicht zufrieden. Sie haben von ihr nur Schmerz und Leid und Unannehmlichkeiten zu erdulden und zu erwarten. Darum blicken sie in die Zukunft und erhoffen das andere, Neue, das Christus bringt. Die Lachenden dagegen sind von den Freuden dieser Welt erfüllt, fühlen sich in ihrer Oberflächlichkeit darin wohl und leben vom Genuss, an dessen Kurzfristigkeit sie nicht glauben wollen. Der große Umschlag wird ihr Lachen in Wehklagen verwandeln. Darum gilt ihnen jetzt das Wehe.

»Selig ihr, wenn die Menschen euch hassen und euch ausschließen und schmähen – wehe euch, wenn alle Menschen nur Gutes von euch sagen.« Die beiden Menschengruppen stehen in schroffem

Gegensatz zueinander. Sie lassen sich nicht in Ruhe. Die Armen, Hungernden, Weinenden werden verfolgt, verjagt, gehasst und geschmäht von den Reichen, Satten und Lachenden. Christus als der umjubelte, kraftvolle Prediger steht nicht auf der Seite der Reichen, Satten und Lachenden, sondern er preist die Armen, Hungrigen und Weinenden. Das ist das Erstaunliche. Es geht ihm eben nicht bloß um die Umgestaltung dieser irdischen, jetzigen Welt, sondern er bringt etwas völlig anderes, völlig Neues: das Reich Gottes. Seine Botschaft ist also nicht eine Verbesserung dieser jetzigen Welt, Veredelung des Menschen, Verlängerung humanitärer Ethik, sondern es ist die Botschaft vom Kommen des Reiches Gottes. Darin liegt das unerhört Kraftvolle und Mächtige dieses Predigers und seines Wortes. Seine Kraft und Macht reicht über diese Welt hinaus, denn sie bringt eine neue Welt, geht über alles Menschliche hinaus, denn sie bringt das Gottesreich. Wer sein Wort hört, lebt von der Zukunft und setzt alles auf diese eine Karte des großen Umsturzes, der durch Christus jetzt begonnen hat und dereinst vollendet wird.

DER NEUE GEIST

(Lk 6,27–36)

»Euch aber, die ihr jetzt zuhört, sage ich: Liebt eure Feinde, tut Gutes denen, die euch hassen, segnet die, die euch fluchen, betet für die, die euch verleumden. Wenn dich einer auf eine Wange schlägt, halte ihm auch die andere hin. Wenn dir einer den Mantel nimmt, verwehre ihm auch den Rock nicht. Jedem, der dich bittet, gib. Und wenn dir einer etwas nimmt, verlange es nicht zurück. Was ihr wollt, dass die Menschen euch tun, das tut gleichermaßen ihnen. Wenn ihr nur die liebt, die euch lieben, was

habt ihr da für einen Dank? Denn auch die Sünder lieben diejenigen, die ihnen Liebe schenken. Und wenn ihr nur denen Gutes tut, die euch Gutes tun, was für einen Lohn habt ihr dann? Auch die Sünder tun das. Wenn ihr denen leiht, von denen ihr etwas zurückzuerhalten hofft, was für einen Lohn habt ihr dann? Auch die Sünder leihen den Sündern, damit sie Gleiches empfangen. Liebt ihr vielmehr eure Feinde, tut Gutes und leiht, ohne etwas zu erwarten. Dann wird euer Lohn groß sein, und ihr werdet Söhne des Allerhöchsten sein. Denn er ist gütig gegen die Undankbaren und Bösen. Werdet barmherzig, wie auch euer Vater barmherzig ist.«

Hat sich Christus bisher vor allem an die Jünger gewandt, so ergehen seine Worte nun ausdrücklich an all seine Zuhörer.

Bisher war sein Blick auf die Vollendung des kommenden Gottesreiches gerichtet. Dieses Reich hat durch ihn aber jetzt schon begonnen und soll nun auch in den Seinen seinen Anfang nehmen. Dieser Anfang ist vor allem innerlich und verborgen, aber er ist schon da als lebendige Wirklichkeit.

1. Die Forderung

Das Erste, was der Herr fordert, ist weder das Beten noch das Tun, sondern die neue Gesinnung. Er will die Erneuerung der Herzen, die innere Reform der Menschen. Diese Gesinnung ist die Liebe. Und zwar wird diese Liebe gleich in ihrem ganzen Umfang gezeichnet: »Liebt eure Feinde.« Sie muss also umfassend sein und darf keinen ausschließen, auch nicht die grimmigsten Gegner. Sie kennt grundsätzlich keine Schranken des Umfangs, ihr Licht soll in jeden Winkel dringen und ihre Glut alles erwärmen.

Die Gesinnung ist das Erste. Aber sie ist nur echt, wenn sie Taten schafft. »Tut Gutes denen, die euch hassen.« Da die Liebe wesentlich gut ist – denn sie ist aus Gott geboren, der die Liebe ist –, so sind auch ihr Werk und ihre Wirkung notwendigerweise gut. Tut Gutes! Der Hass wird nicht mit Hass beantwortet, schlägt nicht zurück, sondern er wird durch Liebe überwunden. Denn das Gute muss stärker sein als das Böse. Die Gesinnung ist nur dann echt, wenn sie auch dem Feind das Gute wünscht: »Segnet die, die euch fluchen.« Sie bittet also Gott, dass er den Hassenden und Fluchenden seinen Gottessegen gebe, damit von oben und von unten das Böse überwunden werde. Die wahre Liebe nimmt ihr Schicksal nicht selbst in harte Hände, sondern legt alles in die gütigen Hände Gottes. »Betet für die, die euch verleumden.« Das Nichtantworten ist keineswegs ein Sichzurückziehen oder ein verbissenes Schweigen oder ein verkrampftes, müdes Verzichten, sondern ein Weitertragen, ein Abgeben aller seelischen Belastung in Gott hinein. Damit ist der Mensch innerlich frei und kann in Freiheit dem Hassenden, Fluchenden und Verleumder gegenübertreten. Segnende und betende Liebe ist der neue Geist und die neue Kraft, die alles überwindet. Die starre Rechtsordnung wird aufgelockert. Das Ich-Du-Verhältnis wird auf einen völlig neuen Boden gestellt. Die Menschengemeinschaft folgt nun einem neuen Gesetz. Das ist der neue Geist, den Christus bringt und fordert.

2. *Auswirkung*

Sie wird positiv und negativ gezeigt.
Positiv: Der Liebende soll bereit sein, immer wieder zu dulden und zu geben. »Wenn dich einer auf eine Wange schlägt, halte ihm auch die andere hin. Wenn dir einer den Mantel nimmt, verwehre ihm auch den Rock nicht. Jedem, der dich bittet, gib.« Der Egoismus ist aufgelöst, weil das Ego sich nun in Gott hinein verloren hat. Darum reagiert der Mensch nicht mehr vom engen Standort des eigenen Ich, sondern er steht über den Dingen und Geschehnissen, weil er über sich hinausgewachsen ist durch die liebende Verbundenheit mit Gott. So ist seine Antwort immer eine Überraschung, völlig

anders als der Mensch erwartet. Er hat immer die lächelnde Bereitschaft, Böses zu nehmen und Gutes zu geben. Er steht auf einer völlig anderen Ebene. Die menschlichen Bereiche werden nun vom Boden des Gottesreiches aus beurteilt und gestaltet.

Negativ: Es darf keine versteckte Selbstsucht in der Liebe zu finden sein. »Wenn ihr nur die liebt, die euch lieben, was habt ihr da für einen Dank? Denn auch die Sünder lieben diejenigen, die ihnen Liebe schenken.« Das Gleiche gilt für das Gutestun, das Leihen usw. Wer nur gibt, um zu empfangen, sucht sich selbst. Der neue Mensch muss die innere, strömende Fülle haben, die gibt, ohne zu zählen, und schenkt, ohne Lohn zu erwarten. Alle Berechnung widerspricht dem innersten Wesen der Liebe.

Das Motiv: All das ist nur möglich in Gott, von Gott her und auf Gott hin. »Ihr werdet Söhne des Allerhöchsten sein, denn er ist gütig auch gegen die Undankbaren und Bösen.« Das innerste Geheimnis des Reiches Gottes ist die Liebe Gottes. Darum ist Gott die bewegende Kraft, das Motiv des neuen Menschen im Gottesreich. Der Mensch ist nur Kanal, durch den die Wasser Gottes strömen. Er empfängt alles und kann darum weitergeben. Seine Liebe ist nicht ein armseliges Feuerlein, das auf menschlichem Herd ängstlich behütet werden muss. Die Feuer Gottes brennen immer und verbrennen nie. Wer aus Gott geboren ist, hat göttliches Leben in sich und damit die Fülle und den Reichtum, der nur von Gott kommt. So braucht er nicht sorgsam zu zählen, ängstlich zu rechnen, knausrig auszuteilen und besorgt an die Zukunft zu denken. Er kann lächelnd mit vollen Händen geben, ohne sich viel um die Wirkung und die Antwort zu kümmern. Er gibt ja aus Gott und für Gott und in Gott. Darum ist Menschenwirkung völlig Nebensache.

Nur der Mensch, der im Gottesreich aus Gott lebt und von Gott erfüllt ist, hat diesen neuen Geist und kann der Forderung zur Entfaltung dieses Geistes entsprechen. Damit ist aber wirklich ein Stück Himmel auf Erden verwirklicht, hat wirklich das Gottesreich bereits seinen Anfang genommen. Darum sind die Heiligen als die wahren Kinder Gottes wie das Aufleuchten der kommenden Herrlichkeit, wie eine Ahnung dessen, was sein wird, wenn der Herr wiederkommt.

DIE NEUEN LEHRER

(Lk 6,37–49)

»Richtet nicht, und auch ihr werdet nicht gerichtet werden. Verurteilt nicht, und auch ihr werdet nicht verurteilt werden. Sprecht frei, und auch ihr werdet freigesprochen. Gebt, und es wird auch euch gegeben werden. Ein gutes, volles, gerütteltes und überfließendes Maß wird man in euren Schoß geben. Denn mit dem Maß, mit dem ihr messet, wird auch euch gemessen werden.«

Er legte ihnen ein Gleichnis dar: »Kann ein Blinder einen Blinden führen? Werden nicht beide in eine Grube fällen? Der Jünger ist nicht über dem Meister. Jeder aber, der vollendet ist, wird wie sein Meister sein. Was siehst du den Splitter im Auge deines Bruders, den Balken aber in deinem eigenen Auge siehst du nicht? Wie kannst du zu deinem Bruder sagen: ›Bruder, lass mich machen, ich ziehe den Splitter aus deinem Auge‹, wenn du selbst in deinem Auge den Balken nicht siehst? Du Heuchler, ziehe zuerst den Balken aus deinem Auge, dann magst du zusehen, wie du den Splitter herausziehst, der im Auge deines Bruders ist.

Es gibt keinen guten Baum, der schlechte Früchte bringt. Und ebenso gibt es keinen schlechten Baum, der gute Früchte bringt. Denn jeder Baum wird an seinen Früchten erkannt. Denn man sammelt von den Dornen keine Feigen und an einem Dorngestrüpp keine Trauben. Der gute Mensch bringt aus dem guten Schatz seines Herzens Gutes hervor. Der Böse bringt aus dem Bösen Böses hervor. Denn wovon sein Herz voll ist, davon redet sein

Mund. Was sagt ihr zu mir: ›Herr, Herr‹, und tut doch nicht, was ich sage? Jeder, der zu mir kommt und auf meine Worte hört und danach handelt, ich will euch zeigen, wem er gleicht. Er gleicht einem Menschen, der ein Haus baute, tief grub und das Fundament auf den Felsen setzte. Als die Hochwasser kamen, prallte die Flut an jenes Haus, aber sie vermochte es nicht zu erschüttern, weil es gut gebaut war. Wer aber hört und nicht danach handelt, gleicht einem Menschen, der ein Haus baute und es ohne Fundament auf die Erde stellte. Die Flut brauste heran und es stürzte sofort ein, und der Einsturz dieses Hauses war groß.«

1. Die Gesinnung

Es liegt nun einmal in der Natur des Menschen, dass er andere belehren will. Und es gibt Rechthaber, die jeden Andersdenkenden zu ihrer Meinung bekehren wollen. In ihrer Kritik beurteilen und verurteilen sie alle und alles, nur nicht sich selbst. Ja, die Kritiker sind gegenüber der Kritik, die an ihnen geübt wird, meist sehr empfindlich.

Im Reich Gottes soll das anders sein. Man soll nicht richten, nicht verdammen, sondern geben und vergeben.

Damit ist nicht jedes Richten als solches verboten. Es ist ein Wesensunterschied zwischen persönlichem und amtlichem Urteil. Wenn Eltern ihre Kinder, Erzieher die ihr anvertraute Jugend, Vorgesetzte ihre Untergebenen, Richter die Delinquenten beurteilen, so ist das notwendig und gottgewollt. Die Gesinnung, in der es geschieht, entscheidet. Und diese Gesinnung besagt, dass man sich nicht für besser hält als die anderen und dass man die gleiche und womöglich höhere Forderung an sich selbst stellt. Man darf andere nicht mit anderer Elle messen als sich selbst. Lieblose Nörgelei, hartherzige Kritisiersucht, Verurteilen von oben herab, besserwissendes Schulmeistern der anderen widersprechen dem Geist Christi.

2. *Die Beweggründe*

Jesus nennt drei Motive. Das erste und wichtigste Motiv ist die Gottbezogenheit. Wir stehen selbst unter dem Gericht, und zwar unter einem Gericht, vor dem wir nicht bestehen können. Wir sind somit auf die Barmherzigkeit angewiesen. Darum sollen wir Verständnis für jeden Schuldigen haben und freudig bereit sein, wenn immer möglich nicht nach hartem Recht zu verurteilen, sondern nach der Barmherzigkeit zu handeln. Die richtige Gottbezogenheit regelt die Beziehung zum Menschen.

Das zweite Motiv ist das Verhältnis Mensch zu Mensch. Wer andere belehrt, betrachtet sich als Führer. Dann ist aber wesentlich, dass er nicht blind und verblendet sei, sonst führt ein Blinder den Blinden, und beide fallen in die Grube. Nur wer sich selbst richtig erkennt und beurteilt, kann auch andere erkennen und beurteilen. Echtes Führertum stellt die Forderungen zuerst an sich selbst. Und echte Reform beginnt beim eigenen Ich. Nur wer Kritik an sich selbst übt, darf auch andere kritisieren.

Das dritte Motiv ist der Blick aufs eigene Ich. Denn wer sich für besser hält als andere, ist nach dem Worte Jesu ein Heuchler. Er erweckt einen falschen Schein, er tut so, als ob. Er erhebt ein Geschrei über den Splitter im Auge des Nächsten und tut, als ob er selbst keinen Splitter im Auge hätte, wo in Wirklichkeit ein ganzer Balken seinen Blick verdunkelt.

So ist in der Motivierung, die Christus gibt, ein Decrescendo von Gott zum Mitmenschen und zum eigenen Ich. Wer auf das religiöse Motiv der Gottbezogenheit nicht reagiert, sollte wenigstens für das soziale Motiv empfänglich sein, und ist das nicht der Fall, müsste er zum allerwenigsten einsehen, wie lächerlich er sich selbst macht, wenn er andere tadelt und sich lobt, versucht, andere zu bessern, die besser sind als er, und auf die Fehler der anderen aufmerksam macht, während vielleicht alle mit Fingern auf ihn weisen.

3. *Das Kennzeichen*

Will man wissen, ob einer, der belehrt, zuverlässig ist oder nicht, hat man als sicheres Kennzeichen seine Taten. An den Früchten erkennt man den Baum. Gute Taten sind Früchte, die am gesunden Stamme reifen, schlechte Taten sind faules Obst am kranken Baum. Der Mangel an Taten weist auf einen Menschen, der überhaupt kein Fruchtbaum ist; denn bei Disteln erwartet man keine Feigen und von Dornen keine Trauben. Also nicht der äußere Schein eines Menschen, auch nicht seine schönen Worte, nicht seine schmeichelnden Versprechungen und nicht seine tönenden Programme, nicht der Ausbruch seiner Gefühle und nicht die Skala seiner Stimmungen sind ein Wertmaßstab, sondern der nüchterne Blick auf seine Taten und sein Leben bringen den Erweis für Echtheit oder Unechtheit seiner Gesinnung und damit für Zuverlässigkeit oder Unzuverlässigkeit seiner Führung. So bilden Gesinnung und Tat letztlich eine Einheit. Und diese Einheit allein ist das Zeichen des echten Ringes.

Die Bergpredigt schließt mit einem Bild, das die Wichtigkeit dieses Tuns aufzeigt. Ein Haus, das auf felsigem Boden steht, trotzt dem Sturm, ein Haus, das auf Sand gebaut ist, stürzt bei Hochwasser ein. Auf Felsenboden baut im Gottesreich nur jener Mensch sein Haus, der nicht bloß hört, sondern etwas tut. Der andere, der wohl begeistert zuhört und zustimmt, aber sein Handeln nicht danach formt, baut auf Sand. Christliche Tat als Auswirkung christlicher Gesinnung ist allein echtes Christentum.

SCHULUNG DES VOLKES IM GLAUBEN

Die neue Botschaft ist verkündet. Nun wird es sich zeigen, welche Aufnahme sie findet, ob sie auf Glauben oder Unglauben stößt. Dementsprechend ist der ganze nächste Abschnitt der Schulung im Glauben gewidmet, und zwar in drei Etappen. Zuerst wird richtiger und falscher Glaube gezeichnet, dann die theoretische und schließlich die praktische Glaubensschulung vorgenommen.

RICHTIGER UND FALSCHER GLAUBE

Vier Szenen zeigen die verschiedenartige Aufnahme der Botschaft.

GLAUBE EINES HEIDEN

(Lk 7,1–10)

Als er alle diese Reden vor den Ohren des Volkes vollendet hatte, ging er nach Kapharnaum.

Der Knecht eines Hauptmannes, der diesem teuer war, lag krank darnieder und war am Sterben. Dieser hatte von Jesus gehört und sandte Älteste der Juden zu ihm und ließ ihn bitten, er möge kommen und seinen Knecht retten. Diese kamen zu Jesus, baten ihn inständig und sprachen: »Er verdient es, dass du ihm das gewährst, denn er liebt unser Volk und hat uns die Synagoge gebaut.« Da ging Jesus mit ihnen. Als er nicht mehr weit vom

Hause entfernt war, sandte der Hauptmann Freunde und ließ ihm sagen: »Herr, bemühe dich nicht, denn ich bin nicht würdig, dass du unter mein Dach kommst. Darum habe ich mich auch nicht für würdig erachtet, selbst zu dir zu kommen. Sprich nur ein Wort und mein Knecht wird gesund. Denn auch ich bin ein Mensch, der Vorgesetzten untergeordnet ist. Und ich habe unter mir Soldaten. Wenn ich einem sage: Geh!, so geht er, und zu einem anderen: Komm!, so kommt er, und zu meinem Knecht: Tu das!, so tut er es.« Als Jesus das hörte, wunderte er sich, wandte sich zum Volk, das ihm nachfolgte, und sprach: »Ich sage euch: In Israel habe ich solchen Glauben nicht gefunden.« Als die Abgesandten in das Haus zurückkamen, fanden sie den Knecht gesund.

Vom heidnischen römischen Hauptmann erwartet man am allerwenigsten den Glauben. Als Heide ist er weder durch das mosaische Gesetz noch durch die Propheten noch durch Bund und Tempel auf das Wort Gottes und seine Erfüllung vorbereitet. Als Römer lässt er sich vor allem durch die Macht beeindrucken, denn Rom beherrscht die Welt von den Bergen Schottlands bis zur Parthergrenze. Er weiß von dieser Macht Gebrauch zu machen und betont es selbst, wenn er sagt: »Wenn ich einem sage: ›Geh!‹, so geht er, und zu einem anderen: ›Komm!‹, so kommt er, und zu meinem Knecht: ›Tu das!‹, so tut er es.« Aber dieser Mann hat soeben die Grenzen seiner Macht verspürt und steht machtlos vor der Krankheit seines Knechts. Die Juden haben ihm von Jesus gesprochen und gesagt, dass die Macht Gottes diesem Propheten von Nazareth zur Verfügung stehe. Wenn aber Gott in diesem Jesus wirkt, dann ist die Allmacht im Spiel. Dieser unverbildete Soldat erfasst das mit klarem Blick und nüchternem Urteil. Er weiß, dass seine Begegnung mit Jesus eine Begegnung der Ohnmacht mit der Allmacht sein wird. Diesem Wissen gibt er Ausdruck durch die Worte: »Ich bin nicht würdig, dass du kommst unter mein Dach. Sprich nur ein Wort, und mein Knecht wird gesund.« Die Ohnmacht kann die Allmacht nicht empfangen. Der Allmächtige braucht nur ein Wort zu sprechen. Er führt das Kommando über Krankheit, Tod und Leben wie ein Offizier über seine Mannschaft.

Ganz anders die Juden. Es fehlt ihnen das Bewusstsein der eigenen Schwäche, darum auch das Bewusstsein der Macht Gottes in Jesus. Während dieser Heide sagt: »Ich bin nicht würdig«, behaupten die Juden von ihm kühn: »Er ist dessen würdig, er verdient es.« Sie wissen nicht, dass es vor Gott keine Würdigkeit und streng genommen kein Verdienst gibt, sondern dass alles frei geschenkte Gnade ist, die dem Unwürdigen verliehen wird. Als Begründung ihrer Überzeugung von der Würdigkeit und vom Verdienst betonen sie: »Er liebt unser Volk und hat uns die Synagoge gebaut.« Nicht die Größe Gottes entscheidet für sie, sondern der eigene Vorteil. Wer ihnen hilft, der verdient nach ihrer Überzeugung Belohnung durch Gott und ist ihrer würdig. Neben dem großen Distanzgefühl im Glauben des Hauptmannes steht diese kleinlich-egoistische Haltung, die von der völlig anderen Art Gottes und seiner unnahbaren Größe weit entfernt ist. Darum lautet die Antwort Jesu: »In Israel habe ich solchen Glauben nicht gefunden.« Er heilt den Todkranken und bestätigt damit die Richtigkeit der Glaubenshaltung des römischen Hauptmannes.

Die Kirche hat dieses Glaubenswort des Heiden in ihre Liturgie aufgenommen und lässt täglich bei der Feier der Messe in dem Augenblick, da der Allmächtige sich in Jesus Christus den schwachen Menschen naht, diese Menschen die demütigen Glaubensworte des römischen Heiden dem schlichten, richtig denkenden Soldaten nachsprechen: »Herr, ich bin nicht würdig, dass du eingehst unter mein Dach.« Richtiger Glaube kennt die Distanz, den tiefen und breiten Graben zwischen dem allmächtigen Gott und dem ohnmächtigen Menschen und weiß, dass es vonseiten des Menschen nur die demütige Bitte gibt, weil nur vonseiten Gottes der Graben überbrückt werden kann. Glaube ist Begegnung zwischen dem allmächtigen Gott und dem ohnmächtigen Menschen.

GLAUBE DES VOLKES

(Lk 7,11–17)

Bald darauf ging er in eine Stadt namens Naim. Seine Jünger und viel Volk zogen mit ihm. Als er sich dem Stadttor näherte, wurde ein Toter herausgetragen, der einzige Sohn seiner Mutter, und diese war Witfrau. Viel Volk aus der Stadt ging mit ihr. Als der Herr sie sah, wurde er von Mitleid mit ihr erfüllt und sprach zu ihr: »Weine nicht!« Dann trat er hinzu und berührte die Bahre. Die Träger blieben stehen, und er sprach: »Jüngling, ich sage dir, steh auf!« Da richtete sich der Tote auf und begann zu sprechen, und er gab ihn seiner Mutter zurück. Furcht ergriff alle. Sie priesen Gott und sprachen: »Ein großer Prophet ist unter uns aufgestanden. Gott hat auf sein Volk herabgeschaut.« Und die Kunde von ihm verbreitete sich im ganzen Judenlande und in der ganzen Umgegend.

Es war ein Zeichen göttlicher Macht, als Jesus durch seinen bloßen Willen den Knecht des römischen Hauptmannes heilte. Aber nun steht er vor einer wirklich hoffnungslosen Situation. Ein junger Mensch ist tot. Er ist das einzige Kind seiner Mutter, und diese ist Witfrau. Hier sind somit alle Fäden zerrissen. Es denkt auch keiner an Hilfe. Die Mutter, die hinter der Leiche schreitet, ist so völlig in ihr Leid verloren, dass sie nichts mehr denken und hoffen kann. Das Volk rüstet sich für das Begräbnis. Was kann man sonst tun? Auch die Jünger denken nicht daran, sich an Jesus zu wenden, denn ein Toter ist nicht nur ein entblätterter, sondern ein entwurzelter Baum. Da gibt es keine Hilfe. So geht denn hier die Initiative ausschließlich von Jesus aus. Er hat Mitleid, d. h. er leidet mit dem Leidenden. Und so will er helfen. Der römische Hauptmann hat die Befehlsgewalt Jesu betont. Von dieser Gewalt macht Christus hier Gebrauch. Er befiehlt dem Toten: »Ich sage dir, steh auf!« Etwas Majestätisches, Herrisches liegt in diesem Wort: »Ich sage dir.« Christus beruft sich nicht auf einen anderen, bittet nicht den Vater im Himmel, sondern beruft sich auf sich selbst, auf sein eigenes Wollen und seine eigene Macht. Sein bloßes Wort, sein Befehl »Steh auf!« ruft den Toten zum Leben zurück. Das Wunder dieser Totenerweckung ist etwas derart Unerhörtes, dass ein Schrecken die Umstehenden befällt. »Furcht ergriff alle.« Sie haben Glauben, denn sie preisen Gott, sind überzeugt, dass Gott sein Volk heimgesucht hat, d. h. dass er in seinem Volke wieder Zeichen und Wunder seiner Macht wirkt. Und doch ist dieser Glaube noch ungenügend. Er stößt nicht bis zum eigentlich Entscheidenden vor. Das Ergebnis ist nur: »Ein großer Prophet ist unter uns aufgestanden.« Sie erfassen im Glauben das eigentlich göttliche Wesen Jesu nicht, und so stehen diese Juden hinter dem römischen Heiden zurück. Wenn Jesus nur ein großer Prophet ist, dann ist durch ihn nichts wesentlich Neues geschehen. Dann bleibt alles auf der bisherigen Ebene Israels, in dessen Mitte von Zeit zu Zeit immer wieder Propheten aufgestanden sind. Es wird dann einfach die prophetische Linie verlängert. Es ist Erneuerung, nicht etwas Neues. Gott hat dann nicht selbst und persönlich und unmittelbar sein Volk heimgesucht, sondern er hat nur, wie früher auch schon, einen Boten gesandt und also durch Vermittlung seinem Volk geholfen. Während doch in Wirklichkeit mit Jesus das entscheidend Neue geschieht, ein Abschluss alles Bisherigen und ein Anfang von etwas ganz anderem. Die Juden haben also Glauben, aber nicht den eigentlich richtigen. Sie preisen Gott, aber sie erkennen seine eigentliche Größe zu wenig. Die Totenerweckung sollte ihnen zeigen, dass nun neues Leben aufbricht, weil der Herr über Tod und Leben in ihrer Mitte steht. Es geht jetzt nicht mehr bloß um einen neuen Ring in der Kette, um ein weiteres Blatt in der Geschichte dieses Volkes, sondern um das entscheidende andere, völlig Neue, um Totenerweckung und Beginn neuen Lebens.

GLAUBE DER FÜHRER

(Lk 7,18–35)

Die Jünger des Johannes berichteten diesem all das. Da rief Johannes zwei seiner Jünger zu sich, sandte sie zum Herrn und ließ ihm sagen: »Bist du es, der da kommen soll, oder sollen wir auf einen anderen warten?« Als die Männer zu ihm kamen, sprachen sie: »Johannes, der Täufer, hat uns zu dir gesandt und lässt dir sagen: Bist du es, der da kommen soll, oder sollen wir auf einen anderen warten?« In jener Zeit heilte er viele von ihren Krankheiten und Gebrechen und bösen Geistern. Blinden schenkte er das Augenlicht. Und so antwortete er ihnen: »Geht und meldet Johannes, was ihr seht und hört: Blinde sehen, Lahme gehen, Aussätzige werden rein, Taube hören, Tote werden erweckt, Armen wird die frohe Botschaft verkündet. Selig, wer an mir keinen Anstoß nimmt.«

Als die Boten des Johannes weggingen, begann er zum Volk über Johannes zu sprechen: »Was seid ihr in die Wüste hinausgegangen zu sehen? Das Rohr, das vom Winde bewegt wird? Was seid ihr hinausgegangen zu sehen? Einen Menschen in weichen Kleidern? Die Leute in Prachtgewändern und Üppigkeit sind in den Königspalästen. Was zu sehen seid ihr dann gegangen? Einen Propheten? Wahrhaftig, ich sage euch, mehr als einen Propheten! Denn dieser ist's, von dem geschrieben steht: Siehe, ich sende meinen Boten vor dein Angesicht, dass er dir den Weg bereite.

Ich sage euch: Keiner unter den vom Weibe Geborenen ist größer als Johannes. Aber der Kleinste im Reich Gottes ist größer als er.

Alles Volk, das zuhörte, und die Zöllner haben Gott die Ehre gegeben und sich die Taufe des Johannes spenden lassen. Die Pharisäer aber und die Schriftgelehrten haben den Willen Gottes missachtet und sich von ihm nicht taufen lassen.

Mit wem soll ich die Menschen dieses Geschlechtes vergleichen? Wem sind sie gleich? Sie gleichen Kindern, die auf dem Marktplatz sitzen und einander zurufen: ›Wir haben euch mit der Flöte gespielt, aber ihr habt nicht getanzt. Wir haben Klagelieder gesungen, aber ihr habt nicht geweint.‹ Johannes der Täufer ist gekommen und hat nicht gegessen und keinen Wein getrunken und ihr sagt: ›Er hat einen bösen Geist.‹ Der Menschensohn kam, er aß und trank, und ihr sagt: ›Seht, er ist ein Schlemmer und Trinker, ein Freund von Zöllnern und Sündern.‹ Die Weisheit ist von allen ihren Kindern gerechtfertigt worden.«

Von den Führern Israels sollte man den richtigen, ins Entscheidende vordringenden Glauben erwarten. Aber gerade sie haben diesen Glauben nicht.

Die Botschaft des Johannes an Christus gibt Anlass, die entscheidende Frage zu stellen: »Bist du es, der da kommen soll, oder sollen wir auf einen anderen warten?« In dieser Frage wird die Linie über das Prophetische hinausgeführt, denn es ist die Messias-Frage. Ist Jesus nur ein Prophet, wenn auch ein großer Prophet, so muss Israel auf einen anderen warten. Denn ihm ist der Messias verheißen und mit ihm das messianische Zeitalter im Reich Gottes. Die Antwort Jesu sollte ihm den Glauben erleichtern, denn es wird darin ein Doppeltes gesagt. Einmal, dass sich nun durch Jesus jene Zeichen und Wunder erfüllen, die vom kommenden Messias vorausgesagt waren. Das Wort des großen Jesaja im 35. Kapitel seiner Schrift erfüllt sich: »Blinde sehen, Lahme gehen, Aussätzige werden rein, Taube hören, Tote werden erweckt, Armen wird die Frohbotschaft verkündet.« All das haben die Zuhörer und Zuschauer nun mit eigenen Augen sehen können. Gerade die Auferweckung des Jünglings von Naim hat es wieder unter Beweis gestellt. Wenn sich also die messianischen Prophezeiungen erfüllen, ist Jesus nicht bloß ein Prophet, sondern der Messias. Die Antwort an Johannes ist richtungweisend für die Führer Israels.

Dazu kommt ein Zweites: Dieser Johannes, der die Frage gestellt und den Hinweis ermöglich hat, ist selbst eine messianische Gestalt und Erfüllung einer Prophezeiung, denn bei Malachias ist gesagt, dass dem Messias ein Bote Gottes als Vorläufer und Wegbereiter unmittelbar vorangehe. Dieser Herold ist Johannes der Täufer. Das hat ja auch die große Bewegung ausgelöst. Die Volksmassen sind doch dem Ruf des Täufers gefolgt, nicht weil sie am Ufer des Jordans das Schilfrohr sich im Wind bewegen sehen wollten, noch viel weniger, weil sie einen der Reichen und Vornehmen des Volkes dort umschmeicheln wollten, denn dazu hätten sie Königspaläste aufsuchen müssen. Sie sind hinausgezogen, weil das seltsame prophetische Wort des Täufers sie gerufen hat. Und nun erfahren sie, dass der Täufer mehr ist als ein Prophet, dass er der letzte aller Propheten, der Schlussstrich unter die prophetische Reihe ist, der ausgestreckte Finger, der auf den Messias hinweist. Er hat eine besondere heilsgeschichtliche Funktion. In ihm ist die Schnittlinie zwischen Altem und Neuem Bund. Und so ist er unter allen Israeliten »der Größte aller vom Weibe Geborenen«. Aber das Neue, das der Messias nun bringt, das eigentliche Reich Gottes, ist etwas ganz anderes, etwas so völlig Neues, dass nichts vom Bisherigen damit verglichen werden kann, sodass der Kleinste in diesem neuen Gottesreich größer ist als der Größte außerhalb dieses Reiches. Funktion des Vorbereitens ist immer kleiner als die kleinste Funktion des Erfüllten.

So enthalten die beiden Worte Jesu, seine Berufung auf die Erfüllung der messianischen Prophetentexte in ihm selbst und auf die Stellung des Täufers, einen doppelten Beweis seiner eigenen messianischen Bedeutung und Größe.

Und die Wirkung? Die Scheidung wird deutlich, wenn es heißt: »Alles Volk, das ihn hörte, und die Zöllner haben Gott die Ehre gegeben und sich die Taufe des Johannes spenden lassen. Die Pharisäer aber und Schriftgelehrten haben den Willen Gottes missachtet und sich von ihm nicht taufen lassen.« Die Scheidung der Geister hat also schon bei der Predigt des Vorläufers eingesetzt, und zwar eine Scheidung, die gerade das Gegenteil dessen ist, was man hätte erwarten müssen. Nicht die Führer kommen zum Glauben und das Volk versagt, sondern umgekehrt: Das schlichte, unverbildete Volk erkennt die Zeichen Gottes und nimmt das Wort des Täufers und seine Bußtaufe an. Die festgefahrenen, in ihr Vorurteil verrannten, die eigene Ehre suchenden Führer Israels bleiben verstockt.

Die Schuld des Unglaubens liegt bei ihnen selbst. Denn Gott hat alle Methoden angewandt. Aber die Führer Israels sind wie eigensinnige Kinder. Wenn man ihnen zum Tanz aufspielt, wollen sie nicht tanzen, wenn man ihnen Klagelieder anstimmt, wollen sie nicht weinen. Der Täufer ist in Wort und Tat streng aufgetreten, aber sie fanden nur, er sei vom Teufel besessen. Jesus ist in Milde und Anpassung aufgetreten. Nun machen sie ihm gerade daraus Vorwürfe, nennen ihn Schlemmer und Trinker und Freund der Zöllner. Sie sind eben keine Söhne der Weisheit, sondern ihrer eigenen Torheit. Darum erkennen sie die Stimme der Weisheit nicht.

An Gott fehlt es nicht. Er hat die Propheten geschickt, den Vorläufer gesandt und ist in Jesus selbst gekommen. In Strenge und in Milde, durch Worte und durch Zeichen hat er an den Glauben appelliert und wahrhaftig die Möglichkeit zum richtigen Glauben gegeben. Aber Israels geistige Führerschaft will gar nicht bedingungslos den Willen Gottes erkennen und erfüllen, sondern die eigene Stellung wahren, den eigenen Willen durchsetzen und die eigene Ehre vermehren. Sie verweigern dem Wort Gottes die Gefolgschaft und verweigern das Jawort wirklichen Glaubens. So ist es auch heute. Am Wort und Werk Gottes fehlt es nicht und nicht an seinen Zeichen. Menschen ohne Vorurteil können zum Glauben kommen. Wer aber in sich selbst versponnen und eingekapselt ist und letztlich nur sich selbst sucht, findet auch nur sich selbst und kann darum Gott nicht finden. Das Versagen der Führerschicht Israels ist Mahnung und Warnung.

GLAUBE EINER SÜNDERIN

(Lk 7,36–50)

Einer der Pharisäer bat ihn, mit ihm zu speisen. Er ging in das Haus des Pharisäers und setzte sich zu Tisch. Es war aber in der Stadt eine Sünderin. Als sie hörte, dass er im Hause des Pharisäers zu Tische sei, kaufte sie ein Alabastergefäß voll Salböl, trat hinter ihn und fing an, seine Füße mit ihren Tränen zu benetzen. Sie trocknete sie mit den Haaren ihres Hauptes, küsste seine Füße und salbte sie mit dem Salböl. Als der Pharisäer, der ihn eingeladen hatte, das sah, sagte er zu sich selbst: »Wenn dieser ein Prophet wäre, wüsste er, wer es ist und was für eine Frau es ist, die ihn berührt, eine Sünderin.« Jesus antwortete und sprach zu ihm: »Simon, ich habe dir etwas zu sagen.« Er antwortete: »Meister, sprich!« – »Ein Gläubiger hatte zwei Schuldner, der eine schuldete ihm fünfhundert Denare, der andere fünfzig. Da sie nicht zahlen konnten, schenkte er es beiden. Welcher von beiden wird ihn mehr lieben?« Simon antwortete. »Ich denke, der, dem er mehr geschenkt hat.« Er sprach zu ihm: »Du hast recht geurteilt.« Dann wandte er sich zur Frau und sprach zu Simon: »Siehst du diese Frau? Ich bin in dein Haus gekommen, du hast mir kein Wasser für die Füße gegeben. Sie aber hat meine Füße mit ihren Tränen benetzt und mit ihren Haaren getrocknet. Du hast mir keinen Kuss gegeben; sie aber hat, seit sie hereingekommen ist, nicht aufgehört, meine Füße zu küssen. Du hast mein Haupt nicht mit Öl gesalbt; sie aber hat mir die Füße mit Salböl gesalbt. Deshalb sage ich dir, ihr sind die vielen Sünden vergeben, weil sie viel geliebt hat. Wem aber wenig vergeben wird, der liebt wenig.« Dann sprach er zu ihr: »Deine Sünden sind dir vergeben.« Die Tischgenossen begannen bei sich zu sprechen: »Wer ist dieser, dass er auch Sünden nachlässt?« Er aber sprach zur Frau: »Dein Glaube hat dir geholfen. Geh in Frieden!«

Die vierte Szene rundet das Bild ab. Denn im Gegensatz zu den selbstgerechten und scheinbar heiligen Führern Israels, die in Wirklichkeit den Glauben verweigern, wird die Sünderin geschildert, von der man den Glauben weder erwarten noch erhoffen darf. Aber gerade sie, die scheinbar Verlorene und Verworfene, die in der Gottferne der Sünde gelebt hat, findet von allen den besten und lebendigsten Glauben.

Diese Frau hat das Kapital ihrer Schönheit verschleudert und den Balsam ihrer Liebe an Unwürdige verschüttet. Nun muss sie, missbraucht und enttäuscht, schmerzlich erfahren, dass sie nur ausgenutzt und beiseitegeschoben, wie ein Wasserglas ausgetrunken und dann weggestellt wurde. Sie lässt sich fallen und macht nun mit ihrem Körper Geld, aus der Sinnlichkeit ein Gewerbe und aus der Sünde einen Beruf. Aber auch zu diesem verlorenen Menschenkind dringt die Stimme Christi als ein Klang aus einer anderen Welt. Jetzt erkennt sie, dass es eine andere und höhere Liebe gibt, die man nicht verschwenderisch genug ausgießen kann. Ihr Glaube erwacht und leitet nun die ganze Leidenschaft und Liebeskraft dieser Frau in völlig andere Bahnen. Sie durchbricht alle Schranken der Zurückhaltung und nähert sich Jesus beim Gastmahl, zu dem nur Männer geladen sind, sinkt zu den Füßen Jesu nieder, um den eigenen hochfahrenden Stolz zu erniedrigen, und gibt ihrer neugeborenen und neu geschenkten Liebe zum Herrn verschwenderisch Ausdruck. Wie klein steht daneben der knausrige Pharisäer, der dem Herrn keinen Sklaven zur Verfügung gestellt hat, dass er ihm die Füße wasche, Christus nicht mit dem Kuss der Freundschaft begrüßt und ihm kein Salböl gegeben hat, um sich zum Mahle zu rüsten. Dieser selbstgefällige Gesetzeslehrer erwartet von Jesus nichts, weil er sich der eigenen Bedürftigkeit überhaupt nicht bewusst ist. Er hat nichts zu bereuen, weil er glaubt, ein Heiliger zu sein. Er hat keine Liebe, außer zu sich selbst. Diese Frau dagegen weiß um ihre Sündhaftigkeit, weiß nun aber auch um die Liebe des Herrn, die allein durch schrankenlose Gegenliebe beantwortet werden kann. Sie hat wirklichen Glauben, der sie über alles hinweghebt und Christus als den erkennt, der er ist: der Herr, der Sünden vergibt, Gnade und Liebe schenkt.

So zeichnen diese vier Szenen den Glauben. Der römische Hauptmann glaubt an Jesus als den machtvollen Herrn, der über Krankheit und Gesundheit gebietet. Das Volk der Juden glaubt, dass in Jesus Gott sein Volk heimgesucht hat. Aber dieser Glaube ist zu schwach, denn er bleibt im Menschlichen hängen. Die Führer Israels verweigern den Glauben, weil sie nicht Gott suchen, sondern sich selbst. Und die büßende Frau findet den Glauben, der in Liebe sich hingibt. Das überraschende Ergebnis lautet somit: Der Heide und die Sünderin kommen zum richtigen Glauben, das erwählte Volk bleibt auf halbem Weg stehen und seine Führer bleiben ungläubig.

THEORETISCHE SCHULUNG IM GLAUBEN

(Lk 8,1–3)

Es begab sich darauf, dass er nacheinander Städte und Dörfer durchzog und die frohe Botschaft vom Reiche Gottes verkündete. Die Zwölf waren bei ihm und auch einige Frauen, die von bösen Geistern und Krankheiten geheilt worden waren: Maria, mit dem Beinamen Magdalena, aus der sieben Geister ausgefahren waren, Johanna, die Frau des Chusa, eines Beamten des Herodes, und Susanna und viele andere, die ihnen mit ihrem Vermögen dienten.

Jesus wirbt um das Volk und versucht, es im Glauben zu schulen. Von den zwölf Aposteln begleitet, verkündet er überall die Frohe Botschaft. Auch Frauen folgen ihm und dienen ihm. Sein Vorstoß geht nun ins Breite der Volksmassen.

Drei Dinge werden hier vom Herrn besonders betont: die Wichtigkeit des Glaubens, das Bekenntnis des Glaubens und das Leben aus dem Glauben.

DIE WICHTIGKEIT DES GLAUBENS

(Lk 8,4–15)

Als eine große Volksmenge zusammengekommen war und die Leute aus allen Städten zu ihm zogen, legte er ihnen ein Gleichnis vor: »Ein Sämann ging aus, seinen Samen zu säen. Als er säte, fiel einiges auf den Weg, wurde zertreten und die Vögel des Himmels fraßen es. Anderes fiel auf Steine. Als es aufging, verdorrte es, weil es keine Feuchtigkeit hatte. Anderes fiel mitten unter die Dornen. Die Dornen wuchsen zu gleicher Zeit auf und erstickten es. Wieder anderes fiel auf guten Boden. Es wuchs auf und trug hundertfältig Frucht.« Als er das gesagt hatte, rief er: »Wer Ohren hat zu hören, der höre!«

Seine Jünger fragten ihn, was dieses Gleichnis bedeute. Er antwortete: »Euch ist es gegeben, die Geheimnisse des Reiches Gottes zu verstehen. Den anderen wird es in Gleichnissen gezeigt, damit sie sehen und doch nicht sehen, hören und doch nicht hören. Der Sinn des Gleichnisses aber ist dieser: Der Same ist das Wort Gottes. Auf den Weg fällt es bei denen, die es hören, dann aber kommt der Teufel und nimmt das Wort aus ihrem Herzen weg, damit sie nicht glauben und gerettet werden. Auf die Steine fällt es bei denen, die das Wort, das sie hören, mit Freude aufnehmen. Aber sie haben keine Wurzeln, sie, die nur für kurze Zeit glauben und in der Zeit der Versuchung abfallen. In die Dornen fällt es bei denen, die es hören, in denen es aber durch die Sorge, den Reichtum und die Genüsse des Lebens erstickt wird. So kommt es nicht zur Fruchtbarkeit. Auf guten Boden fällt es bei denen, die mit bereitem und gutem Herzen das Wort aufnehmen, es bewahren und in Beharrlichkeit Frucht bringen.«

Das Gleichnis vom Sämann zeigt, dass bei gleicher Saat, die vom gleichen Sämann in gleicher Weise und mit gleichen Hilfsmitteln ausgestreut wird, doch das Ergebnis außerordentlich verschieden ist, weil eben die Aufnahmebereitschaft des Bodens nicht die gleiche ist. Christus streut als göttlicher Sämann bei allen die gleiche Saat seines Gotteswortes aus und überall ist die Gnade des Herrn wirksam. Aber die Menschen nehmen die Gnade nicht in der gleichen Weise auf.

Eine erste Gruppe hört das Wort, glaubt aber nicht. Ihre Herzen sind verhärtet, sie gehören zum Reich Satans. So ist ihr Hören nur äußerlich, sie sind nicht innerlich Fragende, nicht ehrlich Suchende. Sie sind entweder grundsätzliche Rationalisten, die das Übernatürliche von vornherein ablehnen, oder Skeptiker, die keinerlei Gewissheit wollen, oder Materialisten, für die das Geistige nur Überbau ist, auf den man verzichten kann oder der jedenfalls nicht entscheidet. Oder sie sind moralisch verkommen und lehnen die Wahrheit ab, weil sie deren Folgerungen nicht wollen. Oder aber sie sind religiös eingebildet, selbstzufrieden und selbstgenügsam, hochfahrend und stolz und damit für das Wort der Demut und die Botschaft des Kreuzes völlig unempfänglich.

Die zweite Gruppe glaubt, aber der Glaube hat keinen Bestand und keine Dauer. Sie sagen wohl Ja, aber sobald sich eine Schwierigkeit erhebt oder eine andere Meinung geäußert wird, geben sie dieses Jawort preis und sind auch zu einem Nein bereit. Es sind die Menschen mit mangelnder Tiefe, die Gefühlsmenschen mit ständiger Schwankung, die spielerischen Menschen, die nichts letztlich ernst nehmen, die Unselbstständigen, die völlig von anderen abhängig sind, die Massenmenschen, die kein eigenes Urteil haben, die Genussmenschen, die sich auf dem Weg des geringsten Widerstandes bewegen, die oberflächlichen Menschen, die nirgendwo haften bleiben. Auf ihren Glauben ist kein Verlass, denn er schlägt keine Wurzel.

Die dritte Gruppe sind die Menschen eines wirklichen Glaubens. Aber der Glaube ist bei ihnen nicht die Seele, die das Ganze belebt, nicht das Licht, das alles durchflutet, sondern nur eine Sparte neben anderen, ein Einzelbezirk ihrer Existenz. Daneben hat noch sehr viel anderes Raum, das zum Glauben in keinerlei Beziehung steht. Nun wird aber dieses andere ständig größer, breitet sich immer mehr aus, überwuchert schließlich die ganze Seele und erstickt das Glaubenspflänzlein. Sie haben gut begonnen, sind aber dann langsam abgeglitten, bis schließlich von ihrem Glauben nichts mehr da ist. Oder es ist nur noch ein toter Glaube, der keine gestaltende Kraft und kein Leben mehr hat, ein theoretischer Glaube, der sich praktisch nicht mehr auswirkt, ein wirkungsloser Glaube, der keine Werke wirkt. Bei den einen sind es die Sorgen des Lebens, die Arbeit und Mühsal, das Drum und Dran des Lebenskampfes, die absorbierende Macht beruflicher Arbeit, die Wirbel der Ruhelosigkeit, die den Glauben schließlich in die Tiefe reißen. Bei anderen ist es umgekehrt der Lebensgenuss, der Taumel der Vergnügungen, die sich fast pausenlos wiederholenden Anlässe, der Reichtum, der ihnen alles ermöglicht, Macht und Einfluss ihrer Stellung, die sie berauschen. Schließlich ist dann ihr Glaube nur noch Jugenderinnerung, nicht eine Kraft, die im Ablauf des Lebens dessen Kurs bestimmt.

Die vierte Gruppe hat den allein richtigen Glauben. Durch Bereitschaft des Herzens und Feinheit der inneren Reaktion haben sie das Gespür für das Echte, die Empfänglichkeit für das Wort Gottes, die Geneigtheit des freudigen Aufnehmens, die Kraft, es festzuhalten und zu bewahren, und die Energie, danach zu leben. Es sind die Menschen, die das Wort Gottes aufnehmen, bewahren und wirksam werden lassen. Die Gnade ist das Erste, aber die Mitwirkung ist wesentlich. Echter Glaube wirkt mit. Dadurch wird das Leben fruchtbar, und zwar nicht nur zeitweilig, sondern dauernd. »Sie bewahren das Wort und bringen Frucht mit Beharrlichkeit.«

Die vier Gruppen verschiedenartiger Glaubenshaltung bilden eine Art Parallele zu den vier Szenen der verschiedenen Einstellungen zum Glauben, die im siebten Kapitel gezeichnet wurden.

BEKENNTNIS DES GLAUBENS

(Lk 8,16–18)

»Niemand, der ein Licht anzündet, deckt es mit einem Gefäß zu oder stellt es unter ein Bett, sondern er stellt es auf den Leuchter, damit alle, die hereinkommen, das Licht sehen. Nichts ist verborgen, was nicht offenbar wird, und nichts geheim, was nicht bekannt wird und an den Tag kommt. Darum seht zu, wie ihr hört. Denn wer hat, dem wird noch mehr gegeben, wer aber nichts hat, dem wird auch das noch genommen, was er zu haben glaubt.«

Es genügt nicht, den Glauben in der Stille des Herzens zu haben. Man muss ihn auch öffentlich bekennen. Man stellt ein Licht nicht unter den Scheffel oder unter das Bett, sondern auf den Pfosten, damit es Helligkeit verbreite. Der Glaube soll nicht verborgen und geheim sein, sondern am helllichten Tag sich betätigen. Wer seinen Glauben verbirgt, läuft Gefahr, das Verborgene zu verlieren. Wer ihn bekennt, wird im Glauben wachsen. Der Glaube ist nicht etwas, das zerrinnt wie das Wasser in einem Gefäß, sondern er ist eine Quelle, aus der es immer neu sprudelt und die sich verströmt. Nicht Ängstlichkeit und sorgsames Behüten ist die Forderung, sondern Fülle, Reichtum und darum Einsatz und Arbeit. Der Glaube gehört nicht in verschlossene Tempel des Herzens, sondern auch auf die Straßen und Plätze des Lebens. Er ist nicht ein Kleinod in einer verschlossenen Truhe, ein Brillantring im Etui, sondern ein Schmuck, den der Mensch zur Verherrlichung

Gottes sichtbar trägt, eine Fahne, die auf den Zinnen flattert, etwas, zu dem man mit unbefangener Selbstverständlichkeit steht und über das man unaufdringlich, aber auch ungezwungen spricht.

LEBEN AUS DEM GLAUBEN

(Lk 8,19–21)

Seine Mutter und seine Brüder kamen zu ihm, konnten aber wegen der Volksmenge nicht zu ihm gelangen. Es wurde ihm berichtet: »Deine Mutter und deine Brüder stehen draußen und möchten dich sehen.« Er antwortete und sprach zu ihnen: »Meine Mutter und meine Brüder sind die, die das Wort Gottes hören und danach handeln.«

Von denen, die in lebendigem Glauben »das Wort Gottes hören und danach handeln«, sagt Jesus etwas unerhört Kühnes und Seltsames: »Sie sind für mich Mutter und Brüder.« Sie gehören also zu Jesus und bilden mit ihm eine einzige Familie. Er liebt sie, wie er seine Mutter liebt, er verkehrt mit ihnen, wie man mit Geschwistern verkehrt. Sie leben in seiner Nähe, wohnen in seinem geistigen Haus, speisen an seinem Tisch, pflegen mit ihm vertrauten Umgang. Leben aus dem Glauben heißt, mit Gott zu leben und darum in ständiger Verbundenheit mit ihm zu sein. Der Glaube ist also nicht bloß ein mühsam sich abgerungener Gehorsam einer fast gewaltsamen Unterwerfung des Willens unter das Wort Gottes. Glauben ist auch nicht ein Tasten im Dunkeln und schmerzliches, gefährliches Vorwärtsschreiten in lichtloser Nacht, auch nicht das Reagieren auf eine leise, fast unmerkliche Stimme, die aus weiter Ferne ruft, sondern Glauben ist Leben in der Nähe Gottes,

Geborgenheit in seiner Liebe, Schreiten in seinem Licht, tägliches Zusammensein mit ihm.

Die Glaubenslehre und Glaubensschulung Jesu vollzieht sich nicht in theoretischen Abhandlungen und theologischen Traktaten, sondern in Gleichnissen bildhafter Eindringlichkeit und vermittelt eine Wirklichkeit voll Wärme, Güte und lockender Schönheit.

PRAKTISCHE SCHULUNG IM GLAUBEN

Nach der theoretischen Darlegung folgt die praktische Schulung. Auch diese ist wieder in vier Szenen gegliedert, parallel zu den vier Szenen der ersten Etappe und den vier Gruppen der Parabeln. Bei allen vier Szenen wird der Glaube dadurch geweckt und gefördert, dass die übermenschliche Macht Jesu den Erweis seines übermenschlichen Wesens erbringt.

MACHT ÜBER DIE NATUR

(Lk 8,22–25)

Eines Tages begab es sich, dass er in ein Boot stieg, und seine Jünger mit ihm. Er sagte ihnen: »Wir wollen ans andere Ufer des Sees fahren«, und sie stießen ab. Als sie dahinfuhren, schlief er ein. Da brach ein Sturm über den See herein. Das Boot füllte sich, und sie gerieten in Gefahr. Da traten sie zu ihm, weckten ihn auf und sprachen: »Meister, Meister, wir gehen unter.« Er erwachte, gebot dem Wind und den Wogen des Wassers. Sie legten sich, und es trat Windstille ein. Da sprach er zu ihnen: »Wo ist euer Glaube?« Sie fürchteten sich und wunderten sich und sprachen zueinander: »Wer ist denn dieser, dass er den Winden und den Wogen gebietet, und sie gehorchen ihm?«

Die Jünger fahren mit ihm über den See. Jesus schläft ein. Der Sturm bricht plötzlich mit Urgewalt los. Der Wechsel der kalten Luft in der Höhe, wo der Wind über den Schnee des Hermon streicht, und der Gluthitze über dem Seebecken bewirken eine unerhörte, plötzlich einbrechende Gewalt des Sturms, sodass sich dieser wie ein wildes Tier auf die Wasser wirft. Die Gischt, die schäumend die Wellen krönt, ist bald nicht mehr zu sehen, denn diese türmen sich so hoch, dass die Menschen wie vor Wassermauern stehen. Das Ruderboot ist den Elementen hilflos ausgeliefert. Segel, Steuer und Ruder versagen vor der wilden Macht der ungebändigten Natur. Schließlich geben die sturmgewohnten Fischer den Kampf auf. Sie wecken Jesus, und man spürt in ihren Worten die Todesangst: »Meister, Meister, wir gehen unter.« Jesus erhebt sich, gebietet herrisch Wind und Wassern, und sie legen sich ihm zu Füßen. Er ist Herr der Natur. Sein gebietendes Wort beherrscht ihre Macht, bändigt ihr Ungestüm und zähmt ihre Wildheit. Staunend anerkennen es die Menschen: »Wer ist denn dieser, dass er den Winden und den Wogen gebietet, und sie gehorchen ihm?« Das Wichtigste an diesem Abschnitt ist das tadelnde Wort Jesu: »Wo ist euer Glaube?« Darum geht es also. Der richtige Glaube weiß um die Macht des Herrn, fühlt sich darum in dieser Macht gesichert, weiß sich in ihr geborgen und hat somit keine Angst.

Wachsender Glaube ist schwindende Unruhe, schwindender Glaube ist wachsende Angst. Der Unglaube ist entweder von Existenzangst beunruhigt oder sucht im Aberglauben eine falsche Scheinsicherheit. Der Mensch weiß, dass seine Macht begrenzt ist, dass er bei aller Machtentfaltung nur immer wieder feindliche Gegenmächte auf den Plan ruft und letztlich die eigene Ohnmacht eingestehen muss, und wäre es auch erst im ohnmächtigen Ausgeliefertsein an den Tod und im schmerzlichen Wissen um den Untergang von Völkern und Kulturen. Es sind Mächte, die den Menschen und der Menschheit unverrückbare Grenzen setzen, weil eben menschliches Sein ein Sein zum Tode ist und geschaffenes Sein überall an die Grenzen der Endlichkeit stößt. Nur einer kann diese Grenzen aufheben, diese Schranken niederreißen, das Weiterschreiten ins Unendliche und das Leben ins Ewige verlängern. Nur er, der als Schöpfer die Gesetze der Schöpfung gegeben hat, infolgedessen darübersteht, sie durchbrechen und aufheben kann: Gott, der Herr. »Wer ist dieser, dass er den Winden und den Wogen gebietet?« ist eine Frage, die nur im Glauben an die Göttlichkeit eine befriedigende Antwort findet. Der ohnmächtige Mensch erkennt in der übermenschlichen Macht Christi dessen Gottheit, und damit erst hat er den Glauben, den Jesus fordert.

MACHT ÜBER SATAN

(Lk 8,26–39)

Sie fuhren ans Land der Gerasener, das Galiläa gegenüberliegt. Als sie ans Land stiegen, kam ihnen ein Mann aus der Stadt entgegen, der besessen war und schon seit längerer Zeit keine Kleider mehr trug und in keinem Hause blieb, sondern in Grabhöhlen wohnte. Als er Jesus erblickte, schrie er auf, fiel vor ihm nieder und rief mit lauter Stimme: «Was willst du mit mir, Jesus, Sohn Gottes des Allerhöchsten? Ich bitte dich, quäle mich nicht.« Er hatte nämlich dem unreinen Geist geboten, von diesem Menschen auszufahren. Denn seit langer Zeit hatte ihn jener hin und her gerissen. Er wurde in Ketten und Fußfesseln gelegt. Aber er hatte die Fesseln zerrissen und war vom bösen Geist in die

Einöde getrieben worden. Jesus fragte ihn: »Was ist dein Name?« Er antwortete: »Legion.« Denn es waren viele böse Geister in ihn gefahren. Sie baten ihn, er möge ihnen nicht befehlen, in den Abgrund zu fahren. Es war aber dort eine Herde von vielen Schweinen auf der Weide am Berg. Und so baten sie, dass er ihnen erlaube, in diese zu fahren. Er erlaubte es ihnen. Da fuhren die Geister von dem Menschen aus und in die Schweine hinein. Die Herde stürzte sich den Abhang hinunter in den See und ertrank. Als die Hirten sahen, was geschah, flohen sie und meldeten es in der Stadt und auf dem Lande. Da gingen die Leute hinaus, um zu sehen, was geschehen war. Sie kamen zu Jesus und fanden den Menschen, von dem die Dämonen ausgefahren waren, dort zu Füßen Jesu sitzen, bekleidet und vernünftig. Sie fürchteten sich. Aber diejenigen, die es gesehen hatten, berichteten ihnen, wie der Besessene geheilt worden war. Das ganze Volk aus der Umgegend der Gerasener bat ihn wegzugehen, denn große Furcht hatte es ergriffen. Der Mann aber, von dem die bösen Geister ausgefahren waren, bat ihn, bei ihm bleiben zu dürfen. Aber er entließ ihn und sagte: »Kehr zurück in dein Haus und erzähle, was Gott dir Großes getan hat.« Er ging hin und verkündete in der ganzen Stadt, was Jesus an ihm getan hatte.

Die Szene in Gerasa ist seltsam und unheimlich zugleich. Der Mann, der Christus dort begegnet, ist ein Besessener. Er schreit, hat Tobsuchtsanfälle, verfügt dann über Kräfte, die dem Normalen fehlen, ist völlig von Sinnen und gebärdet sich wie ein Tier. Da man ihn weder beruhigen noch bändigen kann, lässt man ihn einfach laufen, und so führt dieser Verrückte, sich selbst überlassen, ein tierisches Dasein in leeren Grabhöhlen. Aber der Wahnsinn hat hier eine dämonische Ursache. Dieser Mensch ist besessen, und zwar wie das Evangelium betont, von einer ganzen Menge böser Geister. Es ist wie ein Aufgebot der Hölle, das hier Christus entgegentritt. Neben der Größe, Ruhe und Überlegenheit Jesu steht hier die wilde, unruhig sich gebärdende, schreiende

Unheimlichkeit der dunklen Mächte des Abgrundes. Seltsam ist, dass dieser Wahnsinnige in einer merkwürdigen Mischung von persönlichem Glauben eines lichten Augenblicks und luziferischer Klarheit Jesus erkennt und anerkennt, was er ist: »Jesus, Sohn Gottes des Höchsten«! Glaube ist hier wieder die Anerkennung der Macht, und zwar hier verzweifelte, knirschende Anerkennung. Auch die Hölle muss Gott huldigen. Auch Satan ist ihm unterworfen. Und so steht der menschgewordene Gott hier einem von der Hölle besessenen Menschen gegenüber, und zwar in ruhig sicherer Überlegenheit, vor der die Unruhe und Unsicherheit Satans sich im Staube windet wie die Schlange unter dem Fuß, der sie zertritt. Das Tierische und Unreine dieser dunklen Macht, die den Menschen so besitzt, dass er besessen ist, zeigt sich im Wunsch, in eine Schweineherde zu fahren. Und das Zerstörerische »des Mörders von Anbeginn« wird darin sichtbar, dass dann diese Schweineherde in den See rast und ertrinkt. Die Hirten und das Volk jener Gegend glauben auf dieses Ereignis hin. Aber es ist ein Glaube, der zwar die Macht und Überlegenheit anerkennt, aber zugleich nur die Furcht weckt vor dem Unheimlichen, das ihm hier begegnet. Die Menschen wollen in ihrer kleinen Behausung wohnlich leben und ihre Ruhe haben, es muss ihnen heimelig sein. Hier wird aber ihre Enge gesprengt. Und so werden sie unruhig und das Heimelige ist in Unheimlichkeit verwandelt. Dieser Größe sind sie nicht gewachsen. Sie fürchten sich vor dem Außergewöhnlichen und ziehen als gewöhnliche Menschen das Gewöhnliche vor. Die Liebe verdrängt die Furcht. Aber bloßer Glaube, der nicht in Liebe lebt, kann Furcht wecken, und zwar ist es nicht ehrfürchtige Gottesfurcht, die zu Gott hinführt, sondern ichbezogene Angst, die vor Gott zurückscheut und zurückweicht. So zeigt diese Szene, dass es einen Glauben gibt, der echt und begründet ist, aber nicht genügt. Die Schweineherde, die im See ertrinkt, und die Gerasener, die Jesus bitten wegzugehen, sind eine unvergessliche Warnung vor dem Angstglauben, der wohl eine Weile erlebnishaft den Menschen erschüttert, aber nur, um ihn zu veranlassen, möglichst rasch in die falsche Ruhe seiner Selbstsicherheit zurückzufallen. Glaube allein genügt nicht.

MACHT ÜBER DIE KRANKHEIT

(Lk 8,40–56)

Als Jesus zurückkam, empfing ihn die Volksmenge. Alle warteten auf ihn. Da kam ein Mann namens Jairus, Vorsteher der Synagoge, fiel Jesus zu Füßen und bat ihn, in sein Haus zu kommen, denn seine einzige Tochter von zwölf Jahren lag im Sterben.

Als er mit ihm ging, umdrängte ihn die Menge. Eine Frau, die seit zwölf Jahren an Blutfluss litt und ihr Vermögen an die Ärzte verschwendet hatte, trat heran und berührte die Quaste seines Gewandes. Sofort kam der Blutfluss zum Stillstand. Jesus sprach: »Wer hat mich berührt?« Als alle es verneinten, sagte Petrus: »Meister, die Volksmenge umgibt dich und stößt dich von allen Seiten.« Jesus aber antwortete: »Es hat mich jemand berührt, denn ich habe gespürt, dass eine Kraft von mir ausgegangen ist.« Als die Frau sah, dass sie nicht verborgen bleiben konnte, trat sie zitternd heran, fiel ihm zu Füßen und erzählte vor dem ganzen Volk, warum sie ihn berührt hatte und wie sie sofort geheilt worden war. Er aber sprach zu ihr: »Tochter, dein Glaube hat dir geholfen. Geh in Frieden!«

Als er noch sprach, kam einer von den Leuten des Synagogenvorstehers und berichtete: »Deine Tochter ist gestorben, bemühe den Meister nicht weiter.« Jesus hörte es und antwortete: »Fürchte dich nicht, glaube nur, und sie wird gerettet werden.« Als er in das Haus kam, ließ er niemanden mit hineingehen außer Petrus, Johannes und Jakobus und den Vater des Kindes und die Mutter. Alle weinten und klagten um sie. Er aber sprach: »Weinet nicht, sie ist nicht gestorben, sondern schläft.« Sie lachten ihn aus, denn sie wussten, dass sie gestorben war. Er aber ergriff ihre Hand, rief und sprach: »Mädchen, steh auf!« Da kam ihr Geist zurück, und sie stand sofort auf: Und er befahl, dass man ihr zu essen gebe. Ihre Eltern staunten. Er aber gebot ihnen, niemandem zu erzählen, was geschehen war.

»Dein Glaube hat dir geholfen.« Dieses Wort Jesu rechtfertigt das Vorgehen der blutflüssigen Frau. Ihre Krankheit ist peinlich. Darum will sie nicht öffentlich vor dem Volk darüber sprechen. Sie ist auch überzeugt, dass es gar nicht nötig ist. Selbst Jesus braucht es nicht zu wissen. Es genügt, wenn sie ihn anrührt. Damit ist keine Magie gemeint und kein Zauber. Jesus ist menschgewordener Gott, also ist auch sein Leib durch die Vereinigung mit der göttlichen Person Leib Gottes. Darum nennen wir auch seine Mutter, die ihm diesen Leib gegeben hat, Gottesmutter. Ist aber sein Leib wirklich Leib Gottes, dann müssen von ihm Kräfte ausgehen wie von keinem anderen Leib. Darum wird es genügen, wenn die Kranke ihn berührt. Dass es nicht Magie und Zauber ist, sondern dass sie die richtige Auffassung hat, ergibt sich aus der Tatsache, dass sie ihn nicht irgendwo anrührt, sondern dass sie die Quaste seines Gewandes, die zwischen den Schulterblättern hängt, berührt, denn diese Quaste ist das berufliche Kennzeichen des Gesetzeslehrers. Wenn sie dieses Kennzeichen berührt, will sie sagen, dass Jesus der große Lehrer des neuen Gesetzes, der von Gott beglaubigte und beauftragte Lehrer Israels ist. Sein Leib und sein Gewand sind Leib und Gewand des Gottgesandten. Diese Frau macht natürlich keine theologischen Erwägungen, denkt nicht kompliziert, sondern gerade durch ihren schlichten, einfachen Glauben erfasst sie intuitiv das Richtige. Und in der Tat stellt Jesus fest, dass eine Kraft von ihm ausgegangen ist, und bestätigt damit die Richtigkeit der Einstellung und des Glaubens dieser Frau. »Dein Glaube hat dir geholfen.« Und jetzt, wo der Augenblick gekommen ist, zu diesem Glauben zu stehen, hat die Frau nun auch keinerlei Bedenken, sondern erzählt vor allem Volk, warum sie ihn angerührt habe und wie sie auf der Stelle geheilt worden sei. Ein Vermögen hat sie an die Ärzte verschleudert, ohne Hilfe zu finden. Aber ihr Glaube an Jesus gibt ihr die Hilfe. So ist das Lob, das Christus dieser Frau spendet, Lob für den echten, schlichten, aber kühnen und starken Glauben.

MACHT ÜBER DEN TOD

Die letzte der vier Szenen ist eine praktische Schulung, die in besonderer Weise mit den drei bevorzugten Jüngern vorgenommen wird, denn nur Petrus, Johannes und Jakobus werden von Jesus ins Haus des Jairus mit hineingenommen und sind Zeugen der Totenerweckung. Petrus wird der erste Amtsträger und erste aller Päpste, wird oft genug vom Tod bedroht sein, und die Kirche wird immer wieder dem Ansturm dunkler Mächte ausgesetzt sein, die ihren Tod und Untergang wünschen. So ist es wichtig, dass Petrus die Macht Jesu auch über den Tod erkennt. Johannes ist der Jünger, der ein besonderes Verständnis für den Geist Jesu hat. Er wird in seinem Evangelium besonders eindrucksvoll den Tod Jesu schildern, die Durchbohrung seines Herzens mit der Lanze, aber auch seine Auferstehung und seinen Sieg über den Tod. Und er wird in der Apokalypse Christus zeichnen als den, der den Schlüssel hat über Tod und Unterwelt, der Sieger ist über den Tod. Er bewirkt die Auferweckung vom ersten Tod und bestimmt, wer dem zweiten Tod verfallen oder wer ihm nicht verfallen ist. So ist auch für Johannes Jesu Macht über den Tod wesentlich. Jakobus ist der erste Blutzeuge, also der erste Apostel, der über den Tod hinaus zum Leben schreitet und als erster die Nachfolge Christi durch das Dunkel des Todes ins Licht der Auferstehung vollzieht. So ist auch für ihn das Wissen um die den Tod überwindende Macht des Herrn wesentlich. Diese drei sehen mit eigenen Augen, wie Jesus das tote Mädchen des Jairus auferweckt.

Das Volk ist ungläubig und lacht Jesus aus wegen seiner Behauptung, der Tod sei nur ein Schlaf. Für sie ist die Tote nur eine, die man beweinen und beklagen muss, und so stimmen sie schon die Totenklage an. Der Gedanke an eine Auferstehung kommt ihnen gar nicht. Der Vater des Mädchens aber ist ein Mann des Glaubens. Jesus erkennt das und stärkt seinen Glauben. Denn er sagt diesem Synagogenvorsteher ausdrücklich: »Fürchte dich nicht, glaube nur, und sie wird gerettet werden.«

So ist denn diese Glaubensschulung von eindringlicher Gewalt und ergreifender Größe. Christus zeigt seine Macht über die äußere Natur in der Stillung des Sturmes, über Satan und alle bösen Geister in der Heilung des Besessenen, über die Krankheit bei der blutflüssigen Frau und seine Macht über den Tod beim Töchterlein des Jairus. Als gewöhnlicher Mensch steht er mitten im Volk. Aber eine geheimnisvolle Macht ist ihm gegeben, geht von ihm aus, wird durch ihn gewirkt, sodass die Menschen im Glauben erkennen müssen, dass er mehr ist als ein gewöhnlicher Mensch und dass ihm Macht verliehen ist, die nur der Allmächtige verleihen kann. Wer ohne Vorurteil und Verblendung durch diese Glaubensschulung schreitet, muss zum Glauben kommen.

SCHULUNG DER APOSTEL ZUR LEIDENSBEREITSCHAFT

(Lk 9,1–9)

Auf die Schulung des Volkes im Glauben, die in einer Sonderschulung von drei Aposteln ausklingt, folgt die besondere Schulung der zwölf für die richtige Auffassung und Erfüllung ihrer Sendung.

SENDUNG

Er rief die Zwölf zusammen und gab ihnen Gewalt und Vollmacht über alle bösen Geister und zur Heilung von Krankheiten. Und er sandte sie aus, das Reich Gottes zu verkünden und zu heilen. Er sprach zu ihnen: »Nehmt nichts mit auf den Weg, weder Stab noch Tasche noch Brot noch Geld, noch soll einer zwei Röcke haben. Wenn ihr in ein Haus kommt, so bleibt dort, bis ihr weiterzieht. Wo man euch nicht aufnimmt, dort geht aus der Stadt hinaus und schüttelt den Staub von euren Füßen, zum Zeugnis gegen sie.«

Da zogen sie aus und wanderten von Dorf zu Dorf, verkündeten die frohe Botschaft und heilten allenthalben.

Herodes, der Fürst, hörte von alldem, was geschah, und war verlegen, weil manche behaupteten, Johannes sei von den Toten auferstanden. Herodes sagte: »Johannes habe ich enthaupten lassen. Wer ist nun dieser, von dem ich solche Dinge höre?« Und er begehrte ihn zu sehen.

In feierlicher Form werden die Zwölf mit einer besonderen Sendung betraut.

1. *Die Vollmacht*

Sie erhalten Gewalt und Vollmacht. Gewalt besagt die physische Kraft zum eigentlichen Können. Vollmacht besagt die moralische Berechtigung zum Tun. Und beides erstreckt sich auf die Heilung von Krankheiten und die Austreibung böser Geister. Also das natürliche und übernatürliche Böse soll ihrer Gewalt und Macht unterstellt sein. Der Heiland schickt sie zum Heilen. Sie sollen durch ihre Sendung zeigen, von wem sie gesandt sind. Das Gottesreich soll das Satansreich und seine Wirkung brechen. Fürsorge und Seelsorge, also Sorge für Leib und Seele, gehören zu ihrer Sendung.

2. *Der Auftrag*

Er sendet sie. Vorher hieß es: »Er rief die Zwölf zusammen.« Ruf und Sendung bilden eine Einheit. Der Ruf ist nur gegeben, um die Sendung zu empfangen. Und die Sendung ist nur möglich aufgrund des Rufes. Der Ruf ist zu Jesus hin, die Sendung ist zu den Menschen hin. Der Apostel geht zu Jesus, um von ihm weg zu den Menschen gesandt zu werden. Er geht zu den Menschen hin, um sie von sich weg und zu Christus hinzuführen.

»Das Reich Gottes zu verkünden.« Ihre Botschaft ist Heroldsbotschaft. Sie bringen Kunde von einem anderen. Ihr Wort ist also nicht Wissenschaft und nicht Gesetz, sondern Ansage vom Kommen des Königs.

Das Reich Gottes sollen sie verkünden, also die Königsherrschaft Gottes. Er ist aller Herrscher Herr und aller Könige König. Wo immer ein Herrscher oder König diese seine oberste Herrschaft und sein höchstes Königtum nicht anerkennen, wo immer also eine wesentlich relative Souveränität sich absolut setzen will, entsteht der Konflikt auf Leben und Tod. Er endet meistens wie bei Jesus zuerst im Sieg der irdisch-souveränen Macht, aber dann in ihrem Untergang und im eigentlichen Sieg der Macht Christi.

»Zur Heilung von Krankheiten.« Lukas als Arzt hat ein besonderes Ohr für diesen Auftrag. Krankheit entspricht nicht dem ursprünglichen Schöpferwillen Gottes, sondern ist durch die Sünde in die Welt gekommen. Der Überwinder der Sünde ist darum auch Überwinder der Krankheit. Und wenn die Königsherrschaft Gottes zu ihrer Vollendung kommt, wird es keine Krankheit mehr geben. Wenn der Heroldsruf der Kirche verstummt, weil die zweite Ankunft des Königs Wirklichkeit ist, sind Krankheit und Tod endgültig überwunden. Dann ist das Reich Gottes verwirklicht.

3. Die Ausstattung

Sie ist sehr überraschend. Die Apostel sollen zur Durchführung ihrer Sendung nichts mitnehmen, sondern schlicht und einfach so gehen wie sie sind, ohne viel Drum und Dran, ohne großen Apparat. Die Seelsorge wird nicht in erster Linie durch die modernen Hilfsmittel bestimmt. Das Wichtigste ist das Bewusstsein der Sendung, die Verbundenheit mit Christus, die Verkündigung seines Wortes, die Ausbreitung seines Reiches. Mit einem Wort: Christus ist die eigentliche Ausstattung seiner Boten.

4. Das Verhalten

Sie sollen an jedem Ort predigen, sodass die Botschaft an alle ergeht. Wird diese Botschaft nicht aufgenommen, so sollen sie den Ort verlassen und den Staub von den Füßen schütteln, wie die Israeliten es taten, wenn sie ein heidnisches Haus hatten betreten müssen. Die Gnade soll den Menschen angeboten, ihnen aber nicht aufgenötigt werden. Der Apostel soll weder an einem Ort kleben noch ruhelos vagabundieren, sondern soll so lange bleiben, bis er seinen Auftrag erfüllt hat, dann aber weiterziehen, damit auch andere das Wort vernehmen. Nicht das eigene Wohlbehagen oder die eigene Unannehmlichkeit ist entscheidend, nicht Sympathie und Antipathie, sondern der Auftrag.

5. Die Wirkung

Die Botschaft geht aufgrund dieser Sendung rasch von Ort zu Ort. Kranke werden geheilt, das Evangelium wird verkündet. Überallhin dringt das Wort Christi, auch in den Königspalast des Herodes. Aber die Wirkung bei den Menschen ist verschieden. Die einen glauben, dass Elias wiedergekommen sei, die anderen vermuten die Auferstehung eines großen Propheten, wieder andere suchen hinter dieser Bewegung den auferstandenen Täufer. Herodes wird unruhig. Er möchte Jesus sehen. Diese Unruhe und dieses Verlangen ist ein Zeichen der beunruhigenden Wirkung, die von der Botschaft Jesu ausgeht, denn nun ist diese Botschaft durch die Zwölf strahlenförmig ausgegangen und überall hingedrungen.

Dieser Hinweis auf Herodes und seinen Wunsch, den Herrn zu sehen, schließt den Sendungsabschnitt mit einem leisen und feinen Hinweis auf die Passion ab. Denn Herodes wird den Herrn sehen, aber erst bei der Passion. Die Sendung Jesu endet im Leiden, die Sendung seiner Jünger wird äußerlich und menschlich das gleiche Ende finden. So leitet dieser Sendungsabschnitt über zur Vorbereitung auf die Leidensbereitschaft.

FESTIGUNG IM GLAUBEN

(Lk 9,10–17)

Als die Apostel zurückkehrten, berichteten sie alles, was sie getan hatten. Er nahm sie abseits in eine Stadt namens Bethsaida. Als die Volksmenge es bemerkte, folgte sie ihm nach. Er nahm sie auf und sprach zu ihnen vom Reiche Gottes und heilte diejenigen, die dessen bedurften.Der Tag begann sich zu neigen. Da traten die Zwölf zu ihm und sagten: »Entlass das Volk, dass sie in die Dörfer und Gehöfte der Umgegend gehen, damit sie Unterkunft und Speise finden. Denn hier sind wir an einem einsamen Ort.« Er antwortete ihnen: »Gebt ihr ihnen zu essen.« Da sprachen sie: »Wir haben nicht mehr als fünf Brote und zwei Fische, es sei denn, dass wir weggehen und für dieses ganze Volk Speise kaufen.« Es waren etwa fünftausend Männer. Da sprach er zu seinen Jüngern: »Lasst sie sich in Gruppen lagern, zu je fünfzig.« So taten sie und ließen alle sich lagern. Da nahm er die fünf Brote und die zwei Fische, blickte auf zum Himmel, segnete sie, brach sie und gab sie den Jüngern, damit sie sie dem Volke reichten. Sie aßen und wurden alle satt, und es blieben noch zwölf Körbe voll mit den Stücken, die übrig waren.

Zwischen der Sendung und der Leidensvoraussage steht der kurze, aber bedeutsame Bericht über das Wunder der Brotvermehrung. Er steht nicht zufällig da, sondern will die Glaubensfestigung betonen. Denn nur aus dem Glauben hat die Sendung Sinn und nur vom Glauben her ist das Leiden verständlich.

1. Die Situation

Die Apostel kehren von ihrer ersten Aussendung zurück. Jesus geht mit ihnen in die Einsamkeit. Es wird sichtbar, dass die Apostel gelernt haben. Sie denken nicht mehr bloß an sich selbst, sondern kümmern sich um die Not des Volkes und fühlen sich für dieses verantwortlich. Die Sendung hat den Egoismus durchbrochen, den Blick für die anderen geschärft, das Herz für die Not geöffnet.

Christus unterstreicht und unterstützt diese Haltung. »Gebt ihr ihnen zu essen!« Sie sollen an seiner Aufgabe Anteil haben, seine Last mittragen, sein Werk weiterführen. Ihre Antwort ist bezeichnend und richtig. »Wir haben nicht mehr als fünf Brote und zwei Fische.« Was ist das schon für fünftausend Mann! Die Apostel ohne Christus haben sozusagen leere Hände und stehen vor einer unlösbaren Aufgabe. So ist es immer. Das Gottesreich ausbauen geht über Menschenkraft. Die Not der Menschheit lindern übersteigt die natürlichen Möglichkeiten der Kirche.

Das Ergebnis lautet somit: Verantwortung für andere, Bereitschaft und Wille zum Helfen, aber ungenügende Kraft und Mangel an entsprechenden Hilfsmitteln.

2. Das Wunder

Die Hilfe geht von Christus aus. Er wirkt das Wunder und wirkt es in überströmender Fülle. Zwölf Körbe bleiben zurück. Das besagt, dass jeder Apostel, nachdem er alles ausgeteilt hat, seinen Korb noch gefüllt vorfindet. Und es wurde nicht kärglich ausgeteilt, sondern so, dass alle gesättigt wurden. Christus gibt immer in Fülle, nicht ängstlich rechnend, pedantisch abwägend, sondern in göttlichem Reichtum.

Aber Christus wirkt das Wunder durch die Apostel. Sie organisieren und gruppieren das Volk. Sie teilen aus. Unter ihren Händen geschieht die Vermehrung des Brotes und der Fische. So bleibt es durch alle Jahrhunderte, ob es sich um das sakramentale Brot der Eucharistie handelt oder um das geistige Brot des Gotteswortes oder auch ums irdische Brot karitativer Hilfe. Christus wirkt durch die von ihm Beauftragten und Bevollmächtigten. Die Sendung ist Voraussetzung. Aber ihre Erfüllung ist nur möglich durch die Glaubensverbundenheit mit Christus. Sonst fließt kein Wasser durch das Brunnenrohr. Was will der Draht, wenn der Funke nicht durch ihn springt? Die Apostel und ihre Nachfolger werden immer wieder vor hungrigen Menschen stehen und immer wieder das schmerzliche Ungenügen der eigenen Hilflosigkeit erfahren. Aber der Glaube führt sie zu Christus, und so können sie den Reichtum Christi den Menschen austeilen und damit die Hände, die Herzen und den Geist der Menschen aus der Fülle Christi sättigen.

LEIDENSFORDERUNGEN: DIE ERSTE LEIDENSVORAUSSAGE

(Lk 9,18–27)

Als er für sich allein war und betete, traten die Jünger zu ihm, und er fragte sie: »Für wen halten mich die Volksscharen?« Sie antworteten: »Für Johannes den Täufer, andere für Elias, andere für einen der alten Propheten, der auferstanden ist.« Er aber sprach: »Ihr aber, für wen haltet ihr mich?« Petrus antwortete: »Für den Gesalbten Gottes.« Er gebot ihnen und trug ihnen auf, es niemandem zu sagen.

»Denn der Menschensohn muss viel leiden und von den Ältesten, den Hohenpriestern und Schriftgelehrten verworfen und getötet werden, am dritten Tage aber auferstehen.« Zu allen aber

sprach er: »Wenn jemand mir nachfolgen will, verleugne er sich selbst, nehme täglich sein Kreuz auf sich und folge mir. Denn wer sein Leben retten will, wird es verlieren. Wer aber sein Leben um meinetwillen verliert, wird es retten. Was nützt es dem Menschen, wenn er die ganze Welt gewinnt, aber sich selbst verliert oder selbst Schaden leidet? Denn wer sich meiner und meiner Worte schämt, dessen wird auch der Menschensohn sich schämen, wenn er in seiner Herrlichkeit und in der des Vaters und der heiligen Engel kommt. Ich sage euch wahrhaftig: Es sind einige, die hier stehen, die den Tod nicht kosten werden, bis sie das Reich Gottes sehen.«

1. Für Christus selbst

Das Ergebnis der Glaubensschulung wird nun festgestellt. »Für wen halten mich die Volksscharen?« Die Antwort ist unbefriedigend. Die einen halten ihn für Johannes den Täufer, andere für Elias, wieder andere für irgendeinen der alten Propheten, der wiedergekommen ist. So hat also die Glaubensschulung beim Volk nicht die erhoffte Wirkung gehabt. Anders bei den Aposteln. »Für wen haltet ihr mich?« Petrus antwortet: »Für den Gesalbten Gottes.« Sie sind also zur Erkenntnis durchgedrungen, dass er der Messias ist. Nun geht die Offenbarung Jesu einen entscheidenden Schritt weiter. Die Messias-Vorstellungen des damaligen Judentums und darum auch der Apostel waren vielfach einseitig und falsch. Sie erwarteten einen Messias, der ihnen die politische Freiheit und nationale Größe bringe und damit auch irdischen Wohlstand und ein von Sorgen befreites Leben. Jesus ist der Messias, aber in ganz anderem Sinn. Er ist der Knecht Jahwes, von dem Jesaja geschrieben hat, der Mann der Schmerzen, das Lamm, das zur Schlachtbank geführt wird, der große Dulder, der für das Volk die Last trägt und alles Leid auf sich nimmt. Darum folgt gerade auf diese Erkenntnis seiner Messianität das für die Apostel überraschende Wort: »Der Menschensohn muss viel leiden.« Es geht also nicht um irdischen Glanz, um menschliche Größe, um diesseitige Wohlfahrt. Sein Weg ist das Leiden, die Erniedrigung, das Dunkel. Und zwar ist es nicht Leiden bloß in persönlichem Privatleben, sondern das Leiden des Messias im Volk und für das Volk. Denn »er wird von den Ältesten, den Hohenpriestern und Schriftgelehrten verworfen«. Alle drei Gruppen der offiziellen Behörde, die Priesterschaft, die Gelehrtenschaft und die politischen Vertreter der zwölf Stämme, also alle, die zusammen den Obersten Rat, die Legislative und Exekutive des Volkes bilden, werden ihn verwerfen. Seine Messianität wird also nichts Triumphales haben. Er ist nicht der von den Menschen Erwählte, sondern Verworfene. Er nimmt die Verworfenheit der gottfernen, sündigen Menschen auf sich, um als Verworfener die Verwerfung aufzuheben und die Verworfenen noch einmal zu Gerufenen zu machen. Der von Gott Gesandte, aber von den Menschen Verworfene, wird gerade dadurch seine Sendung erfüllen, die Verwerfung aufheben und die Berufung der Menschen verwirklichen, sodass sie dem Ruf folgen und zu Gott kommen können.

»Er wird getötet werden.« Es geht also nicht nur um das Leiden bis ins Letzte und Äußerste. Es ist das eigentliche Geopfertwerden ohne eine Intervention Gottes im letzten Augenblick und ohne eine Erkenntnis der Menschen und eine Umkehr in letzter Stunde. Es ist ein Hingegebensein und eine Hingabe in die Vernichtung. Die Verwerfung wird zu einem völligen Hinausgeworfensein. Satan wird in diesem Tod seinen Triumph feiern, um erst nachher zu erkennen, dass es seine eigentliche Niederlage ist. Denn dieser Tod weckt das neue Leben, weil er Opfertod des lebendigen Gottes ist.

»Am dritten Tag wird er auferstehen.« Das erst wird den Charakter und die Art seiner Messianität sichtbar machen. Darum ist der Blick auf das Künftige gerichtet, auf das ganz andere Leben, auf das, was jenseits des Todes liegt. Seine Auferstehung wird der Anfang der Auferstehung der neuen Menschheit sein. Sein Tod ist die Rückkehr in den mütterlichen Schoß der Erde, um dann neu geboren zu werden als der »Erstgeborene von den Toten«. Dann können die Menschen, die mit ihm in den Tod gehen, mit ihm auch wiedergeboren werden. Sein Tod stößt das Portal des Lebens auf. Er wird damit das düstere Schicksal, durch das alles dem Tod verfallen und mit dem Tod gezeichnet ist, aufheben, denn nun hat durch ihn und in ihm alles eine Lebenskraft, die den Tod überwindet. Seine Sendung ist unendlich größer, als die Apostel es ahnen. So ist dieses Wort von seinem Leiden, seinem Sterben und seiner Auferstehung zwar für den ersten Augenblick wie ein vernichtender Schlag, etwas völlig Unfassbares, ihren Gedanken Fremdes, ihre Hoffnungen Erschütterndes. In Wirklichkeit ist es ein Öffnen der engen Kapsel ihrer Vorstellungen und ein Ausblick in ganz andere Weiten und Größen. So ist die Leidensvoraussage erschütternd und beglückend zugleich.

2. *Für die Christen*

»Wenn jemand mir nachfolgen will, verleugne er sich selbst, nehme täglich sein Kreuz auf sich und folge mir so.« Die Forderung ist eindeutig. Geht er den Weg des Leidens, der am Kreuz endet, so ist seine Nachfolge notwendig ein Schreiten auf der gleichen Straße. Wie der Verurteilte das Kreuz zum Ort der Hinrichtung trägt, so muss sich der Christ als ein von der Welt Verurteilter wissen. Sein Leben ist Weg zur Hinrichtungsstätte, und er trägt die Last der Verurteilung durch die Menschen. Er ist wesentlich ein Einsamer, Unverstandener, ein von den Offiziellen Verurteilter. Er ist ein Todgeweihter. Sein Leben ist Darbringung eines Opfers, und dieses Opfer wird angenommen. So ist sein Leben ein Sterben. Das widerspricht seinem rein naturhaften Empfinden und seinem naturhaften Wünschen. Darum muss er zu sich selbst immer wieder das Nein der Selbstverleugnung sprechen.

Aber wie Christus durch Leiden und Tod zur Auferstehung schreitet, so ist auch dieses äußerlich und innerlich harte Leben des Christen scheinbar ein Verlieren, in Wirklichkeit ein Gewinnen, scheinbar ein Sterben, in Wirklichkeit ein Leben. »Wer sein Leben retten will, wird es verlieren. Wer aber sein Leben um meinetwillen verliert, wird es retten.« Naturhaft-egoistisches Denken geht auf irdisch-weltlichen Gewinn aus. Dabei geht aber das bessere Ich zugrunde. Was nützt es dem Menschen, wenn er die ganze Welt gewinnt, aber sich selbst verliert und zugrunde geht? So ist der Weg in Wirklichkeit ein Weg zum Leben.

Vor allem aber soll er den Blick auf das Ziel richten. Und dieses Ziel ist Teilnahme an der Herrlichkeit Christi. Es ist eine dreifache Herrlichkeit: nämlich die Herrlichkeit des verklärten Christus und die Herrlichkeit des himmlischen Vaters und beide umgeben von der Herrlichkeit der Engel. In diese Welt und diesen Glanz der dreifachen Herrlichkeit ist der das Kreuz tragende Christ gerufen. Wenn er hier den Weg der Schmach geht, sich aber Christi nicht schämt, wird er ans Ziel der Herrlichkeit gelangen. Umgekehrt. Schämt er sich hier des Geistes und des Weges Christi, »wird auch der Menschensohn sich schämen, wenn er in seiner Herrlichkeit kommt«. So hat der Mensch die Wahl: Entweder teilt er mit Christus die Schande vor den Menschen, wird aber an der Ehre und Herrlichkeit des Herrn teilhaben. Oder er schämt sich Christi vor den Menschen, wird aber dann einmal die Ehre und Herrlichkeit Gottes verlieren. So ist der Weg Christi und der Weg der Christen ganz anders, als die Apostel sich denken und wünschen, und anders als die Menschen wählen würden. Der Glaube ruft hier zur Entscheidung. Die Wege gehen auseinander. Der Weg des Lebens, wie die meisten sich ihn denken, ist der Weg zum Tod, der Weg der Ehre ist der Weg zur Schmach. Und umgekehrt ist der Weg des Todes, den ein Verworfener, Todgeweihter, von der Welt Verurteilter beschreitet, der Weg zum Leben, zur Ehre und zur Herrlichkeit. Vor diese Wahl sind die Apostel und alle Christen gestellt, wenn auch nicht alle im gleichen Maß und in der gleichen Deutlichkeit.

DIE ZWEITE LEIDENSVORAUSSAGE

(Lk 9,28–36)

Etwa acht Tage nach diesen Worten nahm er Petrus und Johannes und Jakobus mit sich und ging auf den Berg, um zu beten. Da geschah es, dass das Aussehen seines Antlitzes sich veränderte, als er betete, und sein Gewand wurde strahlend weiß. Und siehe, zwei Männer sprachen mit ihm. Es waren Moses und Elias. Sie erschienen im Lichtglanz und sprachen vom Ende, das sich in Jerusalem erfüllen sollte. Petrus aber und seine Gefährten waren vom Schlaf überwältigt. Als sie erwachten, sahen sie den Lichtglanz und die zwei Männer, die bei ihm standen. Als diese von ihm schieden, sprach Petrus zu Jesus: »Meister, es ist gut, dass wir hier sind. Wir wollen drei Hütten bauen, dir eine, Moses eine und Elias eine.« Er wusste nicht, was er sagte. Während er noch redete, kam eine Wolke und überschattete sie. Sie fürchteten sich, als sie in die Wolke hineinkamen. Da erscholl eine Stimme aus der Wolke: »Dieser ist mein Sohn, der Erwählte, ihn sollt ihr hören.« Als die Stimme verhallt war, war Jesus allein. Sie schwiegen und teilten in jenen Tagen niemandem etwas von dem mit, was sie geschaut hatten.

Christus hat am Schluss der ersten Leidensvoraussage darauf hingewiesen, dass einige der Anwesenden den Tod nicht kosten werden, bevor sie das Reich Gottes sehen. Das erfüllt sich nun.

1. Die Verklärung Christi

Christus wird auf einem Berg verklärt. Sein Gewand und sein Antlitz ändern sich völlig. Alles ist durchstrahlt vom Glanz der Herrlichkeit Gottes, und dazu sind Moses und Elias, also Gesetz und Propheten, als Zeugen zugegen. Es ist ein vorübergehendes Sichtbarwerden des Gottesreiches in seiner Herrlichkeit. Denn dann werden Alter und Neuer Bund an der Herrlichkeit Christi teilhaben. Alles Dunkel wird vom Licht durchstrahlt und alles Leiden von der Herrlichkeit abgelöst sein. Aber jetzt ist es noch kein Dauerzustand. Im Gegenteil, es ist Vorbereitung auf das Leiden und das Kreuz. Denn »sie sprachen von seinem Ende, das er in Jerusalem finden sollte«. Erst nach der Auferstehung und der Himmelfahrt wird diese Verklärung Dauerzustand sein. Jetzt ist es nur wie die Antifon eines Psalmes, wie das Aufblitzen eines fernen Lichtes, eine Atempause auf dem Schreiten zum Tod und ein Sichtbarwerden dessen, was nach dem Tode kommt.

2. *Die Jünger*

Es sind wieder dieselben drei zugegen wie bei der Auferweckung der Jairustochter. Dort haben sie die Überwindung des Todes gesehen, hier schauen sie die Verklärung nach dem Tod. Und sie sind davon so überwältigt, dass Petrus Hütten bauen und damit den Augenblick verlängern und dem Vorübergehenden Dauer geben will. Aber es wird ihnen gezeigt, dass der entscheidende Schritt noch fehlt, der Schritt in die Wolke, denn eine Wolke überschattet den Herrn und die beiden Zeugen aus dem Jenseits. Die Wolke ist das Dunkel, das noch durchschritten werden muss, und die Wolke ist zugleich das Geheimnis Gottes, in das man nur durch den Tod Einlass findet. So liegt die Verklärung noch wesentlich in der Zukunft.

Der Glaube ist die Kraft, die auf dem Weg des Leidens zu diesem Ziel der Herrlichkeit führt. Darum das Wort: »Dieser ist mein erwählter Sohn, auf ihn sollt ihr hören.« Es ist das Hören auf die den Jüngern so fremde Botschaft vom Leiden. Der Messias, der sich nun als leidender Knecht Jahwes kundgetan, ist in Wirklichkeit der auserwählte Sohn. Darum ist das Hören auf diese seltsame Botschaft wesentlich. Bezeichnenderweise schließt der Abschnitt mit dem nüchternen Satz: »Als die Stimme verhallt war, war Jesus allein.« Das Licht ist erloschen, der Glanz verblichen, die Stimme verhallt. Nur der Glaube sagt, wer Jesus ist, welcher Glanz in ihm wohnt und welcher Herrlichkeit er entgegengeht. Die Jünger sind ergriffen und erschüttert. Schweigend bewahren sie das Geheimnis für sich selbst.

So sind in dieser eigenartigen Szene Licht und Dunkel, Herrlichkeit und Leiden, ewiges Leben und zeitlicher Tod, Ziel und Weg, glanzvolle Ewigkeit und schmerzvolle Zeit, göttliches Wort und menschliches Schweigen, Sichtbarwerden im Glanz und Verborgensein in der Wolke miteinander vermischt. So wird künftig das Leben des Christen in dieser Welt sein. Es ist wesentlich ein Schreiten im Hell-Dunkel mit dem Blick auf das Licht, das am Ende leuchtet. Es ist stilles Wissen um ein großes Geheimnis, aber das Entscheidende liegt in der Zukunft.

DIE DRITTE LEIDENSVORAUSSAGE

(Lk 9,37–50)

Tags darauf, als sie vom Berg herabstiegen, kam ihm viel Volk entgegen, und ein Mann aus dem Volke rief: »Meister, ich bitte dich, schau doch auf meinen Sohn hier. Er ist mein Einziger. Ein Geist erfasst ihn, dann schreit er auf einmal. Er zerrt ihn hin und her, bis ihm der Schaum kommt, und kaum je lässt er von ihm ab, ohne ihn zu quälen. Ich habe deine Jünger gebeten, dass sie ihn austreiben. Aber sie konnten es nicht.« Jesus antwortete: »Du ungläubiges und verkehrtes Geschlecht, wie lange noch muss ich bei euch bleiben und euch ertragen? Bringe deinen Sohn her.« Als er kam, riss und zerrte der böse Geist ihn hin und her. Jesus gebot dem unreinen Geist, heilte den Knaben und gab ihn dem Vater zurück. Alles staunte über die Größe Gottes. Während sich alle wunderten über das, was er tat, sprach er zu seinen Jüngern: »Prägt die folgenden Worte euren Ohren ein: Der Menschensohn wird den Händen der Menschen überliefert werden.« Sie aber verstanden dieses Wort nicht. Es war ihnen verborgen, sodass sie es nicht erfassten, und sie fürchteten sich, ihn wegen dieses Wortes zu fragen. Es kam ihnen aber der Gedanke, wer von ihnen größer sei. Weil Jesus die Überlegungen ihrer Herzen kannte, nahm er ein Kind, stellte es neben sich und sprach zu ihnen: »Wer dieses Kind in meinem Namen aufnimmt, nimmt mich auf, und wer mich aufnimmt, der nimmt den auf, der mich gesandt hat. Wer unter euch der Kleinste ist, der ist groß.«

Johannes aber antwortete: »Meister, wir sahen einen, der in deinem Namen böse Geister austreibt. Wir haben ihn daran gehindert, weil er nicht mit uns dir nachfolgt.« Jesus aber antwortete ihm: »Hindert ihn nicht: Denn wer nicht gegen euch ist, ist für euch.«

1. Der Anlass

Man führt einen epileptischen Knaben zu Jesus. Die einzelnen Phasen der Anfälle werden vom Arzt Lukas mit großer Genauigkeit bezeichnet. Aber wie beim Irrsinnigen die Krankheit dämonisch übersteigert war, so ist auch hier die Epilepsie durch satanische Besessenheit auf die höchste Stufe emporgetrieben. Der Gegensatz der Szene springt in die Augen. Unmittelbar vorausgehend die Verklärung und der Glanz der Seligkeit in der Stimme Gottes und im Glauben. Hier der Tumult mit der Unheimlichkeit des Satanischen und dem Unglauben. Man begreift den Unwillen des Herrn über dieses »ungläubige und verkehrte Geschlecht«. Er kommt von Gott, aus dem Glanz und der Herrlichkeit, in dieses kleinliche, selbstsüchtige, in seinem Denken völlig verkehrte Volk.

»Wie lange noch muss ich bei euch bleiben und euch ertragen?« Trotzdem heilt Jesus den Besessenen, ein großes Staunen geht durch die Reihen.

2. *Die Leidensvoraussage*

Gerade jetzt, wo der Herr seine Macht wieder unter Beweis gestellt und eine neue Begeisterung im Volk geweckt hat, sodass »alles staunte über die Größe Gottes«, schärft er mit einer ganz ungewöhnlichen Eindringlichkeit den Jüngern ein, dass sie sich keine falschen Vorstellungen machen und keinen falschen Hoffnungen hingeben dürfen. »Prägt die folgenden Worte euren Ohren ein: Der Menschensohn wird den Händen der Menschen überliefert werden.« Der auserwählte Sohn Gottes, vom himmlischen Vater soeben feierlich bestätigt, wird als Menschensohn den grausamen Händen der Menschen überliefert. Den Händen eben jener Menschen, von denen er gesagt hat, dass er sie kaum mehr ertrage. In die Hände Gottes fallen ist für den Sünder unheimlich, in die Hände der Menschen fallen ist für den heiligen Sohn Gottes viel schlimmer. Diese Hände werden nicht ruhen, bis sie ihn zu Tode gequält haben, und selbst dem Toten werden sie noch mit ihrer Waffe das Herz durchbohren. So ist diese dritte Leidensvoraussage die bitterste. Die erste war von einer gewissen Ruhe und Sachlichkeit getragen, die zweite war mehr eine Andeutung mitten im Glanz der Verklärung, die dritte ist einprägsam, unheimlich, fast grausam.

3. *Das Ergebnis*

Das Ergebnis ist nichts weniger als befriedigend. Vor allem ist es völliges Unverständnis: »Sie aber verstanden dieses Wort nicht. Es war ihnen verborgen, sodass sie es nicht fassten.« In drei

Ausdrücken ist betont, dass sie es einfach nicht verstehen können. Ihre messianischen Vorstellungen sind völlig anders. Ihre Hoffnungen und Erwartungen gehen trotz der Belehrung des Herrn auf politische, ehrgeizige und materielle Größe.

Zum Unverständnis kommt die völlig falsche Gesinnung. Es kam ihnen der Gedanke in den Sinn, wer von ihnen wohl der Größte sei. Es geht ihnen also um Größe vor den Menschen, nicht vor Gott, um das eigene Ich, nicht um Jesus. Noch einmal sucht Christus ihnen vom Umlernen zu sprechen. »Wer unter euch allen der Kleinste ist, der ist groß.« Er stellt ein Kind in ihre Mitte und betont die Wichtigkeit des Kindes und damit des kindlichen Geistes und der Kindesgesinnung. Wer ein Kind aufnimmt, nimmt ihn auf, und wer ihn aufnimmt, nimmt den Vater im Himmel auf. Geist der Kindschaft ist es, was er lehrt, nicht das Verlangen nach äußerer Größe. Vor Gott ist das Große klein und das Kleine groß. Nur wer umlernt und umdenkt, also sich umkehrt und bekehrt, wird auch Verständnis haben für den Sinn des Leidens und des Todes als Weg zum eigentlichen Leben der Größe und Herrlichkeit in Gott.

Noch in einem Dritten wird das Versagen der Jünger sichtbar. Sie sind engherzig und egoistisch, selbst in ihrer Sendung. »Meister, wir sahen einen, der in deinem Namen böse Geister austreibt. Wir haben ihn daran gehindert, weil er nicht mit uns dir nachfolgt.« Sie wollen die allein Erwählten sein. Ein ausschließlicher Kreis der Bevorzugten. Es geht ihnen also nicht darum, dass der Teufel ausgetrieben wird, sondern dass er durch sie ausgetrieben wird. Ihre persönliche Bedeutung ist ihnen wichtiger als die sachliche Wirkung. Die besondere Berufung zu besonderer Sendung hat ihre Einbildung erhöht, sodass sie sich wichtiger dünken als die anderen. Christus zeigt ihnen, dass sie weitherzig sein müssen. »Hindert ihn nicht. Denn wer nicht gegen euch ist, ist für euch.« Gegen Satan sollen alle Kräfte aufgeboten werden. Sie sollen nicht kleinlich über ihre Privilegien wachen und nicht ängstlich ihre Vorrechte betonen. Das Aufrichten des Gottesreiches und das

Niederringen des Satansreiches ist etwas so Gewaltiges, dass jede Kraft willkommen sein muss und dass man sich über jeden, der nicht im feindlichen Lager steht, freuen muss. Seine Größe des Blickes und Weite des Herzens muss jedem echten Jünger Vorbild sein.

So ist das Ergebnis der Schulung noch keineswegs befriedigend. Jesus stellt das mit voller Deutlichkeit fest, hört aber nicht auf, mit großer Geduld sie immer wieder zu belehren und zu schulen.

Damit schließt der große Hauptteil des Wirkens Jesu in Galiläa. Die Übergangsformel zum nächsten Hauptteil zeigt das in voller Deutlichkeit. »Als sich die Tage erfüllten, da Jesus in den Himmel aufgenommen werden sollte, richtete er seinen Blick nach Jerusalem.«

ZUSAMMENFASSUNG

Die wichtigsten Züge am Christusbild, wie es Lukas in diesem Abschnitt des galiläischen Wirkens des Herrn zeichnet, sind folgende:

1. Er ist der machtvolle Herr

Im Magnifikat erscheint er schon als der vom Allmächtigen Gesandte. Sein Kommen zeigt aufs Neue, dass der Mächtige Großes tut, machtvoll wirkt mit seinem Arme und die Mächtigen von ihren Thronen stürzt. Im Benedictus preist Zacharias das Kommen des Herrn ebenfalls als eine Tat der Macht. »Uns Rettung von unseren Feinden zu bringen und aus den Händen aller, die uns hassen.« Der Vorläufer verkündet Christus als den Mächtigen, der mit dem Heiligen Geist und mit Feuer tauft, die Tenne fegt und das Gericht bringt. Jesus selbst wirkt Werke der Macht, und zwar ist es Macht über die Natur, die sich beim wunderbaren Fischfang, bei der Stillung des Sturmes und bei der Brotvermehrung zeigt. Macht über die Krankheiten beim Fieber der Schwiegermutter des Petrus, bei der Heilung des Gelähmten und der blutflüssigen Frau, des Mannes mit der verdorrten Hand und des Aussätzigen. Er besitzt Macht über Satan, denn er heilt den Besessenen in Kapharnaum, den von einer ganzen Legion böser Geister Besessenen in Gerasa und den besessenen Knaben. Und schließlich hat er Macht über den Tod, denn er erweckt den Jüngling zu Naim und das Töchterlein des Jairus.

So verbindet sich in Jesus das Schlichte eines gewöhnlichen Menschen mit dem Majestätischen überhöhter Macht.

2. *Er ist der Heiland*

Immer wieder wird er in diesem Abschnitt als Retter und Helfer bezeichnet. Schon in seinem Namen ist diese Funktion erkennbar. Die Botschaft an die Hirten verkündet ihn als den Retter der Welt. Im Magnifikat wird gesagt, dass durch sein Kommen wieder sichtbar wird, wie Gottes Erbarmen von Geschlecht zu Geschlecht weitergeht. Und Simeon bekennt freudig: »Nun haben meine Augen das Heil geschaut.« Das erste Auftreten Jesu in Nazareth ist Berufung auf den Jesaja-Text, wonach der Messias den Armen Frohbotschaft bringt, den Gefangenen Freiheit, den Blinden das Licht. Und nochmals beruft sich Jesus bei der Antwort an den Täufer darauf, dass Blinde sehen, Lahme gehen, Aussätzige gereinigt werden, Taube hören, Tote auferstehen und den Armen eine frohe Botschaft verkündet wird. Am ersten Tag in Kapharnaum wirkt er durch die Vergebung der Sünden. Sein ganzes Reden und Handeln in diesem Abschnitt ist vom Helferwillen erfüllt. Er beruft den Zöllner und ist gekommen, Sünder zu berufen. Er lebt nicht in harter Askese wie Johannes, sondern passt sich in Milde den Menschen an, um sie zu retten. Er hat Mitleid mit der Witwe von Naim, nennt sich Freund der Zöllner und Sünder, betrachtet alle, die sein Wort aufnehmen, wie die eigene Mutter und eigene Brüder. Er speist die Hungernden in der Wüste und gibt seinen Jüngern den Auftrag, sich der Leidenden anzunehmen und in allem das Gesetz der Liebe zu betätigen.

So ist in ihm die Macht nicht Selbstherrlichkeit und nicht Selbstzweck, sondern sie ist durch Liebe in den Dienst der Leidenden gestellt und wird benutzt, um der Not abzuhelfen.

3. Er ist Herr und Helfer für alle

Der dritte Zug an diesem Christusbild ist der Universalismus.

Nationale Enge jüdischen Denkens, soziale Ausschließlichkeit irgendeiner Klasse werden durchbrochen durch die Weite des Geistes und die Liebe des Herzens, die alle umfasst. Schon in der Botschaft an die Hirten wird Friede für alle Menschen der göttlichen Erwählung verkündet. Im Benedictus wird Jesus gepriesen als Licht für die, die in Finsternis und Todesschatten sitzen, Simeon preist ihn als Heil für alle Völker und ein Licht auch für die Heiden. Lukas führt die Ahnentafel über Abraham hinaus bis zu Adam, um zu zeigen, dass die ganze Menschheit nun mit einbezogen ist. Jesus selbst verweist in Nazareth auf die Witwe von Sarepta und die Heilung des Syrers Naaman, um zu sagen, dass er nicht nur für Israel gekommen ist. Die Seligpreisungen und die ganze Bergpredigt verkünden ein Ethos, das nicht spezifisch jüdisch ist, sondern allen zugänglich. Und im Glauben des römischen Hauptmannes, den Jesus preist, wird die Aufgeschlossenheit und Bereitschaft der nicht jüdischen Welt sichtbar.

So zeichnet dieser große galiläische Abschnitt Christus als den machtvollen Helfer der Menschheit. Der aus der griechischen Welt stammende, darum universal denkende Lukas ist Arzt und hat darum ein besonderes Verständnis für den Helferwillen Jesu.

Und er ist ein nüchterner Beobachter, für den die Macht Christi besonders eindrucksvoll ist. So ist das Christusbild, das Lukas zeichnet, ganz der Art dieses Verfassers entsprechend, vor allem aber der Art Jesu entsprechend, der seine Macht gebraucht, um möglichst allen zu helfen.

AUF DEM WEG NACH JERUSALEM

Über dem ersten Teil des Evangeliums lag der frohe Glanz der Kindheit. Der zweite Teil, mit dem Wirken im schlichten Volk Galiläas, hatte etwas Frühlingshaftes, Ungebrochenes. Wohl war auch da schon die Stimme des Widerspruches vernehmlich und sprach der Herr selbst schon deutlich genug von Kreuz und Leid. Aber das Ganze war doch noch getragen von der Freude seines erobernden Ausschreitens und vom unbekümmerten Ausstreuen der Saat. Der dritte Teil wird ernster. Die Schatten werden dunkler, die Wolken ballen sich zusammen, die Wetterwand rückt näher. Es kommt auch etwas Unruhiges, gelegentlich Drängendes in die Darstellung. Jesus ist unterwegs, unterwegs zum drohenden Ende hin. Die Konturen werden schärfer, vielfach auch die Worte gemeißelter, das dumpfe Rollen und Grollen wird hörbar. Die Stunde der Entscheidung naht.

DER AUFBRUCH

(Lk 9,51–56)

Als sich die Tage erfüllten, da Jesus in den Himmel aufgenommen werden sollte, richtete er seinen Blick nach Jerusalem, um dorthin aufzubrechen. Er sandte Boten vor sich her. Sie gingen hin und kamen in ein Dorf der Samariter, um ihm Unterkunft zu bereiten. Aber man nahm ihn nicht auf, weil er vorhatte, nach Jerusalem zu ziehen. Als seine Jünger Jakobus und Johannes das sahen, sprachen sie: »Herr, willst du nicht, dass wir sagen, es soll Feuer vom Himmel herabfallen und sie verzehren?« Da wandte er sich um und verwies es ihnen. (»Ihr wisst nicht, wes Geistes ihr seid. Der Menschensohn ist nicht gekommen, Menschen zu verderben, sondern zu retten.«) Da zogen sie weiter in ein anderes Dorf.

1. Göttliche Größe

»Als sich die Tage erfüllten, da Jesus in den Himmel aufgenommen werden sollte.« Über dem Leben Jesu steht ein Plan Gottes. Die Erfüllung dieses Planes naht sich, sachlich, zeitlich und räumlich.

Sachlich: Das Letzte ist weder das Wirken noch das Sterben noch die Auferstehung des Herrn, sondern seine Aufnahme in den Himmel. Damit erst ist sein Werk eigentlich erfüllt und abgerundet. Vom Himmel ist er herabgestiegen und so wird er in den Himmel wieder hinaufgenommen. Er ist vom Vater ausgegangen und kehrt zum Vater zurück. Das Werk ist erfüllt, wenn dieser Kreislauf vollendet ist. So ist hier schon im ersten Satz des dritten Teiles der Blick auf das eigentliche Ende, auf das Letzte, hin gerichtet. Das ist eschatologische Haltung im eigentlichen Sinn des

Wortes: Blick auf die Letzten Dinge, also auf Jesu Letztes, das Dauercharakter haben wird, das Sein in der Verklärung nach der Aufnahme in den Himmel. Hinter allem Dunkel leuchtet hier das Licht, das kein Dunkel mehr kennen wird. Hinter aller Unrast, die nun anhebt, wird schon die ewige Ruhe sichtbar. Und hinter allem Lärm der Auseinandersetzung die Stille Gottes.

Zeitlich. Das Leben des Herrn rollt mit geradezu mathematischer Sicherheit ab. An sich hat er das Werk in Galiläa ja eigentlich eben erst begonnen. Aber schon schlägt die Stunde des endgültigen Abschieds, die Stunde, die der Vater bestimmt. Alles ist festgefügt. Das Nacheinander ist von oben her bestimmt. Dabei ist nun die unheimliche Zeit seiner Passion gewissermaßen schon überwunden, denn sie ist nur Zwischenstadium, vorletzte Phase zum eigentlich letzten Endstadium des Aufgenommenseins in die Herrlichkeit. Christus kennt diese zeitliche Festlegung, gerät aber darüber keineswegs in Spannung, Nervosität und Torschlusspanik. Seine Haltung ist das selbstverständliche Ja zu den Zeiten, die der Vater bestimmt hat.

Räumlich: Das Ende als Weggenommensein von der Erde und als Hinaufgenommenwerden in den Himmel wird in Jerusalem stattfinden. Dort, wo Lukas die Verkündigung des Vorläufers begonnen hat, wird er den Einzug des großen Königs in den Palast seiner Himmelsherrlichkeit zeigen. Die Stadt des Tempels und der Propheten und die Stadt der Priester, der Gesetzeslehrer, die Heilige Stadt als Mittelpunkt Israels wird der Ort sein, wo dieses große Tun Gottes zur Vollendung kommt. In wenigen Worten ist damit der Plan Gottes angedeutet.

»Da richtete Jesus sein Angesicht nach Jerusalem, um dorthin aufzubrechen. Er sandte Boten vor sich her.«

Die Haltung Jesu ist eindeutig. Es ist ein selbstverständliches Sichrichten nach dem Willen des Vaters, Sicheinordnen in die von Gott gefügte Ordnung der Dinge. So richtet er sein Antlitz nach Jerusalem. Etwas Kühnes, Tapferes liegt darin. Er weiß, dass Jerusalem zuerst seinen Untergang bedeutet und dann erst seinen

Aufstieg, zuerst sein Leiden und dann erst seinen Sieg. So schreitet er erhobenen Hauptes dem Schicksal entgegen. Jerusalem ist die Hochburg seiner Feinde. Er schreitet mitten hinein. Es ist der Sitz der Opposition. Er geht zum Angriff über. Von nun an ist sein Leben äußerlich und innerlich ein Vorwärtsschreiten, unaufhaltsam und unbeirrt. Alles ist gehalten von der inneren Bereitschaft seines Gehorsams. Persönliche Stimmungen, innere Widerstände, Bedenken irgendwelcher Art, Einwendungen, ein Hinausschieben und dergleichen ist auch nicht einmal andeutungsweise zu erkennen. Schlichte Selbstverständlichkeit und unnachahmliche Größe liegen in diesem seinem Blick nach Jerusalem und im Aufbruch dorthin. Keine sentimentale Abschiedsszene, kein wehmütiges Zurückblicken, kein mühsames Sichlosreißen, kein gewaltsamer Entschluss. Die Geradlinigkeit ist bei ihm selbstverständlich.

Er schickt Boten vor sich her, denn sein Kommen wird nun etwas Königliches haben. Er wird in seiner Art von der Hauptstadt Besitz ergreifen. Er schickt sich an, den blutigen Triumph zu feiern. Herolde sollen die Kunde seines Kommens vor ihm hertragen. Innere und äußere Größe dieses Aufbruches werden sichtbar.

2. Menschliche Kleinheit

Diesem Plan Gottes und dieser Größe Jesu steht das Versagen menschlicher Kleinheit gegenüber.

Die Bewohner eines Dorfes in Samaria verweigern den Boten und ihm selbst die Aufnahme, weil er nach Jerusalem zieht. Sein Weg beginnt mit Widerständen, sein Vorstoß mit Ablehnung, sein Ja zum Vater wird mit einem Nein ihm gegenüber beantwortet. Der Grund ist die menschliche Enge. Die Samaritaner wollen, dass ihr Nationalheiligtum auf dem Garizim benutzt werden soll und nicht der für sie fremde Tempel in Jerusalem. Nationaler Geltungstrieb, kollektiver Egoismus und religiöse Engstirnigkeit verbinden sich hier und führen zur Ablehnung Jesu. Das Nationale wird später in der Ablehnung des Christentums noch in viel größerem Ausmaß eine Rolle spielen. Prestigefragen und Gewinnsucht werden sich immer wieder ins Religiöse mischen. Das Nein menschlicher Kleinheit wird immer wieder der göttlichen Größe begegnen. Aber die Wirkung ist nur die, die schon hier gezeichnet ist: »Da zogen sie weiter in ein anderes Dorf.« Der Gang Jesu lässt sich nicht aufhalten, auch nicht der Zug des Christentums durch die Welt. Wenn die Tür verschlossen ist, schreitet Christus über eine andere Schwelle. Wenn ein Land seine Grenzen verschließt, geht die Botschaft des Herrn zu einem anderen Volk. Die Neinsager haben den Schaden. Gottes Pläne verwirklichen sich trotzdem.

Selbst die Jünger des Herrn sind seiner Größe nicht gewachsen, wenn auch in anderer Weise. Sie wollen Feuer vom Himmel auf die Samariter herabrufen. Sie erwarten nun einen Siegeszug, der äußere Triumphe feiert. Sie hoffen, dass die Macht des Herrn sich jetzt nach außen kundtue. Die Widerstände sollen nach ihrer Überzeugung nicht durch das Opfer des Kreuzes überwunden werden, sondern durch das Gericht verzehrenden Feuers. Sie wissen nichts vom Geist göttlicher Langmut und vom Wartenkönnen des Herrn. Sie verwechseln ihren eigenen Zorn mit dem Zorn Gottes und ihr persönliches Beleidigtsein mit der Beleidigung Gottes. Sie wollen das Reich Gottes mit Feuer und Schwert aufrichten, während der Herr es mit seinem Herzblut, mit seinem Dulden bringt. Sie sind vom Geiste Jesu weit entfernt. Darum heißt es: »Er verwies es ihnen.« Es sind die Brüder Jakobus und Johannes, also die Söhne des Zebedäus, die um Jesu willen ihren Vater und alles verlassen haben, um mit ihm zu ziehen. Sie sind die Ersten, die jetzt genannt werden, da sie wieder mit ihm ziehen, aber jetzt auf den entscheidenden Zug nach Jerusalem. Gerade sie, die in dieser Stunde des Aufbruchs nicht mit dem rechten Geist aufbrechen, werden nicht zufällig erwähnt. Jetzt, da sie mit ihm hinaufziehen, sollten sie allmählich auch seinen Geist haben.

So ist der Aufbruch sehr bezeichnend, sowohl für die Größe Jesu als auch für die Kleinheit der Menschen. Beides wird immer deutlicher werden bis zum Sieg Jesu und zum Versagen der Jünger auf Golgatha.

MIT IHM

(Lk 9,57–62)

Als sie auf ihrer Wanderung unterwegs waren, sprach einer zu ihm: »Ich will dir folgen, wo immer du hingehst.« Jesus antwortete ihm: »Die Füchse haben Höhlen, die Vögel des Himmels haben Nester, der Menschensohn aber hat nichts, wo er sein Haupt hinlege.« Zu einem anderen sagte er: »Folge mir!« Er aber antwortete: »Erlaube mir, zuerst noch hinzugehen, um meinen Vater zu bestatten.« Da antwortete er ihm: »Lass die Toten ihre Toten begraben, du aber geh hin und verkünde das Reich Gottes.« Ein anderer sprach: »Ich werde dir folgen, Herr. Nur erlaube mir zuvor, mich von den Hausgenossen zu verabschieden.« Jesus sprach zu ihm: »Keiner, der die Hand an den Pflug legt und zurückschaut, ist tauglich für das Reich Gottes.«

Bei seinem Aufbruch wollten mehrere junge Menschen mit ihm gehen, und zwar als seine eigentlichen Jünger, also in besonderer Nachfolge. Sie sind begeistert von der seelischen Größe seiner Persönlichkeit, von der Klarheit seiner Lehre, von der Macht seiner Worte, von der Gewalt seiner Wunder, von der Größe seines Werkes und von der Kühnheit seines Entschlusses. Rasch entflammt stellen sie sich zur Verfügung.

Der Erste scheint zu wissen, worum es geht, denn seine Bereitschaft klingt bedingungslos. »Ich will dir folgen, wo immer du hingehst.« Also Bereitschaft zur Nachfolge ins Ungewisse, Hingabe für jede Situation, abstrichloses Jawort, Nachfolge ohne

Klausel. Und doch macht er sich offenbar Illusionen. Jedenfalls klingt die Antwort Jesu sehr nüchtern. »Die Füchse haben Höhlen, die Vögel des Himmels haben ihre Nester, der Menschensohn aber hat nichts, wo er sein Haupt hinlege.« Jeder Mensch sucht Geborgenheit in einem Daheim. Er will einen Raum, in dem er sich wohlfühlt, den er nach eigenen Wünschen und Bedürfnissen gestalten kann, wo er wirklich zu Hause ist, nicht tausend Rücksichten nehmen, nicht sich anderen anpassen muss, sondern in völliger Entspannung und Gelöstheit er selbst sein kann. Irgendwo will er für sich sein und es wohlig haben und wäre es auch nur ein kleiner abgezirkelter Winkel, eine alte Hütte. Aber gerade diese Geborgenheit gibt es in der Nachfolge Christi nicht. Christus ist wesentlich unterwegs, nicht nur äußerlich, heute hier und morgen dort, sondern auch innerlich unterwegs. Wer in seinem Dienst steht und ihm folgt, bleibt nirgendwo stehen und kann sich nie geruhsam einrichten. Plötzlich kommt wieder ein Anruf und er muss äußerlich oder innerlich oder äußerlich und innerlich weiter. Sein Daheim ist erst im Jenseits. Seine Geborgenheit ist ausschließlich in Gott, sein Ausruhen nur in der Zukunft. Er kann sich nicht wie ein Fuchs in eine Höhle der Zurückgezogenheit verkriechen, wo der feindliche Mensch ihm nicht auflauern und die Kälte der Gleichgültigkeit nicht eindringen kann. Er kann sich nicht wie ein Vogel in irgendeinem flaumigen, warmen Nest einrichten. Denn immer wieder fegen neue Stürme durchs Geäst seines Lebens und zerreißen ihm unbarmherzig die Zweige, die er für sich statt für andere zu einem Nest geflochten hat. Nachfolge Christi heißt ausgeliefert sein und in Unsicherheit leben.

Der Zweite entschließt sich nicht selbst, sondern er wird vom Herrn gerufen: »Folge mir!« Seine Antwort lautet: »Erlaube mir, zuerst noch hinzugehen, um meinen Vater zu bestatten.« Es handelt sich hier nicht bloß um eine Beerdigung, sondern er glaubt, dass er einstweilen für seinen Vater noch notwendig ist und darum um der Familie willen bleiben muss bis zum Tod des Vaters.

Dann ist er bereit. Das scheint nicht bloß natürlich, sondern durchaus christlich.

Man kann doch die Eltern nicht einfach sitzen lassen. Man hat Rücksichten auf die Geschwister zu nehmen. Man ist doch der Familie Hilfe schuldig. Man kann nicht einfach weglaufen, nachdem man jahrelang in der Familie gelebt und von ihr gezehrt hat. Es gibt Pflichten der Pietät und der Dankbarkeit. Die Ehe ist doch ein Sakrament und die Familie entspricht dem Willen Gottes. Hat nicht Christus dreißig Jahre in Nazareth gelebt und die Familie geheiligt?

Das ist alles sehr richtig. Und doch lautet die Antwort Jesu: »Lass die Toten ihre Toten begraben, du aber geh hin und verkünde das Reich Gottes.« Gott ist der absolute Herr. Wenn er ruft, müssen alle anderen verstummen. Wenn er fordert, treten alle anderen Forderungen zurück. Am Recht Gottes zerbricht das Menschenrecht. Seine Berufung verlangt bedingungslose Bereitschaft. Er selbst hat auf den Vorwurf seiner Mutter »Warum hast du uns das getan« die schroffe Antwort gegeben: »Warum habt ihr mich gesucht? Wusstet ihr denn nicht, dass ich in dem sein muss, was meines Vaters ist?« Er gehört nicht in die kleine Welt von Nazareth, sondern ins große Reich seines Vaters. Wer das Reich Gottes verkünden will, muss auf Ehe und Familie verzichten. Er muss Herz und Hände frei haben, er darf nicht durch menschliche Bindungen gebunden sein. Die schöne, aber kleine Welt der Familie muss er opfern, weil er für die große Welt des Gottesreiches kämpfen muss. Der Ruf Christi ist ein Aufgebot, eine Mobilmachung. Wer ausschließlich in den Dienst des lebendigen Gottes tritt, darf sich durch todgeweihte Menschen nicht aufhalten lassen.

Der Dritte ist vorsichtiger. Er knüpft schon gleich zu Beginn an die Formulierung seiner Bereitschaft eine Bedingung: »Ich werde dir folgen, Herr. Nur erlaube mir zuvor, mich von den Hausgenossen zu verabschieden.« Er ist bereit, aber noch nicht. Er zieht den entscheidenden Schritt noch etwas hinaus. Er hat zuvor noch anderes zu tun. Er will nochmals die Stätte seiner Kindheit durchschreiten, die Erinnerungen auffrischen, von Bekannten und Verwandten Abschied nehmen. Es liegt etwas Träumerisch-Sentimentales darin. Aber die Antwort Jesu ist schroff und unerbittlich: »Keiner, der die Hand an den Pflug legt und zurückschaut, ist tauglich für das Reich Gottes.« Wer zurückschaut, nimmt falsche Rücksicht. Nachfolge Christi ist nicht ein Zurückschauen, sondern Vorwärtsblicken auf den, der gerufen hat, und auf die Wegstrecke, die zu durchschreiten ist. Sentimentalität lähmt. Klebrigkeit taugt nicht für die Nachfolge Christi. Wehmütiger Abschied ist des Herrn unwürdig. Zurückblickende Feierabendstimmung ist keine Haltung, mit der man Christus begegnet. Der Herr will ganze, ungebrochene Hingabe, freudige Bereitschaft. Wer mit ihm aufbrechen will, muss zu kühnem Entschluss fähig sein und das Ausschreiten lieben. Wer bei jeder Wegbiegung stehen bleibt, um sich zurückblickend das durchschrittene Land seiner Erinnerung einzuprägen, lebt mehr von der Vergangenheit als von der Zukunft. Es fehlt ihm das tapfere Schreiten. Wenn er an einer Wegbiegung eine Ruhebank findet, wird er sich bestimmt niedersetzen, und dann ist es mit der Nachfolge Christi zu Ende.

Es ist bezeichnend, dass alle drei Forderungen des Herrn mit dem Wohnen in der Familie zu tun haben. Dem Ersten wird gesagt, dass er kein ruhiges Daheim in der Familie haben darf. Der Zweite soll nicht in der Familie bleiben, bis er sich, ohne Ärgernis zu geben, loslösen kann. Und der Dritte soll keine Rücksicht auf die Familie nehmen. Es ist kein Zufall, dass in allen drei Antworten das gleiche Element berührt wird. Denn immer wieder glauben die Angehörigen, ihre Rechte geltend machen zu dürfen. Immer wieder nehmen sie Anstoß, wenn der Ruf Gottes ein Glied aus der Familie herausholt. Eltern und Geschwister werden es häufig nicht verstehen, wenn ein Sohn oder eine Tochter bedingungslos dem Ruf Gottes folgt. Und Sohn oder Tochter müssen dieses Nichtverstehen in Kauf nehmen und tragen. Gott ist größer. Wenn er die Hand auf einen Menschen legt, gehört dieser Mensch ausschließlich ihm. Es gibt kein Sowohl-als-auch, keine

Teilung, keinen Kompromiss. Und gerade weil der Verzicht oft schwerfällt und das Losreißen schmerzlich ist, ist die Formulierung des Herrn schroff. Es gibt nur ein Entweder-oder. Wer mit ihm gehen will, muss eben mit ihm gehen. Und er ist wesentlich allein. Darum muss ein Jünger seine Einsamkeit teilen.

FÜR IHN

(Lk 10,1–12)

Danach bezeichnete der Herr noch andere siebzig und sandte sie zu Zweien vor sich her in alle Städte und Orte, wohin er selbst kommen wollte. Er sprach zu ihnen: »Die Ernte ist groß, der Arbeiter sind wenige. Bittet daher den Herrn der Ernte, dass er Arbeiter in seine Ernte sende. Ziehet hin! Ich sende euch wie Lämmer mitten unter die Wölfe. Tragt weder Beutel noch Tasche noch Schuhe. Grüßt niemanden unterwegs. Wenn ihr in ein Haus eintretet, sprecht zuerst: ›Friede sei diesem Hause.‹ Ist dort ein Sohn des Friedens, wird euer Friedensgruß auf ihn kommen. Wenn aber nicht, wird der Gruß zu euch zurückkehren. Bleibt im gleichen Haus, esset und trinket, was euch von ihnen gegeben wird. Denn der Arbeiter ist seines Lohnes wert. Zieht nicht von Haus zu Haus. Wenn ihr in eine Stadt kommt und man euch aufnimmt, esset, was man euch vorsetzt und heilet die Kranken, die dort sind, und sprecht zu den Leuten: ›Das Reich Gottes ist zu euch gekommen.‹ Wenn ihr aber in eine Stadt kommt und man euch nicht aufnimmt, dann geht hinaus auf die Straße und sprechet: ›Selbst den Staub, der von eurer Stadt an unseren Füßen klebt, schütteln wir ab, gegen euch. Aber ihr sollt wissen, dass das Reich Gottes gekommen ist.‹ Ich sage euch: Sodom wird es an jenen Tagen erträglicher gehen als einer solchen Stadt.«

Während die einen sich in falscher oder ungenügender Bereitschaft zur Verfügung stellen wollen und durch Jesus auf den Ernst ihres Entschlusses und die Bedingungen zur Nachfolge aufmerksam gemacht werden, schickt nun Jesus Jünger, siebzig an der Zahl, als Boten aus.

1. Der Auftrag

Sie sollen ihm den Weg bereiten. Ausdrücklich betont er, dass er selbst dann dorthin kommen werde, wohin sie gehen. Sie sind nur Herolde, er ist der König. Sie sind Bahnbrecher, er wird auf dieser Bahn einherschreiten. Sie graben die Scholle um, er streut die Saat. Sie bauen das Gerüst, er führt die Mauern auf. Sie öffnen die Türen, er schreitet hinein. Das ist die Aufgabe eines jeden Seelsorgers und eines jeden Laienapostels im Reich Gottes. Der Mensch kann das Göttliche gar nicht geben. Er kann nur Hilfsdienste leisten. Gottes Reich ist nicht Menschenwerk. Und Gottes Wort ist nicht das Ergebnis menschlicher Überlegung. Aber Gott benutzt nun einmal Menschen für diese Hilfsdienste. Und er braucht viele: »Die Ernte ist groß, der Arbeiter sind wenige.« Diese menschliche Funktion am göttlichen Werk ist etwas so Wichtiges, dass man Gott bitten soll, dass er möglichst viele berufe: »Bittet daher den Herrn der Ernte, dass er Arbeiter in die Ernte sende.« Priestermangel ist an sich, von Gott gesehen, eine Unmöglichkeit. Er kann eintreten, wenn viele Berufene dem Ruf nicht folgen. Wo immer sich also Priestermangel zeigt, ist es ein schlechtes Zeichen für die seelische Bereitschaft der jungen Menschen. Das Gebet um Priesterberufe ist wesentlich und entspricht einer ausdrücklichen Forderung Jesu.

Inhaltlich besagt der Auftrag an die Jünger ein Doppeltes: Verkündet das Reich Gottes und heilt die Kranken. Es ist also die Sorge für die Seele und für den Leib, Seelsorge und Fürsorge, Sendung zu Gesunden und Kranken, Sorge für das seelische und körperliche Wohl. Es geht um den ganzen Menschen und die ganze Menschheit.

2. *Die Ausstattung*

»Ich sende euch wie Lämmer mitten unter die Wölfe.« Also nicht Wolf gegen Wolf oder Wolf unter Wölfen, sondern Lamm unter Wölfen. Wir kämpfen somit nicht mit gleichen Waffen wie die Gegner. Wir kämpfen nicht mit Gewalt gegen die Gewalt, mit List gegen die List, mit größeren Finanzen oder stärkeren Organisationen, sondern mit der Waffe des Friedens, des Duldens und des Opfers. Es ist damit aber auch klar, dass der Priester in der Welt ein Fremdkörper ist wie das Lamm unter den Wölfen. Anders als die anderen, fremdartig, auffallend. Immer wird die Kirche unter den Staaten ohnmächtig dastehen, hoffnungslos ausgeliefert, menschlich gesehen erledigt, einzig und allein gehalten von der Kraft und Macht Gottes.

»Tragt weder Beutel noch Tasche noch Schuhe.« Es geht nicht um menschliche Sicherung und das Anlegen von Vorräten, um möglichst gute Ausstattung, um ein Voraussehen jeder nur denkbaren Situation und Gerüstetsein auf alle Eventualitäten. Der seelsorgliche Erfolg hängt nicht von der äußeren Ausrüstung und den Hilfsmitteln ab. Der Mensch soll schlicht und einfach, so wie er ist, zum Mitmenschen gehen, ohne viel Drum und Dran, ohne besondere Aufmachung und Ausstattung. Er ist ganz einfach Werkzeug Gottes und wirkt als solches.

3. *Das Schicksal*

Von Aufnahme und Ablehnung spricht Jesus. Es wird also Menschen geben, die bereit sind, für das Reich Gottes das Jawort des Glaubens zu sprechen. Und es wird Menschen geben, die verhärtet sind und mit einem Nein reagieren. Die Tatsache einer Ablehnung ist so wichtig, dass Jesus davon besonders eindringlich spricht. Der Apostel soll sich dann zurückziehen, selbst den Staub eines solchen Hauses oder Dorfes von den Füßen schütteln. Also gar nichts mehr damit zu tun haben und weiterziehen. Strafe und Gericht werden nicht ausbleiben. »Sodom wird es an jenen Tagen erträglicher gehen als einer solchen Stadt«, wenn am Jüngsten Tag das Reich Gottes in Herrlichkeit anbricht. So wie der Jünger sich in seiner Arbeit Gott überlässt, so sind auch diejenigen, zu denen er gesandt ist, in der Hand Gottes. Sie werden von ihm belohnt oder von ihm bestraft. Seelsorger und Laienhelfer, alle, die im Dienst des Gottesreiches stehen, müssen also mit Erfolgen und Misserfolgen rechnen, auf das Ja und auf das Nein gerüstet sein. Der Misserfolg darf sie nicht niederdrücken und unsicher machen. Darum ist er in aller Deutlichkeit und mit großem Ernst vorausgesagt. Wer mit Täuschungen in der Reich-Gottes-Arbeit steht, hat das Evangelium nicht verstanden. Wir können den Einzelnen die Entscheidung nicht abnehmen, sondern müssen sie vor die Entscheidung stellen. Es ist eine Entscheidung mit Ewigkeitscharakter.

GEGEN IHN

(Lk 10,13–16)

»Wehe dir, Korozain! Wehe dir, Bethsaida! Wenn in Tyrus und Sidon die Wunder geschehen wären, die bei euch geschehen sind, sie hätten längst in Sack und Asche sitzend Buße getan. Tyrus und Sidon wird es erträglicher gehen am Tage des Gerichtes als euch. Und du, Kapharnaum, bist du nicht bis zum Himmel erhoben worden? In den Abgrund wirst du hinabgestürzt.

Wer euch hört, hört mich. Und wer euch verwirft, verwirft mich. Wer aber mich verwirft, verwirft den, der mich gesandt hat.«

Die Ablehnung der Botschaft Jesu ist keineswegs etwas Selbstverständliches. Darum kommt Jesus ausführlicher darauf zu sprechen.

1. *Die Ursache*

Das Nein des Glaubens kann verschiedene Ursachen haben: religiöse Gleichgültigkeit bis zur seelischen Verkrustung, Sinnenrausch, auf den man nicht verzichten will, materialistische Gesinnung, der das Geistige Nebensache ist. Wissensstolz, der alles mit der eigenen Intelligenz beantworten will. Überheblichkeit, die sich mit dem Glaubensgehorsam nicht abfinden kann. Kult gegenüber dem eigenen Ich, das keine fremden Götter neben sich duldet. Bequemlichkeit, die der Glaubensentscheidung ausweicht. Wille zur Macht, dem die Demut der Unterordnung verhasst ist. Rein irdisch-diesseitige Gesinnung, die alles Überirdisch-Jenseitige als Fremdkörper empfindet usw. Letztlich ist es immer das eigene Ich, das ungebührlich in der Mitte steht und den Platz dem nicht räumen will, dem allein die Mitte gebührt, Gott, dem einzig wirklichen Herrn.

2. *Das Wesen*

»Wer euch verwirft, der verwirft mich. Wer aber mich verwirft, der verwirft den, der mich gesandt hat.« Das Nein gilt äußerlich nur den Jüngern Jesu. Aber hinter ihnen steht die Autorität Christi, des Gottmenschen, und hinter ihm der heilige, unendliche Gott selbst. So ist es auch heute.

Die Ablehnung gilt äußerlich der Kirche. Dadurch hat das Nein immer eine scheinbare Berechtigung, denn der Ungläubige kann auf die menschlichen Mängel der Glaubensboten hinweisen, auf das Unzulängliche ihres Geistes und Lebens, auf das Menschliche, oft Allzumenschliche der Verkündigungsmethode, auf die historischen Hypotheken, welche die Kirche belasten, und vieles andere. Und doch gilt das Nein Christus, dem Herrn. Er lebt und wirkt in seiner Kirche. Er ist der sichtbaren Kirche unsichtbares Geheimnis und ist der göttliche Gehalt ihrer menschlichen Gestalt. Die Kirche, die den Glauben verkündet, ist nicht bloß Institution, geistige Bewegung, gesetzgeberische Autorität, sondern in ihr verbirgt sich als ihr eigentliches Wesen der erhöhte, verklärte Christus. Darum trifft das Nein ihn selbst. Und weil er der Gottmensch ist, ist das Nein des Unglaubens eine Verwerfung Gottes. Wer aber Gott verwirft, wird von Gott verworfen. Er verwirft im Grunde genommen sich selbst. Das Nein, das er zu Gott spricht, wird als Echo auf ihn selbst zurückgeworfen.

3. Die Wirkung

Das Wehe, das Christus über Chorazin und Bethsaida und vor allem über Kapharnaum spricht, gilt jedem Unglauben. Tyrus und Sidon sind heidnische Städte. Man kann von ihrer Bevölkerung nichts Gutes erwarten. Und doch hätte deren Volk längst in Sack und Asche Buße getan, wenn die Worte des Herrn an sie ergangen und die Wunder des Herrn in ihrer Mitte geschehen wären. Wenn also Israel verstockt bleibt, ist es seine eigene unbegreifliche und unverzeihliche Schuld. Es wird ihm gehen wie Sodom und Gomorrha. Diese beiden Städte des biblischen Altertums waren Opfer einer jähen Naturkatastrophe und damit für den biblischen Menschen Warnungszeichen göttlicher Gerichte. Vom göttlichen Gericht spricht Christus, wenn er die Ungläubigen warnt. Kapharnaum wird im Evangelium »seine Stadt« genannt. Dort hat

Jesus am meisten gesprochen und gewirkt. Es ist dadurch »bis zum Himmel erhoben worden«. Denn er, der vom Himmel herabgekommen ist, hat diese Stadt als besondere Wohnstätte erwählt und sie damit zum Himmel erhoben. Da Kapharnaum trotzdem ungläubig bleibt, wird sein Sturz umso größer sein. Erwählung bedeutet Verantwortung. Besonderes Emporgehobenwerden durch die Gnade birgt die Gefährlichkeit, die in jeder Besonderheit liegt. Besondere Erhebung ist Gefahr zu besonderem Sturz. Höhe und Tiefe gleichen sich aus. Besonderer Ruf Gottes ist durch das Nein besondere Verachtung Gottes. Besondere Führung hat durch ein Versagen des Nichtmitgehenden auch besondere Wirkung. Heilig sein heißt gefährlich leben. Aber der Ruf Gottes ist Ruf in diese Gefährlichkeit, die nur durch Gott selbst, also durch die Gnade die nötige Sicherung erfährt.

So ist das Wehe, mit dem Jesus die Sendung abschließt, eine Warnung für alle Menschen und Zeiten.

JÜNGER UND MEISTER

(Lk 10,17–24)

Die Siebzig kehrten voll Freude zurück und sprachen: »Auch die bösen Geister sind uns untertan in deinem Namen.« Er sprach zu ihnen: »Ich sah den Satan wie einen Blitz vom Himmel fallen. Siehe, ich habe euch Macht gegeben, über Schlangen und Skorpione zu schreiten und über die ganze Gewalt des Feindes. Nichts wird euch schaden. Aber freut euch nicht darüber, dass die bösen Geister euch untertan sind, sondern freut euch darüber, dass eure Namen im Himmel aufgeschrieben sind.«

In jener Stunde frohlockte er im Heiligen Geist und sprach: »Ich preise dich, Vater, Herr des Himmels und der Erde, dass du es vor Weisen und Klugen verborgen, den Kleinen aber geoffenbart hast. Ja, Vater, so war es dir wohlgefällig. Alles ist mir von meinem Vater übergeben. Und niemand erkennt, wer der Sohn ist, außer dem Vater, und wer der Vater ist, außer dem Sohn und wem der Sohn es offenbaren will.« Er wandte sich zu den Jüngern im Besonderen und sprach: »Selig sind die Augen, die das sehen, was ihr seht. Denn ich sage euch, viele Propheten und Könige wollten schauen, was ihr seht, und schauten es nicht, hören, was ihr hört, und hörten es nicht.«

1. Die Jünger

Ihre Größe ist doppelt. Einmal durch die Macht, die ihnen für ihren Dienst gegeben ist. »Herr, selbst die bösen Geister sind uns in deinem Namen untertan.« Christus bestätigt es: »Ich sah den Satan wie einen Blitz vom Himmel fallen. Siehe, ich habe euch Macht gegeben, über Schlangen und Skorpione zu schreiten und über die ganze Gewalt der Feinde. Nichts wird euch schaden können.« Der Jünger des Herrn ist in seinem Dienst durch Gott gehalten. Wenn Gott nicht will, kann ihm nichts Schaden zufügen. Darum hat er das Recht und die Pflicht, in seinem amtlichen Dienst furchtlos zu sein. Aber es geht nicht bloß um ihn selbst, sondern auch und vor allem um die Menschen, denen er um Christi willen dient. Er kann sie der Macht des bösen Geistes entreißen, denn er hat Gewalt über die Dämonen. Die Dämonie ist etwas Unsichtbares. Satan ist eine geistige Macht. Darum ist die Macht der Jünger des Herrn nicht etwas, das in die Augen springt, und darum nicht nach außen eindrucksvoll. Aber die entscheidenden Dinge geschehen hinter dem Vorhang des Sichtbaren, unter der Oberfläche dessen, was die Menschen sehen. Wer nur an die Kraft der Muskeln, an die Macht des Geldes, an die Einflusssphäre der Politik, des Militärs, der gesellschaftlichen Stellung glaubt, bleibt an der Oberfläche der Erscheinungen hängen. Das Wirken der Kirche geht in die Höhe und in die Tiefe. Erst im Jenseits wird den Menschen das Erstaunliche und Wunderbare dieser gottergebenen Macht sichtbar werden.

Zur Macht des Dienstes kommt *die Größe der Erwählung.* »Freut euch vielmehr darüber, dass eure Namen im Himmel aufgezeichnet sind.« Was den Jünger des Herrn mit Genugtuung, berechtigtem Stolz und innerer Freude erfüllen soll, ist nicht die Größe und Kraft seines Wirkens, sondern das Geheimnis seiner Erwählung. Der Mensch kann das Leben letztlich nicht selbst bestimmen. Es wird bestimmt. Er kann nicht wählen, er wird erwählt. Gottes frei geschenkte Gnade ist ihm gegeben. Zwischen dem dunklen Reich Satans und dem Lichtreich Gottes fallen die Entscheidungen. Der Erwählte ist ein Kind des Lichts. Nicht nur sein Wirken, sondern auch sein Leben greift darum über die engen Schranken des Irdischen hinaus. Sein »Name ist im Himmel aufgeschrieben«. So ist Jüngerschaft dienstmäßig und seinsmäßig von erstaunlicher Größe.

2. *Der Mittler*

Christus steht als Gottmensch zwischen Gott und den Menschen. So geht sein Blick nach oben zum Vater und nach unten zu den vom Vater Erwählten.

Zum Vater: Der Gedanke an den Vater erfüllt ihn mit innerem Jubel: »In jener Stunde frohlockte er im Heiligen Geist und sprach: ›Ich preise dich, Vater, Herr des Himmels und der Erde.‹« Alles, was die Jünger an Macht haben, ist vom allmächtigen Vater gegeben. Und alle Namen, die im Himmel aufgezeichnet sind, sind es durch des Vaters freischenkende Liebe. So wird in der Jüngerschaft, in der Ausbreitung des Reiches Gottes, im Zurückdrängen Satans und seiner Macht, im unaufhaltsamen Vorwärtsschreiten der Frohbotschaft die Größe Gottes, des Vaters, sichtbar. Das Werk, das er dem Sohn aufgetragen, entfaltet sich. Der Plan wird verwirklicht. Die Liebe strahlt auf und die Herrlichkeit Gottes wird den Menschen kundgetan. Der Magnifikat-Jubel, mit dem Maria, die Mutter des Herrn, erfüllt war, als sie die Botschaft zu Elisabeth trug, bricht auch im Herzen des Herrn auf, da er sieht, dass seine Botschaft durch die Seinen weitergetragen wird. Der Blick zum Vater und der Gedanke an ihn erfüllt Jesus mit diesem inneren Jubel, versetzt seinen Geist in Begeisterung und verwandelt sein Sprechen in Frohlocken. Ein besonderer Grund seines staunenden Lobpreises ist der Einblick in das Erwählungsgesetz des Vaters. Gott hat es den Weisen und Klugen verborgen und den Kleinen geoffenbart. Menschenweisheit, erfüllt mit Dünkel und Selbstbewunderung derer, die sich groß wähnen, verunmöglichen das staunende Sichwundern der religiösen Haltung. Die Großen dieser Welt glauben, sich selbst zu genügen, und werden darum ihrer Genügsamkeit überlassen. Die Kleinen und Schwachen wissen um ihre Grenzen und blicken darum leichter darüber hinaus in die grenzenlose Größe Gottes. Der Große ist unempfänglich, weil er glaubt, erfüllt zu sein. Der Kleine weiß um seine innere Leere und steht darum in aufgebrochener Empfänglichkeit vor Gott. Offenbarung ist nur dem möglich, der weiß, dass hinter verschlossenen Türen Geheimnisse stehen. Wenn der Mensch aber wähnt, alle Lebensfragen selbst beantworten und alle Welträtsel selbst lösen zu können, weiß er überhaupt nichts von verschlossenen Türen und leugnet die Existenz von Geheimnissen, die ihm nur von der anderen Seite her zugänglich gemacht werden können. Wer in Selbstbewunderung die Augen schließt, verschließt sich vor der ganzen Welt, die Gott ihm zugänglich machen will. Wer aber mit dem Staunen des Kindes sich der Hand Gottes überlässt, wird von ihm in die Wunderwelt der Offenbarung geführt.

Zu den Jüngern: »Selig sind die Augen, die das sehen, was ihr seht.« Die Jünger sind nicht zu preisen, weil ihnen Macht verliehen ist und weil sie erwählt sind, sondern auch und vor allem, weil sie Jünger Jesu sind. Sie sind in der ganzen Menschheits- und Weltgeschichte die Einzigen, die in besonderer Weise in seiner persönlichen Nähe stehen, seine Gestalt schauen als Zeugen seines Tuns, seine Worte hören mit dem seltsamen eigenen Klang, der nur einmal erklungen ist. Gerade weil das Christentum nicht bloß ein Ideensystem oder ein Gesetz ist, sondern wesentlich von der lebendigen Persönlichkeit Jesu getragen wird, ist das personale, besondere Verhältnis zu ihm das Einmalige und Besondere, das seinen Jüngern geschenkt ist. »Könige und Propheten wollten sehen, was ihr seht, und sahen es nicht.« Die Jünger sind auch von allen Christen beneidet und Millionen gäben alles hin, wenn sie ihn sehen, ihn hören, mit ihm sprechen könnten, mit ihm, der Sehnsucht der Jahrtausende.

Er selbst: Und so steht denn Jesus selbst zwischen Gott und den Jüngern als der Einmalige und Einzige. »Alles ist mir von meinem Vater übergeben. Und niemand erkennt, wer der Sohn ist, außer dem Vater, und wer der Vater ist, außer dem Sohn und wem der Sohn es offenbaren will.« Das Einzigartige seiner Stellung liegt in diesen Worten. Er allein kennt den Vater. Und der Vater allein kennt ihn, den Sohn. Das Hin und Her dieser Ausschließlichkeit zeigt ihn als neben Gott stehend. Er ist weit hinausgehoben über alles bloß Menschliche und steht im Bezirk der gleichen Erkenntnis, mit der der Vater ihn erkennt und mit der er den Vater erkennt. Das Hin und Her von Vater und Sohn bewegt sich auf der gleichen Ebene. Die Gottgleichheit liegt in diesem Wort. Darum auch der kühne Satz: »Alles ist mir von meinem Vater übergeben.« Alles. Er ist mit dem Vater wesensgleich und in der ewigen Geisteszeugung empfängt er ständig von Ewigkeit her und ununterbrochen das Wesen des Vaters selbst und gibt es ihm in erkennender Liebe und liebender Erkenntnis zurück. So ist er beim Vater der Einzige und Einmalige unter allen, die Menschengestalt tragen.

Einzig und einmalig steht er auch den Menschen gegenüber. Denn die Erkenntnis des Vaters ist nur den Menschen zugänglich, denen er, der Sohn, es offenbaren will. Alles Neue, das über Menschenkenntnis hinausgeht, kommt ausschließlich von ihm. Er ist der Einzige, der von außen her den geschlossenen Ring, die verschlossene Kugel der Endlichkeit menschlichen Erkennens und menschlichen Seins aufgebrochen hat und ein neues Schreiten der Erkenntnis und der Liebe hinaus in die Unendlichkeit Gottes ermöglicht hat. So ist er nach oben und nach unten etwas Einziges, Einmaliges, der Gottmensch, wirklich Gott und wirklich Mensch und wirkliche Verbindung von beiden.

Damit schließt diese Szene des Aufbruchs. Sie hat gezeigt, welche Forderungen Jesus an die stellt, welche mit ihm gehen wollen. Er hat Menschen ausgeschickt, seinem Kommen die Wege zu bereiten, hat dargetan, was es heißt, für ihn oder gegen ihn zu stehen, und hat schließlich sich selbst in seiner Größe zwischen Gott und den Menschen aufleuchten lassen. Gewaltiger und feierlicher könnte sein Aufbruch nach Jerusalem nicht geschildert sein.

DAS GEBOT DER LIEBE

(Lk 10,25–37)

Ein Gesetzeslehrer trat auf, um ihn auf die Probe zu stellen, und sprach: »Meister, was muss ich tun, um das ewige Leben zu erlangen?« Er antwortete ihm: »Was steht im Gesetz geschrieben? Was liesest du?« Dieser antwortete: »Du sollst den Herrn, deinen Gott, lieben mit deinem ganzen Herzen, mit deiner ganzen Seele, mit deiner ganzen Kraft und mit deiner ganzen Gesinnung, und deinen Nächsten wie dich selbst.« Er sagte ihm: »Du hast recht geantwortet. Tue das, und du wirst leben.« Dieser aber wollte sich rechtfertigen und fragte Jesus: »Wer ist denn mein Nächster?« Da ergriff Jesus das Wort und sprach: »Ein Mann ging von Jeruralem nach Jericho hinab und fiel unter die Räuber. Diese plünderten ihn aus, schlugen ihn, liefen weg und ließen ihn halb tot liegen. Zufällig kam ein Priester auf dem gleichen Wege dort hinab. Er sah ihn und ging vorüber. In gleicher Weise kam auch ein Levit an jenem Ort vorbei, sah ihn und ging vorüber. Ein Samariter, der auf der Reise war, kam vorbei, sah ihn, wurde von Mitleid erfüllt, kam herzu, goss Öl und Wein in seine Wunden und verband sie. Dann setzte er ihn auf sein eigenes Reittier, brachte ihn zur Herberge und sorgte für ihn. Am nächsten Tag zog er zwei Denare heraus, gab sie dem Wirt und sprach: ›Sorge für ihn, und wenn du etwas darüber hinaus ausgibst, werde ich es bezahlen, wenn ich zurückkomme.‹ Wer von diesen dreien scheint dir der Nächste dessen gewesen zu sein, der unter die Räuber fiel?« Er antwortete: »Derjenige, der ihm Barmherzigkeit erwiesen hat.« Jesus sprach: »Gehe hin und tue desgleichen.«

1. Das Gebot

Wie Jesus unterwegs ist nach Jerusalem, so ist der Mensch auf dem Weg nach dem himmlischen Jerusalem. Damit drängt sich die Frage auf, welcher Weg dorthin führe, was das Wichtigste sei, um zu diesem Ziel zu gelangen. Die Frage des Gesetzeslehrers »Meister, was muss ich tun, um das ewige Leben zu erlangen?« fügt sich völlig in die Situation von Weg und Ziel.

Die Antwort ist eindeutig. Jesus lässt den Gesetzeslehrer selbst aus dem Gesetz die Antwort geben. Es ist das Doppelgebot der Gottes- und Nächstenliebe.

Gottesliebe: Gott ist das Ziel. Die Liebe zu Gott ist der Weg. In diesem Zentralen sind Altes und Neues Testatment, Gesetz und Evangelium und darüber hinaus Heidentum und Christentum in ihren besten Vertretern einig. Die Liebe ist das innerste Geheimnis der natürlichen Ethik und der übernatürlich begründeten Moral. Denn die Zehn Gebote sind nichts anderes als verschiedene Betätigungsfelder der einen Liebe. Tugenden sind Verästelungen aus dem einen Stamm der Liebe. Gebet quillt aus der Liebe und fördert andererseits die Liebe. Liturgie ist Huldigung an Gott, die aus der liebenden Hingabe der inneren Opfergesinnung strömt, und sie ist die Hingabe Gottes an den Menschen in der Liebe der Einswerdung, der *communio*. Selbst das Kirchenrecht steht in einer Wesensbeziehung zur Liebe, denn das Recht ist die Ordnung der Liebe, ist der Körper, der von der Liebe beseelt wird.

So ist die Liebe das formgebende Prinzip, die gestaltende Kraft, das vereinheitlichende und alles vereinfachende Moment der Frömmigkeit.

Nächstenliebe: Der Mensch ist aber nicht ein einsamer Wanderer zu Gott, also nicht allein unterwegs. Das Leben und die ganze Weltgeschichte sind nach dem Plan Gottes eine Völkerwanderung zu Gott hin, eine Prozession zum Hause Gottes. Darum kann sich der religiöse Mensch nicht isolieren. Er ist wesentlich in Gemeinschaft. Richtige Gottesliebe muss sich somit auswirken in der Nächstenliebe.

Aus der Vertikalen der rechten Gesinnung zu Gott ergibt sich die Horizontale der rechten Haltung zum Mitmenschen. Religion ist wesentlich sozial und es ist keineswegs dem Einzelnen überlassen, ob er sich um den Mitmenschen kümmert oder nicht. Auch der Mönch in der Klosterzelle, der Einsiedler in der Wüste, beide sind in ihrem Beten und Büßen wesentlich sozial. Keiner kann sich und darf sich der Gemeinschaft entziehen. Wie sich aus der Gottesliebe notwendig die Nächstenliebe ergibt, ist Nächstenliebe ohne richtige Gottesliebe nicht möglich. Sie ist zwar denkbar und besteht auch wirklich als Kameradschaft, als Humanität, aber sie hilft den Mitmenschen gerade im Wichtigsten nicht, nämlich auf dem gemeinsamen Weg zu Gott weiterzukommen. Und um dieses Weiterkommen geht es.

Zusammenfassend antwortet Jesus, nach der Darstellung dieser doppelten Liebe, die doch zutiefst nur eine ist: »Tue das, und du wirst leben.« Mit anderen Worten: Du bist auf dem rechten Weg zum Ziel des Lebens in Gott.

2. *Die Illustration*

Der Gesetzeslehrer will sich rechtfertigen. Er hat seine Frage im Grunde genommen nicht aus ernstem, innerem Suchen gestellt, sondern »um Jesus auf die Probe zu stellen«. Nun ist ihm das nicht geglückt. Darum versucht er der drängenden Forderung auszuweichen und noch ein zweites Mal eine Art Examen mit Jesus anzustellen, um durch diese zweite Frage seine erste Niederlage zu verbergen und womöglich Jesus doch noch in Verlegenheit zu bringen. Während von der Liebe die Rede ist, ist dieser Mann lieblos. Trotzdem geht Jesus auf die Frage ein. Seine Erläuterung durch ein Gleichnis ist bezeichnenderweise ein Beispiel vom Weg. Ein Mann ist unterwegs von Jerusalem nach Jericho, wird von Wegelagerern überfallen und ausgeplündert und halb tot liegen gelassen. So kann es dem Menschen auch auf dem Wege zu Gott gehen. Und so ist es tatsächlich der Menschheit auf ihrem Weg durch die Jahrtausende ergangen. Satan hat diese Menschheit ausgeplündert. Denn er hat ihr die übernatürlichen Reichtümer, die sie im Paradies besaß, geraubt und hat sie halb tot liegen lassen. Ihre Kraft religiöser Erkenntnis und sittlichen Tuns ist wesentlich geschwächt, nicht abgetötet, aber verwundet.

Menschen kommen des Weges daher, sind also ebenfalls unterwegs. Es sind Menschen, die überzeugt sind, dass sie die Gottesliebe haben, denn Priester und Leviten stehen ja im Dienst Gottes. Sie kommen aus dem Tempel und sind noch ganz von der Schönheit und Größe des Kultes erfüllt. Sie gehen am Halbtoten vorüber und berufen sich für dieses Vorübergehen innerlich noch auf ihre Gottesliebe. Der Priester sagt sich, dass er für den Gottesdienst da sei, nicht für den Menschendienst. Der Levit entschuldigt sich innerlich damit, dass er aus Liebe zu Gott die levitische Reinheit bewahren müsse und sie nicht durch Berührung mit einem Menschen verlieren dürfe, der ihm vielleicht unter den Händen stirbt. Diese beiden wollen also Gottesliebe ohne Nächstenliebe. Wo immer sich Religionen, Riten, Kulte entfalten, die nicht sozial tätig sind, die also das Religiöse vom Profanen völlig loslösen, den Ritus ohne rechtes Ethos pflegen, gehen Priester und Levit an der verwundeten Menschheit vorüber.

Dann kommt als Dritter ein Mensch vorbei, der ebenfalls unterwegs ist. Er ist ein Fremder aus Samaria, der also länger unterwegs ist als die anderen. Und er ist wahrscheinlich ein Kaufmann, der beruflich immer unterwegs ist, denn er redet ja von seiner Rückkehr. Dieser Mensch ist scheinbar dem Verwundeten gegenüber der Fernste, denn er hat eine andere Nationalität, eine andere Religion, ist also äußerlich und innerlich, bürgerlich und religiös fremd. Aber er erkennt, dass dieser Halbtote in Not ist. Und so geht er zu ihm. Und er, der an sich der Fernste ist, wird ihm durch die Hilfeleistung der Nächste. Er bringt den Verwundeten selbst in die Herberge, und während die Zeit ihn nötigt wegzugehen, hinterlässt er das nötige Geld und garantiert, für den Rest bei seiner Rückkehr aufzukommen. Er wird sich also weiterhin um den Leidenden kümmern, bleibt ihm somit innerlich nahe und wird ihm auch äußerlich wieder nahe kommen. Der Fernste ist der Nächste geworden, da der Fernste, wenn er den anderen in Not sieht, ihm zum Nächsten werden muss. Und es ist nicht bloß die Nächstenliebe der Sympathie oder des Gefühls, sondern der helfenden Tat. Bis in die Einzelheiten wird dieses Tun geschildert. »Er trat zu ihm, goss Öl und Wein in seine Wunden und verband sie. Dann setzte er ihn auf sein eigenes Reittier, brachte ihn zur Herberge und sorgte für ihn. Am nächsten Tag zog er zwei Denare heraus, gab sie dem Wirt und sprach: ›Sorge für ihn, und wenn du etwas darüber hinaus ausgibst, werde ich es bezahlen, wenn ich zurückkomme.‹«

Hinter dem vorbildlichen Samariter steht Jesus selbst. Er hat die halb tote Menschheit nicht liegen lassen, sondern hat sich auf den Weg gemacht, vom Himmel auf die Erde, hat sich zu der verwundeten Menschheit hinabgebeugt, Öl und Wein der Sakramente auf die Sündenwunden gegossen, die Menschheit in die Kirche als die Herberge an der Straße der Jahrtausende gebracht, hat dieser die Sorge für die genesende Menschheit übertragen, den Preis seines Blutes bezahlt und hat versprochen, bei der Wiederkunft am Jüngsten Tag, in der Parusie, für alles aufzukommen, damit die Menschheit völlig genesen ans Ziel des Weges komme.

Die Parabel schließt mit der Mahnung: »Gehe hin und tue desgleichen.« Gehe hin. Wieder ist also vom Weg die Rede. Der Mensch weiß nun, um welchen Weg es sich handelt, in welchem Geist er auf diesem Weg zu wandern hat, was ihm unterwegs begegnen wird und welche Aufgabe sich ihm als Wanderer stellt. So ist diese erste Szene wirklich wegweisend.

MARIA UND MARTHA

(Lk 10,38–42)

Als sie weiterzogen, kam er in ein Dorf. Eine Frau namens Martha nahm ihn in ihr Haus auf. Sie hatte eine Schwester namens Maria. Diese setzte sich dem Herrn zu Füßen und hörte auf seine Rede. Martha aber machte sich mit der Bedienung viel zu schaffen. Dann trat sie hinzu und sprach: »Herr, kümmert es dich nicht, dass meine Schwester mich bei der Bedienung allein lässt? Sag ihr doch, dass sie mir helfe.« Der Herr aber antwortete ihr: »Martha, Martha, du machst dir Sorge und Arbeit um viele Dinge. Und doch braucht es nur wenig, ja nur eines. Maria hat den guten Teil erwählt, der ihr nicht genommen wird.«

Die Worte Jesu zu Martha fügen sich in den Zusammenhang des Wanderns. Unterwegssein besagt nicht Gleichgültigkeit gegenüber den Dingen, aber es besagt ebenso wenig Ruhelosigkeit.

Es geht hier nicht um die Gegenüberstellung der *vita contemplativa* und der *vita activa*, sondern es geht um die Akzente und ihre richtige Verbindung. Der Mensch darf sich nicht im Aktivismus verlieren. Er muss Zeiten der Sammlung, der Stille und der ausschließlichen Gottverbundenheit haben. Nicht um darin zu bleiben, sondern um von da aus neue Kraft zu schöpfen für den Dienst am Menschen. Gerade weil das Leben besagt »auf dem Wege sein«, muss der Mensch Ruhepausen einschalten, Atem holen, die Richtung kontrollieren, die Wegstrecken überblicken, um wieder sicherer und beschwingter auszuschreiten. Die Aktion muss durch Kontemplation unterbrochen werden, und die Kontemplation muss in der richtigen Weise ins Leben hineinfließen und sich im Tun auswirken. Der heilige Thomas betont in seiner *Summa* mit Recht, das Lehren sei wichtiger als nur innerlich zu wissen, und andere zu erleuchten sei mehr als nur selbst erleuchtet zu sein. Der Mensch schöpft sein Wissen und sein Licht aus der Kontemplation. Aber nicht, um es in sich zu bewahren und für sich zu behalten, sondern um es weiterzugeben. Nur ein gottverbundenes Tun und nur eine sich auswirkende Gottverbundenheit sind das Ganze und damit das Vollkommenste. Die Worte Jesu an Martha sind eine Warnung vor falscher, übertriebener, hastiger Aktivität, welche die Zeiten des Gebetes nicht kennt oder verkürzt, den Ruf des Herrn in die Stille überhört und damit auf die Dauer veräußerlicht. Das Lob Marias ist nicht eine Aufforderung zur reinen Kontemplation, die ja dem Beispiel Jesu widersprechen würde, sondern Lob der seelischen Bereitschaft und Wachheit, ganz und ausschließlich für den Herrn da zu sein in der Stunde, da er in besonderer Weise zur Seele sprechen will. Auf dem Wege zu sein heißt, auf dem Wege zu Gott zu sein und darum immer wieder auf Gott zu schauen und auf Gottes Stimme zu hören, nicht um dabei stehen zu bleiben und in der Kontemplation Ruhe zu finden, sondern um in der richtigen Verbundenheit weiterzuschreiten. *Contemplativus in actione*, also Gottverbundenheit im Tun, Dienst am Menschen als wirklicher Gottesdienst, ist nur dem möglich, der weiß, in Stunden des Gebetes ganz für Gott da zu sein, um dann nachher wieder umso mehr ganz für die

Menschen da sein zu können. Es ist die Haltung Jesu. Nachfolge Christi bemüht sich um solche Haltung.

VATER UNSER

(Lk 11,1–4)

Als er einmal an einem Ort gebetet hatte und nun aufhörte, sprach einer seiner Jünger zu ihm: »Herr, lehre uns beten, wie auch Johannes seine Jünger beten gelehrt hat.« Er antwortete ihm: »Wenn ihr betet, so sprecht: Vater, geheiligt werde dein Name. Es komme dein Reich. Das nötige Brot gib uns täglich. Und vergib uns unsere Sünden, wie auch wir jedem vergeben, der uns etwas schuldig ist, und führe uns nicht in Versuchung.«

Im Gegensatz zu Martha weiß Maria, dass es Zeiten gibt, in denen der Mensch ausschließlich auf den Herrn hören und zu ihm sprechen soll, Zeiten des Gebetes. Und so schließt sich sachlich hier die Belehrung Jesu über das Gebet an. Sie steht bei Matthäus im Zusammenhang mit der Bergpredigt. Wann der Herr in Wirklichkeit diese Belehrung gegeben hat, entzieht sich unserer Kenntnis, ist auch nebensächlich. Der Inhalt ist die Hauptsache.

Das Vaterunser ist bei Lukas wesentlich einfacher gehalten als bei Matthäus. Die dritte Bitte fällt weg, ebenso die siebte. Offenbar ist Lukas der Überzeugung, dass diese zwei Bitten, die den jeweiligen Abschnitt zum Abschluss bringen, schon in den vorausgehenden Bitten sachlich enthalten sind. Er will die Formel so kurz wie möglich fassen. Umso mehr muss man auf die gedankliche Konzentration achten, die in der Fülle der Bitten eingeschlossen liegt.

»Geheiligt werde dein Name.« Es ist weder Forderung noch Vorsatz, sondern Bitte. Gott soll seinen Namen heiligen, d. h. er soll die Heiligkeit seines Wesens den Menschen immer deutlicher zeigen, sie immer heller aufstrahlen lassen. Über allem Menschlichen und Irdischen soll Gott aufleuchten, über dem Zeitlichen der Ewige, über dem Vergänglichen der Unvergängliche, über dem Wandelbaren der unwandelbar Gleiche. Über dem Irdischen der Himmlische, über dem Relativen der Absolute, über dem Zufälligen der Notwendige, über dem Gebundenen der Freie, über dem Sündigen der Heilige, über dem Schmutzigen der Reine, über dem Schuldigen der Gnädige, über dem Geschaffenen der Unerschaffene, über allem Schwankend-Ungewissen der Stetig-Sichere, über allem Ruhelosen der in sich Ruhende, über allem Endlichen der unendliche Gott.

Sein Name und damit sein Wesen ist vor allem sichtbar geworden in Jesus Christus. Der Sohn ist die Offenbarung des Vaters. Der Name Jesu besagt: Jahwe ist das Heil. Und so ist Jesus Kundgabe des Namens Gottes als des heilenden und heiligenden Gottes. Gott ist der Herr. Jesus hat ihn in seiner ganzen Lebenshaltung des Gehorsams als den absoluten Herrn anerkannt und ihn damit den rebellischen Menschen als Herrn kundgetan. Jesus hat in Liebe zum Vater gelebt und allen gezeigt, dass Gott die Liebe ist. So ist in seinem Mund die Bitte, dass der Name Gottes geheiligt werde, von besonderem Klang.

»Es komme dein Reich.« Darin ist nach Lukas auch die dritte Bitte enthalten, dass Gottes Wille geschehe. Das Reich ist also nach Lukas die königliche Herrschaft Gottes. Sein Wille soll überall zur Durchführung gelangen. Gottes Wille ist Weisheit und Liebe. Wenn sein Wille geschieht, ist alles nach Weisheit geordnet und ist alles von Liebe durchstrahlt. So ist es das Reich des Friedens, denn Friede ist ja Ordnung in ruhigem Besitz. Und es ist das Reich der Liebe, denn die Macht und Herrschaft ist nicht mit Gewalt erzwungen, sondern freudig anerkannt. Jeder Dienst, der dadurch ein Gottesdienst wird, ist in königlicher Freiheit geleistet. Und so sind alle, die im Reich Gottes stehen, nach den Worten der Apokalypse priesterliche Könige und königliche Priester.

Das Reich Gottes ist der große Traum der Menschheit, die Erfüllung aller Ideale, die Überbietung aller politischen, sozialen und wirtschaftlichen Bestrebungen.

Aber die völlige Heiligung des Namens Gottes und das endgültige Kommen des Reiches Gottes sind eschatologische Größen. Sie werden erst verwirklicht, wenn der Herr wiederkommt, in seiner Herrlichkeit das Wesen Gottes sichtbar wird und das Reich Gottes zur Vollendung kommt.

»Das nötige Brot gib uns täglich.« Zwischen den zwei Bitten, die vom Übermenschlichen des Gotteswesens und Gottesreiches handeln, und den zwei Bitten, die vom Untermenschlichen der Sünde und Versuchung reden, steht die menschliche Bitte ums Brot. Das Brot ist in erster Linie als irdische Nahrung gemeint. Der Mensch soll als Kind Gottes weder hungern noch im Luxus leben. Darum die schlichte Bitte um die für den Tag notwendige Nahrung. Wenn der Mensch gegen den Hunger zu kämpfen hat, hat er weder Kraft noch Muße, an Höheres zu denken. Er läuft Gefahr, der Verzweiflung zu verfallen und sich von Gott abzuwenden. Und wenn er zum Schlemmer wird, erstickt das höhere Ich im Materialismus. Der Mensch verkommt im Irdischen und vermag sich aus der Überfülle seelisch nicht mehr zu befreien. Nur wenn er zwischen beiden Extremen des Hungers und des Luxus an einer der vielen Stellen steht, welche die Mittelskala aufweist, kann er ein religiöses Leben führen. Darum die Bitte um die Sicherung dieses Rahmens und Raumes, dieses Bodens und dieser Atmosphäre.

Darüber hinaus kann die Bitte um das Brot auch im geistigen Sinne genommen werden. Das Wort Gottes ist das Brot der Seele, die Nahrung des Geistes. Der Mensch bittet den Herrn um sein Wort. Es ist die Bitte, dass Gott zum Menschen sprechen und dass der Mensch das innerlich Gesprochene, das in der Heiligen Schrift Niedergelegte verstehe und davon lebe. Denn »der Mensch lebt ja nicht vom Brot allein, sondern von jedem Wort, das aus dem Munde Gottes kommt« (Mt 4,4).

Das Brot besagt weiterhin das Geheimnis der Eucharistie. »Das Brot, das ich euch geben werde, ist mein Fleisch für das Leben der Welt»(Joh 6,51). Der Mensch braucht dieses sakramentale Brot, um nicht im Wirtschaftlichen zu ersticken.

Und endlich ist es Christus selbst: »Ich bin das Brot des Lebens« (Joh 6,35). So führt diese Bitte vom Körperlichen über das Seelische zum Übernatürlichen und schließlich zum Herrn selbst. Die Bitte enthält eine Theologie des Brotes. Für den Christen ist alles religiös geweiht und geheiligt.

»Vergib uns unsere Sünden, wie auch wir jedem vergeben, der uns etwas schuldig ist.« Der Mensch steht als Schuldner vor Gott.

Die Sünde ist das, was den religiösen Menschen am meisten bedrückt. Sie führt ihn in die Gottesferne. Sie ist die trennende Mauer zwischen Gott und ihm. Sie zerstört die blühenden Gärten und vernichtet alles Bauen. Das Leben wird durch die Sünde sinnlos und der Mensch zur Karikatur entstellt. Das Bild Gottes ist besudelt und das Heiligtum entweiht. »Was nützt es dem Menschen, wenn er die ganze Welt gewinnt, an seiner Seele aber Schaden leidet?« Sünde ist mehr als nur Schädigung der Seele. Sie ist Vernichtung des dem Menschen gegebenen göttlichen Lebens, also der Anteilnahme an Gott selbst. Sie ist Zerstörung der Ewigkeitshoffnungen, verrammelt alle Wege in die Zukunft. So ist die Bitte um Vergebung wirklich etwas Dringliches.

Aber der Mensch, dem vergeben wird, soll auch anderen vergeben. Er ist auf die Barmherzigkeit Gottes angewiesen, darf also nicht hartherzig gegen andere sein. Der Schuldner, dem der Gläubiger alles nachlässt, darf nicht als Gläubiger den Schuldner unter Druck setzen. Hier wird die Bitte zur Forderung.

»Führe uns nicht in Versuchung.« Bei Lukas ist in dieser Bitte auch die Befreiung vom Übel und von Satan enthalten. Versuchung ist der Weg zum Abgrund, die Straße zur Hölle, die Sphäre des Dämonischen, das Aufzüngeln der Unterwelt, die höllischen Schatten, die um den Menschen geistern. Vor all diesem Dunklen, das im Inneren des Menschen aufbrechen kann oder auch von außen sich an ihn heranschlängelt oder von unten lockend ruft, möge Gott den Menschen bewahren. Gnade ist Schutz und Waffe. Das Licht von oben verscheucht das Dunkel von unten. Und je stärker die Stimme von oben tönt, desto mehr übertönt sie die Stimme des Abgrunds. Nur die Hand Gottes kann den Menschen über dem Abgrund halten. Das gefährliche Leben hat nur in Gott Sicherheit.

So bilden auch bei Lukas die fünf Bitten ein geschlossenes Ganzes, in welchem der Mensch mitten zwischen oben und unten, zwischen Gut und Böse, dem Licht und der Finsternis, dem Leben und dem Tode steht.

Es ist die Antwort Jesu auf die Jüngerbitte: »Herr, lehre uns beten.« Das Beten ist für den Menschen nicht leicht. Er muss es lernen. Auch Johannes der Täufer hat seine Jünger beten gelehrt. Aber wie ganz anders ist diese Belehrung, die Christus seinen Jüngern gibt! Hier ist in wenigen Worten alles gesagt, eine Fülle von Reichtümern zusammengeballt in den fünf Bitten, die das ganze Leben umformen und alles beziehen auf den Einen, der der Vater aller ist.

DAS RECHTE BETEN

(Lk 11,5–13)

Er sprach zu ihnen: »Wenn einer von euch einen Freund hat, der mitten in der Nacht zu ihm kommt und ihm sagt: ›Freund, gib mir drei Brote, denn ein Freund ist auf seiner Reise zu mir gekommen und ich habe nichts, das ich ihm vorsetzen kann‹, wird er ihm dann von innen antworten: ›Mach mir keine Mühe, das Tor ist geschlossen, meine Kinder sind mit mir schlafen gegangen. Ich kann nicht aufstehen, um dir etwas zu geben.‹ Ich sage euch:

Wenn jener auch nicht aufsteht und ihm gibt, weil er sein Freund ist, so wird er doch um seines Drängens willen aufstehen und ihm geben, was er braucht.

Ich sage euch: Bittet, und es wird euch gegeben; suchet, und ihr werdet finden; klopfet an, und es wird euch aufgetan. Jeder, der bittet, empfängt, und wer sucht, der findet, und wer klopft, dem wird aufgetan. Wer von euch wird, wenn sein Sohn ihn, den Vater, um einen Fisch bittet, ihm statt eines Fisches eine Schlange geben? Oder wenn er ihn um ein Ei bittet, ihm einen Skorpion geben? Wenn nun ihr, die ihr doch böse seid, euren Kindern nur Gutes zu geben wisst, wie viel mehr wird der Vater im Himmel denen, die ihn bitten, den Heiligen Geist geben.«

In der Schulung zum Gebet betont Jesus nach dem Gebetsinhalt, dem Vaterunser, die wichtigsten Eigenschaften des Betens. Es sind vor allem zwei.

1. Die Beharrlichkeit

Sie wird durch eine Parabel gezeigt. Der entscheidende Punkt des Gleichnisses liegt darin, dass ein Mensch, der an sich gar nicht bereit ist zu helfen, schließlich doch hilft, weil der Bittsteller nicht nachgibt. Die Ausdauer im Beten ist also der springende Punkt. Dementsprechend ist die Situation gezeichnet. Ein Vater liegt in der Nacht im Schlaf. Die Tür ist verrammelt, der Balken vorgeschoben. Im Vorraum liegen eine Menge Hausgeräte herum. In der hinteren Hälfte des Raumes schläft die Familie, Mann, Frau, Kinder, auf Matten ausgestreckt und in Decken gehüllt. Wenn man dem an der Tür Klopfenden öffnen will, muss der Mann aufstehen, mühsam die Öllampe unter dem Scheffel hervorholen und auf den Leuchter stellen, über die Kinder hinwegstapfen, die gerösteten Brote hervorsuchen, den Pfosten zurückschieben, die knarrende Tür öffnen. Mit einem Wort, es werden alle erwachen und es gibt ein Durcheinander. So ist sein Ablehnen begreiflich. Aber alle Hindernisse werden überwunden, alle Unannehmlichkeiten in Kauf genommen, bloß weil der Bittsteller nicht nachgibt. Die Anwendung ist klar. Der Bittende soll nicht aufhören zu bitten. Dann wird ihm gegeben. Es wird ihm geöffnet, er wird finden und empfangen.

Die Frage drängt sich aber auf: Warum lässt Gott den Menschen warten? Bei der Erhörung durch Gott sind doch keinerlei Hindernisse zu überwinden. Es ist nicht mit Unannehmlichkeiten zu rechnen. Die Antwort lautet: Das Warten geschieht nicht Gottes wegen, wie im Gleichnis, in welchem der Vater seinetwegen den Bittenden warten lässt. Sondern das Warten geschieht des Menschen wegen. Er soll zu immer intensiverem Beten gebracht werden. Das andauernde Beten und das ständige Bitten bindet den Menschen stärker an Gott, vertieft in ihm das Bewusstsein der eigenen Hilflosigkeit und das volle Angewiesensein auf Gott und dementsprechend nach der Erhörung die Dankbarkeit gegenüber Gott. Es liegt also im Wartenlassen eine Pädagogik des Gebetes. Das Wartenmüssen ist für den Menschen geradezu eine Gnade. Religion ist kein Tischleindeckdich und das Bittgebet nicht einfach ein Drücken auf einen elektrischen Knopf, sondern es ist ein religiöser Akt, eine Vertiefung und Verlebendigung des Stehens vor Gott, des Aufschauens zu Gott, des Sprechens zu Gott und des Gehens zu Gott. So hat das Bitten und das dauernde Bitten einen tiefen religiösen Sinn.

2. *Das Vertrauen*

Der Gedankengang geht *a minore ad maius*, vom Kleinen zum Großen. Die Menschen sind klein und kleinlich. Sehr nüchtern konstatiert Jesus diese Tatsache: »Die ihr doch böse seid.« Aber selbst der kleinliche, selbstsüchtige, auf den Eigennutz bedachte, oft so unzugängliche, hartherzige Mensch verweigert dem

Bittenden die Erhörung nicht, weil der Bittende sein eigenes Kind ist, das um Brot oder um ein Fischlein oder um ein Ei bittet. Nirgendwo ist ein Rabenvater und eine Drachenmutter, die dem hungernden Kind einen Stein, eine Schlange, einen stechenden Skorpion geben würden. Selbst beim bösartigen Menschen ist das nicht auszudenken. Wie viel mehr gilt das für Gott! Gott ist nicht böse, sondern gut, nicht selbstsüchtig, sondern liebend, nicht hartherzig, sondern barmherzig. Also wird erst recht Gott den Menschen erhören.

Auch hier drängt sich aber eine Frage auf: Spricht nicht die Erfahrung dagegen? Wie oft wird der Mensch in seinem Bitten nicht erhört und auch nicht bei ausdauerndem und nicht bei vertrauendem Beten, und zwar endgültig nicht erhört. Denn die Möglichkeit einer Erhörung ist inzwischen vergangen. Der Mensch, um dessen Erhaltung man gebetet hat, ist gestorben. Der Erfolg, den man erbitten wollte, ist ausgeblieben usw. Jesus antwortet mit einem Satz, den man oft zu leicht und zu rasch überhört: »Wie viel mehr wird der Vater im Himmel denen, die ihn bitten, den Heiligen Geist geben.« Auch hier gilt der Schluss *a minore ad maius*, vom Kleinen zum Großen. Wir bitten oft um zu kleine Dinge, um körperliches Wohlbefinden, um Erhörung in materiellen Anliegen, um vergängliche Güter, oft sogar um Dinge, die uns in Wirklichkeit schaden würden. Gott gibt uns aber Größeres, er gibt den Heiligen Geist, also den Geist der inneren Heiligung. Und so ist kein Bittgebet ins Leere gesprochen, bleibt keines unerhört. Erhörung ist oft unsichtbar, weil der Geist der Heiligung nicht sichtbar ist. Aber es ist in Wirklichkeit das Erlangen eines viel größeren Reichtums, wenn der Mensch den Geist Gottes empfängt anstatt bloß materielle Dinge dieser Erde. Und je ausdauernder und vertrauender der Mensch betet, umso mehr wird er innerlich von diesem Geist des Herrn erfüllt.

So greifen beide Schulungselemente, die Forderung der Ausdauer beim Beten und das Vertrauen beim Beten, ineinander. Beide bewirken, dass der Mensch mehr und tiefer von Gott erfüllt wird.

Das ist das Größte, was ihm gegeben werden kann, und gerade das wird den Bittenden gegeben. Wir sollten nie aufhören zu suchen, zu bitten und anzuklopfen, und wir werden nie aufhören, wenn wir aus dem Munde Jesu vernommen haben, worum es im Letzten und Tiefsten geht, um Gott selbst.

SATAN

(Lk 11,14–26)

Einmal trieb er einen bösen Geist aus, der stumm war. Als der böse Geist ausgefahren war, redete der Stumme, und die Volksscharen wunderten sich. Einige von ihnen aber sagten: »In Beelzebul, dem obersten der Teufel, treibt er die Teufel aus.« Andere wollten ihn auf die Probe stellen und verlangten von ihm ein Zeichen vom Himmel. Da er ihre Gedanken kannte, sprach er zu ihnen: »Jedes Reich, das in sich gespalten ist, wird verwüstet, und ein Haus fällt über das andere. Wenn aber Satan in sich selbst gespalten ist, wie kann dann sein Reich bestehen? Ihr sagt, dass ich in Beelzebul die Teufel austreibe. Wenn ich in Beelzebul die Teufel austreibe, in wessen Namen treiben dann eure Söhne sie aus? Darum werden sie eure Richter sein. Wenn ich aber mit dem Finger Gottes die Teufel austreibe, dann ist wahrhaftig das Reich Gottes zu euch gekommen. Wenn ein Starker bewaffnet seinen Hof bewacht, bleibt sein Besitz in Frieden. Wenn aber einer kommt, der stärker ist als er, dann wird er ihm die Waffenrüstung, auf die er sein Vertrauen setzte, ausziehen und die Beute verteilen. Wer nicht mit mir ist, der ist wider mich; und wer nicht mit mir sammelt, der zerstreut. Wenn aber der unreine Geist vom Menschen ausfährt, streift er durch wasserlose Wüsten und sucht Ruhe. Findet er sie nicht, so sagt er: ›Ich will zurückkehren in mein Haus, von dem ich ausgefahren bin.‹ Wenn er dann kommt, findet er es gereinigt und geschmückt. Dann geht er hin und nimmt sieben andere Geister mit sich, die schlimmer sind als er. Sie ziehen ein und bleiben dort, und dann sind die letzten Dinge jenes Menschen schlimmer als die ersten.«

Nach dem Blick nach oben, zu Gott und zum Reich Gottes, folgt der Blick nach unten. Es ist die Rede von Satan und dem Reiche Satans. Zwei Gedanken sind besonders betont.

1. *Die Macht Satans*

Christus treibt aus dem Stummen den bösen Geist aus, sodass er reden kann. Die Volksscharen staunen. Es stellt sich die Frage, in welcher Macht er es tut. Die Gegner behaupten, er habe seine Macht vom obersten der Teufel. Aber Jesus widerlegt sie durch zwei Gedanken. Einmal würde dann Satan sich selbst bekämpfen. Und damit müsste er sein eigenes Reich zerstören. Das ist dem klugen Geist nicht zuzutrauen. Sodann betreiben ja auch die Pharisäer Exorzismus und kommen nie auf den Gedanken, dass sie es im Dienst des Teufels tun, da ja auch sie gegen ihn zu kämpfen behaupten.

Dann aber betont er positiv, dass er mit dem Finger Gottes den Teufel austreibe. Damit ist einerseits gesagt, dass Gott gar nicht etwa seine ganze Macht braucht, um Dämonen zu verscheuchen, nicht einmal die Hand seiner Macht, sondern dass gewissermaßen der kleine Finger genügt. Andererseits verbirgt sich dahinter noch ein tieferer Gedanke. Der Finger Gottes ist der Heilige Geist. Die Heiligste Dreifaltigkeit wird oft dargestellt als Arm, Hand und Finger. Der Finger ist nicht tätig ohne die Hand, die Hand nicht ohne den Arm. Der Arm seinerseits wirkt durch die Hand und die Finger. Wenn aber der Geist Gottes in Jesus wirksam ist, dann ist in der Tat in ihm und durch ihn das Reich Gottes gekommen.

Diese seine Macht über Satan erläutert der Herr durch ein Gleichnis. Wenn ein Palast durch einen Bewaffneten verteidigt wird, ist ein Eindringen nur für den möglich, der stärker ist und den Starken überwindet und entwaffnet. Satan ist der Starke, der die ganze Welt bewacht. Christus ist der Stärkere, der ihn überwunden hat. Ihm gehört nun die Welt. Die Menschen sind gewissermaßen seine Beute. Denn durch die Kraft und Macht Gottes ist er der Welteroberer im Reich des Geistes. So ist die Macht Jesu über Satan sichtbar geworden.

2. *Die Warnung*

Nun aber das Seltsame: Wohl hat Jesus Satan überwunden, aber er lässt ihn trotzdem noch weithin gewähren. Die Apokalypse gebraucht dafür das Bild, dass Satan gefesselt sei, aber durch seine Helfershelfer noch wirken könne. Der Mensch ist also keineswegs gesichert. Auch dann nicht, wenn Christus in ihm wirkt. Jesus spricht eine merkwürdige Sprache. Er redet vom bösen Geist, der ausgefahren sei, durch die Wüste streife, zurückkehre in die Seele, aus der er vertrieben wurde, dabei noch sieben andere Geister mitbringe. So wird der Befreite erst recht besessen. Und »die letzten Dinge sind schlimmer als die ersten«. Der Getaufte ist also nicht gesichert. Er kann aus dem Reich des Lichtes wieder zurückgleiten in das Reich der Finsternis, kann das Leben wieder verlieren und dem Tod verfallen, kann der Gnade verlustig gehen und damit anstelle der Macht Gottes wieder der Macht Satans unterworfen sein. Begnadigung ist zugleich Gefährdung. Erwählung besagt Exponiertsein. Der Christ ist keineswegs der Gefahrenzone entronnen. Je höher er gerufen wird, desto mehr ist er oft dem Zugriff Satans ausgesetzt. Die Versuchungen der Heiligen sind weder durch Psychologie erklärbar – eine viel zu billige Lösung – noch sind sie als Übertreibungen dieser Heiligen leichthin abzutun und noch weniger haben sie alle legendären Charakter. Die

Anfechtungen eines Antonius in der Wüste oder eines Pfarrers von Ars sind Wirklichkeit und Tatsache, so seltsam der Bericht im Einzelnen klingen mag. Es gibt nun einmal die Welt des Abgrunds. Es gibt ein Wirken des Teufels. Und je näher der Mensch Gott steht, je unaufhaltsamer er zu Gott hinschreitet, je größer seine Strahlungskraft im Reich Gottes ist, desto mehr wird der Angriff Satans sich gegen ihn richten. Die Heiligen wissen darum. Das erklärt ihren Lebensernst, ihr Beten, mit dem sie sich zu Gott flüchten, und ihre Buße, mit der sie die Macht des Abgrundes verscheuchen, denn wenn die Anfechtungen das Gegenteil dessen erreichen, was Satan bezweckt, hören sie am sichersten auf.

Wenn aber der Angriff gelingt und der Erwählte fällt, so wirbelt ein solcher Einsturz viel Staub auf. Die Skandale gefallener Priester, abgesprungener Mönche und Nonnen, die Pressepropaganda der Apostaten stellen diese Tatsache immer wieder aufs Neue unter Beweis.

Darum die Mahnung Christi, dass der Mensch sich klar und sauber entscheide. »Wer nicht mit mir ist, der ist wider mich, und wer nicht mit mir sammelt, der zerstreut.«

Es gibt zwischen Gott und Teufel, zwischen Christus und Antichrist, zwischen Himmel und Hölle, zwischen Seligkeit und Verdammnis keinen dritten Ort der Neutralität, kein kampfloses Niemandsland, kein beobachtendes Abseitsstehen. Jeder ist zur Entscheidung aufgerufen. Interesselosigkeit ist schon ein Entscheid. Sich nicht um Christus kümmern ist bereits ein Neinsagen. So ist dieser Abschnitt über das Satanische, der mit seinen Schatten unmittelbar auf die lichtvollen Ausführungen über das Gebet folgt, von einer besonderen Eindringlichkeit.

MARIA

(Lk 11,27–28)

Als er all das sprach, erhob eine Frau aus dem Volk ihre Stimme und sprach: »Selig der Leib, der dich getragen, und die Brust, die dich genährt hat.« Er aber antwortete: »Wahrhaft selig, die das Wort Gottes hören und es bewahren.«

Die Redegruppe über die Welt Gottes und die Welt Satans wird abgeschlossen durch ein kurzes, bedeutsames Wort. Die Frau aus dem Volk sagt zu Jesus: »Selig der Leib, der dich getragen, und die Brust, die dich genährt hat!« Die Antwort Jesu lautet: »Wahrhaft selig, die das Wort Gottes hören und es bewahren!«

1. Das Wort Gottes

Die Worte, die Jesus gesprochen hat, sind Gottes Worte. Wer sie hört, mit dem inneren Gehör des Herzens, und wer sie befolgt, in Gesinnung und Tat, hat den Weg zur Seligkeit gefunden. Ja, er besitzt schon eine innere Seligkeit. Denn nichts kann den Menschen so beglücken wie der Reichtum des Gotteswortes, das Geist und Herz erfüllt, weil es Klarheit bringt und Liebe weckt. Diese lebendige Aufnahme des Wortes Gottes ist so groß, dass daneben sogar die irdische Größe Marias zurücktritt. Es ist gewiss etwas Großes, Mutter eines solchen Gesetzeslehrers, Predigers und Beglückers der Menschen zu sein, ja sogar Mutter des menschgewordenen Gottes. Aber es bleibt eine äußere Beziehung. Größer ist das innere Jasagen zum Wort des Herrn. Kühner kann die Größe des Glaubens nicht mehr formuliert werden.

2. Maria

Ist damit die Marienverehrung durch Jesus verurteilt? Keineswegs. Denn einmal ist das Wort jener Frau aus dem Volk durch Jesus bestätigt. In der Tat ist der Leib seligzupreisen, der ihn getragen, und besteht das Wort des Magnifikats zu Recht: »Von nun an werden mich seligpreisen alle Geschlechter.« Die einmalige Stellung Marias als Mutter Jesu begründet mit Recht das Lob und die Verehrung der Mutter, die Jesus geboren hat. Dazu kommt aber das andere: Die Seligpreisung Jesu gilt für niemanden so sehr wie gerade für Maria. Denn wer hat das Wort Gottes mit hellerem Geist und bereiterem Herzen gehört als sie? Sie hat ja dieses menschgewordene Wort in ihrem Schoß getragen, jahre- und jahrzehntelang in ihrer Nähe gehabt. Und sie hat dieses Wort nicht nur aufgenommen, sondern sie hat die Worte dieses Wortes auch befolgt wie niemand anders. Die Hingabe der *ancilla Domini*, »Mir geschehe nach deinem Wort«, hat das Leben Marias gestaltet bis zur Hingabe unter dem Kreuz und bis zur Hingabe bei ihrer eigenen Aufnahme in den Himmel, wo sie nun mit dem Wort Gottes völlig und für immer vereint ist. So gilt die Seligpreisung durch eine Frau aus dem Volk und die Seligpreisung durch Jesus selbst in besonderer Weise Maria. Echte Marienverehrung ist hier gerade durch Jesus gebilligt und in ihrer doppelten, äußeren und inneren, naturhaften und übernatürlichen, Größe aufgezeigt.

VOM WORT GOTTES

(Lk 11,29–36)

Als die Menge herandrängte, begann er zu sprechen: »Dieses Geschlecht ist ein böses Geschlecht. Es verlangt ein Zeichen. Es wird ihm aber kein Zeichen gegeben, außer dem des Jonas. Denn wie Jonas den Niniviten zum Zeichen wurde, so wird es mit dem Menschensohn für dieses Geschlecht sein. Die Königin des Südens wird im Gericht gegen die Männer dieses Geschlechtes auftreten und sie verurteilen. Denn sie kam von den Enden der Erde, um die Weisheit Salomons zu vernehmen, und siehe, hier ist mehr als Salomon. Die Niniviten werden im Gericht gegen dieses Geschlecht aufstehen und es verurteilen. Denn sie haben auf die Predigt des Jonas hin Buße getan. Und siehe, hier ist mehr als Jonas.

Niemand zündet ein Licht an und stellt es in ein Versteck oder unter den Scheffel, sondern auf den Leuchter, damit diejenigen, die hereinkommen, das Licht sehen. Das Licht deines Leibes ist dein Auge. Wenn nun dein Auge klar ist, so ist dein ganzer Leib im Licht. Wenn es aber krank ist, dann ist dein Leib im Dunkeln. Sieh nun zu, dass das Licht, das in dir ist, nicht dunkel ist. Wenn dein ganzer Leib im Licht ist und nichts Dunkles an sich hat, dann ist alles im Licht, wie wenn die Lampe mit ihrem Schein dich beleuchtete.«

Jesus hat die gepriesen, die das Wort Gottes hören und es befolgen. Er vertieft diese Seligpreisung durch einen doppelten Hinweis auf die richtige Aufnahme des Gotteswortes.

1. *Die Einstellung zum Wort Gottes*

Die Juden haben eine falsche Einstellung. Das Wort genügt ihnen nicht. Sie wollen Wunder. Anstelle des Glaubens, der die allein würdige Antwort auf das Wort Gottes ist, wollen sie handgreifliche Zeichen. Sie werden ein Zeichen erhalten. Aber dann ist es für die meisten von ihnen zu spät. Denn dieses Zeichen ist seine Auferstehung. Es ist das Zeichen, das beweist, dass sich sein Wort trotz ihres Widerstandes durchsetzt. Sie werden dieses Wort zum Verstummen bringen wollen und es mit Gewalt niederhalten. Aber die Macht Gottes ist größer und es wird dieses Wort jenseits von Tod und Grab erst recht vernehmlich werden.

Die richtige Einstellung hatte die Königin von Saba. Sie hat von Salomons Gottesweisheit gehört und ist überzeugt, dass der Geist Gottes aus ihm spricht. Um dieses Wort zu vernehmen, unternimmt sie die gefahrvolle Reise, setzt alles in Bewegung, bringt kostbare Geschenke mit und ist hocherfreut, dass sie Worte der Weisheit vernehmen darf. Christus ist aber mehr als Salomon. Mit welchem Ernst und Eifer müssten die Menschen sich zu ihm drängen, um ihn zu hören! Anstatt Widerstand zu leisten, müssten sie alle Widerstände überwinden. Ihre Gleichgültigkeit, ihre ablehnende Haltung oder gar ihr Hass sind unentschuldbar. Sie, die Angehörigen des erwählten Gottesvolkes, werden beschämt durch die heidnische Königin von Saba. Beim Gericht wird diese Heidin gegen sie zeugen.

Eine richtige Haltung hatten auch die Bewohner von Ninive. Sie haben das Wort Gottes durch den Propheten Jonas aufgenommen und sich bekehrt. Das Wort ist in ihnen wirksam geworden. Sie haben ihre Gesinnung geändert und ihr Leben verwandelt. Christus ist aber mehr als Jonas. So müsste Israel also erst recht in sich gehen, Buße tun und sich bekehren. Wenn sie es nicht tun, sie, die Angehörigen des Volkes Jahwes, werden sie beschämt und verurteilt durch die heidnischen Bewohner Ninives. So sind es also die Heiden, die besser sind als die Juden, sich mehr mühen, Gottes Wort zu vernehmen, und ihm bessere Gefolgschaft leisten.

Man muss sich durch den ganzen Wortschwall menschlichen Geschwätzes hindurcharbeiten und darf nicht ruhen, bis man Gottes Wort hört. Es genügt auch dann nicht, dieses Wort äußerlich zu hören oder zu lesen, man muss es innerlich aufnehmen und man muss es zur Auswirkung kommen lassen.

2. Die Wirkung des Wortes Gottes

Wenn man sich auf diese Weise müht und es richtig aufnimmt, wird dieses Wort zum Licht. Es ist ja Offenbarung, und somit ein Hereinbrechen des göttlichen Lichtes ins menschliche Dunkel. Wie die Finsternis beim Schöpfungsbeginn über der Urflut lag und der Herr das Licht erschuf, so liegt Finsternis über der Menschheit und über jeder Menschenseele, bis Christus als das Licht der Welt kommt und die Finsternis überwindet. Durch das Wort Gottes lernt der Mensch die Dinge richtig sehen. Er ist ein geheilter Blindgeborener. Ein Blinder tappt und tastet im Dunkeln herum. Erst wenn er das Licht der Augen wiederhat, kann er sicher schreiten. Menschen ohne Gotteswort sind Blinde. Wenn sie aber das innere Licht des Glaubens haben, gehen sie sicher durch allen Wirrwarr des Lebens. Sie kennen den Weg. Ihre Straße ist beleuchtet. In den tausend Nächten menschlicher Schwierigkeiten und der Dunkelheiten des Lebens haben sie ein Licht, durch das sie immer wieder den Weg finden. Bei der Geburt Christi hat das Licht die Nacht auf den Fluren Bethlehems aufgehellt. Und am Ostermorgen ist das Licht eines neuen Menschheitstages aufgeflammt. In diesem Licht soll nun der Einzelmensch, sollen die Völker und soll die Menschheit wandern. Das ist freilich nur dann möglich, wenn sie dieses Licht nicht unter den Scheffel aller möglichen weltlichen Dinge stellen oder unter den Scheffel der Menschenfurcht und einer müden Skepsis. Sondern wenn sie es auf den Leuchter stellen, damit ihr Haus und die Welt davon durchstrahlt werden.

ÄUSSERES UND INNERES

(Lk 11,37–44)

Als er noch am Reden war, bat ihn ein Pharisäer, bei ihm zu speisen. Er ging hin und setzte sich zu Tisch. Der Pharisäer aber wunderte sich, als er sah, dass er sich vor der Mahlzeit nicht gewaschen hatte. Der Herr aber sprach: »Nun, ihr Pharisäer reinigt die Außenseite des Bechers und der Schüssel. Euer Inneres aber ist voll Raub und Bosheit. Ihr Toren, hat nicht der, der das Äußere erschaffen hat, auch das Innere erschaffen? Gebt das, was drin ist, als Almosen, dann wird alles andere auch rein sein. Aber wehe euch, Pharisäer, ihr gebt den Zehnten von Minze und Raute und jeglichem Gewächs und geht hinweg über das Recht und die Liebe zu Gott. Das eine soll man tun und das andere nicht lassen. Wehe euch, Pharisäer, ihr führt den Vorsitz in den Synagogen und liebt die Begrüßung auf öffentlichen Plätzen. Wehe euch, ihr seid bald wie unkenntliche Grabstätten, über welche die Leute hinwegschreiten, ohne es zu wissen.«

Die bisherigen Ausführungen Jesu waren mehr positiv gehalten. Seine Darlegungen über das Sprechen zu Gott im Gebet und das Sprechen Gottes im Wort bildeten den Hauptinhalt. Nun folgen einige mehr negative Ausführungen. Es sind Verurteilungen der falschen Haltung von Pharisäern und Schriftgelehrten. Der Herr beginnt mit den Pharisäern.

1. Die falsche Haltung

Sie geben zu viel auf das Äußere und vernachlässigen das Innere. So betonen sie die Wichtigkeit der rituellen Waschungen und vernachlässigen die innere Reinheit des Herzens. Sie sind äußerst gewissenhaft im Bezahlen des Zehnten. Ihr Gewissen geht aber über innere Rechtsverpflichtungen spielend hinweg. Sie wollen äußerlich die besten Plätze haben und geehrt sein, sind aber innerlich keineswegs vorbildlich. Ihre innere Unreinheit ist nach außen getarnt und verborgen wie bei Gräbern, die äußerlich nicht mehr kenntlich und doch innerlich voll Moder sind.

Dieses Tun-als-ob, dieser Schein, dem das Sein nicht entspricht, diese Maske der Frömmigkeit, hinter der sich das Antlitz der Selbstsucht verbirgt, ist Jesus im Innersten zuwider. Darum nennt er die Dinge unerbittlich beim Namen. Gleichgültigkeit und sogar äußere Übertretung der Gebote ist bei denen, die sich ihrer Gleichgültigkeit und ihres unrichtigen Handelns bewusst sind, weniger schlimm und gefährlich als die äußere Erfüllung religiöser Bestimmungen mit einem Herzen, das sich im Grunde genommen um den Willen Gottes nicht kümmert und nicht Gottes Ehre, sondern die eigene Ehre, nicht Gottes Reich, sondern die Selbstherrlichkeit, nicht Gottes Willen, sondern den Eigenwillen sucht.

2. *Die richtige Haltung*

Das besagt in keiner Weise, dass Jesus sich nicht um äußere Dinge und Bestimmungen kümmert. Seine Forderung lautet klar und deutlich: »Das eine soll man tun und das andere nicht lassen.« Es braucht beides. In erster Linie das Innere. Dieser Akzent wird durch Jesus klar und eindeutig gesetzt. Wer das Innere vernachlässigt und sich nicht vor allem um Ethos und Gesinnung kümmert, hat ein Gefäß ohne Inhalt, eine Schale ohne Kern, ein Gewand ohne Körper und einen Leib ohne Seele. Es ist ausgehöhlte und ausgeleerte Frömmigkeit. Es ist vertrocknete Mumien-Religiosität.

Auf der anderen Seite ist es Selbsttäuschung und Anmaßung, wenn der Mensch glaubt, mit dem Innerlichen allein durchzukommen, und alles Äußere vernachlässigt. Der Mensch besteht aus Leib und Seele. Und darum sind auch die äußeren Dinge für sein Inneres von Bedeutung. Außerdem gehört der ganze Mensch mit seinem ganzen Tun Gott. Wenn wir also Weihwasser nehmen, so hat dieses äußere Symbol innerlicher Reinigung seine Bedeutung. Wenn wir Nüchternheitsgebote beobachten und Fastenvorschriften, so ist es Gott, dem Herrn, selbstverständlich an sich gleichgültig, ob wir essen und was wir essen. Aber es ist für die innere Haltung nicht gleichgültig, ob wir auch diese innere Disziplin halten oder nicht. Wenn die Kirche uns vorschreibt, beim Gebet bestimmte Haltungen anzunehmen, also etwa während der Wandlung das Knie zu beugen, so ist wiederum klar, dass der Mensch stehend, gehend oder sitzend unter Umständen ebenso gut beten kann wie kniend. Aber die äußere Haltung ist Hilfe für die innere Einstellung und die Rücksicht auf die Umgebung ist eine Frage der Zucht, die nicht gleichgültig ist. Oder wenn zu bestimmten Zeiten und an bestimmten Orten Stillschweigen gefordert ist, hat dieses Schweigen für das innerliche Verstummen seine Wichtigkeit. Ein Mensch, der über alle äußeren Vorschriften und Gebräuche hinwegschreitet, lebt in Selbsttäuschung, in Zuchtlosigkeit und Unbotmäßigkeit gegenüber Gott. So soll sich nach der Forderung des Herrn beides verbinden, das Äußere und das Innere. Äußere Reinheit soll Hilfe für die innere sein und zugleich Ausdruck innerer Reinheit, ebenso äußere Ordnung und äußere Haltung. Das Schwergewicht muss auf der Herzensgesinnung liegen. Aber man darf das Äußere nicht einfach vernachlässigen. Das eine tun und vor allem tun, aber das andere nicht lassen. Nur wer diese Haltung einnimmt, entspricht dem Geist und Wort des Herrn.

FALSCHE BIBELKENNTNIS

(Lk 11,45–54)

Einer der Gesetzeslehrer sprach zu ihm: »Meister, wenn du das sagst, beschimpfst du uns.« Er antwortete ihm: »Wehe auch euch Schriftgelehrten, ihr bürdet den Menschen untragbare Lasten auf, selbst aber berührt ihr sie mit keinem Finger. Wehe euch, ihr baut den Propheten Grabmäler, eure Väter aber haben diese getötet. So gebt ihr offen für die Taten eurer Väter Zeugnis und habt Wohlgefallen daran. Denn jene töteten sie, und ihr baut ihnen Grabmäler. Deshalb hat die Weisheit Gottes gesagt: Ich will zu ihnen Propheten und Apostel senden. Sie werden einige von ihnen töten und verfolgen, sodass das Blut aller Propheten, das seit der Erschaffung der Welt vergossen worden ist, von diesem Geschlecht gefordert wird, von dem Blute Abels bis zum Blute des Zacharias, der zwischen Altar und Tempel umkam. Ich sage euch, es wird von diesem Geschlechte gefordert werden.

Wehe euch, Schriftgelehrte, denn ihr habt den Schlüssel zur Erkenntnis weggenommen. Ihr seid selbst nicht eingetreten und habt die, die eintreten wollten, daran gehindert.«

Als er von dort wegging, begannen die Schriftgelehrten und Pharisäer ihm heftig zuzusetzen und ihn mit Fragen zu überhäufen. Dabei lauerten sie ihm auf, um aus seinem Mund irgendetwas zu erhaschen.

Nach der Warnung an die Pharisäer folgt eine ebenso deutliche an die Adresse der Schriftgelehrten. Sie sind überzeugt, die Schrift gründlich zu kennen und damit über Gott und die göttlichen Dinge Bescheid zu wissen. Aber Christus geht mit ihnen scharf ins Gericht.

1. Die Heilige Schrift als Gesetz

Die Heilige Schrift ist zweifellos auch ein Gesetz. Aber nicht nur. Diese Schriftgelehrten sehen nur das Gesetzliche in ihr. Und selbst diese Gesetzesbestimmungen sind ihnen noch zu wenig. Sie fügen weitere Forderungen hinzu. Dadurch wird Gottes Wort durch menschliche Zutaten zu einer unerträglichen Last. Aber selbst das ginge noch hin, wenn diese Gesetzesmacher und Paragrafenseelen die Last selbst tragen oder doch mittragen würden. Aber sie legen diese Last nur auf die Schultern anderer und betrachten sich selbst als dispensiert oder wissen die Bestimmungen zu umgehen.

Diese Haltung ist häufig zu finden. Priester, Prediger, Lehrer, Erzieher, Staatsmänner, Redner, Schriftsteller müssen Forderungen stellen. Wenn sie aber nicht Heuchler sind, müssen sie die gleichen Forderungen oder noch höhere an sich selbst stellen. Wer dann aber in seinem Reden und Schreiben tut, als hätte er das, was er fordert, selbst erfüllt, stellt sich besser hin, als er ist. Er weckt gewöhnlich einen falschen Eindruck und ist somit ein Heuchler. Es heißt nicht, dass wir auf die Forderungen verzichten oder ihr Gewicht vermindern dürfen, aber wir müssen in aller Ehrlichkeit und Offenheit uns selbst in die Zahl der Verpflichteten mit einreihen und einbeziehen. Selbst in der Form unseres Redens und Schreibens muss es sichtbar werden, dass wir mit inbegriffen sind. Wir werden darüber hinaus auch zugeben, dass wir oft genug den Forderungen nicht entsprechen, sie aber doch grundsätzlich als gültig anerkennen. Wenn wir auf diese Weise selbst als Ringende, Strauchelnde, aber immer wieder ehrlich uns Mühende dastehen, haben wir das Recht, Forderungen zu stellen, und haben wir auch Aussicht, die anderen für solche Forderungen zu gewinnen. Die Schriftgelehrten verlangen von anderen mehr als von sich. Der Christ verlangt von sich mehr als von den anderen.

2. *Die Propheten*

Die Gesetzgeber bauen den Propheten Denkmäler und geben damit zu verstehen, dass sie die Propheten als wahre Gottesmänner anerkennen. Sie wissen aber genau, dass ihre eigenen Väter diese Propheten damals nicht anerkannt, sondern verfolgt und getötet haben. Das verschweigen sie wohlweislich. Aber noch schlimmer. Jetzt steht vor ihnen er, der größer ist als die Propheten und der die Erfüllung aller Prophezeiungen ist. Während sie den Propheten huldigen, kümmern sie sich um ihn, aller Propheten Erfüllung, nicht. Ja sie erheben gegen ihn Widerspruch und sind gewillt, ihn zu töten. Nach außen stehen sie also aufseiten der Propheten, nach innen und in Wirklichkeit aufseiten der Prophetenmörder. Wieder ist es somit Tun-als-ob und unehrliche Heuchelei.

Wer die großen Kämpfer der Vergangenheit, die Heiligen, die gegen alle Mittelmäßigkeit angekämpft haben und einsam den Weg der ganzen Hingabe gegangen sind, in Wort und Schrift preist, dann aber selbst sich an die Mittelmäßigkeit hält und denen Widerstand leistet, die den Weg der Heiligen gehen wollen, tut dasselbe, was jene vom Herrn verurteilten Schriftgelehrten getan haben. Man darf sich nicht durch Lobpreis der Vergangenheit ein Alibi für die Gegenwart sichern. Flucht in die Geschichte ist eine zu billige Lösung, um der Verantwortung vor der Gegenwart auszuweichen.

3. *Die Weisheitsbücher*

Die Schriftgelehrten sind überzeugt, mit der Weisheit der Heiligen Schrift den Schlüssel der Erkenntnis zu haben. Nun ist in der Tat die Schrift als Wort Gottes ein Schlüssel, der verschlossene Türen öffnet und Zugänge öffnet, die den Menschen sonst verriegelt sind. Die Schriftgelehrten haben also tatsächlich einen Schlüssel. Aber das Schlimme ist, dass sie selbst nicht eintreten und sogar diejenigen, die eintreten wollen, vom Eintritt abhalten. Denn sie erklären die Schrift falsch. Sie halten sich an die Äußerlichkeiten und äußerlichen Bestimmungen und sprechen nicht vom Wichtigsten, von der inneren Gesinnung der Liebe, und vor allem nicht von dem, der als menschgewordenes Wort Gottes aller Worte Schlüssel ist: von Christus, dem Gesalbten des Herrn. Anstatt die Tür zu öffnen, halten sie sie verschlossen. Anstatt andere einzuführen ins Heiligtum des Herrn, stehen sie abwehrend an der Schwelle. Wie oft gilt das für die Erklärer der Heiligen Schrift! Das Volk verlässt sich auf sie, weil es selbst die Schrift nicht studieren kann. Aber es empfängt von ihnen nicht die wahre Weisheit Gottes, sondern entweder nur philosophische Erkenntnisse oder theologische Spitzfindigkeiten. Oder es wird durch diese Schriftgelehrten die Schrift sogar ihres eigentlichen Gehaltes beraubt durch Leugnung der Menschwerdung Gottes und damit der Gottheit Christi: durch Bestreitung der eigentlichen Inspiration, durch Hinstellung wichtigster Tatsachen als bloße Legende oder Mythos, durch Vermenschlichung des Gotteswortes und durch Entheiligung der Heiligen Schrift.

Kenntnis der Bibel genügt also noch lange nicht. Es gibt viele Bibelkenner, die nichts weniger als Heilige sind. Und es gibt Heilige, die von der Bibel nicht viel wissen. Mit der Bibelkenntnis ist es noch nicht getan. Schriftgelehrsamkeit ist kein Ausweis wahrer Frömmigkeit.

BEKENNTNIS

(Lk 12,1–12)

Als sich Zehntausende aus dem Volke versammelten, sodass sie einander auf die Füße traten, begann er vor allem zu seinen Jüngern zu sprechen: »Hütet euch vor dem Sauerteig der Heuchelei der Pharisäer. Nichts ist verborgen, das nicht offenbar wird, und nichts geheim, das nicht bekannt wird. Alles was ihr im Dunkeln gesprochen habt, wird im Lichte gehört werden. Und was ihr in den Kammern in die Ohren flüstert, wird von den Dächern verkündet werden.

Ich sage euch, meine Freunde, fürchtet euch nicht vor denen, die den Leib töten, aber nachher nichts haben, was sie noch weiter tun könnten. Ich will euch zeigen, wen ihr fürchten sollt: Fürchtet den, der Macht hat, euch, wenn ihr getötet seid, in die Hölle zu werfen. Ja, ich sage euch, den fürchtet. Verkauft man nicht fünf Sperlinge für zwei Pfennige? Und doch ist keiner von ihnen vor Gott vergessen. Ja selbst die Haare eures Hauptes sind alle gezählt. Fürchtet euch nicht. Ihr seid mehr wert als viele Sperlinge.

Ich sage euch, jeder, der mich vor den Menschen bekennt, zu dem wird sich auch der Menschensohn vor den Engeln Gottes bekennen. Wer mich aber vor den Menschen verleugnet, wird auch vor den Engeln Gottes verleugnet werden. Wer immer ein Wort gegen den Menschensohn spricht, dem wird es nachgelassen werden, wer aber gegen den Heiligen Geist lästert, dem wird es nicht nachgelassen werden.

Und wenn sie euch in die Synagogen und vor Behörden und Machthaber schleppen, so macht euch keine Sorge, wie ihr euch verteidigt und was ihr sprechen werdet. Der Heilige Geist wird euch in jener Stunde lehren, was ihr sagen sollt.«

Die Pharisäer sündigen durch ein falsches Zurschaustellen der Frömmigkeit. Man darf aber auch nicht ins Gegenteil verfallen und alles verbergen. Die Jünger des Herrn sollen furchtlos bekennen. Darin liegt ein mehreres.

1. Sie sollen die falsche Art des Bekennen meiden

»Hütet euch vor dem Sauerteig der Pharisäer«, d. h. vor der Heuchelei. Man kann das Ungeheuerliche dieses Wortes nicht stark genug ausdrücken, denn Jesus warnt damit vor dem religiösen Kreis in Israel. Die Pharisäer sind die anerkannt Frommen, die Berufsasketen, die Menschen, die ängstlich jeden Verkehr mit den Unfrommen meiden, um keinen Schaden zu leiden, und gewissenhaft auch in der Öffentlichkeit sich an jede Bestimmung des Gesetzes halten. Sie leben eigentlich nur vom Gesetz. Dieses bildet ihre Wissenschaft, ihre Frömmigkeit, die Richtschnur ihres Handelns, ihres Sprechens, ihres gesamten Lebens. Und gerade vor diesen Menschen warnt Jesus. Sie sind wie ein schlechter Sauerteig, der das ganze Volk durchsäuert. Dieses Wort des Herrn wirkt wie ein Schock und ist für alle, die beruflich mit Religion und Gottesdienst zu tun haben, eine ständige Mahnung zur Gewissenserforschung. Das Berufsmäßige wird leicht zur Routine und zu bloßem Mechanismus. Bei nichts ist aber der Leerlauf so gefährlich wie beim Gottesdienst. Denn wenn dem Schein das Sein nicht mehr entspricht, bleibt nur die Scheinheiligkeit.

2. Die Jünger Jesu sollen offen bekennen

Von allen Dächern soll man verkünden. Es soll nicht ein Gemunkel im Dunkeln sein, sondern ein Sprechen im hellen Licht der Öffentlichkeit. Die Jünger dürfen nicht aus Furcht vor den offiziellen und mächtigen Kreisen in Israel sich in einen Winkel zurückziehen und nur ängstlich ihrer religiösen Überzeugung Ausdruck geben. Furchtlos sollen sie sich offen zu Jesus als dem Messias bekennen. Und sie sollen die Frohbotschaft verkünden, unbekümmert um die Meinung der anderen. Es braucht oft Mut, sich zu Christus zu bekennen vor Gegnern und Spöttern. Aber der Herr hilft dabei.

3. Zur Furcht besteht kein Grund

Gott, der Vater, schützt die Bekennenden. Wohl können die Feinde den Leib töten. Aber was heißt das schon: Gott allein kann über den Tod hinaus den Menschen den ewigen Tod geben. So ist Gott allein zu fürchten. Schon in diesem Leben schützt Gott die Seinen. Er, der für kleine Sperlinge sorgt und selbst die Haare des Hauptes zählt, trägt erst recht Sorge für die Seinen. Gerade der Mensch, der die wahre Gottesfurcht hat, hat auch das rechte Gottvertrauen. Denn es gibt nur eine Flucht vor Gott, die Sinn hat: die Flucht in die Barmherzigkeit Gottes. Alles andere ist Sprung in den Abgrund.

Furchtlos sollen die Jünger sein, weil der Sohn Gottes für sie eintritt. Nicht das Urteil richtender Menschen, sondern das Urteil beim Gericht Gottes entscheidet. Wer aber im Leben für den Menschensohn Zeugnis gegeben hat, für den wird auch der Menschensohn beim Gericht Zeugnis geben.

Neben dem Vater und dem Sohn nennt Jesus als Drittes den Heiligen Geist. Wer gegen ihn spricht, dem wird nicht vergeben, solange er in dieser Haltung verharrt. Wer aber für ihn spricht, braucht vor niemandem zu bangen. Die Feinde können wohl die Jünger des Herrn vor Machthaber und Obrigkeiten stellen und sie zur Rechenschaft ziehen, aber in solchen Stunden wird ihnen der Heilige Geist das rechte Wort in den Mund legen.

Sie sind also gesichert durch den dreifaltigen Gott. Jesus, der das sagt, ist der beste Beweis für die Richtigkeit seiner Worte. Er hat die Heuchelei der Pharisäer nicht gefürchtet, hat offen vor aller Welt gesprochen. Sie werden seinen Leib töten. Trotzdem weiß er sich geborgen in der liebenden Sorge seines himmlischen Vaters. Vor den Engeln Gottes wird ihm der Triumph zuteilwerden, und die Worte, die er vor irdischen Richtern, vor Juden und Heiden spricht, sind wirklich vom Geist des Herrn ihm auf die Lippen gelegt. Sein Leben, Leiden und Siegen sind Kommentar zu dieser Forderung furchtlosen Bekennens. Der Christ, der in der Nachfolge Christi steht, ist körperlich keineswegs gesichert. Im Gegenteil. Seine Feinde werden meistens triumphieren. Aber nur für den Augenblick. Auf weite Sicht, in der Perspektive der Ewigkeit ist der Christ gesichert, denn seine Sicherung liegt im Vertrauen auf den unendlichen Gott, der über das ewige Schicksal bestimmt.

HABSUCHT

(Lk 12,13–21)

Einer aus der Volksmenge sagte ihm: »Meister, sage meinem Bruder, dass er die Erbschaft mit mir teile.« Er aber antwortete ihm: »Mensch, wer hat mich zum Erbteiler über euch bestellt?« Und er sprach zu ihnen: »Seht zu und hütet euch vor aller Habsucht, denn auch wenn einer Überfluss hat, so hängt doch sein Leben nicht von seinem Besitz ab.«

Und er legte ihnen ein Gleichnis dar: »Das Land eines reichen Mannes brachte guten Ertrag. Da sprach er zu sich selbst: Was soll ich tun? Ich habe nicht genug Platz, um alle Früchte unterzubringen. Und er sagte: Das will ich tun, ich will meine Scheunen abreißen und größere bauen. Dann werde ich meine ganze Ernte und alle meine Güter aufspeichern. Dann werde ich zu meiner Seele sagen: Seele, du hast nun viele Güter und Vorrat auf lange

Jahre. Ruhe aus, iss, trink und freue dich. Gott aber sprach zu ihm: Du Tor, in dieser Nacht wird deine Seele von dir genommen werden. Wem wird dann das gehören, was du aufgespeichert hast? So geht es dem Menschen, der für sich Schätze sammelt, anstatt vor Gott reich zu sein.«

Die Warnung vor den Pharisäern ist für das Volk insofern leicht, als es dabei um andere geht. Schwieriger ist die Warnung, die nun folgt. Denn sie trifft im Grunde genommen jeden Menschen. Die Sucht nach Habe geistert mehr oder weniger durch jedes Leben.

1. *Der Ausgangspunkt*

Ein Mensch bittet Christus um Hilfe bei der Erbteilung. Sein Bruder, vermutlich der Erstgeborene, ist der Haupterbe, sodass er, der Nichterstgeborene, zu kurz kommt. Das Anliegen ist nicht ohne Berechtigung. Warum soll er, der genauso gut ein Kind seines Vaters ist, schlechter wegkommen als der andere? Und doch lehnt Jesus das Ansinnen ab. Nicht weil es in sich unrecht wäre, sondern weil dieser junge Mensch zu sehr davon erfüllt ist. Das Materielle spielt in seinem Leben eine zu große Rolle. Er hört kaum die gewaltigen Worte, die Christus über das Reich Gottes, die geistige Welt Gottes und die Liebe Gottes spricht. Die Sorge ums Irdische überwiegt bei ihm alles und macht ihn unempfänglich für das Höhere.

Diese Situation ist sehr häufig. Viele wollen durchaus auch Religion, aber erst als Zweites. Sie sind für Religion soweit zu haben, als dafür Zeit und Kraft übrig bleibt, wenn die materielle Existenz sichergestellt ist. Zuerst kommen Geschäft, Gewinn, Essen und Trinken, Sport und Vergnügen und dann auch noch die Religion. Da nun alles andere nicht nur den größten Teil der Zeit, sondern auch der Kraft und der Aufmerksamkeit beansprucht, wird das Religiöse meistens hinausgeschoben bis in die alten Tage, wenn nicht gar bis zum letzten Stündlein. Dazu kommt, dass der Marxismus als dialektischer Materialismus das Wirtschaftliche als die eigentliche Erstursache aller Entwicklung hinstellt, sodass alles Geistige und erst recht alles Religiöse völlig zweitrangig und nebensächlich, wenn nicht überflüssig oder gar schädlich erscheint.

Selbst in Seelsorgskreisen hat das materialistische Denken insofern Eingang gefunden, als manche die These vertreten, man müsse zuerst für die materielle Sicherstellung der Menschen sorgen und dann erst vom Reich Gottes reden. Das Evangelium spricht freilich eine ganz andere Sprache.

2. *Die Lehre Jesu*

Die Antwort klingt sehr deutlich: »Auch wenn einer Überfluss hat, so hängt doch sein Leben nicht von seinem Besitz ab.« Der Satz klingt wie eine scharf formulierte These und enthält zwei Gedanken.

Einmal: Das Materielle gibt keine Lebenssicherung. Das ist heute mit Händen zu greifen. Die wirtschaftliche Entwicklung hat dem Einzelnen die Bestimmung seines Schicksals völlig aus den Händen genommen. Er ist abhängig von seinem Brotgeber. Und dieser seinerseits ist abhängig von den großen wirtschaftlichen Zusammenhängen in seiner Branche. Und die ganze Branche ist abhängig von der Konjunktur. Diese greift über die Grenzen des Landes, ja des Kontinentes hinaus. So liegt das Schicksal in fremden Händen und bei anonymen Mächten, gegen die man nicht ankommt. Zur wirtschaftlichen Unsicherheit kommt die politische, denn jeder Krieg wächst sich heute sofort aus und führt zu Zerstörungen und Katastrophen, in denen Millionen von Einzelschicksalen zermalmt und zerrieben werden. Sicherheit gibt es nicht. Die Ironie liegt darin, dass es gerade wegen des materialistischen Denkens keine Sicherheit mehr gibt. Denn Absicherung durch Verträge, Abmachungen, Zusicherungen, durch

Verantwortung und Gewissenhaftigkeit sind geistige Dinge, die heute praktisch kaum mehr existieren, weil ein materialistisches Denken diese geistigen Dinge ausgehöhlt und entleert hat. Es zählen nur die Macht und der materielle Vorteil. Wo diese zu erreichen sind, schiebt man Gewissensbedenken, Moral und Recht lächelnd beiseite.

Das Zweite: Selbst wenn der Mensch eine materielle Absicherung hat, ist sein eigentliches Leben doch nicht gesichert. Christus arbeitet in seinem Gleichnis gerade diesen Gedanken scharf heraus. Er zeichnet einen Menschen, der die materielle Sicherheit hat. Seine Äcker werfen gute Erträge ab, der Neubau der Scheune gelingt. Auch diese füllt sich prall. Irgendwelche Verluste oder Schädigungen durch Unvorhergesehenes treten nicht auf. Dieser Mann kann über sein Eigentum frei verfügen. Er ist also in der selten glücklichen Lage einer wirklich materiellen Sicherheit. Und doch ist seine Sicherheit trügerisch. Denn der Tod ist eine Macht, gegen die es keine Absicherung gibt. So muss dieser Mensch gerade in der Stunde, in der das Ziel seiner Sicherung erreicht ist, diese Scheinsicherheit preisgeben, im Tod von allem verlassen und entblößt vor Gott hintreten. Und das Urteil Gottes lautet: du Tor. Dieser Mensch glaubt, alles zu haben; aber gerade da muss er alles drangeben, um festzustellen, dass er nichts hat. Das, was er hat, ist nichts; und das, was er eigentlich haben müsste, hat er nicht. So endet seine Existenz im materiellen und seelischen Nichts. Sicherheit, das besagt das letzte Wort des Herrn in diesem Gleichnis, gibt es nur in Gott. Christus spricht vom Reichwerden bei Gott. Es gibt seelische Reichtümer der Gnade und der menschlichen, in Gott getanen Werke. Diese allein geben der Existenz Sicherheit. Der Tod ist das untrügliche Kennzeichen der Echtheit und Unechtheit, der Scheinsicherheit und der wirklichen Absicherung. Wo alles Menschliche zerfällt, bleibt nur das Göttliche übrig. Nur wer auf die Karte Gottes setzt, gewinnt das Spiel. Ein Tor ist jeder, der den Torheiten des bloß Irdischen verfällt. Ein Weiser ist der, der über das Vergängliche hinaus an das Unvergängliche denkt. Nur wer in die Scheune Gottes sammelt, hat wirkliche Vorräte. Denn nur diese sichern eine Dauerexistenz.

VERFEINERTER MATERIALISMUS

(Lk 12,22–34)

Dann sprach er zu seinen Jüngern: »Darum sage ich euch: Macht euch keine Sorge um euer Leben, was ihr esset, oder um euren Leib, was ihr anziehet. Denn das Leben ist mehr als die Nahrung und der Leib mehr als die Kleidung. Betrachtet die Raben, sie sammeln nicht und sie säen nicht, sie ernten nicht, haben weder Vorratskammern noch Scheunen. Aber Gott nährt sie. Wie viel mehr seid ihr wert als die Vögel? Wer von euch kann mit seinen Sorgen seinem Leben auch nur eine Elle zusetzen? Wenn ihr nun auch das Geringste nicht vermöget, was macht ihr euch dann Sorge um das Übrige? Betrachtet die Lilien, wie sie weder spinnen noch weben. Und doch sage ich euch, selbst Salomon in all seiner Pracht war nicht gekleidet wie eine einzige von ihnen. Wenn nun Gott schon das Gras des Feldes, das heute steht und morgen in den Ofen geworfen wird, so kleidet, wie viel mehr euch, ihr Kleingläubigen? Und ihr, fragt nicht, was ihr essen und was ihr trinken sollt, und kommt nicht in Unruhe, denn nach alldem trachten die Heiden dieser Welt. Euer Vater aber weiß, dass ihr das braucht. So sucht vielmehr sein Reich, und das wird euch hinzugegeben.

Fürchte dich nicht, du kleine Herde, denn es hat eurem Vater gefallen, euch das Reich zu geben. Verkauft eure Habe und gebt Almosen! Macht euch Beutel, die nicht veralten, und einen Schatz im Himmel, der nicht abgenutzt wird und wohin kein Dieb kommt und den keine Motte zerfressen kann. Denn wo euer Schatz ist, da wird auch euer Herz sein.«

1. *Die Forderung*

Es gibt eine grobe, materialistische Gesinnung. Sie betrachtet den materiellen Besitz als das Wichtigste, ja oft genug als das allein Wichtige. Dementsprechend wird das ganze Leben gestaltet. Es gibt aber daneben einen verfeinerten Materialismus, vor dem Christus ebenfalls warnt. Solche Menschen betrachten den Geist und vor allem die religiösen Dinge als wesentlich wichtiger. Vom Primat des Geistigen sind sie überzeugt. Die Größe Gottes anerkennen sie grundsätzlich und tatsächlich, aber daneben nimmt die Sorge ums Materielle immer noch einen zu großen Raum ein. Die Frage nach Essen, Trinken und Kleidung macht ihnen viel Sorge. Und ohne dass sie sich dessen so recht bewusst werden, geht doch der größte Teil ihrer Zeit ganz in diesen Sorgen auf.

Nun will Christus die Seinen sicher nicht davon abhalten, sich auch ums tägliche Brot zu mühen und sich den Lebensunterhalt zu beschaffen. Christus ist kein weltfremder Schwärmer und kein wirklichkeitsferner Charismatiker. Aber er will den Seinen die Freiheit des Geistes und des Herzens sichern. Darum soll die Sorge ums Irdische nebensächlich und dem Gedanken an das Reich Gottes völlig untergeordnet sein. Das, was einen Christen im Innersten beschäftigt, ist Gott, Gottes Ehre, Gottes Wille und Gottes Reich. Das Menschliche und vorab das Materielle hat nur insoweit Bedeutung, als es dem Willen Gottes entspricht und den Menschen in den Stand versetzt, für das Reich Gottes da zu sein und zu wirken. Darum die Forderung des Herrn: »Suchet das Reich Gottes.«

2. *Die Motive*

Christus begnügt sich nicht mit der Forderung, er begründet sie. Ein erstes Motiv empfängt der Mensch durch den Blick in die Natur. Gewiss gehen auch die Vögel auf Nahrungssuche und tun auch die Blumen das Ihre, um zu wachsen. Aber weder Tiere noch Pflanzen denken ängstlich und besorgt an die Zukunft. Etwas Unbekümmertes, Leicht-Beschwingtes, Ruhig-Wachsendes und Sonnig-Fröhliches liegt über der Natur. Der Mensch soll als Christ etwas von dieser sorglosen Freiheit gegenüber dem Irdischen haben, denn er weiß sich in der Sorge eines liebenden Vaters im Himmel geborgen. Damit ist nicht der Liederlichkeit das Wort geredet und der Leichtsinn nicht als Tugend gepriesen. Wohl aber ist die Existenzangst als unwürdig verurteilt und gläubiges Vertrauen auf Gott gefordert.

Das zweite Motiv ist die Vergänglichkeit des Irdisch-Materiellen. Irdisches veraltet und irdische Schätze können gestohlen werden. Kostbare Gewänder werden von den Motten zerfressen, alles Materielle ist schließlich dem Untergang geweiht. Darum soll der Mensch nicht daran hängen. Er soll im Gegenteil von seinem Besitz freudig Almosen geben. Er soll nicht habsüchtig sein, sondern mit seiner Habe anderen Gutes tun. »Sammelt euch unvergängliche Schätze.« Der Mensch soll sein Herz nicht ans Irdische hängen. Sein Herz gehört Gott.

Das dritte Motiv ist das überwältigende Bewusstsein, dass das Reich Gottes gekommen ist und dass wir in sein Reich gerufen sind. »Es hat eurem Vater gefallen, euch das Reich Gottes zu geben.« Das Gottesreich steht über allen irdischen Reichen und Gottes Macht über aller menschlichen Macht. Wenn der Mensch erfasst hat, was das Reich Gottes ist, können ihn alle Reiche dieser Welt mit ihrem Flitterglanz nicht mehr blenden. Er ist vom Reichtum der Gnade und von der Größe der Berufung innerlich so erfüllt und so überwältigt, dass alles andere die Anziehungskraft verliert und in weite Ferne rückt. Es ist geradezu experimentell feststellbar, dass die Fülle materieller Dinge das Herz leer macht und umgekehrt das Leersein vom Irdischen die Seele bereitet für das Erfülltwerden von Gott. Reichtum macht arm, Armut macht reich. Habsucht macht unglücklich, Entsagung beglückt. Der verfeinerte Materialismus ist darum gefährlich, weil er entweder nicht beachtet oder sogar als notwendig angesehen wird. Umso mehr muss der Mensch die warnende Stimme des Herrn hören.

BEREITSCHAFT

(Lk 12,35–48)

»Eure Lenden seien gegürtet und eure Lampen brennend. Ihr sollt wie Menschen sein, die auf ihren Herrn warten, wenn er vom Hochzeitsmahl zurückkommt, um ihm sofort zu öffnen, wenn er kommt und anklopft. Wohl jenen Knechten, die der Herr bei seinem Kommen wachend findet. Wahrlich, ich sage euch, er wird sich gürten und sie sich setzen heißen. Dann wird er kommen und sie bedienen. Und wenn er in der zweiten und dritten Nachtwache kommt und sie so findet, wohl ihnen. Das aber bedenkt, wenn der Hausherr weiß, zu welcher Stunde der Dieb kommt, so wird er ihn nicht in sein Haus einbrechen lassen. Seid auch ihr bereit, denn der Menschensohn kommt zu einer Stunde, da ihr es nicht glaubt.«

Petrus aber sprach: »Herr, erzählst du dieses Gleichnis für uns oder für alle?« Der Herr sagte ihm: »Wer ist wohl der treue und verständige Hausverwalter, den der Herr über sein Gesinde setzen wird, damit er zur rechten Zeit für ihren Bedarf sorge? Wohl jenem Knecht, den der Herr bei solchem Tun findet, wenn er kommt. Wahrlich, ich sage euch, er wird ihn über sein ganzes Besitztum setzen. Wenn aber jener Knecht in seinem Herzen spricht: Mein Herr lässt auf sich warten, und wenn er anfängt, die Knechte und die Mägde zu schlagen, zu essen und zu trinken und sich zu berauschen, so wird der Herr jenes Knechtes an einem Tage kommen, an dem er es nicht erwartet, und zu einer Stunde, die er nicht kennt. Und er wird ihn in Stücke hauen lassen und ihm

Anteil geben bei den Treulosen. Ein Knecht, der den Willen seines Herrn kennt, aber nicht bereit ist und nicht nach seinem Willen handelt, wird viele Schläge erhalten. Der jedoch, der ihn nicht kennt, aber etwas getan hat, das Schläge verdient, wird wenige erhalten. Wem viel gegeben wird, von dem wird auch viel gefordert, und wem viel anvertraut ist, von dem wird mehr verlangt.«

Es genügt nicht, die Gefahren zu meiden. Darüber hinaus wird die Gesinnung wacher Bereitschaft gefordert. Sie gilt für alle, aber in besonderer Weise für die beauftragten Jünger des Herrn.

1. Für alle

Das Gleichnis Jesu ist in seinem Sinn ohne Weiteres verständlich. Ein Herr ist zu einer Hochzeitsfeier gegangen. Seine Sklaven, die zu Hause bleiben, wissen nicht, ob er noch in der Nacht oder erst gegen Morgen zurückkommt. Aber sie bleiben auf, halten die brennenden Lampen bereit und stehen in der Arbeitskleidung völlig zur Verfügung. Im Gleichnis ist deutlich zu spüren, dass der heimkehrende Herr freudig überrascht ist. Je länger die Sklaven warten mussten, desto größer ist die Freude des Herrn, da er sie bei seiner Heimkehr wachend findet. Die Freude ist so groß, dass der Herr etwas tut, das im Verhältnis Herr und Knecht völlig ungewohnt ist. Die Verhältnisse werden geradezu auf den Kopf gestellt, denn nun dürfen die Sklaven Platz nehmen und der Herr geht herum, um sie zu bedienen.

Das zweite Gleichnis betont denselben Gedanken der Bereitschaft. Ein Hausvater, der weiß, dass ein Dieb einbrechen will, aber die Zeit des Einbruches nicht kennt, bleibt wach und bereit, um nicht unvorbereitet vom Dieb überrascht zu werden.

Der Mensch kennt die Stunde seines Todes nicht. Die Menschheit weiß nicht, wann die Parusie, die Wiederkunft des Herrn, erfolgt. So ist die Haltung der inneren Bereitschaft und des seelischen

Wachseins gefordert. Außerdem kommt Gott auch während des Lebens oft völlig unerwartet und ohne Vorbereitung mit dem Anruf seiner Gnade, mit inneren Einsprechungen, Forderungen und Beglückungen zum Menschen. Aber der Mensch, der religiös ein schläfriges Dasein führt und seine ganze Aufmerksamkeit dem Irdischen widmet, beachtet das Kommen des Herrn nicht und verliert durch mangelnde Bereitschaft und fehlende Wachsamkeit Reichtümer der Gnade, die der Herr ihm schenken würde. Es gibt eine Bereitschaft des Herzens und eine Wachsamkeit des Geistes, die durchaus mit ernstem Einsatz in der beruflichen Arbeit verbunden werden kann. Denn diese wache Bereitschaft ist kein Nichtstun, sondern ein Tun mit dem Blick auf Gott.

2. Für die Beauftragten des Herrn

Petrus stellt die Frage, ob der Herr dieses Gleichnis auch auf die Jünger beziehe. Die Antwort Jesu ist eindeutig. Denn in einem zweiten Gleichnis redet er nun von Sklaven, die vom Herrn mit besonderem Auftrag betraut und mit Vollmachten ausgestattet werden. Der eine benutzt die Abwesenheit seines Herrn, um in liederlichem Leben die anderen zu quälen und nur an sein eigenes Wohl zu denken. Andere dagegen nutzen die Zeit, um das ihnen aufgetragene Amt klug und gewissenhaft zu verwalten. Dementsprechend ist das Ergebnis bei der Rückkehr des Herrn. Die Liederlichen werden nach damaliger Rechtssitte entweder ausgepeitscht oder sogar in Stücke gehauen. Die Getreuen und Zuverlässigen hingegen werden belobigt und erhalten noch mehr Vertrauen und Vollmacht als zuvor.

Wer im Reich Gottes als Priester oder in irgendeiner anderen Stellung nach Gottes Willen und Auftrag Verantwortung empfängt und für andere zu sorgen hat, muss also eine doppelte Bereitschaft haben. Die Forderung des Herrn gilt für ihn nicht weniger, sondern mehr. Höhere Würde erhöht die Verantwortung, und ein Amt bedeutet Verpflichtung. Wer im Dienst der Kirche die Stufenleiter emporsteigt, gewinnt nicht ein immer leichteres, sondern ein immer schwereres Leben. Denn mit der Größe der Verantwortung wächst die Forderung eines ständigen Hinschauens auf Gott. Gilt für jeden Christen die Forderung der Bereitschaft, dann gilt sie doppelt und dreifach für den, der im Dienst Christi für andere zu sorgen hat. Der Christ ist ein Mensch, der in die Zukunft schaut, da der Herr wiederkommen wird. Er weiß sich in Dienst genommen, verpflichtet und zur Rechenschaft genötigt. Das gibt seinem Handeln einen besonderen Ernst, denn »wem viel anvertraut ist, von dem wird auch mehr verlangt«. Kirchliche Würde ist seelische Bürde.

ENTSCHEIDUNG

(Lk 12,49–59)

»Ich bin gekommen, Feuer auf die Erde zu werfen, und was will ich anderes, als dass es schon brenne. Ich muss mit einer Taufe getauft werden, und wie bange ist mir, bis sie vollendet ist. Glaubt ihr, dass ich gekommen sei, Frieden auf die Erde zu bringen? Nein, ich sage euch, vielmehr Entzweiung. Denn von nun an werden fünf in einem Haus entzweit sein, drei gegen zwei und zwei gegen drei. Es wird Vater gegen Sohn und Sohn gegen Vater sein, Mutter gegen Tochter und Tochter gegen Mutter, Schwiegermutter gegen Schwiegertochter und Schwiegertochter gegen Schwiegermutter.«

Er sprach zu den Scharen: »Wenn ihr eine Wolke am Abendhimmel aufsteigen seht, dann sagt ihr sofort, dass es Regen gibt. Und so geschieht es auch. Und wenn ihr den Südwind wehen seht, sagt ihr, dass es heiß wird. Und so geschieht es. Ihr Heuchler, das

Aussehen der Erde und des Himmels wisst ihr zu deuten. Wie kommt es aber, dass ihr diese Zeit nicht zu deuten wisst? Warum könnt ihr nicht selbst beurteilen, was recht ist? Wenn du mit deinem Widersacher zur Obrigkeit gehst, dann gib dir unterwegs Mühe, mit ihm ins Reine zu kommen, damit er dich nicht dem Richter übergibt und der Richter dich dem Gerichtsvollzieher ausliefert, der dich dann in den Kerker wirft. Ich sage dir: Du würdest von dort nicht herauskommen, bis du den letzten Heller bezahlt hast.«

Wachsamkeit und Bereitschaft sind nicht passives Nichtstun und noch weniger ein geruhsames Warten. Die folgenden Worte des Herrn zerstören diese falsche Auffassung gründlich. Christus fordert eine Entscheidung. Er stellt diese Forderung mit einem erschütternden Ernst.

1. *Seine Botschaft ist wie ein lodernder Feuerbrand*

»Ich bin gekommen, Feuer auf die Erde zu werfen.« Die Nacht wird jetzt taghell. Die brennenden Flammen steigen empor. Alles Gleichgültige und Träge wird aufgescheucht. Dieses Feuer darf nicht mehr verlöschen. Alle sind aufgerufen, den lodernden Brand weiterzutragen. Bereitschaft heißt Mithilfe, Mitarbeit und Zusammenarbeit aus der Kraft einer innerlichen Glut. Ein Christentum, das nicht aus glühenden Herzen kommt, eine Verkündigung, die innerlich nicht feurig und flammend ist, widerspricht der Forderung des Herrn. Die Heiligen sind Menschen der großen Glut und der lodernden Liebe, Feuerbrände der Menschheit.

2. *Christus schreitet durch Leiden und Tod*

Wer darum Bereitschaft hat, muss bereit sein, auch diesen Weg mit ihm zu gehen. »Ich muss mit einer Taufe getauft werden und wie bange ist mir, bis sie vollzogen ist.« Es ist das Untertauchen in die Flut des Todes, die Bluttaufe seines Sterbens. Und weil er ein Mensch der großen Glut ist, trägt er ein verzehrendes Verlangen danach. Seine Bereitschaft ist nicht einfach ein Warten, sondern ein inneres Vorwärtsdrängen, ein fast gewaltsames Hinschreiten und Hindurchschreiten durch die Fluten des Roten Meeres seines Blutes und durch den Jordan des Todes, der ihn vom Gelobten Land seines himmlischen Vaters trennt. Wer also die richtige Bereitschaft hat, muss auch in sich etwas von diesem Brennen verspüren. Es ist das Gegenteil von Gemächlichkeit und die Verurteilung aller Geruhsamkeit. Dieses innere Drängen ist aber nicht in erster Linie Verlangen nach der Tat, Drang zum Aktivismus, sondern der Wille, dem Herrn durch den Tod hindurch zu folgen, mit ihm Schritt zu halten bei seinem kühnen Schreiten durch alles hindurch, hinüber zum Vater.

3. *Bereitschaft ist Kampf*

»Glaubt ihr, dass ich gekommen sei, Frieden auf die Erde zu bringen? Nein, ich sage euch, vielmehr Entzweiung.« Die Stellungnahme zu Christus bedeutet Stellungnahme gegenüber allen, die von Christus nichts wissen wollen. Das Ja zu Christus ist das Nein zu den anderen. Entscheidung ist Scheidung. Und diese Scheidung geht mitten durch den engsten Kreis der Familie. Jesus redet von der Feindschaft, die entstehen wird zwischen Sohn und Vater, Tochter und Mutter. Familien werden zerrissen. Unstimmigkeit und Meinungsverschiedenheit, Unverständnis und Schmerz kommen in die Familien, denn wenn sich ein Sohn oder eine Tochter ganz für Christus entscheidet, werden die anderen es oft genug nicht verstehen. Sie werden diesen Entscheid verurteilen, als unrichtig oder gar als dem Willen Gottes widersprechend hinstellen. Die Gemütlichkeit der Gartenlaube ist zu Ende. Die stille Selbstzufriedenheit familiärer Gemeinschaft wird durchbrochen. Der Feuerbrand Christi fällt hinein und das Kreuz wird aufgerichtet. So werden oft Söhne und Töchter die Schwelle der Familie überschreiten müssen, um alles dranzugeben und hinauszuschreiten in die Welt Christi, unverstanden und verurteilt von den Hausgenossen.

4. *Die Entscheidung drängt*

Jesus wirft den Juden vor, dass sie die äußerlichen Zeichen der Zeit verstehen, dass sie aus Morgenrot und Abendrot das Heraufziehen des Wetters beurteilen können, dass sie aber keinen Blick haben für die inneren Zeichen der Zeit, denn mit seinem Kommen ist eine neue Zeit angebrochen. Er ist das Zeichen der neuen Zeit. Wer ihn sieht, müsste die neue Zeit beurteilen können und müsste sich entsprechend einstellen. Er ist das Morgenrot eines neuen Tages. Die Zeit des Schlafens ist zu Ende. Bereitschaft heißt aufzustehen und in den neuen Tag hineinzuschreiten. Alle Schläfrigkeit muss abgeschüttelt werden. Sein Tag wird ein stürmischer Tag sein. Die Stürme, die Christus herbeiführt, werden nicht mehr nachlassen bis zum Ende der Zeit. Darum ist Entscheidung Bereitschaft, durch den Sturm hindurchzufahren und um seinetwillen alles in Kauf zu nehmen.

Die Zeit der Entscheidung drängt. Der Mensch ist nach dem Gleichnis des Herrn wie einer, der abgeführt wird, damit man ihn zur Verurteilung vor den Richter stellt. Unterwegs hat er noch Zeit, mit dem Gegner ins Reine zu kommen und sich zu retten. Aber er ist schon auf dem Weg zum Gericht. Das gilt für den Einzelnen und für die ganze Menschheit. Als sündige Menschheit ist sie vor das Gericht Gottes zitiert. Das Leben ist ein Weg zum Gericht und die Weltgeschichte ist die Straße zum Weltgericht.

Solange aber die Menschen noch unterwegs sind, haben sie die Möglichkeit, sich zu retten, indem sie sich entscheiden von der Welt weg zu Christus hin.

In diesen Worten liegt eine drängende Unruhe und ein zudringlicher Ernst. Der Mensch darf sich dem nicht entziehen. Er muss das Unheimliche dieser Worte verspüren und sich entscheiden.

BUSSE

(Lk 13,1–9)

Zur gleichen Zeit kamen einige und berichteten über die Galiläer, deren Blut Pilatus mit ihrem Opfer vermengt hatte. Er antwortete und sprach zu ihnen: »Glaubt ihr, diese Galiläer seien größere Sünder gewesen als alle anderen Galiläer, weil sie dies erlitten haben? Nein, sage ich euch, sondern wenn ihr nicht Buße tut, werdet ihr alle auf gleiche Weise umkommen. Oder jene achtzehn, die der Turm am Teiche Siloah bei seinem Einsturz tötete. Glaubt ihr, sie seien schuldiger gewesen als alle anderen Menschen, die in Jerusalem wohnen? Nein, sage ich euch, sondern wenn ihr nicht Buße tut, werdet ihr alle gleichermaßen umkommen.«

Er legte ein Gleichnis dar: »Jemand hatte einen Feigenbaum in seinem Weinberg gepflanzt. Nun kam er, um Früchte an ihm zu suchen, fand aber keine. Da sprach er zum Arbeiter im Weinberg: ›Schon drei Jahre komme ich nun und suche Früchte an diesem Feigenbaum und erhalte keine. Hau ihn um! Wozu nimmt er den Boden weg?‹ Er aber antwortete: ›Herr, lass ihn dieses Jahr noch, bis ich ringsherum umgegraben und Dünger hingebracht habe. Vielleicht bringt er dann Früchte, wenn nicht, magst du ihn umhauen lassen.‹«

Die vorausgehenden Worte Jesu sind von drängendem und erschütterndem Ernst. Die gleiche Stimmung und die drängende Forderung gehen weiter und werden konkret zur Forderung innerer Umkehr, zum eigentlichen Wesen echter Buße. Christus entwickelt diese Forderung im Anschluss an einige Ereignisse und erläutert sie durch ein Gleichnis.

1. Die Lehre der Ereignisse

Pilatus hat während eines Opfers im Tempel eine Gruppe von Galiläern töten lassen, weil ihm gemeldet worden war, dass sie einen Aufstand planten. In Galiläa flackerten ja immer wieder Unruhen auf. Außerdem war beim Teich Siloah ein Turm eingestürzt und hatte achtzehn Tote unter sich begraben. Das Volk deutet diese Ereignisse als Strafe Gottes für die Sünden der Betroffenen. Aber Jesus lehnt diese Deutung ab. Die Verunglückten waren nicht schlechter als die Lebenden. Unglücksfälle sind nicht Strafe, sondern Mahnung. »Wenn ihr nicht Buße tut, werdet ihr alle gleichermaßen umkommen.« Zweimal ist dieser ernste Satz ausgesprochen. Er gilt einerseits dem Ende Jerusalems, das der damaligen Generation drohte, gilt dem Ende der Welt, mit dem jede Generation rechnen muss, und gilt vor allem dem Endschicksal eines jeden Menschen. Immer wieder gibt es Unglücksfälle. All das sind nach den Worten Jesu und der ausführlichen Lehre der Apokalypse Warnzeichen Gottes. Der Mensch darf sich auf seinem Weg nicht zu sicher fühlen und nicht unbekümmert in den Tag hinein leben. Er muss wissen, dass ihm Gefahr droht und dass er nie weiß, wann das Ende kommt. Darum muss er die Zeit, die ihm noch zur Verfügung steht, nutzen, um in sich zu gehen und Buße zu tun. Er muss seine Sündhaftigkeit einsehen und eingestehen, denn nur wenn er weiß, dass er auf Gottes Gnade und Barmherzigkeit angewiesen ist und nur wenn er als Sünder an diese Gnade appelliert, wird er gerettet. Das Gebet um Gnade ist der SOS-Ruf des gefährdeten Menschen und Buße ist die rettende Arche Noah in der Sintflut des Lebens. Wenn die Menschen ständig von Unglücksfällen lesen oder hören, stumpft allmählich das Gefühl für den Ernst dieser Warnsignale ab. Und doch weiß der Einzelne nie, wann es ihn trifft. Der Kommentar Jesu spricht eine Sprache, die nicht zu überhören ist.

2. *Das Gleichnis*

Die Dringlichkeit der Bußforderung wird von Jesus durch das Gleichnis vom unfruchtbaren Feigenbaum beleuchtet. Es ist dem Baum noch eine letzte Chance gegeben. Nutzt er auch diese nicht, so wird er umgehauen. Das gilt für Israel. Es ist von Gott umsorgt worden und gepflegt wie kein anderes Volk. Es hat das Gesetz erhalten, die Propheten, den Bund, den Tempel, und jetzt ist ihm die letzte und entscheidende Chance gegeben. Der Sohn Gottes ist persönlich zu diesem Volk gekommen. Wenn es sich jetzt nicht bekehrt, ist sein Schicksal besiegelt.

Das gilt auch für uns. Wir haben die Kirche, die Sakramente, den Neuen Bund, die Evangelien. Und wir haben vor allem die ständige Gegenwart des Herrn. So kann sich keiner beschweren, dass nicht überreich für ihn gesorgt sei. Aber er muss das Seine dazu tun. Er darf sich nicht einfach auf Kirche und Sakramente verlassen und noch weniger auf die große Masse der anderen, um zu leben wie sie, sondern er muss selbst zum Nachdenken kommen, in sich gehen und in wirklicher Buße seine Gesinnung ändern. Nur dann ist ihm geholfen. Christentum ist keine Lebensversicherung und keine Garantie für eine geruhsame Existenz. Es ist im Gegenteil Warnung vor einer falschen Sicherheit und aufrüttelnde Mahnung zur Buße. Jedes Hinausschieben ist gefährlich.

OPTIMISMUS

(Lk 13,10–21)

Er lehrte in einer Synagoge am Sabbat. Da war eine Frau, die seit achtzehn Jahren an einem bösen Geist der Schwäche litt. Sie war verkrümmt und unfähig, sich aufzurichten. Als Jesus sie sah, rief er sie herbei und sprach zu ihr: »Frau, du wirst von deiner Krankheit befreit.« Er legte ihr die Hände auf und sofort richtete sie sich auf und pries Gott. Der Synagogenvorsteher, unwillig, dass Jesus am Sabbat heilte, ergriff das Wort und sagte zum Volk: »Sechs Tage sind da, an denen man arbeiten soll. An diesen kommt und lasst euch heilen, aber nicht am Sabbat.« Der Herr antwortete ihm: »Ihr Heuchler, löst nicht jeder von euch am Sabbat seinen Ochs oder Esel von der Krippe und führt ihn zur Tränke? Diese Frau, eine Tochter Abrahams, die der Satan achtzehn Jahre gebunden hält, durfte nicht am Sabbat von dieser ihrer Fessel gelöst werden?« Als er das sagte, schämten sich alle seine Feinde, die ganze Menge aber freute sich über all das Herrliche, das durch ihn geschah.

Er sprach: »Wem gleicht das Reich Gottes? Womit kann ich es vergleichen? Es gleicht einem Senfkorn, das ein Mensch nahm und in seinen Garten legte. Es wuchs und wurde zum Baum, und die Vögel des Himmels nisteten in seinen Zweigen.« Dann sprach er: »Womit soll ich das Reich Gottes vergleichen? Es gleicht einem Sauerteig, den eine Frau nahm, in drei Maß Mehl mischte, bis das Ganze durchsäuert war.«

Trotz der ernsten Worte des Herrn und der unüberhörbaren Mahnung zur Buße findet der erste Teil des lukanischen Reiseberichtes einen frohen Ausklang. Das Reich Gottes setzt sich trotz allem durch. Jesus zeigt das an einem Wunder und an zwei Gleichnissen.

1. Das Wunder

Eine Frau, die seit achtzehn Jahren völlig verkrümmt ist, wird durch den Herrn geheilt. »Sie richtete sich auf und pries Gott.« Und auch das Volk, das dieses Wunder schaut, »freute sich über all das Herrliche, das durch ihn geschah«. Der Synagogenvorsteher, der vom pharisäischen Geist erfüllt ist, entrüstet sich, denn der Herr sollte nicht am Sabbat heilen. Aber die Antwort Jesu ist schlagend. Diese Heuchler binden auch am Sabbat Ochsen und Esel von der Krippe los und führen sie zur Tränke, wie viel mehr darf man den Menschen, der an Satan gebunden ist, am Sabbat in die Freiheit führen.

Diese Frau ist das Symbol Israels. Der Herr befreit dieses Volk, das unter einem Joch gekrümmt und niedergehalten ist. Er befreit es von der Last des Gesetzes und der zahllosen Zutaten der Schriftgelehrten, von der Furcht, durch die es nicht recht wagt, frohen Herzens aufzublicken, und von einem bloß äußeren Ritus der Opferfeier und einer nur äußerlich legalen Heiligung. Darum preist Israel den Herrn, soweit es nicht durch die Pharisäer zum Widerstand aufgehetzt wird.

Diese Frau ist auch Symbol der vorchristlichen und außerchristlichen Menschheit. Sie kann Gott erkennen, aber mühsam, so wie die gekrümmte Frau nur mühsam aufblickt. Sie kann das Gute tun, aber nur mit Überwindung vieler Schwierigkeiten, und sie ist gebunden an die Sünde, unter der sie seufzend leidet. Man muss nur an all die Reinigungsriten heidnischer Völker denken, um die gebeugte Seelenhaltung der unerlösten Menschheit zu sehen. Selbst da, wo die Menschen sich dessen nicht bewusst sind, sind sie doch durch Satan gebunden. Der Gefesselte, der sich so an die Fesseln gewöhnt hat, dass ihm die gebundene Existenz natürlich scheint und der sich damit abgefunden hat, ist in einer noch schlimmeren Lage als der, der an den Fesseln rüttelt. Christus bringt die Freiheit, denn seine Offenbarung gibt eine klare Gotteserkenntnis, seine Gnade eine Leichtigkeit, das Gute zu tun, seine

Liebe löst die Fesseln der Sünde. Darum ist seine Botschaft Frohbotschaft. Und der Mensch, der sie vernimmt, preist Gott wie die aufgerichtete, vom Herrn geheilte Frau.

2. *Die Gleichnisse*

Trotz Israel setzt sich das Reich Gottes durch. Wie das winzige Senfkorn zum großen Strauch wird, auf dessen Zweigen die Vögel sitzen können, so wird das Reich Gottes trotz allem Widerstand wachsen. Klein fängt es an, mit den wenigen Getreuen, aber es wird zur Weltkirche werden, die allem Widerstand zum Trotz in allen Ländern und Kontinenten ihre Gläubigen sammelt. Die Zwölf mit dem einen Simon an der Spitze werden zur mächtigen Organisation werden unter der Leitung des Papstes. Die kleine Szene im verborgenen Abendmahlssaal wird zur großen liturgischen Feier werden, die in allen katholischen Gotteshäusern der Welt Tausende und Abertausende um sich schart. Und die eine Frau, die hier geheilt wurde, wird Millionen von Nachfolgerinnen finden, die durch die Caritas der Kirche Hilfe und Erleichterung empfangen. Das Senfkorn wird wachsen.

Wie der Sauerteig die ganze Teigmasse durchsäuert, wird die Botschaft Jesu Welt und Menschheit umgestalten. Selbstsucht wird zur selbstlosen Liebe, Eigennutz zur Hingabe, Stolz zur Demut, Sinnlichkeit zur Reinheit. Millionen von Menschen werden die Gesinnung ihres Geistes und Herzens umgestalten. Dieser Sauerteig des Evangeliums wird durch alle Jahrhunderte wirken. Widerstand wird es geben wie hier in der Synagoge. Aber allen Widerständen zum Trotz wächst das Reich Gottes. Mit diesem Optimismus schließt die erste Hälfte dieses ganzen Berichtes.

ZWEITE HÄLFTE: UNTERWEGS

(Lk 13,22–35)

Er wanderte lehrend durch Städte und Dörfer und war unterwegs nach Jerusalem. Und es sprach einer zu ihm: »Herr, werden nur wenige gerettet?« Da sprach er zu ihm: »Bemüht euch, durch die enge Pforte hineinzugehen. Denn ich sage euch, viele versuchen hineinzugehen und vermögen es nicht. Wenn der Hausherr aufgestanden ist und die Tür verschlossen hat, werdet ihr dastehen und anfangen, an die Tür zu pochen, und sagen: ›Herr, öffne uns.‹ Und er wird sagen: ›Ich weiß nicht, woher ihr seid.‹ Dann werdet ihr anfangen zu sagen: ›Wir haben vor dir gegessen und getrunken und du hast auf unseren Straßen gelehrt.‹ Er aber wird zu euch sagen: ›Ich weiß nicht, woher ihr seid. Weichet von mir, ihr alle, die ihr Unrecht tut.‹ Dort wird Heulen und Zähneknirschen sein, wenn ihr Abraham, Isaak und Jakob und alle Propheten im Reich Gottes seht, während ihr hinausgestoßen seid. Sie werden vom Aufgang und Niedergang, von Norden und Süden kommen und sich im Reich Gottes zu Tische setzen. Und Letzte werden die Ersten sein und Erste werden die Letzten sein.«

In der gleichen Stunde kamen einige Pharisäer und sprachen zu ihm: »Geh fort und ziehe von hier weg, denn Herodes will dich töten.« Er sprach zu ihnen: »Geht und sagt diesem Fuchs: Ich treibe Teufel aus und vollbringe Heilungen, heute und morgen, am dritten Tag werde ich vollendet. Ich muss heute und morgen und am folgenden Tag wandern. Denn es geht nicht an, dass ein Prophet außerhalb Jerusalems umkomme.

Jerusalem, Jerusalem, das du die Propheten mordest und die, die zu dir gesandt sind, steinigst: Wie oft habe ich deine Kinder sammeln wollen, wie eine Henne ihre Küchlein unter die Flügel. Und ihr habt nicht gewollt. Nun wird euer Haus öde gelassen. Ich aber sage euch: Ihr werdet mich nicht mehr sehen, bis es dazu kommt, dass ihr sprecht: Gepriesen, der da kommt im Namen des Herrn.«

Der erste Einleitungssatz klingt ruhig und sachlich und betont noch einmal, dass Jesus unterwegs ist. »Er wanderte lehrend durch Städte und Dörfer und war unterwegs nach Jerusalem.« Aber es ist keineswegs ein stilles, frohes Wandern, sondern ein unaufhaltsames Vorwärtsschreiten hinauf nach Jerusalem. Die Entscheidung muss nun herbeigeführt werden. Die Würfel fallen. Darum wird in der Einleitung zu dieser ganzen zweiten Hälfte des Reiseberichtes gerade dieses Element der Entscheidung besonders betont.

1. *Das Drängen zur Entscheidung*

Schon die Frage, von der Jesus ausgeht: »Sind es nur wenige, die gerettet werden?«, ist die Frage nach der letztgültigen Entscheidung über Heil und Unheil, Gerettetwerden und Verlorensein. Die Antwort, die Jesus gibt, ist Entscheidungsforderung: »Bemüht euch, durch die enge Pforte hineinzugehen.« Noch ist die Pforte offen. Noch können alle, die guten Willens sind, sich ihm anschließen und damit ins Reich Gottes eintreten. Aber die Zeit drängt, denn wenn das Nein gesprochen ist, wird die Tür geschlossen. Es wird ihnen nichts nützen, dass sie sich dann darauf berufen, ihn doch persönlich gekannt zu haben, ihm im Leben begegnet zu sein, mit ihm gesprochen und gespeist zu haben. Im Gegenteil, das vermehrt nur ihre Verantwortung und darum wird das Urteil lauten: »Hinweg von mir, ihr Übeltäter.« Und es wird für sie, die Söhne des erwählten Volkes, das Erschütterndste sein, dass Heiden aus Nord und Süd, aus West und Ost den Weg zum Mahl des Herrn finden, sie selbst aber, die zuerst Berufenen, ausgeschlossen sind. Die zuerst Erwählten werden durch eigene Schuld an letzter Stelle stehen und die zuletzt Gerufenen werden durch Gottes Gnade die ersten Plätze haben. Israel wiegt sich in falscher Sicherheit, pocht auf seine Vorrechte, weigert sich, das Jawort des Glaubens zu geben und die Umkehr der Buße zu vollziehen. Darum werden sie in die Finsternis gestoßen. Völker, die in der Finsternis des Heidentums sitzen, werden das Licht sehen und ihm folgen und das Reich des Lichtes finden. Das ist die große Umkehr, die Revolution innerhalb der Heilsgeschichte. Sie steht unmittelbar bevor. Das Schreiten Christi nach Jerusalem wird diese große Wende herbeiführen. Es ist aber nicht nur von historischem Interesse. Immer wieder sind auch Christen in diese Situation gestellt. Es gibt eine falsche Berufung auf das Angehören zur Kirche und ein falsches Sicherheitsgefühl, das zur Folge hat, dass man innerlich nicht mehr aufgeschlossen ist für den Anruf Gottes, nicht mehr bereit zu einer ständigen inneren Buße. Heilige haben ein Sünderbewusstsein. Menschen der besonderen Gnade haben auch einen besonderen Willen zur Buße. Diese innere Lebendigkeit, diese seelische Feinfühligkeit gegenüber Gott, die Ansprechbarkeit des Herzens, darf nicht durch äußere Kirchlichkeit, äußere Riten und äußeren Empfang der Sakramente geschwächt oder gar abgestumpft werden. Die Überraschung im Jenseits wird groß sein, wenn man sieht, wer in Wirklichkeit Christ war und wer nicht, wer tatsächlich die seelische Bereitschaft hatte und wer sie nur zu haben schien. Alle anderen Entscheidungen des Lebens sind Nebensache. Die Entscheidung für oder gegen Christus ist die Hauptsache, denn sie bringt die endgültige Scheidung zu Heil und Unheil.

2. Die Entscheidung Jesu

Man meldet ihm, dass Herodes ihm nach dem Leben trachte und fordert ihn auf, zu fliehen und sich zu verbergen. Aber die Warnung wird in den Wind geschlagen. Die Zeit des Ausweichens ist vorbei. Er lässt in aller Klarheit Herodes, »diesem Fuchs«, melden, dass er Teufel austreibe und Heilungen vollbringe, sich also in seinem Kampf gegen Satan und für Gott durch niemanden, auch nicht durch Herodes aufhalten lasse, und dass er wirke, solange es dem Willen des Vaters entspreche. Er weiß freilich, dass es nicht mehr lange dauert: »Morgen und übermorgen muss ich wandern.« Aber erst am dritten Tag, dem Tag, den der Vater bestimmt hat, wird er aufhören zu wirken, nicht weil er Herodes fürchtet, sondern weil er den Vater liebt. Furcht vor den Menschen hält ihn nicht auf. Die Liebe zum Vater drängt ihn. Herodes will ihn töten. Er weiß, dass er dem Tod entgegengeht. Aber er wird nicht im Bereich des Herodes sterben, sondern in Jerusalem. Dort ist die Stadt der Propheten, dort muss er, der eigentliche Prophet, der wirklich im Namen und Auftrag Gottes spricht, weil er das menschgewordenes Gotteswort ist, den Tod finden. Etwas unerhört Kühnes liegt in diesen Worten, in dieser Haltung, in diesem drängenden Vorwärtsschreiten. Aufrecht und in vollem Bewusstsein schreitet er in den Tod, ohne Bangen, ohne Zurückweichen, ohne Verzögerung. Keine menschliche Drohung und keine königliche Einschüchterung vermag ihn davon abzuhalten. Die seelische Größe des Herrn wird gerade in dieser Entscheidung sichtbar. Er, der von anderen Entscheidungen fordert, hat selbst die Entscheidung getroffen.

3. Die Wirkung der Entscheidung

Die Entscheidung wird für Jerusalem die Katastrophe bedeuten, für Christus die Verherrlichung. Jerusalem ist die Prophetenmörderin. Infolgedessen besiegelt es selbst sein Schicksal. Es kann sich nicht über Mangel an Gnade beschweren. Immer wieder hat der Herr es gerufen, wie eine Henne ihre Küken unter den Flügeln bergen will. Aber es hat sich gesträubt. Mit eigenem Urteil verurteilt es sich. Darum wird sein Haus verlassen dastehen. Dieses Haus Israel, das das Haus Gottes gewesen ist, wird durch den

Weggang Gottes öde und verlassen sein. Israel ohne Christus ist eine leere Schale, ein ausgetrocknetes Flussbett, ein erloschener Herd. Es mag äußerlich in der Geschichte weiterleben, seine innere Sendung hat es verfehlt. Es mag sogar eines Tages Jerusalem wieder aufbauen, aber es ist nicht mehr die Stadt Gottes und es fehlt darin der Tempel des Herrn mit dem gültigen, Gott wohlgefälligen Opfer. Israel ist nur mehr Fassade und Kulisse, tönendes Erz und Schellengeklingel.

Er dagegen, den sie verwerfen, wird wiederkommen. Und seine Wiederkunft wird ein Triumph sein. So wie jetzt sein Einzug in Jerusalem triumphalen Charakter haben wird, so erst recht seine Wiederkunft mit dem Einzug in das neue geistige Israel. Es wird ein einziger Jubelruf sein. »Hochgelobt, der da kommt im Namen des Herrn.« So klingt selbst dieser Ernst der Entscheidung gerade hier in der Einführung zur zweiten Hälfte seines Schreitens nach Jerusalem aus in den Klang eines Siegesliedes, in den Jubel der Erwählten und in den Hymnus auf seine Herrlichkeit.

BEIM GASTMAHL

(Lk 14,1–6)

Als er am Sabbat in das Haus eines der führenden Pharisäer kam, um an der Mahlzeit teilzunehmen, gaben sie auf ihn acht. Es erschien vor ihm ein wassersüchtiger Mann. Jesus sprach zu den Gesetzeslehrern und Pharisäern: »Ist es erlaubt, am Sabbat zu heilen, oder nicht?« Sie aber schwiegen. Er fasste ihn an, heilte ihn und entließ ihn. Zu ihnen aber sprach er: »Wer von euch, dem ein Sohn oder ein Ochs in einen Brunnen fällt, wird ihn nicht am Sabbat sofort herausziehen?« Sie waren nicht imstande, ihm darauf zu antworten.

Die folgenden Abschnitte bei Lukas sind jeweils entweder durch einen äußerlich räumlichen oder durch einen innerlich sachlichen Umstand zu einer Einheit zusammengefasst. Der erste Abschnitt umfasst Lehren, die Jesus bei Gastmählern gegeben hat. Ob es beim gleichen einen Gastmahl war oder bei verschiedenen Gastmählern, ist gleichgültig. Das Entscheidende ist der Inhalt.

Zweierlei Maß. Bei einem Gastmahl heilt Jesus am Sabbat einen Wassersüchtigen. Diesmal wird er nicht von den Juden darüber zur Rede gestellt wie bei der Heilung der gekrümmten Frau, sondern er stellt seinerseits die Gesetzeslehrer vor die Frage: »Ist es erlaubt, am Sabbat zu heilen, oder nicht?« Auf ihr betretenes Verlegenheitsschweigen antwortet Jesus mit dem Hinweis darauf, dass jeder von ihnen die Sabbatruhe durchbreche, wenn sein eigenes Kind oder auch nur sein Ochs in eine Grube gefallen ist. Er wird sie ohne Bedenken herausziehen. Dagegen wollen sie nicht gestatten, dass er am Sabbat einen Kranken heile. Ihr Maß ist nicht die Verherrlichung Gottes oder der Wille Gottes, sondern ihr eigener Vorteil. Wenn sie für gewöhnlich den Sabbat halten, dann um selbst als religiös zu gelten, also aus geistigem Egoismus. Wenn sie die Sabbatruhe durchbrechen, weil sie sonst Schaden leiden würden, dann eben aus materiellem Egoismus. So steht also immer der eigene Vorteil hinter ihrem Tun. Nach außen haben sie als Maß das Gesetz des eigenen Ich. Dieses doppelte Maß gibt ihrem Tun die Verlogenheit und Unaufrichtigkeit, durch welche die äußerliche Maske der Frömmigkeit nur die innerlich unfromme Gesinnung verbirgt. Ist dann die Not des Mitmenschen infrage gestellt, so kümmern sie sich nicht darum. Der äußerliche Legalismus hat mit der rechten Gesinnung nichts zu tun.

Wie schwierig ist es doch den Menschen, den rechten Geist bei der Beobachtung religiöser Gesetze und Bestimmungen zu haben! Weist man sie darauf hin, dass nicht der tötende Buchstabe äußerer Bestimmung, sondern der lebendige Geist innerer Gesinnung entscheide, so benutzen sie nur allzu leicht diese durchaus richtige Lehre, um ihren Leichtsinn zu entschuldigen und ihre jeweilige

Entscheidung in Wirklichkeit nur von Stimmung und Launen abhängig zu machen. Selbstverständlich gilt das Gesetz der Sonntagsruhe und das Gesetz des Messbesuches am Sonntag. Selbstverständlich kann und soll aber dieses Gesetz durchbrochen werden, wenn der Mitmensch in Not ist. Es ist damit nicht geholfen, dass man nun in kleinlicher Einzelkasuistik festlegt, wann die Durchbrechung des Gesetzes berechtigt ist und wann nicht. Hat der Mensch die richtige innere Haltung, dann wird er nicht bald so und bald anders entscheiden. Und diese Haltung heißt: Gottes Wille muss entscheiden. Ich muss in der jeweiligen Situation ehrlich nach diesem Willen Gottes fragen und danach entscheiden. Selbst wenn eine Entscheidung dann sachlich, objektiv unrichtig wäre, ist sie persönlich, subjektiv richtig gemeint gewesen und infolgedessen nicht unmoralisch. Hat der Mensch diese rechte Gesinnung Gott gegenüber nicht, wird er bald so, bald anders entscheiden, während der richtige Maßstab allein der Wille Gottes ist. Das Evangelium ist weder Gesetzlichkeit noch Gesetzlosigkeit, sondern es ist die Vermittlung der richtigen Gesinnung, die auf den Willen Gottes achtet. Gott ist das Gesetz. Aber nicht der Buchstabe dieses Gesetzes entscheidet, sondern das, was Gott mit dem Buchstaben will, nämlich Kundgabe seines Willens und damit seine Verherrlichung durch den Menschen. Wo der Mensch darauf ausgerichtet ist, wird seine jeweilige Entscheidung richtig sein.

DEMUT

(Lk 14,7–11)

Er legte den Geladenen ein Gleichnis vor, als er sah, dass sie die ersten Plätze auswählten. Er sprach: »Wenn du von jemandem zur Hochzeit eingeladen wirst, dann setze dich nicht auf den ersten Platz, sonst könnte ein Vornehmerer als du eingeladen sein. Dann kann der, der dich eingeladen hat, kommen und sagen: ›Mach diesem da Platz.‹ Und du müsstest beschämt den letzten Platz einnehmen. Wenn du also eingeladen wirst, dann geh und setz dich auf den letzten Platz, damit der, der dich eingeladen hat, zu dir sage: ›Freund, rücke weiter hinauf.‹ Dann empfängst du vor allen Tischgenossen Ehrung. Denn jeder, der sich erhöht, wird erniedrigt werden, und wer sich erniedrigt, wird erhöht werden.«

Die zweite Warnung, die Jesus beim Gastmahl gibt, ist höchst seltsam. Es handelt sich dabei scheinbar nur um eine Anstandsforderung. Jesus bleibt also hier im rein natürlichen Bezirk. Er beobachtet, dass die eingeladenen Gäste für sich die besten Plätze auswählen, und gibt dementsprechend die Mahnung: »Wenn du von jemandem zu einer Hochzeit geladen bist, setze dich nicht an den ersten Platz, sondern setz dich an den letzten Platz. Dann mag dein Gastgeber kommen und zu dir sagen: ›Freund, rücke weiter hinauf.‹« Der natürliche Anstand erfordert, dass man sich nicht vordrängt, sondern schlicht und bescheiden zurücktritt. Die Platzverteilung ist Sache des Gastgebers, nicht der Gäste. Dass Jesus diesen gesellschaftlichen Anstand betont, fällt aus dem Rahmen seiner sonstigen Art. Ja, man könnte seine Lehre sogar als Pharisäismus empfinden. Denn er rät den Geladenen, den letzten Platz aufzusuchen, damit sie dann umso eher auf die ersten Plätze geholt werden. »Damit der, der dich eingeladen hat, zu dir sagt:

›Freund, rücke weiter hinauf.‹ Dann empfängst du vor allen Tischgenossen Ehrung.« Wenn man sich aber den letzten Platz sucht in der Hoffnung, auf den ersten geholt zu werden, ist das nur eine Scheindemut und eine geradezu raffinierte Bescheidenheit. Demut als getarnter Ehrgeiz ist aber nichts weniger als christlich.

In Wirklichkeit geht es Jesus um etwas ganz anderes. Wohl gibt er den Pharisäern auch eine rein natürliche Mahnung, nicht nach den ersten Plätzen zu verlangen. Aber er meint hinter alldem etwas viel Tieferes. Das Hochzeitsmahl ist für ihn das Bild des Gottesreiches. Gerade im vorausgehenden Lukas-Kapitel ist davon die Rede. Dort heißt es: »Sie werden kommen von Ost und West, von Nord und Süd und im Reich Gottes zu Tische sitzen.« Dort ist auch die Rede davon, dass dann Letzte Erste und Erste Letzte sein werden. In diesem Zusammenhang ist das Wort Jesu zu verstehen. Darum gilt sein Wort: »Denn jeder, der sich erhöht, wird erniedrigt werden, und wer sich erniedrigt, wird erhöht werden.« Demut ist von Mensch zu Mensch oft genug entweder nur ein Minderwertigkeitsgefühl und eine natürliche Schwäche oder ein Selbstbetrug und eine Verkennung der Wirklichkeit. Man ist keineswegs ohne Weiteres weniger wert als der Mitmensch. Man kann den anderen an Körperkraft, Schönheit, Intelligenz, Tüchtigkeit, Charakteranlagen und moralischen Qualitäten objektiv durchaus überlegen sein. Trotzdem soll man ihnen in der Gesinnung der Demut begegnen. Das hat nur dann Sinn, hat dann aber auch wirklich Sinn, wenn der Vergleich gar nicht von Mensch zu Mensch geht, sondern wenn man vor Gott steht und von dort den Maßstab holt. Dann ist Demut Wahrheit und Selbstverständlichkeit. Vor Gott steht der Mensch als Geschöpf vor dem Schöpfer, zeitlich vor dem Ewigen, relativ vor dem Absoluten, zufällig vor dem Notwendigen, endlich vor dem Unendlichen, also in jeder Hinsicht klein vor dem Großen. Aber das besagt noch nicht alles. Die Unternullgrenze wird überschritten, denn durch die Sünde steht der Mensch als Schuldner vor dem Gläubiger, als Angeklagter vor dem Richter, als Befleckter vor dem Reinen, als Sünder vor dem

Heiligen. So gesehen – und es ist das richtige Sehen – ist Demut die allein mögliche Haltung. Es ist reine Gnade, wenn der Mensch trotzdem zum Hochzeitsmahl des Reiches Gottes gerufen ist. Und er wird dankbaren Herzens auf dem letzten Platz beglückt sein. Ruft ihn Gott dann noch mehr in seine Nähe, noch höher hinauf zu sich, ist das Begnadigung, über die der Mensch nicht genug staunen kann. Es ist eine Ehre, die einem völlig unverdient von Gott, dem Herrn, zuteilwird. Nur wer sich selbst erniedrigt im Bewusstsein seines Nichts, hat die richtige Haltung, das Bewusstsein, dass Berufung Gnade ist. Nur er ist infolgedessen in dem Zustand, in dem eine Erhöhung durch ebendiese Gnade möglich ist. Wer dagegen sich selbst erhöht durch irgendwelche Einbildung, schreibt sich etwas zu, was Gott gehört, weiß nicht richtig um den Gnadencharakter der Erwählung und ist infolgedessen nicht in der richtigen Haltung und Verfassung, die frei geschenkte Gnade zu empfangen. So ist Demut im Reich Gottes Grundvoraussetzung. Demut ist darum eine echt christliche Tugend, aus dem innersten Wesen christlicher Haltung gegeben. Das Wort Jesu führt somit vom bloß äußerlichen Benehmen und der Anstandsforderung gesellschaftlicher Sitte in tiefste Tiefen menschlicher Demut und in höchste Höhen göttlicher Gnade.

SELBSTLOSIGKEIT

(Lk 14,12–14)

Er sagte zu dem, der eingeladen hatte: »Wenn du ein Mittag- oder Abendmahl veranstaltest, dann lade nicht deine Freunde ein oder deine Brüder und Verwandten oder reiche Nachbarn, damit sie dich wieder einladen und du so eine Vergeltung hast. Sondern wenn du ein Gastmahl gibst, dann lade Arme und Krüppel,

Lahme und Blinde ein. Dann wohl dir, denn sie haben keine Möglichkeit, dir zu vergelten. Aber bei der Auferstehung der Gerechten wird dir dann vergolten.«

Christus verlangt vom Gastgeber Selbstlosigkeit bei der Einladung. Er soll nicht Freunde oder reiche Nachbarn einladen, um dann seinerseits wieder einmal eingeladen zu werden oder um bei ihnen zum eigenen Vorteil eine gute Stimmung zu erreichen, sondern er soll Gäste einladen, von denen er nichts zu erwarten hat und die ihm die Freundlichkeit auch gar nicht erwidern können, Bettler, Krüppel, Lahme und Blinde. Dabei verweist Jesus auf das Jenseits: »Es wird dir vergolten werden bei der Auferstehung der Gerechten.« Hier sind zwei Dinge deutlich.

Einmal die Jenseitshaltung Jesu. Während des irdischen Gastmahls denkt er ans Gastmahl des vollendeten Gottesreiches in der Herrlichkeit. Sein Gang nach Jerusalem ist für ihn zugleich das Schreiten zum himmlischen Jerusalem. Die irdische Vollendung ist für ihn schon Beginn der überirdischen Vollendung. So ist sein Blick ganz auf die Endzeit gerichtet. Daraus erklärt sich die Hintergründigkeit dieser Worte, die mit dem Gastmahl zusammenhängen. Das Wort von der Heilung am Sabbat und von der Sabbatruhe deutet den ewigen Sabbat an, wo alle geheilt sind und die Ruhe in Gott gefunden haben. Der irdische Sabbat ist wie eine Vorwegnahme, ein kurzes Aufleuchten des ewigen Sabbat. Darum ist Heilen am Sabbat erlaubt. Ja, es ist sogar dem Geist des Sabbats entsprechend. Das Wort von den ersten und letzten Plätzen hat seine eigentliche Gültigkeit von der völligen Umkehr der Werte und der Stellung der Menschen im Jenseits. Niedrige werden dann erhöht und Hohe erniedrigt. Reiche werden dann arm und Arme reich sein. Irdische Macht wird dann als Schwäche vor Gott sichtbar und irdische Schwäche wird durch Gottes Macht in ihr Gegenteil verwandelt. Das gilt auch für das Christuswort von den Lahmen und Blinden als Hochzeitsgäste. Ein Mensch mag äußerlich ein Krüppel sein, ein Bettler, Lahmer oder Blinder, aber innerlich, seelisch, vor Gott, kann er ein Reicher, durch Gottes Gnade Starker, auf dem Wege zu Gott tapfer Schreitender und durch das Licht des Glaubens wahrhaft Sehender sein. Er ist ein wirklich zum Hochzeitsmahl des Herrn gerufener und geladener Gast. Und umgekehrt kann ein reicher Nachbar, ein äußerlicher Freund und Verwandter, in Wirklichkeit Gott fernstehen. Mit ihm viel zu verkehren, ist religiös wertlos.

Ein Zweites: Man könnte fragen, ob nicht in dem Hinweis »bei der Auferstehung der Gerechten wird es dir vergolten« eben doch nicht Selbstlosigkeit, sondern religiöse Selbstsucht steckt. Was ist die jenseitige Vergeltung? Sie ist nichts anderes als der Besitz Gottes. Der Mensch darf aber und soll sogar den Wunsch haben, Gott möglichst nahezukommen, hier in diesem Leben von Gott möglichst ergriffen zu sein, um im anderen Leben möglichst viel von Gott begreifen zu können. Der Mensch ist für Gott erschaffen. Er hat das Verlangen und die Sehnsucht nach Gott. Weil Gott die Freude und Seligkeit ist, wohnt im Menschenherzen die Sehnsucht nach der Freude und ein unstillbares Verlangen nach Glück, Hunger und Durst nach einer Beseligung ohne Grenzen. Davon spricht Christus. Sie ist von Gott selbst in die menschliche Natur gelegt und ist durch Christus vertieft und bestärkt worden. Gottes Verherrlichung und die menschliche Beseligung klingen im Jenseits zusammen und werden zu einer Einheit. Darum ist dieses Verlangen beim Menschen berechtigt. Beim Hochzeitsmahl der Ewigkeit gibt es nur Freude. So darf und soll der Mensch den Wunsch haben, zu diesem Mahl geladen zu werden und dort den Lohn zu empfangen, von dem Christus immer wieder spricht und der als Motiv unseres Handelns berechtigt ist.

BERUFUNG UND ERWÄHLUNG

(Lk 14,15–24)

Als einer der Tischgenossen dies hörte, sprach er zu ihm: »Selig, wer im Reich Gottes am Mahle teilnehmen wird.« Er antwortete ihm: »Ein Mann veranstaltete ein großes Gastmahl und lud viele ein. Dann sandte er seine Knechte zur Stunde des Gastmahles und ließ den Geladenen sagen: ›Kommt, es ist bereit.‹ Sie begannen gleichermaßen, sich zu entschuldigen. Der erste sagte: ›Ich habe einen Acker gekauft und muss hingehen, ihn zu besichtigen. Ich bitte dich, halte mich für entschuldigt.‹ Ein anderer sagte: ›Ich habe fünf Joch Ochsen gekauft und habe sie zu prüfen. Ich bitte dich, halte mich für entschuldigt.‹ Und ein anderer sagte: ›Ich habe eine Frau genommen, kann daher nicht kommen.‹ Der Knecht kam und berichtete all das seinem Herrn. Da wurde der Hausherr zornig und sprach zum Knecht: ›Geh rasch hinaus auf die Plätze und Gassen der Stadt und bring dieArmen und die Krüppel, die Blinden und die Lahmen hierher!‹ Der Knecht berichtete: ›Herr, es ist geschehen, wie du angeordnet hast. Aber es ist noch Platz.‹ Der Herr antwortete dem Knecht: ›Geh hinaus auf die Landstraßen und an die Zäune und nötige sie, hereinzukommen, damit mein Haus gefüllt wird! Denn ich sage euch, keiner von den Menschen, die geladen waren, wird von meinem Mahle kosten.‹«

Das letzte Wort vom Gastmahl gilt wieder in voller Deutlichkeit der Ewigkeit. Das zeigt sich am Satz eines Teilnehmers: »Selig, wer am Mahle im Reiche Gottes teilnimmt.« Jesus erläutert die Frage nach den Teilnehmern am vollendeten Gottesreich durch das Gleichnis von den Teilnehmern am irdischen Gastmahl.

1. Berufung

Israel ist das Volk, das in erster Linie zum Hochzeitsmahl geladen ist. Das Wort »Kommt, es ist alles bereit« enthält den Ruf des Herrn bei seinem Kommen in der Menschwerdung. Alles Bisherige war nur Vorbereitung. Jetzt ist diese abgeschlossen. Das Mahl ist bereit. Vorbereitung war der Zug aus Ägypten nach Kanaan und die Besitzergreifung des Landes, Vorbereitung der Bund am Sinai, Vorbereitung das ganze Gesetz, die großen Worte der Propheten, der Tempeldienst, Vorbereitung die Gestalten der großen Könige, aber ebenso die Erniedrigung im Exil. Letzte Vorbereitung war das Auftreten des Vorläufers und schließlich die Worte und Wunder Jesu selbst. Und jetzt ist alles bereit. Der Herr zieht hinauf nach Jerusalem, um von seiner Stadt Besitz zu ergreifen. Nun fragt es sich, ob sein Volk durch diese Vorbereitung sich wirklich bereit gemacht hat oder nicht.

Auch die Kirche und ihr Wirken sind Vorbereitung. Es ist zwar bereits Erfüllung des Alten Bundes, aber Vorbereitung auf die Vollendung. Die Taufe als Wiedergeburt ist Vorbereitung auf die Geburt im neuen Leben bei der Auferstehung. Das eucharistische Mahl ist Vorbereitung auf das ewige Mahl im Himmel. Darum feiern wir es, »bis der Herr wiederkommt«. Ehe ist Vorbereitung auf die große Lebens- und Liebesgemeinschaft im Besitz Gottes dereinst. Buße ist Vorbereitung auf das Kommen Gottes. Gnade ist Vorbereitung auf die Glorie. Das Leiden ist Vorbereitung auf die Herrlichkeit und der Tod ist Vorbereitung zum eigentlichen Leben. Die ganze Kirche ist Bereitung des Reiches Gottes oder genauer Reich Gottes im Vorbereitungszustand.

2. Die Entschuldigungen

Die Geladenen in der Parabel sind nicht bereit. Sie haben scheinbar Wichtigeres zu tun und versäumen dabei das Wichtigste. Sie geben sich mit Nebensachen ab und verlieren darüber die Hauptsache. Die Entschuldigung des ersten ist der Materialismus des Lebens. Ein Stück Land, das er gekauft hat, ist ihm wichtiger als die ehrende Einladung. Israel will einen Messias, der ihm irdische Wohlfahrt bringt. Dem Volk sind immer wieder Brot und Spiel wichtiger als Religion. Auch in der Kirche gibt es Tausende, denen der irdische Besitz wichtiger ist als der Besitz des Gottesreiches. Die Erde ist ihnen wichtiger als der Himmel, das Geld wichtiger als der Geist, die Zeit wichtiger als die Ewigkeit.

Die Entschuldigung des zweiten ist die Arbeit. Er muss die Ochsen, die er gekauft hat, ausprobieren. An sich hätte er durchaus Interesse, aber ein andermal. Es ist ihm jetzt zeitlich unmöglich. Auch diese Menschen sind immer und überall zu finden. Sie sind Sklaven der Arbeit. Ihre Seele ist nicht mehr frei. In die Wirbel und Strudel ruheloser Tätigkeit hineingerissen, finden sie weder Zeit noch Muße, sich mit ewigen Dingen zu befassen und an ihr eigentliches Ziel zu denken. In ihrer heillosen Betriebsamkeit geht das Heil verloren.

Die dritte Entschuldigung ist Sexus und Eros. Der Sexus ist bei ihnen immer wieder stärker als die religiösen Forderungen. Das Triebhafte nimmt viele Menschen gefangen. Sie verlieren sich völlig an die Sinnlichkeit und haben darum für das Geistige nichts mehr übrig. Religion ist für sie ein fremder Klang und eine unbekannte Wirklichkeit.

3. Die Erwählten

Das Reich Gottes setzt sich aber trotzdem durch. Was Jesus im vorausgehenden Text dem Gastgeber empfohlen hat, das erfüllt er nun selbst. Zum Gastmahl werden »Bettler und Krüppel, Blinde und Lahme« eingeladen. Das von den Schriftgelehrten verachtete arme Volk findet den Weg zum Reich Gottes. Die von den Pharisäern als Verworfene betrachtet wurden, sind in Wirklichkeit die

Erwählten. Ein zweites Mal ergeht die Einladung, diesmal hinaus an die Hecken und Zäune, um die Fremden, die Fernen, die Draußenstehenden einzuladen. Der Fall Israels bewirkt die Sendung zu den Heidenvölkern. Sie kommen in hellen Scharen. Paulus ist diesem Geheimnis im Römerbrief nachgegangen. Nach dem Bild, das er dort gebraucht, sind die Zweige Israels vom Stamm des Ölbaumes Christus weggerissen worden. Aber der Baum bleibt nicht kahl. Die Zweige heidnischer Völker werden aufgepfropft und so trägt der Baum Blüten und Früchte, wie man sie nicht erwartet hätte. Das Geheimnis der göttlichen Gnadenwahl wird hier sichtbar.

Es ist Mahnung auch an die Christen. Es werden sich beim Hochzeitsmahl des vollendeten Gottesreiches Menschen nicht finden, deren Anwesenheit man erwarten müsste: Päpste, Bischöfe, Priester, Mönche, Nonnen, Vorstandsmitglieder katholischer Vereine, führende Kirchenmänner und Frauen aus Wohltätigkeitsvereinen werden zum Teil im vollendeten Reich des Herrn umsonst gesucht. Andererseits wird man Menschen finden, die man dort nicht erwartete, Menschen, die nicht sichtbar zur Kirche gehörten und doch innerlich mit Christus verbunden waren, ohne von der Kirche etwas zu wissen. Und innerhalb der Kirche werden es zum Teil Menschen sein, deren Religiosität menschlichen Augen mangelhaft schien, die sich aber ihrer Sündhaftigkeit bewusst waren und durch Reue und Buße den Weg zu Gott gefunden haben, schlichte, einfache Menschen, die unbeachtet ihren Weg gegangen sind, Kreuzträger der Verborgenheit, Menschen selbstverständlicher Pflichterfüllung im Alltag. Die Erwählten werden andere sein als diejenigen, die man vielfach als die Berufenen betrachtete. Und das Haus des Herrn wird gefüllt.

Während der Herr nach Jerusalem schreitet und den Widerstand des Volkes spürt, sind seine Worte auf der einen Seite ernste Warnung und Mahnung, auf der anderen Seite aber zugleich voll Optimismus. Denn das Haus Gottes, das aufzubauen er gekommen ist, wird durch ihn gefüllt werden mit Menschen, die wissen, dass sie seiner Liebe alles verdanken.

VERLASSEN

(Lk 14,25–35)

Es zog eine große Volksmenge mit ihm. Da wandte er sich um und sprach: »Wenn einer zu mir kommt und nicht seinen Vater, seine Mutter, seine Frau, seine Kinder, seinen Bruder und seine Schwester und dazu noch sein Leben hasst, kann er nicht mein Jünger sein. Wer nicht sein Kreuz trägt und mir nachfolgt, kann nicht mein Jünger sein. Denn wer von euch, der einen Turm bauen will, setzt sich nicht zuerst hin und berechnet die Kosten, ob er genug hat zur Durchführung, damit er nicht, wenn er das Fundament gelegt hat, es nicht zur Ausführung bringen kann, sodass alle, die es sehen, anfangen, ihn zu verspotten, und sagen: ›Dieser Mensch hat angefangen zu bauen und war nicht imstande, es zu vollenden.‹ Oder welcher König, der ausziehen will, um mit einem anderen König Krieg zu führen, setzt sich nicht zuerst hin und berät, ob er imstande ist, mit Zehntausend dem entgegenzutreten, der mit Zwanzigtausend gegen ihn heranzieht? Wenn nicht, schickt er, während jener noch fern ist, eine Gesandtschaft und bittet um Frieden. So kann keiner von euch mein Jünger sein, der nicht allem entsagt, was er besitzt.

Das Salz ist gut. Wenn aber das Salz schal geworden ist, womit soll es wieder kräftig werden? Es ist weder für den Boden noch für den Dünger tauglich. Man wirft es weg. Wer Ohren hat zu hören, der höre.«

War der bisherige Abschnitt durch den äußeren Umstand des Gastmahles zu einer Einheit geworden, so sind die nächsten Worte des Herrn inhaltlich eine Einheit durch den Gedanken an das Verlassen und Verlieren.

Große Volksscharen folgen dem Herrn. Sie stellen sich die Nachfolge zu leicht vor. In der Augenblicksbegeisterung scheint ihnen alles selbstverständlich. Darum stellt Christus mit allem Ernst ernüchternd die harte Forderung für seine Gefolgschaft.

1. Die Forderung

Der Mensch, der ihm nachfolgen will, muss sich lossagen, und zwar von dem, was ihn am meisten bindet. Er muss die Bande der Familie, also die Bande des Blutes zerreißen: »Vater und Mutter, Frau und Kind, Bruder und Schwester.« Die bluthafte Bindung liegt in der Natur des Menschen und ist durch langjähriges Zusammenleben gefestigt. Aber Gott ist wichtiger. Vor seinem Recht muss jedes Menschenrecht weichen. Er kann den Menschen so an sich binden, dass alle anderen Bindungen gelöst werden müssen. Gott ist nach dem merkwürdigen Wort der Bibel ein eifersüchtiger Gott. Die Liebe soll ihm ausschließlich und ganz gehören, damit er seinerseits den Erwählten und Begnadeten mit seiner ganzen Liebe erfüllen kann. In dieses ernste Geheimnis, in dieses Heiligtum kann nur der schreiten, der sich von den Menschen loslöst, um allein das Brautgemach des Herrn zu betreten.

Noch mehr: Der Mensch muss »sich selbst« verlassen. Sein rein natürliches Menschsein mit seinen Wünschen, Sehnsüchten, seinem Geltungstrieb, seinem naturhaften Lebenshunger, seiner Stellung in der Welt und unter den Menschen soll endgültig preisgegeben werden. Der Schmetterling muss aus der Puppe herauskriechen. Der neue Mensch muss den Mutterschoß seiner bisherigen Existenz verlassen, um zu einem neuen Leben eines neuen Seins geboren zu werden.

Noch mehr: Der Mensch muss die anderen und sich selbst »hassen«. Es ist also nicht bloß eine Distanzierung, ein Sichabfinden mit dem Verlust, ein langsames, fast unbewusstes Sichloslösen, ein allmähliches Hinauswachsen, sondern ein hartes, bewusstes und schmerzendes Nein überall dort und immer dann, wo ein Gegensatz oder auch nur ein Unterschied gegenüber Gott und den

Forderungen Gottes zu sehen ist. Der Mensch muss dann die Wahl treffen und sich entscheiden in der Zuspitzung eines unerbittlichen Entweder-oder.

Noch mehr: »Wer sein Kreuz nicht trägt, kann mein Jünger nicht sein.« Kreuz besagt, verurteilt zu werden als Schädling der menschlichen Gesellschaft, als Verbrecher betrachtet zu werden. Kreuz heißt gewaltsame Vernichtung und Hinrichtung, Ausstoßung, Tod, Untergang, in Schmach, in Gewalt, in blutigem Ende.

Bei diesem ganzen Verzicht mit seiner atemraubenden Steigerung steht ein Wort, das alles erklärt und begründet: »Wer mir nachfolgt«, wer »mein« Jünger sein will. Es geht also um Christus. Es handelt sich darum, seinen Weg zu beschreiten, in seine Jüngerschaft zu treten, in seiner Nachfolge zu stehen. Er ist so groß und seine Liebe so gewaltig, sein Anspruch so berechtigt, seine Größe so unwiderstehlich, dass alles andere zurückzutreten hat. Bei der ganzen Hingabe an ihn, den Herrn, gibt es kein billiges Sowohl-als-auch, kein bequemes Nebeneinander, sondern nur die Ausschließlichkeit, auf die Gott Anspruch erhebt, und die Liebe, die nichts anderes mehr kennt.

2. Illustration

Die Lehre ist so wichtig, dass Jesus sie durch drei Bilder erläutert. Das erste Bild ist der Turmbau. So wenig man ohne Geld einen Turm bauen kann, so wenig kann man ohne den völligen Verzicht den gewaltigen Bau eines Lebens in der Nachfolge Christi ausführen. Was das Geld zum Bauen bedeutet, ist die Entsagung für die Nachfolge des Herrn. Es ist *conditio sine qua non*, unabdingbare Voraussetzung. Das zweite Bild ist dem Krieg entnommen. Wie der König Soldaten braucht zum Kriegführen, so braucht der Jünger die Entsagung, um den Kampf gegen den Feind Gottes zu führen. Das Militär ist die wesentliche Voraussetzung für den äußeren Kampf und der Verzicht ebenso die wesentliche Voraussetzung für den inneren Kampf, den der Mensch in der Nachfolge Christi zu führen hat. »So kann keiner von euch mein Jünger sein, wenn er nicht allem entsagt, was er besitzt.« Bei beiden Bildern findet sich ein eigenartiger Umschlag. Geld ist für den Bau etwas Positives, ebenso die Soldaten für den Krieg. Man könnte erwarten, dass infolgedessen auch der Mensch für den Dienst Christi etwas Positives als Voraussetzung mitbringen muss. Aber beide Bilder schlagen ins gerade Gegenteil um, denn wie in der Welt das Besitzen wesentlich ist, so ist in der Nachfolge Christi das Nichtbesitzen, der Verzicht, wesentlich. Christus ist alles und soll alles sein. Wer neben ihm noch etwas anderes hat oder will oder braucht, hat die ganze Hingabe an Christus allein nicht verstanden. Das letzte Bild ist das Bild des Salzes. Salz, das schal geworden ist, kann nicht mehr würzen, es wird hinausgeworfen. So ist ein Jünger, der die Entsagung nicht hat, schales Salz, untauglich für die Nachfolge und für den Dienst des Herrn.

Die Forderung ist so groß und die dreifache Erläuterung durch die Bilder so zwingend, dass der Mensch nicht ausweichen kann. Christus setzt dahinter gewissermaßen noch ein Ausrufzeichen durch den Satz: »Wer Ohren hat zu hören, der höre.«

VERLOREN

(Lk 15,1–7)

Es kamen aber dauernd eine Menge Zöllner und Sünder, um ihn zu hören. Die Pharisäer und Schriftgelehrten murrten und sagten: »Dieser nimmt Sünder auf und isst mit ihnen.« Da legte er ihnen folgendes Gleichnis vor: »Welcher unter euch hat hundert Schafe und verliert ein einziges davon und lässt nicht die neunundneunzig in der Wüste und geht dem einen verlorenen nach, bis er es gefunden hat? Wenn er es gefunden hat, nimmt er es voll Freude auf die Schultern, und wenn er nach Hause kommt, ruft er die Freunde und die Nachbarn zusammen und sagt ihnen: ›Freut euch mit mir, denn ich habe mein Schaf gefunden, das ich verloren hatte.‹ Ich sage euch, so wird im Himmel mehr Freude sein über einen Sünder, der sich bekehrt, als über neunundneunzig Gerechte, die der Buße nicht bedürfen.«

Unter der Volksmasse, die dem Herrn folgt, sind auffallenderweise auch viele Zöllner und Sünder. Die Pharisäer und Schriftgelehrten nehmen daran Anstoß. Ihr Erstaunen und ihre Missbilligung sind begreiflich. Und ihre Frage, warum er das tue, ist berechtigt.

1. Die Frage

Zöllner sind Menschen, die ihren Lebensunterhalt durch zweifelhafte Geschäftspraktiken verdienen, infolgedessen sich weder grundsätzlich noch tatsächlich um das Gesetz Gottes kümmern, für religiöse Gründe weder Zeit noch Interesse haben und darum in den Kreisen religiöser Menschen wenig Ansehen genießen.

Sünder sind Menschen, die nur ruhig sind, wenn sie nicht an Gott denken, und darum am besten jedem religiösen Gedanken ausweichen.

Warum finden sie sich dennoch in auffallend großer Zahl bei Jesus ein? Er hat doch für materialistische Gesinnung und gottfernes Leben keine Sympathie und sucht keineswegs die Religion möglichst bequem zu machen. Warum kommen trotzdem gerade diese Menschen zu ihm? Und umgekehrt: Pharisäer sind Menschen des religiösen Radikalismus, Asketen von Beruf, Fromme, die es sich etwas kosten lassen, Integrale reinsten Wassers, moralische Auslese. Schriftgelehrte sind Fachmänner des göttlichen Gesetzes, Experten gottgewollter Lebenshaltung, Spezialisten in Religion, Orakel der Theologie. Warum kommen gerade diese Menschen nicht zu Christus, es sei denn als Gegner, um ihn bloßzustellen und zu erledigen? Zöllner und Sünder sind doch die Verlorenen, Pharisäer und Schriftgelehrte die Erwählten? So dachte das Volk und so musste doch wohl auch Gott denken. Warum war es anders?

2. *Die Antwort*

Aber Gott dachte und denkt anders. Das Tun der Zöllner und Sünder war verkehrt. Das Tun der Pharisäer und Schriftgelehrten war in vielem richtig. Aber die innere Gesinnung, aus der das Tun strömt, war ganz anders.

Zöllner und Sünder betrachteten sich als Verlorene, von Gott Entfernte, nichts weniger als Fromme und Religiöse, sondern eben als Sünder. Darum waren sie überzeugt, dass sie sich nicht selbst helfen konnten und dass Gottes Gnade und Erbarmen ihre einzige Hilfe war.

Pharisäer und Schriftgelehrte betrachteten sich als Gerechte, Gesicherte, bei denen alles in Ordnung war, die der Gnade Gottes nicht bedurften. Menschen der Selbstheiligung brauchen die Heiligung durch den allein heiligen Gott nicht.

Gott aber denkt anders. Er schaut nicht auf das äußere Tun, sondern auf die innere Gesinnung. Ist diese innere Gesinnung das Bewusstsein der eigenen Kleinheit, Begrenztheit, Schwäche, Sündhaftigkeit, so sind das Menschen, die im Innersten Gott suchen, nach ihm verlangen und für seine Gnade empfänglich sind. Ein solcher Mensch hat den Ansatzpunkt für die Gnade. Sein Acker ist zwar voller Steine, aber er ist doch gepflügt und aufgebrochen und darum bereit für die Saat. Er ist krank, aber gerade darum verlangt er nach dem Arzt. Er ist leer, aber gerade diese Leere ruft nach der Fülle, die nur Gott geben kann. Er steht am Ende der Sackgasse seines Lebens und ist gerade darum bereit zur Umkehr, zur Bekehrung. Er hat sich im Gestrüpp verfangen und lässt sich gerade darum gerne durch eine helfende Hand befreien.

Ist die Gesinnung aber das Bewusstsein eigener Größe und Kraft, moralischer Tadellosigkeit und bürgerlicher Ehrsamkeit, hat ein Mensch die Überzeugung, dass bei ihm religiös alles in Ordnung ist, so wird ein solcher Mensch Gott nicht suchen, denn er ruht ja in sich selbst. Sein Selbstvertrauen ersetzt das Gottvertrauen. Seine Eigenliebe verhindert die Gottesliebe. Sein selbstsüchtiges Kreisen um sich selbst verunmöglicht ein Verlangen nach Gott. Das Ruhen in sich widerstrebt der Unruhe zu Gott.

Zöllner und Sünder können sich bekehren, wenn sie um ihre Zöllnerexistenz und ihre Sündhaftigkeit wissen. Pharisäer und Schriftgelehrte können sich nicht bekehren, wenn sie sich für gerecht halten. Der Himmel freut sich über jede Bekehrung, weil ein Abgewandter sich Gott zuwendet, ein Verkehrter umkehrt, ein Verlorener gerettet wird. Folglich freut sich der Himmel über jeden »Sünder«, der sich bekehrt, kann sich aber nicht freuen über jeden »Gerechten«, der nach seiner Überzeugung der Bekehrung nicht bedarf. Der Himmel freut sich über den einen, der wirklich Sünder war und durch Christus, der den Sündern nachgeht, gerettet wird. Der Himmel freut sich aber nicht über die Menschen, auch wenn es deren neunundneunzig Prozent wären, die nicht gerettet werden können, weil sie nicht gerettet werden wollen, aus dem einfachen Grund, weil sie der Rettung nach eigener Überzeugung gar nicht bedürfen.

Gottes Gedanken sind nicht unsere Gedanken und Gottes Wege sind nicht unsere Wege. Darum beurteilt Christus den Weg Gottes anders als die Menschen von damals und von heute. Er geht den wirklichen »Sündern« nach und lässt die »Scheingerechten« stehen.

SUCHEN

(Lk 15,8–10)

»Und welche Frau, die zehn Drachmen hat und eine einzige davon verliert, zündet nicht ein Licht an und kehrt das Haus aus und sucht voll Eifer, bis sie sie findet? Und wenn sie sie gefunden hat, ruft sie die Freundinnen und Nachbarinnen zusammen und sagt: ›Freut euch mit mir, denn ich habe die Drachme gefunden, die ich verloren hatte.‹ Ich sage euch, so ist mehr Freude bei den Engeln Gottes über einen Sünder, der sich bekehrt.«

Zum Verlieren um Christi willen und zum Verlorensein ohne Christus kommt das Gesuchtwerden durch Christus und das Suchen wie Christus.

1. Gesuchtwerden

Wie die Frau das Geldstück sucht und mit Suchen nicht aufhört, bis sie es findet, so kann und muss, nach dem Worte Christi selbst, auch von einem Suchen Gottes geredet werden. Die Gnade wird nicht in krämerischer Sparsamkeit ausgeteilt. Und Gott rechnet dem Menschen nicht schulmeisterlich vor, wie viel er für ihn schon getan hat. Immer wieder spendet Gott seine Gnade. Seine Liebe ist nie ausgeschöpft. Gott sucht den verlorenen Menschen innerlich durch Einsprechungen, Mahnungen, Warnungen, äußerlich durch die Kirche, die Priester, durch Menschen, Bücher, Ereignisse. Manche Dinge, die dem Menschen unangenehm sind, sind in Wirklichkeit der hörbare Schritt Gottes hinter dem Menschen her. Krankheiten sollen den Ruhelosen besinnlich machen, Vermögensverluste ihn vom Irdischen loslösen, Enttäuschungen können ihm die Unzuverlässigkeit der Menschen zeigen, Misserfolge seinen falschen Stolz dämpfen, schmerzende Kritik ihn vom Egoismus befreien. Auch wenn der Mensch in die Irre geht, folgt Gott ihm nach. Nirgendwo ist der Mensch allein. Nie darf er sich als von Gott aufgegeben betrachten. Gott ist ein Jäger, der ruhelos dem Wild nachstellt, ein Menschenfischer, der in Geduld wartet, bis das Fischlein ihm in das Netz der Gnade geht oder bis das unruhig zappelnde Menschenfischlein an der Gottesangel endlich aus dem Tümpel herausgezogen werden kann. Erst im Jenseits wird der Mensch staunend und verwundert erkennen, dass der suchende Gott ständig hinter ihm her war und dass die Liebe dieses großen Suchers erfinderisch immer neue Mittel und Methoden gefunden hat, um den Verlorenen heimzuholen. Wir leben alle, ohne es zu ahnen, in einer Atmosphäre der göttlichen Liebe. Wir bedeuten für Gott unbegreiflicherweise einen Reichtum. Darum die Freude des Himmels, wenn das Verlorene wiedergefunden ist.

2. *Suchen*

Das Gleichnis findet auch Anwendung auf das Suchen nach den verlorenen Menschen. Auch der Seelsorger darf sich nie mit den Praktizierenden zufriedengeben. Er muss an die Fernstehenden, Abgefallenen, Gefährdeten und Verlorenen denken. Es ist ein schlechtes Zeichen, dass in den vielen modernen Priesterromanen so häufig die Pfarrer als saturierte Bürger gezeichnet werden. Offenbar spielt das Trägheitsprinzip und die Linie des geringeren Widerstandes auch im Priesterleben doch eine große Rolle. Das ist umso erstaunlicher, als heute auf den meisten Bischofsstühlen Männer sitzen, die während des Ersten Weltkrieges junge, aufgeschlossene, beinahe kirchlich revolutionäre Geister waren. Wie wenig hat sich das ausgewirkt! Ein Großteil der heutigen Pfarrer hat den Zweiten Weltkrieg mitgemacht und trotzdem ist davon wenig zu spüren. (Der Autor schrieb das Manuskript 1950, Anm. d. Verl.) Es ist, als ob die Übernahme eines fest gefügten kirchlichen

Amtes den Geist allzu rasch beruhige und den kühnen Eroberergeist schwäche. In Wirklichkeit verliert die Kirche ständig Menschen, für die sie Verantwortung trägt. Wenn der Gute Hirt die neunundneunzig stehen lässt, um dem einen Verlorenen nachzugehen, und wenn die Frau alle Arbeit niederlegt, um das verlorene Geldstück zu suchen, muss auch der Seelsorger Methoden und Wege finden, die Verlorenen zurückzugewinnen. Ob es die Methode der Hausmission ist oder eine organisierte Methode der Hausbesuche, ob es eine neue Aufteilung der großen Pfarreien in Kleinpfarreien ist, ob das Laienapostolat einen größeren Eroberergeist entfaltet, ob das Terrain durch entsprechende Presseaktionen aufgelockert werden kann, ob soziale Bestrebungen und karitative Hilfe den harten Boden bereit zu machen vermögen, jedenfalls darf man sich mit dem Besitzstand nicht beruhigen und muss an das Verlorene denken. Die Guten besser machen ist gut, aber es genügt nicht, denn in Wirklichkeit sind oft die Guten keineswegs die Besten. Mit Bekehrten, mit Konvertiten und Revertiten hat man oft mehr Freude, weil sie wissen, dass sie verloren waren und gefunden wurden und dass sie selbst Verlorenes gefunden haben und den Preis des Gefundenen höher einschätzen als diejenigen, die von Jugend auf religiös gefestigt waren und nie unter dem Verlust gelitten haben.

WIEDERGEFUNDEN

(Lk 15,11–32)

Weiter sagte er: »Ein Mann hatte zwei Söhne. Der jüngere sprach zum Vater: ›Vater, gib mir den Vermögensanteil, der mir zukommt.‹ Dieser teilte die Habe unter ihnen. Kurze Zeit darauf packte der jüngere Sohn alles zusammen und ging in ein fernes

Land. Dort verschleuderte er sein Vermögen durch ein zügelloses Leben. Als er alles durchgebracht hatte, entstand eine große Hungersnot in jenem Land und er fing an, Mangel zu leiden. Dann ging er hin und verdingte sich bei einem Bürger jenes Landes. Dieser schickte ihn auf seine Felder, die Schweine zu hüten. Er hätte sich gerne mit den Schoten gesättigt, die die Schweine fraßen. Aber niemand gab sie ihm. Da ging er in sich und sprach: ›Wie viele Taglöhner meines Vaters haben Überfluss an Brot. Ich aber gehe hier vor Hunger zugrunde. Ich will mich aufmachen und zu meinem Vater gehen und zu ihm sprechen: Vater, ich habe gesündigt gegen den Himmel und vor dir. Ich bin nicht mehr wert, dein Sohn zu heißen. Mach mich zu einem deiner Taglöhner.‹ Er machte sich auf und kam zu seinem Vater. Als er noch weit entfernt war, sah ihn der Vater, wurde von Mitleid erfüllt, lief ihm entgegen, fiel ihm um den Hals und küsste ihn. Der Sohn sprach zu ihm: ›Vater, ich habe gesündigt gegen den Himmel und vor dir. Ich bin nicht wert, dein Sohn zu heißen.‹ Der Vater aber sprach zu seinen Knechten: ›Schnell, bringt das beste Kleid und zieht es ihm an. Gebt ihm einen Ring an die Hand und Schuhe an die Füße, holt das Mastkalb und schlachtet es. Dann wollen wir essen und feiern. Denn dieser, mein Sohn, war tot und ist wieder lebendig geworden. Er war verloren und ist wiedergefunden.‹ Und sie begannen zu feiern.

Der ältere Sohn aber war auf dem Feld. Als er kam und sich dem Haus näherte, hörte er Musik und Tanz. Da rief er einen der Knechte herbei und erkundigte sich, was das bedeute. Dieser sagte ihm: ›Dein Bruder ist gekommen und dein Vater hat das Mastkalb geschlachtet, weil er ihn gesund zurückerhalten hat.‹ Da wurde er zornig und wollte nicht hineingehen. Sein Vater aber kam heraus und redete ihm zu. Er aber antwortete dem Vater: ›So viele Jahre diene ich dir und habe nie eines deiner Gebote übertreten. Aber mir hast du nie ein Böcklein gegeben, dass ich mit meinen Freunden feiern könnte. Und jetzt, wo dieser dein Sohn, der dein Vermögen mit Dirnen durchgebracht hat, heimgekommen ist, hast du für ihn das Mastkalb geschlachtet.‹ Er antwortete ihm: ›Kind, du bist immer bei mir, und alles Meine ist dein. Wir müssen aber feiern und uns freuen, weil dieser, dein Bruder, tot war und nun lebt, verloren war und wiedergefunden ist.‹«

Das Gleichnis vom verlorenen Sohn ist psychologisch meisterhaft gezeichnet. Aber der Akzent der Parabel liegt weder auf dem verlorenen Sohn noch auf seinem Verlust noch auf seiner Heimkehr, sondern auf dem Vater. So schließt Lukas seine Abschnitte, die durch den Gedanken des Verlierens zusammengehalten sind, sinnvoll ab mit dem Hinweis auf Gott, der das Verlorene rettet und den Verlust überreich ausgleicht.

1. Der Vater lässt den Menschen sich verlieren

Im Gleichnis konnte der Vater entweder dem Sohn die Herausgabe seines Anteils vorläufig verweigern oder wenigstens ihm zureden, keine Dummheiten zu machen. Aber davon ist mit keiner Silbe die Rede. Er gibt ihm den Vermögensanteil und lässt ihn ziehen. Beim Sohn ist es weder bösartige Opposition noch sonst irgendeine innere Schlechtigkeit, die ihn zum Weggang treibt, sondern überschäumende Lebenslust, Freude am Abenteuer, Verlangen nach der Ferne und dem Ungewissen, Wagemut und Erlebnisdrang.

So lässt auch Gott den Menschen machen. Er könnte ihn durch die Fügung der Vorsehung oder durch nötigende Kraft der Gnade vor der Sünde bewahren. Aber Gott lässt dem Menschen die Freiheit. Das ist erstaunlich und schwer begreiflich. Aber nachdem der Mensch nach Gottes Willen in Freiheit und zur Freiheit erschaffen ist, lässt Gott dem Menschen die wirklich freie Entscheidung. Er stellt ihm sogar seinen natürlichen Beistand zur Verfügung, denn für alles, was der Mensch tut, also selbst für den Entschluss zum Bösen, braucht er Gottes Hilfe, ohne die nichts geschieht.

Im Gleichnis sinkt der Verlorene von Stufe zu Stufe. Zuerst ist es einfach ein leichtsinniges Geldausgeben und Großtun, dann verschwendet er sein Vermögen mit Frauen, bis er schließlich völlig im Elend sitzt und als Schweinehirt am Verhungern ist. Dabei ist noch zu bedenken, was das Schwein für den Juden bedeutet.

Auch Gott lässt den Menschen die Straße ziehen, die er sich selbst wählt, und lässt ihn nach seinen eigenen Wünschen und Willen abgleiten. Der Mensch, der überzeugt ist, die Dinge selbst bestimmen zu können, wird von Gott seiner Selbstbestimmung überlassen, bis er erfährt, dass sein Wille zum Aufstieg willenloser Abstieg wird. Auch Gott lässt es oft genug zu, dass der Mensch bei den Schweinen landet und am Verhungern ist. Merkwürdig ist nur, dass die Menschen, solange es ihnen gut geht, nicht an Gott denken, sondern alles selbst tun und bestimmen wollen. Wenn es ihnen aber dann infolgedessen schlecht geht, geben sie Gott die Schuld.

2. *Der Vater nimmt den Verlorenen auf*

Im Gleichnis geht der Sohn in sich. Am tiefsten Punkt angelangt betet er sein *De profundis* (Psalm 130, »Aus der Tiefe, Herr«, Anm. d. Verl.), kommt zur Erkenntnis seiner eigenen Schuld und ist zum Geständnis bereit:

»Vater, ich habe gesündigt vor dem Himmel und vor dir.« Er wird sich bewusst, dass er keinen Rechtsanspruch mehr hat und nur um gnädige Aufnahme als letzter Taglöhner bitten kann.

Wenn der Mensch das Erlebnis des eigenen Versagens durchkostet hat, wird er sich des Wertes der Gnade bewusst, denn nun weiß er, dass er aus sich nichts kann und dass er infolgedessen völlig auf die Hilfe Gottes angewiesen ist. Durch die Sünde ist er aus der Kindschaft herausgefallen und weiß nun, dass schon die Knechtschaft gegenüber Gott eine Erwählung ist. Nun steht er nicht mehr als selbstbewusst Fordernder vor dem Vater, sondern als schuldbewusst Bittender vor dem Herrn. Aber Gott nimmt ihn auf. Wie im Gleichnis der Vater gewartet hat, jetzt aber die Initiative ergreift und dem Verlorenen entgegeneilt, sich seiner erbarmt, ihn das Schuldbekenntnis nicht einmal fertig sprechen lässt, sondern ein Freudenmahl hält und ein Fest feiert, so ist es auch mit dem Verhalten Gottes gegenüber dem reuigen Sünder. Gott geht ihm entgegen, denn schon die innere Einsicht und Umkehr ist Gnade Gottes. Dass der Verlorene aus der Einsicht die Folgerungen zieht und den Weg zu Gott beschreiten kann, ist ebenfalls Gnade. Dass Gott ihn wieder aufnimmt, ist Erbarmen des Herrn und es ist die Unbegreiflichkeit der Gnade, dass Gott den reuigen heimkehrenden Sünder förmlich mit seiner Liebe überschüttet, alles Vergangene vergisst, dem Menschen nicht schulmeisterlich vorrechnet, ihm keinen Schuldschein vorlegt, sondern die letzten Dinge besser sein lässt als die ersten. Das Freudenmahl zeigt, dass Gott die Liebe ist. Gerade im Unterschied und Gegensatz zum schmollenden Bruder, der sehr menschlich denkt und empfindet und durch seine Bravheit nur die Kleinlichkeit seines Denkens und die Enge seines Herzens bisher verdeckt hat, lässt im Gleichnis die großzügige Art des Vaters das Wesen Gottes erkennen, nämlich die Unendlichkeit der Liebe, das Wogen des göttlichen Herzens und die rauschende Musik der göttlichen Liebe. Von Verlorensein ist nun nicht mehr die Rede. Die Schatten sind verscheucht. Alles Dunkel ist vom Licht durchflutet. Die Dinge sind schöner als zuvor, die Sünde ist zur *felix culpa* (»glückliche Schuld«, Anm. d. Verl.) geworden und lässt die Größe Gottes erst recht erkennen, sodass auch die Sünden dem Menschen zum Heil werden und zur Verherrlichung Gottes führen: *Etiam peccata*.

DAS GLEICHNIS VOM VERWALTER

(Lk 16,1–12)

Er sprach zu seinen Jüngern: »Ein reicher Mann hatte einen Verwalter. Dieser wurde bei ihm verklagt, dass er seinen Besitz verschleudere. Er ließ ihn kommen und sprach zu ihm: ›Was höre ich da von dir? Du kannst nicht mehr mein Verwalter sein.‹ Da sprach der Verwalter zu sich selbst: Was soll ich tun? Mein Herr nimmt mir die Verwaltung weg. Graben kann ich nicht, zu betteln schäme ich mich. Ich weiß, was ich tun will, damit sie mich in ihre Häuser aufnehmen, wenn ich die Verwaltung nicht mehr habe. Und er ließ jeden Einzelnen von den Schuldnern seines Herrn kommen. Zum ersten sagte er: ›Wie viel schuldest du meinem Herrn?‹ Er antwortete: ›Hundert Fass Öl.‹ Da sagte er zu ihm: ›Nimm deinen Schuldschein, setze dich rasch hin und schreibe fünfzig.‹ Dann sprach er zu einem anderen: ›Und du, wie viel schuldest du?‹ Er antwortete: ›Hundert Malter Weizen.‹ Er sprach zu ihm: ›Nimm deinen Schuldschein und schreibe achtzig.‹ Und der Herr lobte den ungerechten Verwalter, dass er klug gehandelt habe. Die Kinder dieser Welt sind eben klüger als die Kinder des Lichtes gegenüber ihresgleichen. Und ich sage euch: Macht euch Freunde mit dem ungerechten Mammon, damit man euch, wenn es zu Ende geht, in die ewigen Wohnungen aufnimmt.

Wer im Kleinen getreu ist, ist auch im Großen getreu, und wer im Kleinsten ungerecht ist, ist auch im Großen ungerecht. Wenn ihr mit dem ungerechten Mammon nicht treu wart, wer wird euch das wahre Gut anvertrauen? Und wenn ihr mit Fremdem nicht treu umgegangen seid, wer wird euch das Eigene geben?«

Die nächste Redegruppe des Herrn befasst sich mit dem materiellen Besitz.

1. *Der kluge Verwalter*

Man hat am Gleichnis vom klugen Verwalter vielfach Anstoß genommen und versucht, dem Ärgernis dadurch zu begegnen, dass man das Tun des Verwalters als erlaubt hinstellte mit der Begründung, ein Pächter habe nach damaligem Recht nach eigenem Gutdünken handeln können. In Wirklichkeit geht es aber um etwas völlig anderes. Die eigentliche Spitze der Parabel liegt darin, dass die Kinder des Lichtes auf ihrem Gebiet ebenso geschickt handeln sollten wie die Kinder der Welt auf dem ihren. Der Verwalter handelt keineswegs nach dem Willen des Herrn, nicht zu dessen Vorteil, sondern zu dessen Schaden. Aber sein Vorgehen ist vom egoistischen Standpunkt aus klug. Er handelt gerissen. Der geschädigte Herr muss trotz allem Zorn diese Klugheit anerkennen. Der Verwalter, der seinen Posten verliert, will einerseits keine mühsame Handarbeit leisten, andererseits nicht einer Bettelexistenz ausgeliefert sein. Und so findet er den Ausweg, dass er durch Schädigung seines Herrn dessen Schuldner sich zu Freunden macht. So werden und müssen sie ihm wenigstens vorübergehend aushelfen, bis er einen neuen Verwalterposten findet. Die berechnende Klugheit ist also eigentlich entscheidend. Der Mensch hat den materiellen Besitz von Gott zur Verwaltung empfangen. Er soll ihn so verwenden, dass er in der Stunde, in der er in Verlegenheit kommt und die bisherige Existenz verliert, Freunde hat, die ihm dann behilflich sind. Diese Stunde ist die Todesstunde, denn dann muss der Mensch seine bisherige Existenz drangeben. Freunde wird er dann finden, wenn er durch seinen materiellen Besitz anderen geholfen hat, die dann bei Gott ein Wort für ihn einlegen, sodass er »in die ewigen Wohnungen aufgenommen« wird. Der kluge Gebrauch des Besitzes, gewissermaßen die Gerissenheit, besteht also darin, dass man diesen nicht möglichst zu vermehren sucht, also nicht aufs Einnehmen ausgeht, nicht auf materiellen Gewinn erpicht ist, sondern dass man im Gegenteil lieber gibt als nimmt, lieber hilft als sich helfen lässt. Je mehr man mit dem Besitz

Gutes tut, desto mehr kann man dann eines Tages im anderen Leben Gutes empfangen.

Das Almosengeben hat heute einen schlechten Klang. Zum Teil mit Recht. Der Arbeiter will nicht Almosen, sondern Gerechtigkeit. Das soziale Empfinden ist geweckt, das soziale Gewissen geschärft. Man will für die Leistung den entsprechenden Lohn, nicht Almosen aus Gnade und Barmherzigkeit.

Trotzdem besteht das Almosen zu Recht in dem Sinne, dass der Mensch, der etwas besitzt, mit seinem Besitz nach verschiedenen Seiten hin Gutes tun soll, auch dort, wo er dazu nicht verpflichtet ist, und auch dort, wo er selbst keinerlei Vorteil davon hat. Geben und Helfen ist der beste Gebrauch.

Christus fügt aber noch eine zweite Anwendung hinzu. Er betont, dass der, der im Kleinen treu ist, auch das Große getreu verwaltet.

2. Treue Verwaltung

Damit aus dem Gleichnis nicht etwa die Schlussfolgerung gezogen wird, der Mensch dürfe gegen den Willen des Herrn das Vermögen verwalten, betont Christus ausdrücklich das Gegenteil. Der Mensch soll das, was er von Gott empfangen hat, nach dem Willen Gottes verwalten. Wenn es auch nur wenig ist, wird die Treue in der Verwaltung des Wenigen zur Folge haben, dass ihm vieles gegeben wird.

Das Wenige und Kleine, das der Mensch zu verwalten hat, ist das irdisch-menschlich Äußere, also Verwaltung von Hab und Gut, Körperkraft und Gesundheit, geistigen Talenten und seelischen Gaben. Der Mensch soll sich dabei nicht fragen: Was lockt mich, wonach habe ich Gelüste, wozu treiben mich Laune und Stimmung, was erwarten die Menschen, was tun die anderen? Sondern seine einzige Frage soll sein: Was entspricht dem Willen des Herrn, der mir das zur Verwaltung übertragen hat? Handelt er so, so wird ihm Größeres gegeben, nämlich das Übernatürliche, Religiöse, der Reichtum der Gnade, der Besitz des Heiligen Geistes.

Aber wie selten sind die Menschen, die bei der Gestaltung ihres Lebens und dem Gebrauch ihrer natürlichen Gaben und ihrer Kräfte nach dem Willen Gottes fragen! Die wenigsten sind sich überhaupt bewusst, dass sie Verwalter sind. Sie glauben, Eigentümer zu sein. Dementsprechend gebrauchen sie nach eigenem Willen. Ihr Tun ist Willkür. Religiöse Haltung dagegen besagt, dass nicht der Eigenwille bestimme, sondern der Wille Gottes. Die Vaterunser-Bitte »Dein Wille geschehe« muss Norm für das menschliche Tun werden. Nur dann ist das Leben Gottesdienst.

UNERBITTLICH

(Lk 16,13–18)

»Kein Knecht kann zwei Herren dienen. Entweder wird er den einen hassen und den anderen lieben oder er wird dem einen anhangen und den anderen verachten. Ihr könnt nicht Gott und dem Mammon dienen.«

Als die Pharisäer, die geldgierig sind, das hörten, verhöhnten sie ihn. Er sprach zu ihnen: »Ihr seid solche, die sich vor den Menschen als Gerechte hinstellen. Gott aber kennt eure Herzen. Denn wer bei den Menschen als etwas Großes gilt, ist vor Gott ein Gräuel. Das Gesetz und die Propheten galten bis zu Johannes. Von da an wird das Reich Gottes verkündet und jeder drängt mit Gewalt hinein. Leichter aber werden Himmel und Erde vergehen, als dass nur ein Häklein vom Gesetz hinfällig würde.

Jeder, der seine Frau entlässt und eine andere heiratet, begeht Ehebruch; und wer eine von ihrem Mann Entlassene heiratet, begeht Ehebruch.«

Das Geld ist eine der großen Versuchungen der Menschheit, die größte neben der Macht und der Sinnlichkeit. Darum stellt Christus die unerbittliche Forderung und duldet kein Ausweichen.

1. Entweder-oder

Das Wort Jesu ist unerbittlich. »Kein Knecht kann zwei Herren dienen. Entweder wird er den einen hassen und den anderen lieben oder er wird dem einen anhangen und den anderen verachten. Ihr könnt nicht Gott dienen und dem Mammon.« Es ist also ein klares, scharfes Entweder-oder. Der Mensch muss sich entscheiden: Gott oder Mammon. Also Gott oder Götze, Habsucht oder Suchen Gottes, Materialismus oder religiöse Lebenshaltung. Gott ist der Eine und Einzige. Es darf neben ihm keinen anderen Höchstwert geben. Das Leben ist entweder Huldigung an Gott oder Tanz um das goldene Kalb. Entweder besitzt der Mensch Gott, den Herrn, oder er ist besessen vom Geld. Zwischen dem Primat der Wirtschaft und dem Primat der Religion muss der Mensch die Wahl treffen. Sein Leben ist entweder Dienst Gottes oder Knechtschaft des Geldes. Damit sind keineswegs etwa bloß die Reichen gemeint, denn es gibt viele Arme, deren Denken und Wünschen mehr um das Geld kreisen als das der Reichen. Es ist eine Frage der inneren Einstellung.

2. Sowohl-als-auch

Die Pharisäer sind anderer Meinung. »Sie verhöhnten ihn.« Nach ihrer Überzeugung ist diese Forderung eines Entweder-oder ein naiver Fanatismus. Nur einer, der die Welt und die Menschen nicht kennt, kann so sprechen. Das Geld regiert nun einmal die Welt und verschafft dem Menschen Einfluss und Geltung. Auf den Mammon verzichten wollen um Gottes willen ist das Ideal eines naiven

Schwärmers. Sie, die Pharisäer, sehen hinter die Kulissen des Lebens. Sie haben sich für ein Sowohl-als-auch entschieden. Sie wollen ein angenehmes Leben und brauchen dazu Geld. Und sie wollen doch zugleich als Fromme und Religiöse gelten. Ihr Sowohl-als-auch geht sogar so weit, dass sie gerade für ihre Frömmigkeit sich bezahlen lassen und somit aus dem Gottesdienst Geld machen. Sie missbrauchen Gott zum Dienst am Mammon. Das ist nach ihrer Überzeugung vollendete Klugheit. So muss es der Lebenstüchtige machen. Dann hat er auf beide Karten gesetzt und hat sowohl Himmel wie Erde, Gott und die Menschen.

3. Unerbittlichkeit

Aber Jesus lässt sich nicht darauf ein. Die Entscheidung wird nicht von den Menschen gefällt, sondern von Gott. Dessen Urteil ist aber untrüglich: »Ihr seid solche, die sich vor den Menschen als Gerechte hinstellen. Gott aber kennt eure Herzen.« Sie mögen durch ihre schlaue Methode vor den Menschen groß dastehen, aber »was vor den Menschen groß scheint, ist vor Gott ein Gräuel«. Sie bilden sich auf ihre Gesetzeskenntnis und Gesetzestreue etwas ein. Dann müssen sie es aber auch halten, und zwar auf dem Gebiet, das neben der Habsucht von ihnen ebenfalls umgangen wird, nämlich auf dem Gebiet der Sinnlichkeit. Es gilt die Bestimmung: »Wer seine Frau entlässt und eine andere heiratet, begeht Ehebruch, und wer eine vom Manne Entlassene heiratet, begeht Ehebruch.« So ist Jesus auf allen Gebieten unerbittlich. Gottes Herrschaft und Gottes Wille entscheidet. Für den Menschen gibt es hier nur ein sauberes Ja oder Nein. Er kann nicht seinen eigenen Gelüsten frönen und sich zugleich einbilden, Gott zu dienen. Und er kann umgekehrt nicht Gott dienen und zugleich die Befriedigung seines Geizes und seiner Sinnlichkeit haben wollen. Man beurteilt Jesus falsch, wenn man in ihm immer nur den sanften, demütigen, gütigen, beinahe weichen Menschen sieht. Wo es um

Gott geht, sind seine Worte von stählerner Härte und kristallener Klarheit, unnachgiebig fordernd und den Menschen unausweichlich zur Entscheidung zwingend. Es gibt kein Zwischenhindurch, kein Ausweichen und Umgehen der Hindernisse. Es gibt nur eine klare, saubere Entscheidung: ein Entweder-oder.

ARMUT UND REICHTUM

(Lk 16,19–31)

»Er war einmal ein reicher Mann. Er kleidete sich in Purpur und feines Linnen und lebte täglich herrlich und in Freuden. Ein Bettler namens Lazarus wurde vor seine Tür getragen und war voll von Geschwüren. Er wollte sich von den Abfällen, die vom Tische des Reichen fielen, ernähren. Und Hunde kamen, seine Geschwüre zu lecken. Eines Tages geschah es, dass der Bettler starb und von den Engeln in den Schoß Abrahams getragen wurde. Auch der Reiche starb und wurde begraben. Als er in der Unterwelt, von Qualen geplagt, seine Augen erhob, sah er Abraham von ferne und Lazarus in seinem Schoß. Da rief er laut und sprach: ›Vater Abraham, erbarme dich meiner und schick den Lazarus, dass er wenigstens seine Fingerspitzen ins Wasser tauche und meine Zunge kühle, denn ich leide große Pein in dieser Flamme.‹ Abraham aber sprach: ›Kind, bedenke, dass du in deinem Leben Gutes empfangen hast und Lazarus gleichermaßen Schlechtes. Jetzt aber wird dieser getröstet, du aber gepeinigt. Und außerdem besteht zwischen uns und euch eine große Kluft, sodass die, die von hier zu euch hinüberwollen, es nicht können. Und auch die, die dort sind, können nicht zu uns herüberkommen.‹ Da sprach er: ›Ich bitte dich, Vater, schick ihn in das Haus meines Vaters. Denn ich habe fünf Brüder, er möge es ihnen kundtun,

damit nicht auch sie an den Ort der Qalen kommen.‹ Abraham aber sprach: ›Sie haben Moses und die Propheten, auf die sollen sie hören.‹ Er aber antwortete: ›Nein, Vater Abraham: Wenn einer von den Toten zu ihnen kommt, werden sie ihre Gesinnung ändern.‹ Er antwortete ihm: ›Wenn sie auf Moses und die Propheten nicht gehört haben, werden sie sich auch nicht überzeugen lassen, wenn einer von den Toten aufersteht.‹«

Die Redegruppe um den Begriff »verloren« hat bei Lukas einen großartigen Abschluss gefunden durch das Gleichnis vom verlorenen Sohn. Das Gleiche geschieht nun mit der Redegruppe über den Besitz und ihren Abschluss durch die Parabel vom reichen Prasser und vom armen Lazarus.

Es geht in diesem Gleichnis nicht um die soziale Frage, obwohl die Gegensätze zwischen Reich und Arm mit scharfen Strichen gezeichnet und mit geradezu brennenden Farben gemalt sind. Es geht auch nicht um die Gesinnung der Hartherzigkeit oder Mildtätigkeit. Man hat zwar die Parabel oft so ausgelegt. Ja, es ist sogar ein Zusatz, der nicht im Urtext steht, später in diesem Sinn beigefügt worden, nämlich wo es heißt, dass Lazarus »sich gerne von den Brosamen gesättigt hätte, die vom Tisch des Reichen fielen«. So hat man hinzugefügt: »Aber niemand gab sie ihm.« In Wirklichkeit steht dieses Sätzlein nicht im ursprünglichen Text. Außerdem findet sich in der entsprechenden Rede Abrahams auch nicht die leiseste Andeutung dieses Fehlens. Es geht vielmehr in diesem Gleichnis um die falsche Auffassung der Pharisäer, dass nämlich irdisches Wohlergehen Beweis göttlichen Segens und irdische Armut Beweis der Verworfenheit sei. Den Pharisäern ist das Jenseits Nebensache. Die Sadduzäer glauben überhaupt nicht daran. Die religiöse Haltung als ein Betonen des Rechtes und der Gerechtigkeit im Verhältnis zwischen Gott und Mensch fordert infolgedessen, dass jeder Mensch, der sich bemüht, recht zu handeln, also die Mahnung des Herrn zu erfüllen, hier in diesem Leben und auf dieser Erde den Lohn empfangen müsse, auf den er einen

Rechtsanspruch hat. Dem Guten muss es also gut gehen, dem Bösen schlecht. Geht es einem Menschen auf der Erde schlecht, so ist das ein Zeichen, dass er innerlich schlecht ist. Geht es ihm gut, so ist er offenbar religiös gut. Darum der Hohn dieser Pharisäer gegen Christus, der vom Menschen verlangt, auf irdisches Wohlergehen zu verzichten. Diese Forderung des Herrn ist ein direkter und schroffer Gegensatz zu ihrer religiösen Überzeugung. Dieser Gegensatz wird durch Christus in diesem Gleichnis unerbittlich herausgearbeitet. Ein Reicher, der in Luxus lebt und dem nichts fehlt, und ein Armer, der im größten Elend bis zu seinem Tode ein jämmerliches Dasein verbringt, stehen sich gegenüber. Dann ändert sich mit einem Schlag die Situation, denn im Jenseits ist der Gegensatz ebenso schroff, aber jetzt im umgekehrten Sinne. Der Bettler lebt selig im Schoße Abrahams, der Reiche leidet Qual und Not. Dem scheinbar von Gott Gesegneten geht es schlecht, dem scheinbar von Gott Verlassenen geht es gut. Irdische Wohlfahrt ist also kein Beweis für religiöse Größe und göttliche Huld. Irdische Armut ist kein Beweis für Gottverlassenheit und moralische Schlechtigkeit. Das Denken der Pharisäer ist falsch, das Urteil Gottes ist ganz anders. Das ist der Sinn des Gleichnisses. Man kann infolgedessen nicht aus Einzelheiten der Ausmalung und Darstellung geistige Schlussfolgerungen ziehen, also etwa aus der Qual des Prassers im Jenseits eine Darstellung der Höllenqualen im Einzelnen. Denn es ist ein Bild, genauso wie das Ruhen im Schoße Abrahams. Man darf auch nicht ohne Weiteres die moralische Anwendung auf Mildtätigkeit oder auf Ergebenheit in Gottes Willen machen. Denn vom Prasser wird nicht gesagt, dass er hartherzig sei, und von Lazarus wird mit keiner Silbe betont, dass er sein Schicksal ergeben hingenommen habe, sondern man muss bei der eigentlichen Zielrichtung der Parabel bleiben, dass eben das Irdisch-Äußerliche nichts besagt über das Innerliche. Darum geht es.

Dieser Sinn der Parabel war aber nicht nur damals von Wichtigkeit, weil er das falsche Denken der Pharisäer verurteilt und ein

Umdenken fordert, sondern er ist auch heute von größter Wichtigkeit. Die Menschen beurteilen das eigene Leben und das Dasein der anderen immer wieder nach dem äußeren Besitz. Wer Geld verdient, feudal wohnt, einen schnittigen Wagen besitzt und elegant gekleidet ist, gilt als einer, der das Leben richtig zu gestalten versteht. Der Arme, Besitzlose, Abhängige, der irdische Wünsche nicht erfüllen kann, wird bedauert. Und doch ist das Urteil Gottes anders. Der zweite Akt, der erst beginnt, wenn der Vorhang des Jenseits sich lüftet, wird ein völlig anderes Bild zeigen. Wir beten die Macht an, den Starken, den Erfolgreichen, der es »zu etwas bringt«, und bemitleiden den Schwachen, der im Leben Misserfolg hat und äußerlich auf keinen grünen Zweig kommt. Und doch ist das Urteil Gottes auch hier ein anderes. Aus dem Äußeren darf man keine Schlussfolgerung auf das Innere ziehen. Das ist eine der Grundlehren des Christentums.

Diese Grundlehre geht aber den Menschen nur schwer ein. Darum das Wort Christi am Schluss des Gleichnisses, dass doch Moses und die Propheten schon so gelehrt haben, aber ohne Erfolg, und dass die Menschen sich von diesen verkehrten Auffassungen selbst dann nicht abbringen lassen, wenn ein Toter wieder aufersteht und berichtet, dass der Maßstab Gottes ein anderer sei. Im Jenseits werden Erste Letzte und Letzte Erste, Arme reich und Reiche arm, Mächtige verlassen und Verlassene mächtig sein, »Große werden von den Thronen gestürzt und Kleine aus dem Staub emporgehoben«, »Satte werden leer ausgehen und Hungrige mit Gütern erfüllt werden«. Christus ist aus der anderen Welt in diese Welt gekommen und hat es mit vollendeter Deutlichkeit immer wieder betont. Aber die Menschen glauben es nicht und wollen es nicht glauben. Das Irdische ist ihnen wichtiger als das Überirdische, das Diesseitige wichtiger als das Jenseitige. Sie ziehen die Prasser-Existenz dem Lazarus-Dasein vor, selbst wenn sie wissen, dass es droben und drüben anders ist. Wie schwer fällt es dem Menschen, umzudenken und umzulernen!

ÄRGERNIS

(Lk 17,1–2)

Weiter sprach er zu seinen Jüngern: »Es ist unmöglich, dass keine Ärgernisse kommen. Aber wehe dem, durch den sie kommen. Es wäre für ihn besser, wenn ihm ein Mühlstein um den Hals gelegt und er ins Meer versenkt würde, als dass er eines dieser Kleinen verführte.«

Die letzte Gruppe des großen Reiseberichtes ist bei Lukas nicht einheitlich gestaltet. Der Evangelist fasst einfach noch eine Reihe von Mahnungen des Herrn an die Jünger äußerlich zusammen. Dementsprechend lässt sich auch keine durchgehende innere Verbindungslinie aufzeigen. Die erste Mahnung befasst sich mit dem Ärgernis.

1. Die Gefahr

Das Leben eines Christen in der Welt ist gefährlich. Denn der Mensch ist mit Freiheit ausgestattet, und zwar ist es Freiheit eines Geschöpfes im Stadium der Entscheidungen. Die Selbstbestimmung, die im Unterschied zur Bestimmung von außen das Wesen der Freiheit bildet, kann somit beim Menschen auch Selbstbestimmung zum Bösen sein. Aber dieses Böse liegt meistens nicht im Menschen selbst, sondern es tritt, zwar nicht bestimmend, aber lockend, beeinflussend von außen an ihn heran. So ist er umgeben von tausend Gefahren. Immer wieder muss er Stellung beziehen und sich entscheiden. Dazu ist er erbsündiger, also gefallener Mensch mit der inneren Schwäche, die ihn oft genug zwar das Gute erkennen, aber doch das Böse tun lässt. Das Höhere erliegt immer wieder dem Niederen, das Geistige dem Sinnlichen, die Liebe der Selbstsucht, die Demut dem Stolz.

Gewiss hätte Gott den Menschen ohne diese Freiheit schaffen können und hätte auch die Erbschuld mit ihren Wirkungen verhindern können, aber dann wäre derMensch seiner eigentlichen Würde personaler Entscheidung und Verantwortung beraubt, oder es wäre letztlich Gott in Bestimmung seines Gnadenmaßes von Menschen abhängig, weil ja der Mensch bestimmen würde, dass Gott ihm ein Plus an Gnaden geben muss. Das Gefährdetsein ist somit im Wesen der menschlichen Stellung gegeben. Gerade darum sind im Evangelium so viele Warnsignale zu vernehmen. Der Mensch ist nicht von vornherein gerettet oder verdammt, gesichert oder verloren, sondern er steht vor der Entscheidung und wird darum gewarnt und auf die Wichtigkeit und Gefährlichkeit seiner Situation aufmerksam gemacht.

2. *Die Gefährlichen*

Das Bild Jesu ist von außergewöhnlicher Einprägsamkeit. Er spricht von einem Menschen, dem man den Kopf durch das Rundloch eines großen Mühlsteines hindurchzwängt und den man in diesem Zustand ins Meer wirft. Er ist rettungslos verloren und sinkt sofort mit dem schweren Stein in die Tiefe. Diese Strafe droht Jesus jedem an, der dem anderen religiös oder sittlich zur Gefahr wird. Er betrachtet die Verführung eines Menschen durch einen anderen als etwas derart Schlimmes, dass es besser wäre, der Verführer würde, bevor er verführen kann, auf solche Weise umgebracht. Verführung ist somit, nach dem klaren Urteil des Herrn, etwas vom Schlimmsten, das es gibt, ein Verlust, der durch nichts aufgewogen werden kann, ein Schaden, den man nicht ermessen kann. Wer einem anderen, besonders einem Kleinen und Schwachen, also einem besonders Gefährdeten, diesen Schaden zufügt, ist der größte Schädling, den es gibt. Vor diesem Schädling warnt Christus und er droht ihm mit erschütternd ernstem Wort. Es gibt viele Kleine und Schwache. Dahin gehören die Kinder, die der Versuchung besonders ausgesetzt und zugänglich sind. Die Unwissenden, die sich leicht beeinflussen lassen. Die charakterlich Schwachen, die rasch nachgeben. Die Massenmenschen, die ohne eigenes Urteil den anderen folgen. Die Unselbstständigen, die sich führen und verführen lassen. Die Gefühlsmenschen, bei denen die Stimmung über das klare Urteil triumphiert. Die Triebhaften, deren ruhiges Wollen von Leidenschaft überschwemmt wird. Die Sinnlichen, bei denen die Sexualität stärker ist als der Geist. Sie alle sind in besonderer Weise gefährdet. Wer sie verführt, lädt größere Verantwortung auf sich, als wer sich an Starke, Selbstständige, Urteilsfähige heranmacht.

Es gibt Verführer im Kleinen, von Mensch zu Mensch, aber auch im Großen: die Journalisten und Redakteure schlechter Zeitungen, die Verfasser von Schundromanen, die Lehrer und Erzieher, die ihre Stellung missbrauchen, um den Kindern den Glauben aus dem Herzen zu reißen. Volksführer, die in Wirklichkeit Verführer sind, Künstler, die ihre Kunst missbrauchen zur Propaganda des Bösen. Gefallene Priester, die ihr Amt ins Gegenteil verkehren. Reiche und Vorgesetzte, die ihr Geld und ihre Macht gebrauchen, um vom Menschen, der von ihnen abhängig ist, Ungebührliches zu fordern usw. Das Wort Christi vom Mühlstein um den Hals müsste vielen eine Warnung sein. Gerade weil es so viele gibt, ist das Wort Christi so drastisch formuliert.

VERGEBEN

(Lk 17,3–6)

»Wenn dein Bruder gegen dich fehlt, weise ihn zurecht. Und wenn er es bereut, verzeihe ihm. Und wenn er siebenmal am Tage sich gegen dich verfehlt und siebenmal zu dir zurückkehrt und sagt: ›Es reut mich‹, vergib ihm.«

Die Apostel sagten zum Herrn: »Vermehre uns den Glauben!« Der Herr aber sprach zu ihnen: »Wenn ihr Glauben habt wie ein Senfkorn und ihr sagt zu diesem Maulbeerbaum: ›Löse deine Wurzeln und verpflanze dich ins Meer‹, so wird er euch gehorchen.«

1. *Die Forderung*

Um Verzeihung zu bitten, ist keine leichte Sache. Denn es verlangt demütiges Eingestehen des eigenen Unrechtes und einen Widerruf. Es ist Geständnis vor sich selbst und vor anderen und es fordert die Selbstverleugnung, dem zu begegnen, dessen Unwillen man mit Recht geweckt hat.

Verzeihung zu gewähren ist aber oft noch schwieriger. Es verlangt die Großzügigkeit, sich über erlittenes Unrecht hinwegzusetzen. Dieses Unrecht nicht nur für den Augenblick zu vergeben, sondern wirklich nicht mehr weiter nachzutragen, den Stachel nicht in der Seele zu behalten, den inneren Groll völlig zu begraben und nicht etwa später, bei günstiger Gelegenheit, doch noch eine geheime Rache zu üben.

Eine solche Verzeihung kann von Zeit zu Zeit gelingen. Aber wenn ein anderer mich mehrmals hintereinander beleidigt, hört die Gemütlichkeit auf. Und doch verlangt Christus, dass ich ihm verzeihen soll, auch wenn der Gleiche schon siebenmal nach einer Beleidigung die Verzeihung erlangt hat. Geht diese Forderung nicht eigentlich zu weit? Man muss sich das wirklich einmal konkret vorstellen. Es handelt sich natürlich nicht um den Leichtsinn, der nichts ernst nimmt. Nicht um Bonhomie, über die sich andere mit Recht lustig machen können. Nicht um Harmlosigkeit, die das Gewicht der Dinge nicht wägt. Nicht um Oberflächlichkeit, die schmetterlingshaft nirgendwo haften bleibt. Nicht um charakterlosen Stimmungswechsel »Pack schlägt sich, Pack verträgt sich«. Nicht um Schwäche, die sich mit allem abfindet und eine Sache nicht konsequent zu Ende führt. Sondern es handelt sich um einen Menschen, der das Unrecht klar erkennt, es empfindet und trotzdem es ehrlich verzeiht.

2. Die Begründung

Das kann nur ein Mensch, der religiös ist. Denn ein solcher Mensch steht innerlich vor Gott und weiß, dass er als Mensch und als sündiger Mensch gar nicht in erster Linie verzeiht, sondern dass ihm verziehen wird. Denn er selbst beleidigt Gott immer wieder und die einzige Rettung für ihn besteht darin, dass er immer wieder an die verzeihende Gnade Gottes appellieren darf. Ein Mensch, der nicht immer wieder sagen will und wird: »Herr, sei mir armem Sünder gnädig«, hat weder in sein eigenes Wesen noch in die Größe Gottes richtig Einsicht. Gerade der religiöse Mensch weiß aber, dass Gottes Güte ohne Schranken und Gottes Verzeihung ohne Grenzen sind. Darum lernt er bei Gott diese Großzügigkeit und Weitherzigkeit, diese ständige Bereitschaft zum Verzeihen. Wenn der Mensch sie passiv an sich erfährt, ist er auch gewillt, sie aktiv anderen zu gewähren. So steht der religiöse Mensch auf höherer Ebene. Er lebt aus dem Glauben.

3. Die Kraft

Daher schließt Christus auch an diese Forderung des Verzeihens die Forderung des Glaubensgeistes. »Wenn ihr Glauben habt wie ein Senfkorn und zu einem Maulbeerbaum sagt: ›Komm mit der Wurzel heraus und verpflanze dich ins Meer‹, so wird er gehorchen.«

Die Kraft zum Verzeihen fließt aus dem Glauben. Dieser muss daher kraftvoll sein. Das Bild, das Christus gebraucht, ist außerordentlich drastisch. Dass ein Baum sich einfach auf Kommando entwurzelt und dass er dann den neuen Wurzelboden nicht in der Erde, sondern im Meer findet, ist beides unglaublich. Aber gerade das Unglaubliche wird durch den Glauben glaubhaft. Das will Christus sagen. Bei Gott ist kein Ding unmöglich. Glaube an Gott macht darum das Unglaubliche zur Wirklichkeit. So kann auch das selbstsüchtige, engherzige Menschenwesen durch den Glauben selbstlos und großzügig werden und die Kraft zum Vergeben und Verzeihen haben. Der hartherzige Mensch wird durch den Glauben ein Liebender. Das ist das größere Wunder als das Verpflanzen eines Baumes auf Kommando.

UNNÜTZE KNECHTE

(Lk 17,7–10)

»Wer von euch hat einen Knecht beim Pflügen oder auf der Weide, zu dem er bei dessen Rückkehr von der Weide sagen wird: ›Komm rasch, setze dich hin‹? Wird er nicht vielmehr sagen: ›Bereite mir etwas zu essen, gürte dich und bediene mich, bis ich gegessen und getrunken habe. Nachher kannst du essen und trinken.‹ Und wird er etwa dem Knecht Dank sagen, weil er das getan hat, was ihm aufgetragen war? So sollt auch ihr, wenn ihr alles getan habt, was euch aufgetragen war, sagen: ›Wir sind unnütze Knechte und haben nur getan, was wir zu tun schuldig waren.‹«

Einbildung ist immer Zeichen eines kleinlichen Menschen. Denn er misst sich an dem, was unter ihm steht, und kommt sich dementsprechend größer vor. Würde er nach oben schauen, müsste er schmerzlich entdecken, wie viel ihm noch fehlt, und die Einbildung käme gar nicht auf.

Sie ist auch Zeichen eines kurzsichtigen Menschen. Würde er auch nur ein paar Jahrzehnte weiterblicken, dann würde er seinen Leib vermodert finden, seine Seele irgendwo im Jenseits. Hier auf Erden wäre seine Habe verteilt, seine Briefe längst verbrannt, seine Bücher, welche er selbst geschrieben hat, höchstens noch in irgendeinem Antiquariat zum Papierpreis zu kaufen. Er selbst und sein Name wären längst vergessen. Wer sich darum auf seine Existenz etwas einbildet, macht sich lächerlich.

Einbildung ist Zeichen eines dummen Menschen. Denn in Wirklichkeit hat der Mensch alles nicht aus sich, sondern aus Gott: die Kraft und die Schönheit seines Körpers, die Intelligenz, das Temperament, die Energie. Er hat nichts, was er selbst geschaffen hätte und auf das er infolgedessen als Eigenwerk sich etwas einbilden dürfte.

Das Törichtste aber ist Einbildung auf religiösem Gebiet. Religiös heißt gottverbunden. Der gottverbundene Mensch weiß aber, dass seine Gottverbundenheit von Gott kommt, nicht vom Menschen. Religion ist ein Herabkommen von oben nach unten, nicht ein Aufsteigen von unten nach oben. Alles ist Gnade, also Empfangen. Selbst das Tun ist Gnade. Christus sagt: »Ohne mich könnt ihr nichts tun.« Denn dass der Mensch etwas tun kann, verdankt er Gott. Und dass dieses Tun von Gott angenommen wird, ist ebenfalls Gnade. Dass der Mensch in seinem Tun den Willen Gottes erfüllt, muss für ihn als Geschöpf Selbstverständlichkeit sein. Darum sagt Christus: »Ihr seid Knechte.« Er fügt noch hinzu »unnütze« Knechte. Denn nirgendwo und nirgendwann erfüllen wir den Willen Gottes richtig und vollkommen. Wir bleiben immer hinter dem Auftrag zurück, erfüllen die Sendung immer ungenügend, müssen immer eine Summe von Versagern registrieren. Die Bilanz ist immer negativ. So ist es ganz einfach die Feststellung einer Tatsache, wenn wir das Wort Christi uns zu eigen machen: »Wir sind unnütze Knechte.« Wer sich vor Gott als nützlich vorkommt und sich also religiös etwas einbildet, hat vom Wesen der Religion keinen Hauch verspürt. Die beiden

Komponenten, das göttliche Wirken und das menschliche Mitwirken, sind keineswegs kommensurabel. Der Unterschied zwischen der Größe Gottes und der eigenen Kleinheit, zwischen der Heiligkeit Gottes und der eigenen Sündhaftigkeit, der Unendlichkeit Gottes und der eigenen Endlichkeit ist einem solchen Menschen nie aufgegangen. Die Heiligen waren und sind Menschen, die einen großen Gottesbegriff und ein erschütterndes Gotteserlebnis haben. Darum betrachten sie sich mit Selbstverständlichkeit als »unnütze Knechte«.

VOM RECHTEN GLAUBEN

(Lk 17,11–19)

Eines Tages, als er gegen Jerusalem hinaufzog und mitten durch Samaria und Galiläa kam, begegneten ihm beim Betreten eines Dorfes zehn aussätzige Männer. Sie blieben in der Ferne stehen, erhoben ihre Stimme und sprachen: »Jesus, Meister, erbarme dich unser!« Als er sie sah, sprach er zu ihnen: »Geht hin und zeigt euch den Priestern!« Als sie hingingen, wurden sie gereinigt. Einer von ihnen, der sah, dass er geheilt war, kehrte um, pries mit lauter Stimme Gott, fiel ihm zu Füßen auf sein Angesicht und dankte ihm. Und dieser war ein Samariter. Da antwortete Jesus: »Sind nicht zehn gereinigt worden? Wo sind denn die neun? Findet sich keiner, der zurückgekehrt wäre, um Gott die Ehre zu geben, als dieser Fremdling?« Und er sprach zu ihm: »Steh auf und gehe, dein Glaube hat dir geholfen!«

1. *Halber Glaube*

Die zehn Aussätzigen scheinen einen großen Glauben zu haben. Sie hören von Christus und glauben, dass er sie heilen kann. Aus diesem Glauben heraus durchbrechen sie alle gesetzlichen Vorschriften, durch die sie genötigt waren, sich von allen Menschen fernzuhalten. Sie kommen zum Städtlein, nähern sich Jesus und bitten, dass er sich ihrer erbarme. Wo alle menschliche Hoffnung zu Ende ist, glauben diese Hoffnungslosen an die Hilfe durch Christus.

Ihr Glaube wird auf eine Probe gestellt und bewährt sich. Denn Jesus heilt sie nicht ohne Weiteres, sondern schickt sie mit ihrem Aussatz zum Priester, dass sie sich ihm zeigen. Diese Vorschrift gilt für Geheilte, sie sind aber noch nicht geheilt. Man sollte erwarten, dass sie stehen bleiben und nicht von der Stelle weichen, bis der Herr sie geheilt hat. Aber sie glauben auf sein bloßes Wort hin. Unterwegs werden sie plötzlich geheilt. So scheint also ihr Glaube richtig zu sein. Und doch ist es nur ein halber Glaube. Sie bleiben im Äußeren hängen, sehen nur auf ihre Krankheit und ihre Heilung. Sie stoßen nicht durch zum eigentlich Entscheidenden. Darum finden sie nicht zu dem, der sie geheilt hat und der ihnen nun zum körperlichen Heil auch noch das seelische Heil geben kann.

2. *Ganzer Glaube*

Ein Einziger und dazu noch ein Nichtjude, ein Fremder, kehrt zurück und kommt zu Christus, äußert den Glauben an seine Gottheit, fällt darum vor ihm auf das Angesicht, um ihm anbetend zu danken. Nur er hat den ganzen Glauben. Und darum lautet das Wort Christi an ihn: »Steh auf und gehe, dein Glaube hat dir geholfen!« Er ist nun nicht bloß am Leibe gesund, sondern auch an der Seele. Er ist geheilt und geheiligt. Er hat sich nicht nur um die körperliche Schale gekümmert und hat nicht nur an das Zeitliche gedacht. Ganzer Glaube bleibt nicht bei der Heilung stehen, sondern bei dem, der heilt. Nicht bei der Gnade, sondern beim Gnadenspender. Nicht beim Werk, sondern bei dem, der es wirkt. Nicht in der Bewunderung der Schöpfung, sondern in der Huldigung an den Schöpfer. Wahrer Glaube stößt durch alle Zeichen hindurch und ist darum Begegnung mit dem lebendigen Gott.

DIE ZWEI STADIEN DES REICHES GOTTES

(Lk 17,20–37)

Als er einst von den Pharisäern gefragt wurde, wann das Reich Gottes komme, antwortete er ihnen: »Das Reich Gottes kommt nicht so sichtbar, dass man sagen kann: ›Siehe, hier ist es, oder dort.‹ Das Reich Gottes ist mitten unter euch.« Er sprach zu seinen Jüngern: »Es werden Tage kommen, wo ihr verlangen werdet, auch nur einen der Tage des Menschensohnes zu sehen, und ihr werdet sie nicht sehen. Man wird zu euch sagen: ›Siehe dort, siehe hier.‹ Geht aber nicht hin und folgt ihnen nicht. Denn wie der Blitz aufflammt und von einem Ende des Himmels bis zum anderen aufleuchtet, so wird der Menschensohn an jenen Tagen sein. Zuerst aber muss er von diesem Geschlecht viel leiden und verstoßen werden. Wie es in den Tagen Noahs war, so wird es auch in den Tagen des Menschensohnes sein. Sie aßen und tranken, heirateten und wurden geheiratet, bis zu dem Tag, da Noah in die Arche ging und die Sintflut kam und alle vernichtete. Und wie es in den Tagen Lots zuging, sie aßen und tranken, kauften und verkauften, pflanzten und bauten. An dem Tage aber, da Lot aus Sodom hinausging, regnete es Feuer und Schwefel vom

Himmel und vernichtete alle. So wird es auch sein am Tag, da der Menschensohn sich offenbart. Wer an jenen Tagen auf dem Dache ist und seine Sachen im Hause hat, steige nicht zuerst hinab, sie zu holen. Und wer auf dem Acker ist, kehre nicht zuerst zurück, er denke an die Frau des Lot. Wer sein Leben zu erhalten sucht, wird es verlieren. Und wer es verliert, wird es gewinnen. Ich sage euch, in jener Nacht werden zwei auf einem Bette liegen. Der eine wird aufgenommen, der andere zurückgelassen werden. Zwei werden am selben Ort mit der Mühle mahlen. Eine wird aufgenommen, die andere zurückgelassen.« Sie antworteten ihm: »Wo, Herr?« Er aber sprach zu ihnen: »Wo das Aas ist, da sammeln sich die Adler.«

Auf die Frage der Pharisäer, wann das Reich Gottes komme, antwortet Jesus mit dem Hinweis, dass es zum Teil schon da sei, zum Teil erst in der Zukunft liege.

Das erste Stadium des Gottesreiches ist schon Wirklichkeit. Freilich kommt es nicht so, wie die Pharisäer es dachten und wie viele es auch heute noch denken, nämlich mit äußerer Sieghaftigkeit, allen Menschen in die Augen stechend, unausweichlich jedem auffallend. Das widerspricht seinem Wesen. Es ist ein Geheimnis des Glaubens. Darum sehen die Ungläubigen es nicht. Sie erkennen wohl einzelne Zeichen, beobachten auch erstaunliche Tatsachen, aber als Gesamterscheinung bleibt es ihnen verschlossen. Die Menschen warten also umsonst auf eine Zeit voll entfalteter Christlichkeit und auf eine Periode ungehemmten Wachstums des christlichen Lebens. Es wird die Welt nie in dem Sinn erobern, dass alles christlich wird, und in allen Lebensbezirken der Geist Christi sich durchsetzt.

»Das Reich Gottes ist mitten unter euch.« Es ist etwas Verborgenes und ist vor allem im Innern der Menschen zu finden. Wo Gottes Wille das Leben bestimmt und Gottes Liebe die Herzen erfüllt, da ist das Reich Gottes. Die religiöse Front geht quer durch die Städte, sozialen Schichten, Familien und Freundschaftsverhältnisse.

Ausdrücklich wird das von Christus betont. »Wenn zwei auf dem gleichen Lager ruhen, zwei an der gleichen Mühle mahlen«, kann der eine zum Reich Gottes gehören, der andere nicht. Vor Gott entscheidet weder die Körperkraft noch der Bildungsgrad noch die nationale oder politische Zugehörigkeit, sondern es entscheidet einzig und allein die Stellung des Menschen zum Reich Gottes. Die eigentlichen Lebensentscheidungen fallen also im Innern der Menschen. Die vor Gott gültige Gruppierung ist nach außen unsichtbar. Das Reich Gottes ist Wirklichkeit, aber verborgene Wirklichkeit. Könnte man das schauen, was man nur aus dem Glauben weiß, wäre die Überraschung zweifellos außerordentlich.

Das zweite Stadium liegt in der Zukunft. Das Reich Gottes wird eines Tages, bei der Wiederkunft des Herrn, sichtbar in Glanz und Herrlichkeit aufleuchten. Wann das sein wird, wissen wir nicht. Es gibt auch keine Kennzeichen. Wenn also die »Zeugen Jehovas«, Adventisten, »Heilige der Letzten Tage« und alle möglichen anderen Sektierer immer wieder Berechnungen anstellen und Zeitangaben machen, widerspricht das dem Evangelium. Es wird plötzlich kommen, überraschend und völlig unerwartet. Wie der Blitz aufzuckt, wie die Geier plötzlich da sind, wenn irgendwo ein Aas liegt, so werden das Ende und der eigentliche Anfang urplötzlich aufbrechen.

In der Zwischenzeit bis zur Ankunft des Reiches Gottes in Herrlichkeit soll die Menschheit am Bau der Kirche mitwirken. So wie Noah den Auftrag hatte, die Arche zu bauen, und im Glauben mit den Seinen daran gezimmert hat, während alle anderen aßen, tranken, heirateten, bauten und pflanzten, als ob nichts bevorstehe. Auch jetzt leben die Menschen auf dieser Erde, als ob sie ewig hierbleiben könnten, und doch hat alles nur provisorischen Charakter. Das Wichtigste ist der Bau der geistigen Rettungsarche, in der allein man die Endkatastrophe überstehen kann: die Kirche Gottes. Sie ist schon da. Aber sie muss ausgebaut werden. Und jeder Einzelne ist aufgerufen, das Seine dazu beizutragen. Die

Zwischenzeit ist also nicht nur ein Abwarten, sondern Erfüllung einer Aufgabe, Aufbau der Kirche.

So stehen die beiden Stadien zueinander in einer inneren Beziehung. Das Reich Gottes ist da. Es soll aber aus- und aufgebaut werden, und dann wird es plötzlich in Herrlichkeit sichtbar. Wir leben in der Sicherheit, dass es schon da ist, und in der Unsicherheit, wann es sichtbar wird. Wir leben in der Erfüllung und doch zugleich in der Erwartung. In der Gegenwart und doch mit dem Blick in die Zukunft. Im Besitz und doch noch in Hoffnung. Im Reich Gottes, aber noch nicht endgültig. So ist der ganze Ablauf der Kirchengeschichte Rüstungsarbeit, Vorraum, Vorläufigkeit und Vorbereitung. Das Reich Gottes ist tatsächlich da und wird doch erst kommen. Beides ist immer wieder in den Texten unserer Liturgie zu finden und beides hat seinen Grund in der zweifachen Ankunft des Herrn, im damaligen und im kommenden Weltadvent.

WIRD DAS GEBET ERHÖRT?

(Lk 18,1–8)

Er legte ihnen ein Gleichnis dar, um zu zeigen, dass sie immer beten sollten und nie nachlassen. Er sprach: »Ein Richter, der weder Gott noch Menschen fürchtete, lebte in einer Stadt. Es war in jener Stadt auch eine Witwe. Sie kam zu ihm und bat ihn: ›Schaffe mir Recht gegen meinen Widersacher.‹ Er wollte aber eine Zeit lang nicht. Dann sagte er zu sich selbst: ›Wenn ich auch weder Gott fürchte noch mich um einen Menschen kümmere, will ich doch den Rechtsfall dieser Witwe übernehmen. Sonst kommt sie schließlich noch und schlägt mich.‹« Der Herr sprach: »Höret, was der ungerechte Richter sagt: ›Und Gott sollte seinen

Auserwählten, die Tag und Nacht zu ihm rufen, nicht Recht schaffen und nicht Geduld mit ihnen haben?‹ Ich sage euch, er wird ihnen in Bälde ihr Recht schaffen. Aber wird wohl der Menschensohn, wenn er kommt, auf Erden Glauben finden?«

Der Christ hat in dieser Zwischenzeit, in der er zwar schon im Reich Gottes steht, aber dessen sieghaftes Ende erst erwartet und erbetet, oft den schmerzlichen und peinigenden Eindruck, dass sein Gebet nicht erhört werde. Er ist persönlich oft wie verlassen und einsam. Muss sich mühsam den Weg durch das Leben suchen, wenn er von der Straße Gottes nicht abirren will. Findet wenig Hilfe, aber viel Widerstand. Ist in seinem Denken und Urteilen vielfach unverstanden, ja verlacht und verfolgt. Die Gegner triumphieren. Die Diener der Kirche machen vielfach einen rückständigen und schwächlichen Eindruck. Manche Institutionen sind veraltet, der Geist oft schwach, die Liebe kalt, die Heiligkeit unsichtbar, die Einheit zerbrechlich, die Universalität mehr Wunsch als Wirklichkeit. Der gläubige Christ betet, denn er weiß, dass die Hilfe von oben das Wichtigste ist. Aber wird denn sein Gebet erhört? Hallt sein Ruf nicht ins Leere? Steht er nicht vor verschlossenen Türen?

Christus antwortet mit einem köstlichen Gleichnis. Ein Richter, der weder Gott noch die Menschen fürchtet, kaltblütig alles ablehnt, was ihm nicht liegt, wird von einer Witwe gebeten, ihren Fall zu übernehmen. Er interessiert sich keineswegs dafür und lehnt ab. Aber sie lässt ihm keine Ruhe, bis er schließlich das Jawort gibt, weil er die Zudringlichkeit und zähe Unnachgiebigkeit dieser Frau fürchtet. Er sagt zu, um sie loszuwerden. Sollte Gott, der doch nicht hartherzig ist wie dieser Richter und nicht egoistisch denkt wie er, nicht den Seinen zu ihrem Recht verhelfen, wenn sie betend sich an ihn wenden? Damit weiß also der Christ, dass sein Gebet erhört wird. Das Recht wird sich durchsetzen, aller Macht des Unrechts zum Trotz. Das Recht wird siegen, trotz aller Triumphe der Ungerechtigkeit. Die Heiligen werden recht behalten, trotz aller Erfolge der Sünder. Der Betende legt sein Schicksal und das der Kirche in die Hände des ewigen Richters und weiß, dass dieser Richter nicht nur Recht spricht, sondern Recht schafft. So ist der Betende kein Zweifler und kein Verzweifelter, sondern er trägt in der Seele eine große Ruhe und Sicherheit. Eindringlich beten, nachhaltig beten heißt nicht verzweifeltes Pochen und Stürmen, sondern ein ständiges, ruhiges Gehen zu Gott.

PHARISÄER UND ZÖLLNER

(Lk 18,9–14)

Zu einigen, die Selbstvertrauen hatten und sich für gerecht hielten, sprach er folgendes Gleichnis: »Zwei Menschen gingen hinauf in den Tempel, um zu beten, der eine ein Pharisäer, der andere ein Zöllner. Der Pharisäer stellte sich hin und betete für sich selbst also: ›O Gott, ich danke dir, dass ich nicht bin wie die übrigen Menschen, Räuber, Ungerechte, Ehebrecher, und auch wie dieser Zöllner da. Ich faste zweimal in der Woche und gebe von allem, was ich einnehme, den Zehnten.‹ Der Zöllner aber stand von ferne, wagte nicht einmal die Augen zum Himmel zu erheben, sondern schlug an seine Brust und sprach: ›O Gott, sei mir armem Sünder gnädig.‹ Ich sage euch: Dieser ging gerechtfertigt in sein Haus, jener nicht. Denn jeder, der sich selbst erhöht, wird erniedrigt werden, und jeder, der sich selbst erniedrigt, wird erhöht werden.«

Dieser Pharisäer hat etwas Vorbildliches an sich. Dass er in den Tempel geht, ist sicher gut. Dass er sich im Tempel nicht irgendwo hinten herumdrückt, sondern ohne Menschenfurcht sich öffentlich vornehin zum Gebet begibt, ist ebenfalls gut. Was er sagt, entspricht durchaus der Wahrheit. Er ist wirklich kein Räuber, kein Betrüger, kein Ehebrecher und er ist auch anders als dieser Zöllner. Er spricht also richtig. Auch das Weitere, was er betont, sind Tatsachen. Er fastet tatsächlich zweimal in der Woche und er zahlt den Zehnten. Beides ist immerhin keine Kleinigkeit. Die Christen, die beides tun, sind selten. Gut ist auch, dass er Gott dankt. So ist also alles in Ordnung. Das Verkehrte ist lediglich, dass er sich dessen bewusst ist, sich darauf etwas einbildet und durch diese Einbildung alles zerstört. Er ist nicht der »unnütze Knecht«, von dem kurz zuvor die Rede war, sondern betrachtet sich durchaus als nützlichen Knecht. Und im Grunde genommen auch nicht einmal als Knecht, sondern als erwählten Liebling Jahwes. Weil er aber das Gute sich selbst zuschreibt, wo er es doch von Gott hat, zerstört er dieses Gute, und so bleibt nichts übrig als diese Aufgeblasenheit. Dadurch wird er zur Karikatur der echten Frömmigkeit.

Vom Zöllner ist Ähnliches zu sagen, wenn auch in ganz anderem Sinne. Das Schlimme, was von ihm gesagt wird, stimmt ebenfalls. Er bleibt in der Ferne stehen, was eigentlich nicht vorbildlich ist. Er wagt nicht, seine Augen zum Himmel zu erheben, und zwar durchaus mit Recht. Sein Blick ist so sehr auf das Irdische gerichtet, dass er Gott nicht unter die Augen treten kann. Er schlägt an seine Brust, ebenfalls durchaus mit Recht. Denn er hat allen Grund zur Reue. Er nennt sich Sünder und er ist es tatsächlich. Er hat zweifellos allerhand auf dem Gewissen. Er appelliert an die Gnade, mit Recht. Es ist das Einzige, was ihm helfen kann. So ist er eigentlich keine erfreuliche Erscheinung. Aber auch er ist sich dessen bewusst. Und gerade das ist das Gute an ihm. Er weiß, dass es um ihn schlecht bestellt ist, dass er nichts Vorteilhaftes aufzuweisen hat, dass er kein Heiliger ist und dass er nicht in die Nähe Gottes passt. Weil er das weiß und doch andererseits ebenfalls weiß, dass er in die Nähe Gottes gehört und dort sein sollte, bleibt ihm als einziger Ausweg die Bitte um die Gnade des Herrn.

Gerade das ist aber die echte religiöse Haltung. Frömmigkeit ist nach der Lehre Jesu nicht ein Tun des Menschen, das zu Gott hinführt, sondern ein Tun Gottes, das sich zum Menschen herablässt. Religiosität ist in erster Linie Gnade. Wer das weiß und sich dementsprechend einstellt, der wird gerechtfertigt vor Gott, denn er allein steht richtig vor dem gerechten Gott. Wer das aber nicht weiß oder anerkennt, sondern die Überzeugung hat, es sei mit ihm und seinem Leben in Ordnung, der hält sich selbst für gerecht. Die Selbstgerechten brauchen aber keine Rechtfertigung durch Gott und so werden sie sich selbst überlassen und sind damit verloren. Selbstheiligung gibt es nicht, es gibt nur Heiligung durch den allein heiligen Gott.

Das Gleichnis vom Pharisäer ist eine Mahnung, die besonders für diejenigen wichtig ist, die beruflich mit Religion zu tun haben, die Priester, Prediger, Mönche, Ordensfrauen, die Leiter christlicher Vereine und katholischer Werke. Sie laufen Gefahr, dem Mechanismus und der Routine zu verfallen. Sie müssen religiös dastehen. Wenn sie es innerlich dann tatsächlich nicht mehr sind, sind sie zum Schein gezwungen, zum Tun-als-ob. Allmählich gewöhnen sie sich an diesen Schein und glauben dann schließlich, religiös zu sein, wo sie es gar nicht oder nicht mehr sind.

Das Gleichnis vom Zöllner ist ein Trost für alle diejenigen, die sich ihrer Gottesferne, ihrer Sündhaftigkeit, ihres ständigen Versagens, ihrer Schwäche und Fehlerhaftigkeit bewusst sind und immer wieder schmerzlich darunter leiden. Sie dürfen sich bloß nicht von Gott und vom Haus Gottes abhalten lassen, sondern wissen nun, dass ihr ehrliches Eingeständnis des tatsächlichen Zustandes der heiligende Weg ist.

WIE DIE KINDER

(Lk 18,15–17)

Man brachte Kinder zu ihm, damit er ihnen die Hände auflege. Als die Jünger es sahen, schalten sie sie. Jesus aber rief sie herbei und sprach: »Lasst die Kinder zu mir kommen und wehret es ihnen nicht, denn für solche ist das Reich Gottes. Wahrlich, ich sage euch, wer das Reich Gottes nicht annimmt wie ein Kind, wird nicht hineinkommen.«

Christus preist selbstverständlich nicht das Kindische, sondern das Kindliche. Ein Doppeltes liegt darin.

1. Die Haltung des Weisen

Kinder und Weise haben etwas Gemeinsames: Sie sind nicht eingebildet. Die einen noch nicht, die anderen nicht mehr. Das Komplizierte liegt ihnen nicht. Das Einfache, Schlichte entspricht ihrem Wesen.

Der Weise steht lächelnd über allem Törichten, allen menschlichen Einbildungen, vor allem auch über der Einbildung des Wissens. Bloßes Wissen führt nicht zu Gott. Es gibt große Philosophen und Theologen, die innerlich weit von Gott entfernt sind. Es geht nicht um Bildung und Intelligenz, noch weniger um Schlauheit, Geriebenheit, Gerissenheit, auch nicht um Brauchbarkeit und Tüchtigkeit, sondern um jene Weisheit, die weiß, dass all das vor Gott nicht verfängt. »Denn wenn ihr nicht werdet wie die Kinder, werdet ihr ins Reich Gottes nicht eingehen.« Es liegt eine unerhörte Weisheit in jener Haltung, die nicht auf das Wissen und die Klugheit baut, sondern sich bewusst ist, dass es im Letzten um ganz andere Dinge geht, nämlich um die Gnade und um die Liebe.

2. *Das Kind ist wesentlich empfangend*

Es empfängt das Leben von Vater und Mutter, empfängt die Nahrung und Kleidung, empfängt die körperliche und seelische Hilfe, die Erziehung und Ausbildung und die Betreuung der ganzen Existenz. Hilflos, es ist völlig auf Hilfe angewiesen. Schwach, es muss durch die Kraft anderer beschützt werden. Klein, es schaut zum Vorbild der Großen hinauf. So soll der Mensch vor Gott stehen. Er ist im Wesentlichen ein Empfangender. Darum vertraut er nicht auf sich selbst, sondern auf Gott. Gnade ist das Wesen des Gottesreiches. Darum kann nur der ins Gottesreich, der wesentlich empfangend ist, also mit der Selbstverständlichkeit eines Kindes alles annimmt.

Das Negative des Verzichts auf jede Art von Einbildung und das Positive einer Bereitschaft zum Empfangen sind die Forderungen, die Jesus im Kind verwirklicht sieht und die er an jeden stellt, der zum Gottesreich eingehen will.

ALLES GEBEN, UM ALLES ZU GEWINNEN

(Lk 18,18–30)

Ein Vornehmer fragte ihn: »Guter Meister, was muss ich tun, um das ewige Leben zu erlangen?« Jesus antwortete ihm: »Was nennst du mich gut? Keiner ist gut außer Gott. Die Gebote kennst du. Du sollst nicht ehebrechen, du sollst nicht töten, du sollst nicht stehlen, du sollst kein falsches Zeugnis geben, du sollst Vater und Mutter ehren.« Jener aber sprach: »Das habe ich alles von Jugend an beobachtet.« Als Jesus das hörte, sprach er zu ihm: »Eines fehlt dir noch: Verkaufe alles, was du hast, und gib es den Armen, und du wirst einen Schatz im Himmel haben. Und dann komm und folge mir.« Als jener das hörte, wurde er traurig, denn er war sehr reich. Als Jesus ihn sah, sprach er: »Wie schwer ist es doch für die Reichen, ins Reich Gottes einzugehen. Leichter geht ein Kamel durch ein Nadelöhr als ein Reicher ins Reich Gottes.« Die es hörten, sagten: »Wer kann dann gerettet werden?« Er aber antwortete: »Das, was für Menschen unmöglich ist, ist für Gott möglich.« Da sagte Petrus: »Siehe, wir haben unser Eigentum verlassen und sind dir nachgefolgt.« Er sprach zu ihm: »Wahrlich, ich sage euch, keiner verlässt Haus oder Weib oder Bruder oder Eltern oder Kinder um des Reiches Gottes willen, der nicht das Vielfache schon in dieser Welt empfängt und in der künftigen das ewige Leben.«

Die letzte Redegruppe des Herrn hat viele Forderungen aufgestellt, deren Erfüllung für den Besitz des Reiches Gottes notwendig ist. Die Verzeihung im Glauben, das Wissen um die eigene Nichtigkeit, weiterhin Bereitschaft, Gebet, Demut, Kindlichkeit usw. Nun wird zum Abschluss alles zusammengefasst in der großen Gesamtforderung: alles hinzugeben, um alles zu gewinnen.

1. Die Forderung

Ein Reicher und Vornehmer will wissen, was er tun muss, um das Reich Gottes zu erlangen. Die Antwort stellt zuerst die unterste Linie fest, das Minimum der Forderung. Das ist die Erfüllung der Gebote Gottes. Dieser Reiche will aber mehr. Und so stellt denn Christus nun die Totalforderung: »Verkaufe alles, was du hast, gib den Erlös den Armen, dann wirst du einen Schatz im Himmel haben, dann komme und folge mir.« Es ist Hingabe von allem. Und zwar nicht nur völliger Verzicht auf den äußeren Besitz, sondern in der Antwort bei Petrus wird dann gleich noch hinzugefügt, dass man um des Reiches Gottes willen Haus, Eltern,

Bruder, Frau und Kinder verlassen müsse, also auch die Angehörigen. Alles, was irgendwie Sicherung bietet und Geborgenheit, alles, woran der Mensch hängt und haftet, soll er drangeben. Gott ist größer. Wer Gott ganz haben will, muss wissen, dass er in ihm allein alles hat und darum außer ihm nichts wollen soll. Die Totalität Gottes fordert für ihn die Nullität der Dinge im inneren Verlangen. Das Reich Gottes ganz und ausschließlich zu haben besagt, an nichts anderes zu denken und an nichts anderes sein Herz zu hängen. Ganze Bindung an Gott verlangt ganze Loslösung von allem, was nicht Gott ist.

2. Die Schwierigkeit

Dieser Reiche ging traurig weg und Jesus antwortete: »Wie schwer ist es doch für die Reichen, ins Reich Gottes einzugehen. Leichter geht ein Kamel durch ein Nadelöhr als ein Reicher in das Reich Gottes.«

Man hat dieses drastische Bild Christi abzuschwächen versucht und gesagt, es sei ein Schreibfehler im Hebräischen und müsse nicht mit »Kamel«, sondern »Schiffstau« übersetzt werden. Aber was ändert das schon? Denn nirgendwo kann man ein Schiffstau durch ein Nadelöhr ziehen. Andere haben erklärt, das Nadelöhr sei eine Volksbezeichnung für ein kleines schmales Tor in der Stadtmauer Jerusalems gewesen. Aber selbst wenn diese wenig bekannte Bezeichnung von Christus hier aufgegriffen wurde, ändert auch das nichts an der sachlichen Feststellung Jesu, dass eben der Mensch mit einem Sowohl-als-auch nicht ins Reich Gottes kommen kann, dass er also nicht sein Herz an den irdischen Besitz hängen und zugleich Gott angehören kann. Für den Menschen ist diese Lehre Jesu immer wieder etwas Fremdes. Denn immer wieder versucht er, beides zu haben und beides zu kombinieren. Er will, dass es ihm hier gut gehe und dass er dennoch drüben die ganze Seligkeit erlange. Wenigen ist Gott so groß, dass vor seiner

Herrlichkeit alles andere verblasst und dass sie mit lächelnder Größe alles andere beiseiteschieben und durch nichts sich aufhalten lassen, ganz zu Gott zu gelangen. Darum ist die Zahl der Heiligen klein.

3. Die Hilfe

Die Jünger erschrecken über die Antwort des Herrn. »Wer kann dann gerettet werden?« Aber die Antwort Jesu ist klar: Bei Gott ist kein Ding unmöglich. Ganze Hingabe an Gott mit ganzem Verzicht auf das andere ist nur möglich in der Kraft Gottes selbst. Darauf wollte Jesus schon den Reichen bei seiner Anfrage hinweisen, als er ihm sagte: »Was nennst du mich ›guter Meister‹, nur einer ist gut, Gott.« Der Hinweis auf die absolute Güte Gottes soll das Verlangen nach Gott wecken. Ist der Blick ganz auf Gott gerichtet und das Herz ganz für Gott geöffnet, dann gibt Gott auch die Kraft zum Verzichten. Was dem Menschen unmöglich scheint, wird durch die Gnade Gottes möglich. Gott fordert nichts, ohne zugleich alles zu geben, was die Erfüllung dieser Forderung ermöglicht.

4. Die Verheißung

Wer wirklich alles drangibt, wie Petrus es betont, dem wird ein Doppeltes verheißen. Er wird schon in dieser Welt viel mehr empfangen, als er verlassen hat, und im künftigen Äon das ewige Leben. Dieses »viel mehr« ist freilich nicht quantitativ zu verstehen, sondern qualitativ. Er verlässt Irdisches, Menschliches, Materielles und gewinnt dafür Überirdisches, Göttliches, Geistiges. Er gewinnt den Besitz Gottes und damit die innere Freude und den Reichtum der Gottverbundenheit, der alles andere aufwiegt. Und im kommenden Äon, in der anderen Welt, gewinnt er das, was hier noch unsicher ist, was noch verloren gehen kann, als etwas Endgültiges: das ewige Leben. Wie Gott allein gut ist, ist Gott allein im eigentlichen Sinn des Wortes ewig und ist Gott allein lebendig. Wer darum Gott hat, hat ewiges Leben.

So schließt nicht nur dieser Abschnitt, sondern der ganze Reisebericht des Lukasevangeliums mit dem Hinweis auf das ewige Leben. Der Gang nach Jerusalem ist Zeichen des Gehens zum ewigen Jerusalem, des Schreitens in die Ewigkeit.

Jesus wird nun sein irdisches Leben drangeben, um für sich und die anderen das ewige Leben zu gewinnen. Sein völliger Verzicht und seine völlige Hingabe wird die Fülle des Gottesreiches für die Menschen bringen. Jesus gibt alles, um alles zu gewinnen. Wer in seiner Gefolgschaft steht, soll sich um den gleichen Geist mühen. Nur wer ganz verzichtet, gewinnt ganz.

NACH JERUSALEM

(Lk 18,31–34)

Er nahm die Zwölf beiseite und sprach zu ihnen: »Wir gehen hinauf nach Jerusalem und es wird alles erfüllt, was durch die Propheten vom Menschensohn geschrieben steht. Denn er wird den Heiden übergeben, verspottet, misshandelt, angespien. Sie werden ihn geißeln und töten und am dritten Tage wird er auferstehen.« Sie verstanden nichts davon. Dieses Wort war ihnen verborgen und sie verstanden das, was gesagt war, nicht.

Der große Reisebericht ist zu Ende. Jesus ist nun in Judäa angekommen und rüstet sich zum letzten Gang nach Jerusalem. Es ist eine große Stunde. Die Wichtigkeit des Entschlusses wird im Evangelium ausdrücklich betont.

1. *Die Erwartung*

Er nahm die Zwölf beiseite und sprach zu ihnen: »Wir gehen hinauf nach Jerusalem und es wird alles erfüllt, was durch die Propheten vom Menschensohn geschrieben steht.« Wenn Jesus die Zwölf von den anderen absondert, um ihnen etwas Besonderes zu sagen, hat das eben auch seine besondere Wichtigkeit. Er war schon mehrmals mit ihnen in Jerusalem, aber jetzt ist es ein ganz anderes Hinaufziehen. Denn jetzt werden die Prophetenworte sich erfüllen. Dieses Wort Jesu spannt die Erwartungen aufs Höchste. Erfüllung der messianischen Prophezeiungen, das ist für die Apostel wie überhaupt für die Juden von damals das Kommen des messianischen Reiches und damit die Befreiung vom Joch der Römerherrschaft, das Ende aller Not und Bedrängnis, die Aufrichtung der Königsherrschaft Davids, die Erneuerung der alten Macht und des alten Königsglanzes, der Triumph Israels über die Völker, die Herrschaft Jahwes und seines Gesetzes in der Welt. Die kühnsten Träume sind damit verbunden. Glühende Hoffnungen flammen auf. Es ist, als ob die Nacht der Geschichte zu Ende gehe und der Morgen des großen Freiheitstages anbreche. Das Wort Jesu, dass durch seinen jetzigen Gang nach Jerusalem sich alles erfülle, muss die Apostel in einen inneren Enthusiasmus, in einen wahren Taumel der Freude versetzt haben. Alles Bisherige war nur wie eine leise Ahnung. Aller Jubel des Volkes bei den Wundern des Herrn, alle Begeisterung der Massen über seine Botschaft waren nur ein erster Beginn, ein verborgenes Raunen und ein leises Rauschen. Jetzt wird es aufbrechen und zum Sturm der Begeisterung werden. Und nun werden alle Schwierigkeiten zerbrochen, alle Widerstände überwunden und alle Feinde zunichtewerden.

2. Die Wirklichkeit

Das Wort, das Jesus hinzufügt, steht aber zu alldem im schroffsten Gegensatz: »Der Menschensohn wird den Heiden ausgeliefert, verspottet, misshandelt und angespien werden. Man wird ihn geißeln und töten. Aber am dritten Tage wird er auferstehen.« Es ist das Gegenteil dessen, was die Zwölf erwarten und mit ihnen das ganze Volk. Anstelle des Triumphes verheißt Jesus die Niederlage, anstelle der Begeisterung den Spott, anstelle des Sieges über die Heiden die Auslieferung an sie, anstelle des Jubels die Misshandlung, und statt ihm zu huldigen, werden sie ihn anspeien. Die Erfüllung der Propheten besagt, dass sie ihn töten werden. Die Worte des Propheten vom Lamm, das zur Schlachtbank geführt wird, vom Knecht Jahwes, der alles Leid auf sich nimmt, an dem keine heile Stelle mehr ist, beziehen sie nicht auf den Messias. Diese dunklen Texte sind bei ihnen völlig vom Licht einer falschen Hoffnung überstrahlt und diese Trauerbotschaft ist völlig untergegangen im Jubel der Begeisterung. Sie erwarten das Irdische, er aber bringt das Überirdische. Sie wollen die Umgestaltung der Erde, er aber bringt den Himmel. Sie erhoffen seinen Triumph im Diesseits, er aber verweist auf das Jenseits. Sie sind so erschlagen vom schroffen Gegensatz ihrer Erwartung und seiner Verheißung, dass das letzte Wort, er werde am dritten Tage auferstehen, von ihnen kaum noch gehört wird. Ein Messias, der unterliegt, sich misshandeln lässt und als Verbrecher in Schmach und Schande stirbt, ist für sie etwas völlig Unfassliches. Es übersteigt alle Möglichkeiten ihres religiösen Denkens.

3. Die Wirkung

»Sie verstanden nichts davon, seine Worte waren für sie dunkel, sie begriffen nicht, was er damit meinte.« Dreimal ist das völlige Unverständnis betont. An sich sind seine Worte von einer schlichten, unausweichlichen, geradezu schmerzenden Klarheit. Aber es geht ihnen derart gegen alle Erwartungen, es ist eine so völlige Umwandlung ihres Denkens, dass sie es einfach nicht begreifen können. Wie sollen sie Unbegreifliches begreifen und Unfassliches fassen? Es geht gegen ihren Gottesbegriff, gegen ihr Menschenbild, gegen ihre Auffassung der Sendung ihres Volkes, kurz, gegen ihr ganzes Denken. Die Torheit des Kreuzes ist ihnen einstweilen nur Torheit. Sie sehen nur den Tag, aber nicht die Nacht, aus der allein sein Licht hervorgehen kann. Sie hören nur die Botschaft vom Leben, wissen aber nicht, dass nur der Tod zu diesem Leben führt. Sie träumen nur vom Sieg und wollen nicht verstehen, dass die Niederlage diesen Sieg bewirkt. Die Wege Gottes sind ihnen immer noch unbekannt, auch die Methode Gottes noch völlig fremd. So rüsten sie sich, um mit ihm nach Jerusalem zu gehen. Aber wie völlig anders ist sein Schreiten in die Stadt der Propheten und ihr Mitgehen mit ihm, den sie nicht verstehen.

Dieses Missverständnis ist auch seitdem, trotz der Auferstehung des Herrn, nicht geschwunden. Immer wieder erwarten die Menschen von ihrer Verbundenheit mit Gott irdische Vorteile, Gesundheit, Verlängerung des Lebens, Schwinden der Sorgen, Erfüllung irdischer Wünsche, materielle Wohlfahrt, diesseitige Erfolge und sind enttäuscht, wenn sie dem Meister ins Leiden folgen sollen. Das Unverständnis der Apostel, die Dunkelheit der Leidensbotschaft gehen weiter durch die Jahrhunderte. Jeder Christ muss umlernen und umdenken, um innerlich mit dem Meister durchs Leben zu gehen, zum Tod und zur Auferstehung.

DER BLINDE

(Lk 18,35–43)

Als er sich Jericho näherte, saß da ein Blinder bettelnd am Wege. Als dieser die Volksmenge vorübergehen hörte, erkundigte er sich, was das bedeute. Sie berichteten ihm, dass Jesus von Nazareth vorübergehe. Und er rief und sprach: »Jesus, Sohn Davids, erbarme dich meiner!« Die Vorübergehenden drohten ihm, er solle schweigen. Er aber schrie umso lauter: »Jesus, Sohn Davids, erbarme dich meiner!« Da blieb Jesus stehen und ließ ihn zu sich kommen und fragte ihn: »Was willst du, dass ich dir tun soll?« Er antwortete: »Herr, dass ich sehe.« Jesus sprach zu ihm. »Du sollst sehen, dein Glaube hat dir geholfen.« Und sofort sah er, folgte ihm und pries Gott. Und alles Volk, das es sah, gab Gott die Ehre.

1. Körperlich

Es geht Jesus nicht um Militär und Politik, nicht um äußeren Triumph, nicht um sieghaften Einmarsch in Jerusalem. An sich ist die Stimmung dafür günstig. Die Massen umgeben ihn. Begeisterung liegt in der Luft. Jesus ist in Jericho angekommen, also an dem Ort, an dem Israel sieghaft vom Heiligen Land Besitz ergriffen hat. Trockenen Fußes ist es durch den Jordan geschritten und die uneinnehmbare Festung Jericho ist gefallen. Sollte er nicht das geistige Jericho, das Bollwerk seiner Feinde, im Vertrauen auf die Hilfe des Vaters nehmen? Vom Heiligen Land, also vom Reich des Vaters, Besitz ergreifen? Aber sein Reich ist das Reich der Liebe und der liebenden Hilfe. Auch beim Zug nach Jerusalem ist er der helfende Heiland mit dem Blick für die Leidenden. So sieht er auf den, der nicht sehen kann. Beachtet das unbeachtete Häuflein

Elend am Wegrand und hört den Hilferuf dessen, den man zum Schweigen bringen will und der sich darum kaum Gehör verschaffen kann. Mitten im Gedränge bleibt Jesus stehen, lässt den blinden Bettler heranführen und macht ihn sehend. Das ist für ihn wichtiger als die Begeisterung der Massen und die törichten Erfolgsideen und Siegesträume seiner Apostel. Dieser Blick für die Not mitten im Jubel des Volkes, dieses Verständnis des Großen für den Kleinen, des Sehenden für den Blinden, des Gebenden für den Bettler, hat gerade in dieser Stunde etwas besonders Schönes an sich.

2. *Seelisch*

Es liegt aber zwischen den Zeilen des Berichtes noch etwas anderes. Die Apostel haben das Wort Christi nicht verstanden. Als seelisch Blinde ziehen sie mit ihm nach Jerusalem. Und nun betont der Herr bei der Heilung des körperlich Blinden, dass der Glaube ihm geholfen habe. Der Glaube, der diesem Bettler das Licht der körperlichen Augen gegeben, soll auch den Aposteln das seelische Licht innerer Erkenntnis bringen. Nur dann können sie ihm richtig nach Jerusalem folgen. Blinde müssen sehend werden. Der Glaube ist das neue Licht. Diese neue Sehkraft eröffnet den Blick für Dinge, die sonst verschlossen sind, vermittelt Erkenntnisse, die man sonst nicht haben kann, gibt Einsichten, die über die Sinneserkenntnis und den Verstand hinausreichen. Wer diesen Glauben nicht hat, ist ein Blinder.

Es kommt ein Weiteres dazu. Dieser blinde Bettler am Wegrand ist ein Bild der Menschheit. Jesus geht hinauf nach Jerusalem, um die Menschheit zu erlösen. Aber diese Menschheit sitzt unbeweglich an der Straße und glaubt, noch Fortschritte zu machen. Sie ist blind und meint, sehend zu sein. Sie ist arm und kann nur an die Barmherzigkeit Gottes appellieren. Aber Jesus bleibt stehen, um zu heilen und zu helfen. Er wird in Jerusalem die bettelnde

Menschheit reich und die blinde Menschheit sehend machen. All das ist nur für den Glauben erkennbar. Und all diese Kräfte werden nur dem glaubenden Menschen geschenkt.

So ist diese Szene dreifach wichtig. Denn sie besagt Heilung des körperlich Blinden, deutet an, dass die Apostel von ihrer seelischen Blindheit geheilt werden sollen und dass die ganze blinde Bettelmenschheit durch den Zug des Herrn nach Jerusalem aus ihrem Zustand erlöst wird.

DER SÜNDER

(Lk 19,1–10)

Er kam nach Jericho und wollte hindurchziehen. Es war dort ein Mann namens Zachäus. Er war Oberzöllner und reich. Dieser wollte Jesus sehen, wer er wohl sei, konnte es aber nicht wegen der großen Volksmenge, denn er war klein von Gestalt. So lief er voraus und bestieg einen Maulbeerbaum, um ihn zu sehen; denn er musste dort vorbeikommen. Als Jesus an diesen Ort kam, blickte er zu ihm hinauf und sprach zu ihm: »Zachäus, steige eilends herab, denn ich muss heute in deinem Hause bleiben.« Eilends kam er herab und nahm ihn mit Freude auf. Alle, die es sahen, murrten und sprachen: »Bei einem Sünder kehrt er ein, um bei ihm zu wohnen.« Zachäus aber stand da und sprach zum Herrn: »Herr, die Hälfte meines Vermögens gebe ich den Armen, und wenn ich jemanden betrogen habe, will ich das Vierfache zurückerstatten.« Jesus aber sprach zu ihm: »Heute ist diesem Hause Heil widerfahren, denn auch er ist ein Sohn Abrahams. Der Menschensohn ist gekommen, zu suchen und zu retten, was verloren war.«

Nach dem Kranken der Sünder. Dieser Sünder ist ein bekannter und beachteter Bürger von Jericho. In dieser Grenzstadt machen die Zöllner ein gutes Geschäft. Und Zachäus als Oberzöllner hat verschiedene Zollstätten in Pacht vermietet und damit ein hübsches Vermögen gemacht. Freilich mit Methoden, die nach jüdischer Auffassung nicht sauber sind. Denn er ist genötigt, ständig mit Heiden zu verkehren und außerdem sowohl seine Pächter wie durch diese auch das Volk immer finanziell unter Druck zu setzen. Zöllner sind darum nach jüdischer Überzeugung notwendig Sünder. Somit hat bei Zachäus, dem Oberzöllner, die Sünde gewissermaßen offiziellen Charakter.

Aber das ist nur die äußere Schale der bürgerlichen Existenz. Dahinter verbirgt sich ein religiöser Kern. Zachäus will Jesus sehen. Es ist nicht bloß Sensation, denn es zeigt sich aus den Worten, die er zu Jesus spricht, dass im Herzen dieses Geldmenschen eine verborgene, ungestillte Sehnsucht schlummert. Er ist bereit, die Hälfte seines Vermögens den Armen zu geben und getanes Unrecht vierfach zu erstatten. Zachäus ist von sich und seinem Leben, von seiner äußeren Stellung und seinen Erfolgen nicht befriedigt. Das Innerste ist leer geblieben. Geld kann wohl die Tasche füllen, aber nicht das Herz. Ansehen kann die äußere Stellung festigen, aber nicht das innere Stehen vor Gott. Zachäus ist in einem Alter, in dem die Illusionen verblassen und das Ewige im Menschen sich meldet. Solche Zachäus-Naturen laufen zuhauf in der Welt herum.

Der Herr findet für ihn den rechten Blick und das rechte Wort. Denn Christus sieht nicht auf das Urteil der Menschen. Er hat oft Menschen, die als Heilige galten, als Sünder gebrandmarkt, und immer wieder Menschen, die als Sünder galten, zur Heiligkeit gerufen. Sein Urteil ist unbeeinflusst von der Masse. So auch hier. Aus der ganzen Volksmenge wählt er gerade Zachäus aus. Und er hat für ihn nicht nur eine Minute Zeit zu einem kurzen Wort und einer raschen Begegnung, sondern er tut ihm den Gefallen und erweist ihm die Ehre, in sein Haus zu kommen und bei ihm zu übernachten. Er weiß, dass das in den Augen der Frommen ein Skandal ist, denn er betritt damit das Haus eines Sünders und gibt Ärgernis. Aber Jesus ist gekommen »zu suchen und zu retten, was verloren war«. So denkt er auch bei diesem letzten großen Hinaufziehen nach Jerusalem an die Verlorenen. Er denkt nicht an sich, sondern an die anderen. Unbekümmert um den Eindruck, den sein Vorgehen erweckt, geht er zu Zachäus, weil er hier einem Menschen das bringen kann, was er sucht, weil er einen Fernen in die Nähe Gottes bringen, einen innerlich Leeren durch die Fülle Gottes beglücken, einen Empfänglichen durch die Gnade bereichern, einen Wachen und Hellhörigen durch sein Wort rufen kann.

So ist der Sünder hier der eigentlich Bereite, und nur auf diese Bereitschaft schaut Jesus.

VERANTWORTUNG

(Lk 19,11–28)

Während sie ihm zuhörten, fuhr er fort und legte ihnen ein Gleichnis dar, weil er nahe bei Jerusalem war und sie glaubten, das Reich Gottes werde nun demnächst sichtbar werden.

Darum sagte er: »Ein hochgeborener Mann ging in ein fernes Land, um die Königswürde für sich zu erlangen und dann zurückzukehren. Er rief zehn seiner Knechte zu sich und gab ihnen zehn Pfunde und sprach zu ihnen: ›Treibt Geschäfte, bis ich zurückkehre.‹ Aber die Mitbürger hassten ihn und schickten eine Gesandtschaft hinter ihm her mit der Botschaft: ›Wir wollen nicht, dass dieser König über uns sei.‹ Als er nach Erhalt der Königswürde zurückkehrte, ließ er jene Knechte, denen er das Geld gegeben hatte, zu sich rufen, um zu erfahren, welche Geschäfte ein jeder von ihnen gemacht habe. Der erste kam und sagte: ›Herr, dein Pfund hat zehn Pfunde hinzugewonnen.‹ Er sprach zu ihm: ›Wohlan, du guter Knecht, weil du über weniges getreu gewesen bist, sollst du nun über zehn Städte Gewalt haben.‹ Dann kam der zweite und sprach: ›Herr, dein Pfund hat fünf Pfunde gewonnen.‹ Er sprach auch zu diesem: ›Auch du sollst über fünf Städte gesetzt werden.‹ Und der andere kam und sagte: ›Herr, hier ist dein Pfund. Ich habe es in einem Tuch aufbewahrt, denn ich fürchtete mich vor dir, weil du ein strenger Mann bist, der fordert, was er nicht hingelegt hat, und erntet, was er nicht gesät hat.‹ Da sprach er zu ihm: ›Aus deinem Munde richte ich dich, böser Knecht. Du wusstest, dass ich ein strenger Mann bin, der verlangt, was er nicht hingelegt hat, und erntet, was er nicht gesät hat. Warum hast du dann nicht das Geld auf der Bank angelegt? Dann hätte ich kommen und es mit Zins abheben können.‹ Zu den Umstehenden sprach er: ›Nehmt ihm das Pfund und gebt es dem, der zehn Pfunde hat.‹ Und sie sprachen zu ihm: ›Herr, er hat zehn Pfunde.‹ Ich sage euch: Jedem, der hat, wird gegeben werden, und von dem, der nicht hat, wird auch das genommen, was er hat. Und jene Feinde, die nicht wollten, dass ich über sie König werde, führt hierher und macht sie vor meinen Augen nieder.« – Als er so gesprochen hatte, zog er vorwärts, nach Jerusalem hinauf.

»Während sie ihm zuhörten, fuhr er fort und legte ihnen ein Gleichnis dar, weil er nahe bei Jerusalem war und sie glaubten, das Reich Gottes werde nun demnächst sichtbar werden.« Die Erwartung des hereinbrechenden Gottesreiches wird immer brennender. Eine Unruhe erfasst die Menschen. Sie sind gespannt und erwarten die erstaunlichsten Dinge. Aber sie haben immer noch falsche Vorstellungen. Jesus korrigiert sie durch das Gleichnis, das ihnen die Notwendigkeit der persönlichen Anstrengung, des eigenen Einsatzes, des aktiven Mittuns vor Augen führen soll. Drei Gruppen von Menschen unterscheidet Jesus.

Die erste Gruppe sind die Menschen, die sich anstrengen und sich ehrlich mühen. Der eine verzehnfacht sein Pfund, der andere erreicht durch seine Arbeit das Fünffache. Beide werden belohnt, und zwar in Proportion zu ihrer Leistung. Es ist geradezu das Gleichnis vom Leistungslohn. Man darf es aus dem Evangelium nicht streichen. Gewiss ist das Reich Gottes in erster Linie Gnade, frei geschenkte Gnade, und ist dagegen der Mensch in erster Linie Empfangender. Aber es ist nicht nur Gnade und er ist nicht nur Empfangender. Er muss das Seine dazu beitragen. Glaube ist nicht reine Passivität. Die Gnade wird nicht einfach in ein Vakuum geschüttet. Das Wort Gottes ist Anruf und Aufruf. Es ist Forderung eines Du-sollst. Es ist Verpflichtung, die auferlegt wird. Es ist das Wort, das Verantwortung enthält. Man darf das Wirken Gottes nicht völlig vom Wirken der Menschen loslösen. Es ist aus dem Gleichnis auch ersichtlich, dass die Mitwirkung von verschiedener Intensität sein kann. Neben den Durchschnittschristen gibt es Heilige, neben den Halben die Ganzen, neben den Feld-, Wald- und Wiesenchristen die Menschen mit der Liebe zum Hochgebirge. Neben denen, die an den Ufern malerischer Seen wohnen, die kühnen Seefahrer, die sich aufs hohe Meer wagen. Werkheiligkeit ist, wenn sie richtig verstanden wird, gut biblisch. Die katholische Verdienstlehre und verschriene Lohnmoral haben in diesem Gleichnis einen festen Boden.

Die zweite Gruppe sind die Passiven. Der Mensch im Gleichnis will das Pfund, das er empfangen hat, weder vermehren noch verlieren. Aber gerade das gibt es bei der Gnade nicht. Es gibt kein Verbleiben im Status quo, kein geruhsames Nichtstun, keine Neutralität zwischen Gut und Böse, kein Niemandsland zwischen Gott und Teufel. Man kann auf das Kommen des Gottesreiches nicht einfach warten. Der blinde Bettler am Straßenrand hat seine Stimme erhoben und gerufen, allen Einschüchterungsversuchen zum Trotz. Und Zachäus hat seine Villa verlassen, ist Jesus entgegengegangen und hat den Baum bestiegen. Mit bloßen Worten ist nichts geschehen. Denn der Mensch verliert, wie das

Gleichnis zeigt, durch bloße Passivität das, was er empfangen hat. Das Eisen rostet, die gespannte Feder erschlafft, das Wasser verdunstet. Und eines Tages muss der Mensch vor Gott erkennen, dass von dem, was der Herr ihm gegeben hat, nichts mehr da ist. Darum trägt der Mensch Verantwortung, mit der Gnade mitzuwirken, dem inneren Licht zu folgen, den Anregungen von oben zu entsprechen, die Stimme Gottes nicht zu überhören, die entscheidenden Stunden nicht zu verschlafen.

Die dritte Gruppe sind aktive Menschen, aber mit negativem Vorzeichen. Ihre Anstrengung gilt nicht dem Dienste Gottes, sondern dem Kampf gegen Gott. Ihr Leben gilt nicht Christus, sondern dem Antichristen. Sie stehen im anderen Lager, in der Gegnerfront, auf der anderen Seite des Grabens. Gott lässt sie lange Zeit gewähren, ohne einzugreifen. Nicht weil er der Schwächere ist, sondern gerade weil er der Stärkere ist, dem sie mit all ihrem Tun doch nichts anhaben können. Er wartet. Dieses Warten bedeutet für die Feinde Möglichkeit zur Bekehrung. Wenn dann das Reich Gottes in der Sichtbarkeit kommt, ist die Strafe, und zwar wie das Gleichnis sagt, die Hinrichtung, das verdiente Ergebnis.

So ist das Reich Gottes zwar die große und größte Stunde der Gnade, aber zugleich die Stunde der Entscheidung. Darum muss der Mensch bei aller Freude doch mit Ernst dieser Stunde entgegenschauen und entgegengehen. Er trägt Verantwortung und wird dann Rede und Antwort stehen müssen.

Wieder wird hier das Gehen Jesu nach Jerusalem Bild eines Gehens durch die Zeit, bis zu jener letzten Stunde dieser Zeit, in der das Reich Gottes sichtbar hereinbricht. Das Eschaton des irdischen Lebens Jesu ist naturgemäß eschatologisch eingestellt, darum die Rede von der großen Stunde des Gerichtes, da einem jeden nach seinen Werken und also nach seinem Dienen vergolten wird. Die Verantwortung ist unausweichlich.

DER EINZUG

(Lk 19,29–48)

Als er sich Bethphage und Bethanien näherte, gegen den Berg hin, der Ölberg heißt, sandte er zwei seiner Jünger aus und sprach: »Geht in das gegenüberliegende Dorf. Wenn ihr hinkommt, werdet ihr ein Füllen angebunden finden, auf dem noch niemand gesessen hat. Bindet es los und führt es her. Und wenn euch jemand fragt: Warum bindet ihr es los, so sagt: Der Herr bedarf seiner.« Die Boten gingen hin und fanden es, wie er ihnen gesagt hatte. Als sie es losbanden, sagte dessen Besitzer zu ihnen: »Warum bindet ihr das Füllen los?« Sie antworteten: »Weil der Herr seiner bedarf.« Und sie führten es zu Jesus, legten ihre Kleider auf das Füllen und ließen Jesus aufsteigen. Als sie so dahinzogen, breiteten sie ihre Kleider auf dem Wege aus. Als sie sich bereits dem Abhang des Ölberges näherten, begann die ganze Menge der Jünger voll Freude mit lauter Stimme Gott zu preisen, ob all der mächtigen Taten, die sie geschaut hatten. Und sie sagten: »Gepriesen, der da kommt, der König, im Namen des Herrn. Im Himmel Friede und Herrlichkeit in der Höhe!«

Einige der Pharisäer aus der Menge sprachen zu ihm: »Meister, verweise es deinen Jüngern.« Er antwortete ihnen: »Ich sage euch, wenn sie schweigen, werden die Steine reden.«

Als er näher kam und die Stadt sah, weinte er über sie und sprach: »Dass du doch an diesem Tag erkannt hättest, was dir zum Frieden dient! Aber nun ist es vor deinen Augen verborgen. Es werden Tage über dich kommen, da werden deine Feinde einen Wall aufwerfen, dich ringsum einschließen und dich auf allen Seiten bedrängen. Sie werden dich und deine Kinder zerschmettern und in dir keinen Stein auf dem anderen lassen, weil du die Zeit deiner Heimsuchung nicht erkannt hast.«

Er ging in den Tempel und begann die Händler hinauszuwerfen und sprach zu ihnen: »Es steht geschrieben: Mein Haus wird ein Haus des Gebetes sein.« Ihr aber habt es zu einer Räuberhöhle gemacht.

Täglich lehrte er im Tempel. Die Hohenpriester und Schriftgelehrten suchten ihn zu verderben, ebenso die Führer des Volkes. Aber sie fanden nichts, was sie tun konnten, denn das ganze Volk hing ihm an und hörte auf ihn.

Endlich ist die Stunde gekommen. Die Wanderung von den Bergen Galiläas bis unmittelbar vor die Mauern Jerusalems hat lange gedauert. Aber immer wieder hat Jesus auf Jerusalem hingewiesen. Die ganze Wanderung stand unter dem Eindruck des Kommenden. Der Einzug hat eine seltsame Doppelgestalt. Äußerlich vollzieht er sich diesmal, das einzige Mal, in auffallender Feierlichkeit. Jesus kommt nicht mehr als privater Pilger in irgendeiner der vielen Gruppen, sondern von der Masse umjubelt hält er seinen Einzug in die Heilige Stadt. Zugleich aber ist innerlich seine Stimmung nichts weniger als freudig und triumphierend. Beide Züge sind im Evangelium betont und werden hart nebeneinandergestellt.

1. Äußerlich

Jesus benutzt das Reittier des Orients und besteigt einen Esel. Schon das ist bezeichnend. Es ist nicht ein Schlachtross, wie es die römischen Feldherren und politischen Machthaber benutzen, wenn sie an der Spitze ihrer Legion in der Stadt einreiten. Es ist aber auch nicht das Wandern zu Fuß, wie die anderen Pilger die Heilige Stadt betreten, sondern es ist das Reittier des östlichen Volkes. Es werden dabei ein paar Einzelheiten hervorgehoben. Einmal ist es ein Tier, auf dem bisher noch niemand geritten ist. Denn der Orient hat die religiöse Überzeugung, dass etwas, das profanen Zwecken diente, nicht mehr für den Gottesdienst benutzt werden soll. Und hier ist es Gott selbst, den dieses Tier tragen darf. Außerdem verfügt Christus souverän als Herr über dieses nach menschlichen Begriffen fremde Eigentum. Die Begründung, die seine Jünger dem Besitzer des Tieres geben sollen, lautet ganz einfach: »Der Herr bedarf seiner.« Das muss genügen und genügt auch. Weiter wird hier angedeutet, dass mit diesem Einzug das Wort des Propheten Zacharias sich erfüllt.

Der Jubel der Menge ist nicht mehr aufzuhalten. Sie breiten ihre Kleider auf dem Wege aus, damit der Herr wie über Teppiche hinreite. Und sie umjubeln den einziehenden Messias mit Rufen, die an Deutlichkeit nichts zu wünschen übrig lassen. Sie begrüßen ihn als den, der da kommt im Namen des Herrn, somit als den verheißenen, im Auftrag Jahwes gesandten Messias. Sie fügen das gefährliche und bedeutsame Wort »König« hinzu. Er ist der Messias – König Israels. Friede ist nun im Himmel und Ehre dem Allerhöchsten. Der Gruß der Engel bei der Geburt des Herrn wird hier in leiser Abwandlung wieder aufgegriffen. Diesmal ist nicht vom Frieden auf der Erde, sondern vom Frieden im Himmel die Rede. Denn nun ist Gott versöhnt und blickt mit Friedenswillen auf sein Volk. Die Feinde wollen den Herrn veranlassen, selbst dem gefährlichen Spiel dieser Zurufe ein Ende zu bereiten. Aber er ist diesmal einverstanden mit dem Volk und betont, dass die Steine reden werden, wenn die Menschen schweigen.

Dass er als Messias kommt, nicht als irdischer Machthaber, also nicht so, wie die Gegner fürchten, und nicht so, wie die Seinen es wünschen, sondern so, wie der Vater im Himmel es will, zeigt er durch den ersten Gang in der Heiligen Stadt. Er reitet nicht hinauf zum herodianischen Königspalast oder zur römischen Burg Antonia, sondern hinauf zum Tempel und wirft dort die Händler und Trödler hinaus, denn das Haus seines Vaters soll nicht eine Räuberhöhle sein, sondern ein Haus des Gebets. Es geht ihm nicht um die Macht, sondern es geht ihm um die Heiligung des Volkes, der Menschheit und der Welt. Er ist der Gesalbte des Herrn, der nach dem Auftrag des Herrn das Reich Gottes als ein Reich der geistigen und gnadenvollen Herrschaft Gottes aufrichten will. Das ist der eigentliche Sinn.

2. *Innerlich*

Mitten in der stürmischen Begeisterung, die den Herrn umbrandet, bricht er beim Anblick Jerusalems in Tränen aus. Denn sein Volk und die Welt aufs Ganze gesehen hat den eigentlichen Sinn dieser Stunde nicht erfasst. Sie wollen etwas, das er nicht will. Sie lehnen ihn ab, denn sie wollen einen Messias, der als machtvoller Cäsar ihnen Freiheit und irdischen Wohlstand bringt. Der Bote des Cäsars wird kommen. Und er wird dann wirklich hoch zu Roß in die Stadt reiten. Und dann werden die Steine reden, aber die erschütternde Sprache der Katastrophe. Dann ist es zur Einsicht zu spät. Der Römer wird einen Wall um diese Stadt errichten und sie schließlich erobern. Kein Stein wird auf dem anderen bleiben. Die Kinder werden dann nicht mehr den Messias preisen, denn sie werden zerschmettert auf dem Pflaster liegen. Israel, das den Cäsar dem Messias vorzieht, wird den Cäsar bekommen. Israel, das den Messias verwirft, wird verworfen. Das weiß Jesus und er sieht es in voller Deutlichkeit voraus. Darum weint er über das Schicksal dieser Verblendeten, denen er seine Liebe und Hilfe schenken will, die aber Nein sagen. Sie wollen ihren Tempel und ihre Stadt als Räuberhöhle, in der man materielle Schätze aufhäuft. Sie wollen den Tempel nicht als eine Stätte der Sammlung, des Gebetes und der Herrschaft des Vaters. Sie wollen das, was Jesus nicht will, und wollen das nicht, was Jesus will. Ihr verkehrtes Wollen ist das Nein zum Willen Gottes. Darum ist dieser Einzug Jesu in Jerusalem nur ein äußerlicher Triumph, innerlich aber der eigentliche Beginn der Katastrophe, scheinbar für ihn, in Wirklichkeit für sie.

IN WESSEN VOLLMACHT?

(Lk 20,1–8)

Als er eines Tages das Volk im Tempel lehrte und die frohe Botschaft verkündete, traten die Hohenpriester und Schriftgelehrten mit den Ältesten herzu und sprachen: »Sage uns, mit welcher Vollmacht tust du das? Wer hat dir diese Vollmacht gegeben?« Er antwortete ihnen: »Auch ich stelle euch eine Frage: Stammt die Taufe des Johannes vom Himmel oder von Menschen?« Sie überlegten bei sich selbst und sagten sich: Wenn wir antworten »vom Himmel«, so wird er sagen: Warum habt ihr ihm dann nicht geglaubt? Wenn wir antworten »von Menschen«, wird das ganze Volk uns steinigen, denn es ist überzeugt, dass Johannes ein Prophet sei. So antworteten sie ihm, dass sie es nicht wüssten. Jesus sprach zu ihnen: »Dann sage auch ich euch nicht, in welcher Vollmacht ich es tue.«

1. Die Lage

Die Auseinandersetzung spitzt sich nun zu letzter Schärfe zu. Das ist räumlich und zeitlich bedingt. Räumlich, denn nun ist Jesus in Jerusalem und damit tatsächlich in der Gewalt seiner Feinde. In den Dörfern und auf den Hügeln Galiläas konnten sie ihn wohl mit Worten angreifen, aber sie konnten nicht tätlich werden, denn das Volk stand auf seiner Seite. Hier in Jerusalem haben sie alles in der Hand. Sie sind im Tempel, in welchem nun seine letzten Wortgefechte mit den Gegnern stattfinden, auch grundsätzlich zuständig, denn der Tempel ist gewissermaßen das letzte Reduit ihrer Macht. Hier lässt man sie gewähren. Die Oberpriester mit der Tempelwache haben unter der Leitung des Hohenpriesters hier alles zu bestimmen. Er ist also in die Höhle des Löwen gekommen.

Die Schärfe der Auseinandersetzung ist aber auch zeitlich bedingt. Denn einmal liegt die Unruhe, das Fiebernd-Revolutionäre förmlich in der Luft. Es ist kein Zufall, wenn Christus in der Passion einem politischen Bandenführer gegenübergestellt wird. Die Partei der Zeloten, die jeden Kompromiss mit Rom ablehnt, ist stark geworden. Es drängt förmlich alles zur Auseinandersetzung. Außerdem steht eines der größten Feste unmittelbar vor der Tür. Fanatisierte Volksmassen sammeln sich in Jerusalem. Die Stadt ist überfüllt und ein Herd der Unruhe. Man weiß nie, was aus diesem brodelnden, siedenden Kessel kommt. Auch Herodes, der König von Galiläa, ist mit seinem Gefolge nach Jerusalem gekommen. Pilatus, der römische Hochkommissar, ist mit einem Truppenaufgebot nach Jerusalem marschiert. So kommt diesen letzten Reden Jesu besondere Bedeutung zu.

2. *Die Frage*

Der Angriff der Feinde beginnt mit der Frage, in wessen Vollmacht er handle.

Die Frage nach der Vollmacht ist durchaus berechtigt, denn schließlich sind diese Priester und Schriftgelehrten für das, was im Tempel gelehrt wird, verantwortlich. Die Priester sind Leiter des religiösen Lebens. Die Schriftgelehrten sind Lehrer in Israel. Die zuständige Autorität kann nicht einfach alles geschehen lassen. Wohin käme man? Der Tempel ist kein Jahrmarkt von Religionen und Weltanschauungen. Wildwuchs in religiösen Fragen ist immer bedenklich. Die Wahrheit darf nicht durch Demagogen und durch eine Art Massenpsychose unter Beweis gestellt werden. Sie ist auch nicht das Ergebnis einer öffentlichen Stellungnahme des Volkes oder irgendwelcher demokratischer Beschlüsse. Das gilt doppelt und dreifach für die geoffenbarte Wahrheit, also das Wort Gottes. Nicht jeder ist befugt, das Wort des Herrn auszulegen. Wenn jeder das Wort ergreifen und im Namen Gottes sprechen will, der glaubt, irgendeine innere Erfahrung oder persönliche Sendung zu haben, so sind dem Missbrauch, der Hysterie, dem Fanatismus und der Einbildung Tür und Tor geöffnet. So ist also die Frage nach der Vollmacht durchaus berechtigt.

Aber sie ist im konkreten Fall nicht ehrlich. Es geht diesen Priestern und Schriftgelehrten gar nicht um die Wahrheit. Das zeigt sich in der Tatsache, dass sie der Frage Jesu ausweichen, wo sie genau wissen, was sie der Wahrheit gemäß antworten müssten. Aber ihnen ist die Lehre nur ein Mittel, ihre Machtstellung zu stützen. Es geht ihnen also nicht um das Wort Gottes, sondern um die eigene Macht. Jesus ist ihnen unangenehm, gerade weil er die Wahrheit verkündet, nämlich eine Wahrheit, die sie nicht gerne hören und die sie darum mit Gewalt niederhalten wollen. Gewiss ist sein Wort, wie es gerade in diesem Abschnitt heißt, »Heilsbotschaft«. Aber er verkündet ein Heil, das sie nicht wollen. Denn er predigt das Reich Gottes, das ihren machtgierigen Plänen von der Aufrichtung eines irdischen Reiches sofort zuwider ist. Sie wollen Macht, Reichtum und Genuss. Er aber predigt Demut, Armut und Entsagung. Sie haben das Wort Gottes in ein System gepresst und in einem Netz von Paragrafen eingefangen, sodass es harmlos geworden ist und sie dadurch in ihrer Menschlichkeit gegen seinen göttlichen Anspruch gesichert sind. Er aber reißt diese Schranken nieder, denn er will gerade diese menschliche Sicherheit nicht, sondern will den Menschen wieder als einen Ungesicherten und Ausgelieferten nackt und bloß vor Gott hinstellen, damit er dann von Gott Gnade und Liebe empfange und dadurch eine ganz andere, eben göttliche Sicherheit erhalte. Seine Lehre hat etwas Unheimliches, weil sie das Heimelige und Häusliche eines bloß menschlichen Heimes zerstört. Seine Lehre ist Wagnis, weil sie Auslieferung an den heiligen Gott ist. Von all diesem Großen verstehen diese kleinen Geister nichts, und diese Weite kommt ihrer seelischen Engbrüstigkeit gefährlich vor. Sie fragen sich nicht, ob sie vielleicht das Wort Gottes falsch verstanden und falsch ausgelegt haben und somit umlernen müssten, sondern sie fragen sich lediglich, mit welchen Mitteln sie ihn zum Schweigen bringen können. Es ist also nicht die Wahrheitsfrage, die sie bewegt, sondern die Machtfrage.

3. *Die Antwort*

Die Antwort Jesu ist dementsprechend. Durch seine Gegenfrage, was sie von der Taufe des Johannes halten, bringt er ihnen ihre subjektive Einstellung zum Bewusstsein. Denn wenn es ihnen um die Wahrheit geht, werden sie entweder anerkennen, dass Johannes ein Mann Gottes war, dann müssen sie aber auch den von ihm eingeführten Jesus als Gottesboten anerkennen. Oder aber sie werden bestreiten, dass Johannes von Gott kam, dann müssen sie als verantwortliche Hüter der Wahrheit aber auch den Mut haben, dieser Überzeugung vor allem Volk Ausdruck zu geben. Aber sie weichen aus und zeigen damit, wie verkehrt ihre innere Haltung ist.

Zugleich liegt aber in der Gegenfrage Jesu auch eine indirekte Antwort auf die Frage der Priester. Denn er zeigt, in wessen Vollmacht er handelt, nämlich in der Bevollmächtigung durch Gott. Gott hat ihn als seinen Gesandten beglaubigt, einerseits durch den Herold, durch den er ihm die Wege bereitet, andererseits durch die Stimme vom Himmel und das Sichtbarwerden des Heiligen Geistes anlässlich der Johannes-Taufe am Jordan. Wenn sich also Jesus auf Gott beruft, ist das nicht nur aufgrund eines inneren Erlebnisses, sondern seine Sendung ist in ihrer objektiven Gültigkeit durch Gott selbst bezeugt und bestätigt worden. So ist die Antwort Jesu eine Bloßstellung der falschen Motive, die in der Fragestellung seiner Gegner liegen, und doch zugleich Klarstellung seiner Lehrberechtigung und Lehrautorität. Mehr sagt er nicht, denn jedes weitere Wort an Menschen, die die Wahrheit nicht wollen, ist Verschwendung. Ehrliche Wahrheitssucher finden Gott. Wo aber religiöse Disputationen nur dem Geltungstrieb entspringen und nur dem geistigen Willen zur Macht dienen sollen, werden sie sinnlos und schädlich.

DER GEGENSTOSS

(Lk 20,9–19)

Dann begann er dem Volke das folgende Gleichnis vorzulegen. »Ein Mann pflanzte einen Weinberg und übergab ihn den Pächtern. Dann ging er lange Zeit weg. Zur gegebenen Stunde sandte er einen Knecht zu den Pächtern, damit sie ihm den Ertrag des Weinberges übergäben. Die Pächter aber schlugen ihn, beschimpften ihn und schickten ihn mit leeren Händen weg. Daraufhin sandte er noch einen anderen Knecht. Sie aber schlugen auch diesen, beschimpften ihn und schickten ihn mit leeren Händen weg. Dann sandte er noch einen dritten. Sie aber schlugen auch ihn wund und warfen ihn hinaus. Da sprach der Herr des Weinberges: ›Was soll ich tun? Ich will meinen geliebten Sohn schicken, vielleicht werden sie vor diesem Achtung haben.‹ Als die Pächter ihn erblickten, sprachen sie zueinander: ›Das ist der Erbe, wir wollen ihn umbringen, damit das Erbe uns zufällt.‹ So warfen sie ihn aus dem Weinberg hinaus und töteten ihn. Wie wird der Herr des Weinberges nun mit ihnen verfahren? Er wird kommen, diese Pächter vernichten und den Weinberg anderen übergeben.« Als sie das hörten, sagten sie: »Das soll nicht geschehen.«

Er aber blickte sie an und sprach: »Was besagt denn die Schriftstelle: Der Stein, den die Bauleute verworfen haben, ist zum Eckstein geworden? Und jeder, der über diesen Stein fällt, wird zerschellen; und auf wen er fällt, den wird er zermalmen.« Die Schriftgelehrten und Hohenpriester wollten noch in der gleichen

Stunde Hand an ihn legen; aber sie fürchteten das Volk. Sie hatten erkannt, dass er mit diesem Gleichnis sie meinte.

Das Gleichnis von den Winzern, durch das Jesus seinerseits den Angriff gegen die Priesterschaft führt, ist eine durch die Parabelform verhüllte, aber sachlich durchaus eindeutige Drohung.

1. Damals

Die damalige Situation ist mit voller Schärfe gezeichnet. Der Weinberg ist Israel. Ein Bild, das sich in der Literatur dieses Volkes von Bauern, Hirten und Winzern sowie in den Psalmen und bei den Propheten häufig findet. Der Eigentümer des Weinberges ist Gott. Die Pächter sind die geistigen Führer Israels. Die Früchte, die Gott erwartet, sind der Geist der Buße, der Bereitschaft und der Hingabe. Und die Männer, die immer wieder gekommen sind, waren die Propheten und überhaupt alle Gottesboten. Die Ablehnung durch die Führer zeigt eine ständige Steigerung. Der Sohn, der jetzt gekommen ist, ist der Sohn Gottes selbst. Jesus zeigt in diesem Gleichnis, dass er sich völlig von allen anderen bisher gekommenen Boten Gottes abhebt, dass er der eine und einzige und ganz andere Gottessohn ist. Somit ist jetzt die Stunde der Entscheidung gekommen. Ebenso klar zeigt aber Jesus, dass er um sein Schicksal weiß: Sie werden ihn umbringen und damit die Linie ihres Nein bis ins Letzte ausziehen. Jesus hat sich von der Begeisterung des Volkes nicht zu Illusionen hinreißen lassen. Er lässt sich jetzt durch die Einschüchterungsversuche der Gegner ebenso wenig zu einem Nachgeben verführen. Durch Begeisterung und Widerstand schreitet er ruhig, sicher und unentwegt vorwärts. Aber zugleich gibt er deutlich zu verstehen, dass die Drohenden in Wirklichkeit die Bedrohten sind. Sie werden zwar ihre Drohungen ausführen und ihn, den von Gott gesetzten Baustein, wegwerfen. Aber sie werden durch diesen Stein zu Fall kommen und der

Stein wird seinerseits auf sie fallen und sie zerschmettern. Sein Untergang ist in Wirklichkeit ihr Untergang. Sein Ende ist ihr Ende. Für ihn bedeutet das aber erst den richtigen Anfang. Denn der weggeworfene Stein wird zum Eckstein, der das ganze neue Haus des geistigen Israels zusammenhält. So liegt im Gleichnis eine Umkehr der ganzen Situation. Die Gegner sind gefährlich und sie werden äußerlich ihre Drohungen wahr machen. Aber in Wirklichkeit sind sie gefährdet und die Drohungen Jesu werden sich als wahr erweisen.

Die Wirkung ist keineswegs Einsicht und Umkehr in letzter Stunde. Im Gegenteil, der Hass verhärtet sich, »noch in der gleichen Stunde suchten die Hohenpriester und Schriftgelehrten Hand an ihn zu legen ... denn sie hatten erkannt, dass er mit diesem Gleichnis sie meinte«.

2. Heute

Die Situation ist aber auch heute noch von Bedeutung. Es ist zu billig und ist gefährlich, das Gleichnis Jesu durch Historisierung zu verharmlosen und alles auf die Vergangenheit und die damalige Priesterschaft abzuwälzen. Das Gleichnis ist in das Evangelium gekommen, damit alle Leser aller Zeiten die Anwendung auf sich selbst machen. Die Kirche ist der neue Weinberg Gottes. Die Boten des Herrn sind die Heiligen. Und in dieser Kirche ist vor allem das Wort des Sohnes zu vernehmen. Denn er hat ja den Aposteln gesagt: »Wer euch hört, der hört mich.« Die Führer dieser Kirche und jedes Glied dieser Kirche tragen somit Verantwortung, auf die Boten und auf den Sohn zu hören. Es genügt nicht, diesen Heiligen Biografien zu schreiben, ihre Bilder an die Wände der Kirche zu malen und ihre Feste zu feiern. Man muss ihre Worte hören, ihre aufrüttelnden Mahnungen, ihre Forderung der Buße, der inneren Umkehr, der seelischen Bereitschaft, ihre Warnungen, nicht in religiöser Routine und Mittelmäßigkeit zu verkommen. Vor allem aber muss man das Wort Christi mit wachem Geist und bereitem Herzen aufnehmen, so wie es im Evangelium steht und durch die Kirche verkündet wird. Sonst bleiben die Kirche und ihr Wort auch für uns eine Drohung. Man kann sich nicht einfach desinteressieren. Es gibt der Kirche gegenüber und damit Christus gegenüber nicht einfach ein Ausweichen und Sichzurückziehen ins Privatleben. Sonst fällt man über den Stein oder wird von ihm zertrümmert. Gleichgültigkeit gegenüber den Tatsachen »Kirche« und »Christus« ist schon ein Nein, eine Verweigerung der geforderten Früchte, ein Nichtabliefern des schuldigen Pachtzinses und damit Schuld und Sünde. Man muss den drohenden Charakter dieses Gleichnisses spüren, um den Ernst der Situation zu erfassen. Nur wer diesen Ernst erfasst, hat das Gleichnis richtig gelesen.

»GEBT DEM CÄSAR«

(Lk 20,20–26)

Sie überwachten ihn und sandten Beobachter aus, die sich als fromm ausgeben sollten, um ein Wort von ihm aufzufangen, durch das sie ihn der Behörde und der Macht des Landpflegers ausliefern könnten. So fragten sie ihn: »Meister, wir wissen, dass du aufrichtig redest und lehrst und keine menschliche Rücksicht nimmst, sondern den Weg Gottes der Wahrheit entsprechend verkündest. Ist es uns erlaubt, dem Cäsar Steuern zu bezahlen oder nicht?« Er durchschaute ihre Bosheit und sprach zu ihnen: »Zeigt mir einen Denar. Wessen Bild und Aufschrift hat er?« Sie sagten: »Des Cäsars.« Er antwortete ihnen: »So gebt also dem Cäsar, was des Cäsars ist, und Gott, was Gottes ist.« Sie waren nicht imstande, ihn vor dem Volk mit irgendeinem Wort zu fassen, wunderten sich über seine Antworten und schwiegen.

Wieder folgt ein zweimaliger Angriff der Feinde. Der erste ist geradezu raffiniert.

Die Frage lautet: »Ist es erlaubt, dem Cäsar Steuern zu zahlen?« Die Frager sind keineswegs ehrlich suchende Menschen. So wie es ihnen im vorausgehenden Angriff nicht um Recht und Berechtigung ging, so geht es ihnen auch jetzt nicht um die moralische Klarheit, ob man müsse oder dürfe oder ob die Steuerentrichtung an den Cäsar verboten sei. An sich hatten die Frager Grund zu ihren Fragen, denn das Volk war ausgeplündert. Neben der Steuer an die eingeborenen Fürsten und der Tempelsteuer mussten sie auch noch eine Kopfsteuer für Rom entrichten. Das war kaum mehr zu leisten. So konnte also die Frage sozialem Denken und Empfinden entsprungen sein. Es war außerdem eine religiöse Frage, denn der Cäsar war Heide. Durfte das Volk Gottes den heidnischen Machthaber unterstützen? Aber in Wirklichkeit entsprang die Frage weder dem sozialen Denken noch dem religiösen Gewissen, sondern der menschlichen Bosheit. Sie wollen Jesus eine Falle stellen, um, wie das Evangelium wörtlich schreibt, »ein Wort von ihm aufzufangen«. Und damit er ja auf die Frage hereinfalle, wählen sie, wie wiederum der Text sagt, »Leute aus, die sich als fromm ausgeben sollten«. Sie wollen ihn ganz bewusst veranlassen, eine unvorsichtige Antwort zu geben. Darum ihre einleitende Bemerkung: »Meister, wir wissen, dass du aufrichtig redest und lehrst, und nicht nach der Person der Menschen fragst, sondern in Wahrhaftigkeit den Weg Gottes zeigst.« So ist ihre Frage eine Verstellung. Die letzte Absicht besteht ganz einfach darin, die Verantwortung für seine Liquidierung nicht selbst tragen zu müssen, sondern sie auf die politische Ebene abzuschieben und sie damit dem römischen Landpfleger aufzubürden. Das wird ihnen nicht gelingen, sondern die Verantwortung wird in Wirklichkeit auf beide fallen, auf Juden und Heiden, auf die Priester und auf den Landpfleger. Menschliche Schlauheit zerbricht an der göttlichen Weisheit.

Die Frage als solche ist so gestellt, dass Jesus nach menschlichem Ermessen bei jeder Art der Beantwortung sich Feinde zuzieht. Denn entweder ist er für das Steuerzahlen an den Cäsar, dann macht er sich das Volk zum Feind, und zwar nicht nur aus materiellen, sondern auch aus religiösen Gründen, denn der römische Machthaber ist ein Feind des Volkes. Das Volk aber ist Volk Gottes, also ist er ein Feind Gottes. Ist Jesus wirklich der Messias, dann muss er gegen den heidnischen Unterdrücker Stellung beziehen. Spricht er sich zu dessen Gunsten aus, dann ist er vor dem Volk Gottes als Messias erledigt.

Ist aber seine Antwort gegen das Steuerzahlen und somit den Wünschen des Volkes entsprechend, dann ist sein Vorgehen ein Akt der Politik und damit überliefert er sich selbst dem politischen Machthaber. So wird es gelingen, den geistig Überlegenen mit politischen Methoden und durch die Staatsgewalt aus dem Weg zu räumen. Eine Methode, welche die geistig Schwächeren immer wieder angewandt haben, anwenden und anwenden werden.

So ist die Frage raffiniert gestellt.

Die Antwort Jesu zerreißt aber das ganze Netz mit einem einzigen Griff. Was die Steuerfrage als solche angeht, zwingt er die Frager, selbst die Antwort zu geben. Sie müssen, ob sie wollen oder nicht, feststellen, dass Bildnis und Inschrift der Münze vom Cäsar stammen und den Cäsar darstellen. Das Geld ist also Eigentum des Cäsars, ist durch ihn ins Land gekommen und somit hat er das Recht, von diesem Land Abgaben zu fordern. Diese Tatsache können auch die Feinde nicht abstreiten.

Dann aber stößt Jesus ins eigentlich Zentrale vor und zeigt den Feinden, dass es um eine ganz andere Frage geht, der sie ausweichen. Sie sollten gar nicht in erster Linie die Frage stellen, was sie dem Cäsar schuldig seien, sondern sie sollten sich um den obersten Herrn kümmern und fragen, was sie Gott schuldig seien. Wie auf der Münze das geprägte Bild des Cäsars zu sehen ist, so sind nach den Worten der Schrift, auf welche sich doch seine Gegner berufen, die Menschen nach dem Bild Gottes geschaffen. Das Bild Gottes ist ihnen also eingeprägt. Sie sind Eigentum Gottes, Schuldner Gottes, müssen also das, was Gottes ist, Gott geben, den Tribut der Ehrfurcht, des Gehorsams, der Hingabe. Sie heucheln Gewissenhaftigkeit und sind in Wirklichkeit gewissenlos. Sie tun, als ob sie es mit ihrer Pflicht ernst nehmen wollten, vernachlässigen aber ihre eigentliche Pflicht. Sie simulieren Rechtssinn und Gerechtigkeit, verletzen aber in Wirklichkeit das Recht Gottes und die Gerechtigkeit vor Gott. Sie wollten ihn durch ihre Frage bloßstellen, sind aber jetzt durch seine Antwort selbst bloßgestellt. Die heuchlerische Maske ist gefallen.

Es ist darum auch ein Abgleiten ins Nebensächliche, wenn man diesen Bibeltext und dieses Wort Jesu benutzt, um Fragen der Steuermoral zu klären. Das ist ja nur der Ausgangspunkt, der außerdem zeitbedingt war. Das Entscheidende am Text ist die religiöse Forderung, Gott bedingungslos zu geben, was Gottes ist, also den Rechtsanspruch Gottes theoretisch und praktisch anzuerkennen. Wer sich als Eigentum Gottes weiß und Gott, dem Herrn, verantwortlich ist, dem verlieren die irdisch-menschlichen Fragen und Beziehungen viel von ihrem Gewicht und ihrer Bedeutung. Es geht im Leben um ganz anderes als um bloße Steuerfragen oder um Politik. Es geht um die Beziehung zu Gott. Dort muss der Mensch Fragen stellen, dort sein Gewissen prüfen, dort sein Verhalten regeln. Nur wer mit dieser religiösen Fragestellung zu Jesus kommt, kommt als ehrlicher und echter Frager und wird die entsprechend klare und sichere Antwort erhalten. Gott zu geben, was Gottes ist, ist viel wichtiger, als dem Cäsar zu geben, was des Cäsars ist. Und wer Gott wirklich gibt, was Gottes ist, ist auch gewillt und bereit, dem Cäsar zu geben, was des Cäsars ist. Er ist aber andererseits nicht bereit und durch kein Druck- und Gewaltmittel dazu zu bringen, dem Cäsar zu geben, was Gottes ist. Er wird also den Cäsar nie als die höchste Instanz anerkennen und ihn nie über Gewissen, Religion und Kirche herrschen und entscheiden lassen. Die Forderung Jesu »Gebt Gott, was Gottes ist« ist gerade in der Zeit mächtiger Cäsaren, welchen Titel sie auch tragen mögen, von immer neuer Bedeutung.

FRAGE NACH DEM JENSEITS

(Lk 20,27–40)

Einige Sadduzäer kamen und behaupteten, es gäbe keine Auferstehung. So fragten sie: »Meister, Moses hat geschrieben, wenn ein Bruder stirbt, der eine Frau hatte, aber kinderlos blieb, dann solle sein Bruder diese Frau heiraten, um seinem Bruder Nachkommenschaft zu zeugen. Nun waren da sieben Brüder. Der erste nahm eine Frau und starb kinderlos, dann nahmen der zweite und der dritte sie zur Frau, und so alle sieben. Sie starben kinderlos. Zuletzt starb auch die Frau. Wessen Frau wird sie nun bei der Auferstehung sein, da doch alle sieben sie zur Frau hatten?« Jesus antwortete ihnen: »Die Söhne dieser Welt heiraten und werden geheiratet. Die aber, die gewürdigt werden, der anderen Welt und der Auferstehung der Toten teilhaft zu werden, heiraten nicht mehr und werden nicht geheiratet. Denn sie können nicht mehr sterben, sondern sind wie die Engel, sind Söhne Gottes und Söhne der Auferstehung. Dass aber die Toten auferstehen, hat schon Moses beim Dornbusch angedeutet, da er den Herrn, den Gott Abrahams, den Gott Isaaks und den Gott Jakobs nennt. Er ist nicht ein Gott der Toten, sondern der Lebendigen. Denn für ihn leben alle.« Da antworteten einige der Schriftgelehrten: »Meister, du hast gut gesprochen.« Und sie wagten nicht mehr, eine Frage an ihn zu richten.

Nach der Berufung auf das Recht und auf die Moral stellen nun die Gegner eine Frage aus dem Gebiet der Lehre. Wieder ist zu sagen, dass die Frage an sich berechtigt ist. Das gibt ja dem Angriff der Gegner die Gefährlichkeit, dass sie immer mit einer Frage kommen, die durchaus begründet ist. Der Glaube an die Auferstehung ist eine der Grundfragen, in denen sich Pharisäer und Sadduzäer unterscheiden. Die freigeistigen Sadduzäer glauben nicht an das Jenseits. Für sie ist mit dem Tod alles aus. Die sadduzäischen Priester stellen die Frage aber wiederum nicht, um in dieser Lehrmeinung die Stellungnahme Jesu zu erfahren. Sie wissen, dass Jesus sich immer wieder auf das Jenseits beruft und dass er gerade jetzt, wo die Dinge dem Ende zudrängen, über dieses Ende hinausweist. Aber ein Messias, der sich nicht auf dieser Erde und in diesem Leben durchsetzt, ist für sie kein Messias. Die Jenseitshoffnung Jesu ist für sie der Beweis, dass er nicht der verheißene Gesalbte des Herrn ist.

Die Jenseitsfrage ist aber darüber hinaus für die ganze Menschheit von entscheidender Bedeutung. Denn gibt es kein Jenseits, dann bleibt dem Menschen nur übrig, das diesseitige Leben sich so schön und erfolgreich wie möglich zu gestalten, es auszudehnen und es in vollen Zügen zu genießen. Jede Hoffnung auf ein Nachher ist dann Täuschung, die als bittere Enttäuschung endet. Gibt es aber ein Jenseits, dann ist die Einstellung des Menschen gerade umgekehrt. Dann ist das ganze diesseitige Leben nur vorläufig, nur Vorbereitung. Dann muss alles auf die entscheidende jenseitige Karte gesetzt werden, muss der Blick ständig auf das jenseitige Drüben gerichtet sein. Kurz, die ganze Lebenshaltung ändert sich je nach dem Glauben oder Unglauben dem Jenseits gegenüber. So ist also die Frage nicht nur berechtigt, sondern von großem Gewicht.

Aber die Form der Frage ist in der Art, wie die Sadduzäer sie stellen, lächerlich. Sie spitzen sie auf einen grotesken Fall zu. Nach dem Gesetz soll eine Frau, deren Mann kinderlos stirbt, von dessen Bruder geheiratet werden. Nun konstruieren die Sadduzäer einen Fall, in dem die gleiche Frau sechsmal hintereinander den Tod des jeweiligen Mannes erleben muss. Erst beim siebten stirbt sie selbst. Somit stellt sich die Frage, wem von den sieben sie im Jenseits angehören werde. Abgesehen von der praktischen Unmöglichkeit einer solchen Blaubart-Frau ist die Konstruktion des Kasus nicht dem Ernst der Frage entsprechend. Kasuistik hat ihre Berechtigung, denn der Mensch muss die allgemeinen Grundsätze der Moral immer wieder auf die konkrete Situation und die Wechselfälle des Lebens anwenden. Dass man ihm dabei durch Kasuistik behilflich ist, hat nichts Unrechtes an sich. Aber die Kasuistik birgt in sich die Gefahr, dass die Ehrfurcht vor dem eigentlichen Geist Gottes verloren geht. Es wird alles ausgeklügelt, es werden Hintertürchen gesucht und mit juristischen Spitzfindigkeiten Lösungen konstruiert, die nicht mehr dem schlichten Hören auf das Wort und den Willen Gottes entsprechen, sondern wesentlich darauf abzielen, dem Gesetz Gottes ein Schnippchen zu schlagen. Juristerei ist berechtigt, aber sie kann in der religiösen Haltung den demütigen Gehorsam des Menschen gegenüber Gott beeinträchtigen.

Gerade hier ist es deutlich zu spüren, dass es diesen Sadduzäern gar nicht darum geht zu wissen, ob Jesus an das Jenseits glaubt und ob es ein solches gibt, sondern es geht ihnen darum, durch den lächerlichen Kasus die Jenseitslehre lächerlich zu machen und damit auch Jesus, der auf das Jenseits hinweist.

Dementsprechend ist die Antwort des Herrn. Er zeigt zuerst, dass dieser Fall und die ganze Haltung der Fragesteller vollkommen daneben sind. Das Jenseits ist eine Wirklichkeit. Aber sie liegt auf einer ganz anderen Ebene. Drüben und droben ist alles ganz anders. Da ist von Heiraten und Geheiratetwerden gar nicht mehr die Rede. Alle diese menschlichen Beziehungen stehen dann überhaupt nicht mehr zur Diskussion. Wir dürfen das Jenseits nicht mit den diesseitigen Maßstäben messen und können über Gott und Gottes jenseitige Welt mit menschlichen Denkkategorien nichts Richtiges aussagen. Es ist alles völlig anders aus dem einfachen Grund, weil dann der unendliche Gott in seiner Herrlichkeit sichtbar wird und vor diesem flutenden Licht alles Übrige verblasst. Im Diesseits hat das Menschliche so viel Bedeutung, weil Gott unsichtbar ist. Im Jenseits hat der sichtbare Gott Bedeutung und alles andere wird völlig nebensächlich. Die Frage der Sadduzäer entspricht somit gänzlich falschen Vorstellungen und einer geradezu lächerlich kleinen Ideologie. Nicht der Jenseitsglaube ist lächerlich, sondern die Fragesteller, die vom Jenseits derart allzu menschliche, kindische Vorstellungen haben. Wie bei der Beantwortung der Steuerfrage, so hat auch hier in der Jenseitsfrage Jesus mit einer Gebärde königlicher Größe die spielerischen Lächerlichkeiten der Gegner weggewischt und auf das eigentlich Entscheidende, auf die Größe und Unendlichkeit Gottes, hingewiesen.

Dann fügt er aber noch ausdrücklich hinzu, dass das Jenseits eine Wirklichkeit ist. Und sein Beweis ist wieder ganz einfach der Hinweis auf Gott. Gott ist ein lebendiger Gott, der das Leben erschaffen hat und der es nicht einfach wieder ins Nichts des Todes versickern lässt, sondern er ist der lebendige Gott, der das Leben weiterführt, Tote zum Leben erweckt und darum ewiges Leben spendet. Wenn die Schrift ihn den Gott Abrahams, Isaaks und Jakobs nennt, so ist darin nicht von vergangenen historischen Ereignissen die Rede, von Menschen, die nicht mehr sind, denn Gott ist nicht ein Gott der Toten. Und darum sind Abraham, Isaak und Jakob auch heute noch Wirklichkeiten. Sie leben im Jenseits, weil sie durch den lebenspendenden Gott das Leben erhalten haben und durch den lebenserhaltenden Gott am Leben bleiben. Der richtige Glaube an Gott bringt den Glauben an das Leben nach dem Tod, damit aber auch an die ganze andere Art des jenseitigen Lebens. Nur wer vor dem lebendigen Gott steht, findet auf all diese Fragen die richtige, nämlich die nicht bloß menschliche, sondern göttliche Antwort. Damit sind beide Angriffe der Gegner auf die gleiche Weise zurückgewiesen, nämlich durch den jeweiligen Hinweis auf Gott.

SOHN DAVIDS ODER HERR?

(Lk 20,41–21,4)

Er sprach zu ihnen: »Wie kann man sagen, der Messias sei der Sohn Davids? Denn David selbst sagt doch im Buch der Psalmen: ›Es sprach der Herr zu meinem Herrn, setze dich zu meiner Rechten, bis ich deine Feinde zum Schemel deiner Füße mache.‹ Wenn nun David ihn Herr nennt, wie ist er dann Davids Sohn?«

Als das ganze Volk zuhörte, sprach er zu den Jüngern: »Hütet euch vor den Schriftgelehrten. Sie gehen gerne in langen Gewändern herum, lieben den Gruß auf den Märkten, den Vorsitz in den Synagogen und die Ehrenplätze bei den Gastmählern. Dabei verzehren sie den Besitz der Witwen und verrichten zum Schein lange Gebete. Sie werden ein umso strengeres Gericht gewärtigen.«

Als er aufblickte, sah er, wie die Reichen ihre Gaben in die Opferstöcke warfen. Und er sah auch eine arme Witwe zwei Scherflein hineinwerfen. Er sprach: »Wahrhaftig, ich sage euch, diese arme Witfrau hat mehr als alle gegeben. Denn diese alle haben aus ihrem Überfluss Gaben gegeben, sie aber hat aus ihrer Armut alles gegeben, was sie zum Leben hatte.«

In einem zweimaligen Angriff haben die Gegner Jesus angegriffen. Jesus antwortet ebenfalls durch einen zweifachen Angriff. Er stellt seinen Feinden die Entscheidungsfrage und fällt das Urteil über sie.

1. *Die Frage*

Die Pharisäer haben bei ihren Angriffen und Schwierigkeiten gezeigt, dass es ihnen nicht um Gott geht, sondern um das eigene Ich. Darum hat Jesus bei seinen Antworten immer auf Gott als das Entscheidende hingewiesen, auf die Vollmacht, die er von Gott hat, wie Johannes der Täufer es bezeugt. Auf Gott, dem man geben muss, was ihm gebührt, wie man dem Cäsar das Seine zu geben hat. Auf Gott, der den Inhalt des ewigen Lebens bedeutet, sodass das bloß Menschliche drüben keine Rolle mehr spielt. So stößt er auch jetzt in der letzten Frage, die er ihnen stellt, in dieses Zentrale vor. Sie sollen sich und ihm Antwort geben auf die Frage, wie der Messias zu Gott steht. Denn David, auf den sie sich immer wieder berufen und als dessen Sohn sie den Messias bezeichnen, hat selbst im Psalm daraufhin gewiesen, dass der Messias sein Herr, also Davids Herr sei: »Es sprach der Herr zu meinem Herrn.« Und zwar ist diese Herrschaft des Messias deutlich als Gottgleichheit gezeichnet, denn er sitzt bildlich gesprochen zur Rechten Gottes, d.h. er ist ihm gleichgestellt in gleicher Macht und gleicher Herrlichkeit. Also ist der Messias nicht nur Sohn Davids, sondern als Sohn Gottes Herr der Welt. »Dem Fleische nach Sohn Davids, durch den Heiligen Geist ausgewiesen als Gottes Sohn.« So müssten die Pharisäer es erkennen und dementsprechend müssten sie an ihn glauben und ihm begegnen.

Ein Zweites liegt in seinem Wort: der drohende Hinweis auf das Ende. Denn das Davidswort des Psalmes verweist auf das große Ende, an welchem die Feinde des Messias diesem als Fußschemel dienen müssen. Wenn also Pharisäer und Schriftgelehrte in Feindschaft gegen ihn aufstehen, sollen sie bedenken, dass diese Gefahr ihnen droht. Jetzt fühlen sie sich mächtig. Aber sie sind nur dazu da, Schemel seiner Füße zu sein. Das Ende mit seiner Wiederkunft wird ihn als den eigentlich Mächtigen zeigen. So schließt seine Frage und sein Angriff mit dem drohenden Hinweis auf die Gefahr, in der sie leben, und auf das Ende, das ihnen bevorsteht. Er blickt durch alles hindurch und über alles hinweg, hin zu jener großen letzten Stunde, die alles ändert und alles in die richtige Proportion bringt. Dann wird er als das sichtbar, das sie ihm abstreiten, als Messias, Herr der Welt und Herr über all seine Feinde.

2. Sein Urteil

Jesus wendet sich von ihnen ab und zum Volk hin und urteilt öffentlich über die Pharisäer und Schriftgelehrten. Sie suchen nicht Gott, sondern sich selbst. Und zwar suchen sie sich geistig durch den Ehrgeiz, durch welchen sie in feierlich langen Gewändern den Eindruck der Frömmigkeit machen wollen, danach trachten, öffentlich geehrt zu werden und überall die Ehrenplätze einnehmen zu können. Sie suchen aber auch materiell sich selbst, denn gegen teures Geld verrichten sie bloß äußerliche Lippengebete.

Sein Urteil ist vernichtend. Aber dieses Urteil, das jetzt nur in Worten besteht, wird am Ende, auf das er auch hier wieder hinweist, in Taten umgesetzt. Dann wird das Urteil, das hier vor dem Volk gefällt ist, vor aller Welt gefällt werden. »Sie werden ein umso strengeres Gericht gewärtigen.«

Die Verkehrtheit ihrer Gesinnung und ihres Handelns wird sichtbar am Gegenbild der armen Witwe, die nur zwei Heller in den Opferstock wirft und doch größer ist als sie alle. Denn sie leidet durch ihr Opfer Entbehrung, während die Schriftgelehrten und Pharisäer nur vom Überfluss eine Kleinigkeit hergeben. Die Witwe gibt um Gottes willen alles dran und wird darob verachtet. Die Feinde Jesu geben um ihrer selbst willen Gott dran und werden geehrt. Diese verkehrte Welt wird erst beim Gericht die große Umkehrung aller Dinge erfahren. Darum enden nun die Reden Jesu durch seine Rede vom Ende.

DIE REDEN VOM ENDE

(Lk 21,5–19)

Als einige vom Tempel sagten, dass er mit prächtigen Steinen und Weihegaben geschmückt sei, sprach er: »Es werden Tage kommen, an denen von allem, was ihr hier schaut, kein Stein auf dem anderen bleibt, der nicht zerstört würde.« Da fragten sie ihn: »Wann wird das sein? Und was ist das Zeichen, wann es geschehen soll?« Er sprach: »Sehet zu, dass euch niemand in die Irre führe, denn viele werden in meinem Namen kommen und sagen: ›Ich bin es‹ und ›Die Zeit ist nahe‹. Folgt ihnen nicht. Wenn ihr von Kriegen und Aufständen hört, lasst euch nicht erschrecken. All das muss zuerst kommen. Aber dann kommt noch nicht rasch das Ende. Und das sage ich euch: Es wird Volk gegen Volk, Reich gegen Reich aufstehen, große Erdbeben werden sein, Hungersnot und Seuchen da und dort und große Zeichen am Himmel. Vor allem aber wird man Hand an euch legen, euch verfolgen, euch ausliefern an Synagogen und Gefängnisse. Man wird euch vor Könige und Obrigkeiten schleppen um meines Namens willen. Das alles wird euch zum Zeugnis dienen. Prägt euren Herzen ein, dass ihr nicht zum Voraus überlegt, wie ihr euch verteidigen sollt. Denn ich werde euch das Wort und die Weisheit geben, dessen alle eure Feinde nicht widerstehen oder widersprechen können. Ihr werdet von Eltern und Geschwistern, Verwandten und Freunden ausgeliefert. Sie werden manche von euch töten und ihr werdet bei allen um meines Namens willen verhasst sein. Aber nicht ein Haar eures Hauptes wird verloren gehen. In eurer Standhaftigkeit werdet ihr das Leben gewinnen.«

Die letzten Reden des Herrn gelten den Letzten Dingen. Vom Ende der Welt und vom Ende Jerusalems ist darin die Rede.

1. Das Ende kommt

Die Jünger des Herrn lassen sich von der Größe und vom Reichtum des Tempels beeindrucken und weisen Jesus hin auf die mächtigen Steine und die reichen Weihegeschenke. Er aber antwortet, dass kein Stein auf dem anderen bleiben werde. Die gewaltigen Mauern des Tempels erhoben sich auf mächtigen Unterbauten, die förmlich aus dem natürlichen Felsen herausgewachsen schienen. Jahrzehnte hatte man daran gearbeitet und noch war der Bau nicht ganz vollendet. In den Schatzkammern waren die Reichtümer aufgehäuft, die durch die Tempelsteuer und Gaben der zahllosen Pilger zusammengebracht wurden. Der Bau schien für die Ewigkeit errichtet. Aber wieder lassen sich die Menschen durch Größe und Reichtum in die Irre führen. Und doch ist alles dem Untergang geweiht und versinkt alles eines Tages in Staub und Asche und schließlich ins Nichts des Weltuntergangs. Jesus, der in diesen Tagen ganz vom Gedanken an das Ende erfüllt ist, weist darum unbekümmert um die Größe dieses Baus und den Reichtum der Weihegeschenke unerbittlich auf dieses Ende hin. In der Tat ist dieser Tempel zerstört und bis zum heutigen Tag nicht mehr aufgebaut worden. Seine Reichtümer sind verloren. Und seine Größe ist nur noch Erinnerung. Das gilt nicht nur für den Bau dieses Tempels. Andere gewaltige Bauten sind aufgeführt worden, Königspaläste in Ägypten, Assur und Babylon, ragende Tempel in Athen, in Rom, stolze Bauten französischer Könige, deutscher Kaiser, spanischer Granden und englischer Lords. Sie sind entweder längst verfallen oder ragen als Denkmäler einer nicht mehr lebendigen Vergangenheit wie Fremdkörper in unsere Zeit hinein. Unerbittlich schreitet die Zeit weiter. Die Menschenwerke sind mit dem Stigma der Vergänglichkeit gezeichnet. Alles geht vorüber. Alles sind Wellen, die zerfließen. Die Vergänglichkeit des Irdischen soll den Menschen an das allein unvergängliche Überirdische, an Gott und die Werke Gottes, gemahnen.

2. Die Zeit des Endes ist dem Menschen ungewiss

Immer wollen die Menschen wissen, wann das Ende kommt. So lautet auch die Frage der Jünger: »Meister, wann wird das geschehen?« Die Menschen wollen auch Vorzeichen des Endes haben, um sich danach richten zu können. Darum die Jüngerfrage: »Welches ist das Zeichen, wann es eintreten wird?« Aber die Antwort Jesu ist eine Verweigerung der Zeitangabe und ein Hinweis, dass es keine sicheren Zeichen dieser kommenden Zeit gebe. Die Menschen sollen sich durch nichts und durch niemanden irreführen lassen.

Nicht durch falsche Propheten. So wie es falsche Messiasse gibt, die verkünden: »Ich bin es, die Zeit ist gekommen«, so wird es immer wieder Sektierer geben, Irregeführte und Irreführende, Betrogene und Betrüger, welche Berechnungen anstellen und mit deren Kundgabe die Massen beunruhigen und beirren. Immer wieder hat man das Ende ausrechnen wollen mit zum Teil geradezu lächerlichen Ausgangspunkten und Überlegungen. Die Menschen, die an sie glaubten, waren Getäuschte und Geprellte. Es gibt keine Berechnung. Das Wort Jesu lautet klar und schroff: »Lauft ihnen nicht nach.«

Auch nicht durch Katastrophen. Es gibt, wie Jesus betont, immer wieder Kriege und Aufstände, Kämpfe von Volk gegen Volk, Reich gegen Reich. Zu diesen Geschichtskatastrophen kommen die Naturkatastrophen, Erdbeben, Hungersnot, Seuchen, auch seltsame Naturphänomene am Sternenhimmel, Sonnenfinsternis, beunruhigende Kometen und dergleichen. All das besagt nichts. Jesus betont: »Das Ende ist damit noch nicht da.« In der Tat gibt es immer wieder Menschen, die in Kriegszeiten oder in anderen Notzeiten das Ende nahe glauben. Die Völker werden dann unruhig und für Weissagungen empfänglich. Nichts ist leichter, als den aufgestörten und aufgescheuchten Massen mit unheimlichen Worten Schrecken einzujagen. Aber es ist nicht der Geist des Herrn. All diese Dinge sind keine Zeichen des Endes, sondern sind von Gott her gesehen teils Strafe für Sünden, teils Warnungen, sich nicht an die Erde zu verlieren. Aber sie sind nicht Vorzeichen des nahen Endes.

Auch nicht die Kirchenverfolgung. Solche Verfolgungen werden kommen. Mit aller nur wünschenswerten Deutlichkeit sagt Jesus sie voraus. Man wird die Apostel in Gefängnisse werfen und vor Könige und Statthalter schleppen. Sie werden von den eigenen Angehörigen verlassen und verklagt. Ja, das Wort des Herrn enthält sogar die unerhörte und erschütternde Voraussage: »Um meines Namens willen werdet ihr von allen gehasst werden.« Aber auch das darf die Menschen nicht beunruhigen. Nicht in der Stunde der Gefahr, denn Gott wird ihnen Beredsamkeit und Weisheit geben, und sie haben dadurch Gelegenheit, Zeugnis abzulegen. Gott wird ihr Schutz sein und wenn sie Ausdauer haben und durchhalten, retten sie im Sterben des Leibes das Leben ihrer Seele. Immer wieder haben die Menschen die Überzeugung, dass Gott bei Kirchenverfolgungen eingreifen müsse. Je härter die Verfolgung, je stärker der Feind, desto mehr meinen sie, nun werde der plötzliche Eingriff des Herrn erfolgen, das Ende sei nahe. Aber Christus warnt vor dieser Täuschung. Die Hilfe Gottes wird innerlich sein, durch inneres Licht und innere Kraft. Und der Einzelne wird persönlich geschützt. Er kann zwar dem Leibe nach verloren gehen, aber nicht der Seele nach, wenn er sich an Gott hält. Kirchenverfolgung ist kein Zeichen des nahen Endes. All diese Dinge, das Auftreten falscher Propheten, das Hereinbrechen von Katastrophen, das Wüten von Verfolgungen werden im Ablauf der Geschichte immer wieder zu finden sein. Sie gehören zur Geschichte der Menschheit und der Kirche Christi, sind also keine Zeichen von etwas Außergewöhnlichem und Außerordentlichem, kein Beweis eines nahe bevorstehenden Endes. Das Kommen des Endes ist gewiss, die Zeit des Kommens ist ungewiss. Der Glaube gibt Sicherheit über die Tatsache. Wer aber Sicherheit über den Zeitpunkt geben will, spricht nicht aus dem Glauben. Der Christ schreitet durch all diese Schwierigkeiten, Drangsale, Kämpfe, zwar beeindruckt, aber nicht beunruhigt. Er ist nicht überrascht, denn Christus hat es ihm vorausgesagt. Er wird davon aber auch nicht überwältigt, weil er durch das Wort Christi darauf gerüstet ist. Wer falschen Frieden verheißt, ist ein Lügenprophet. Er täuscht die Menschen, die dann bei hereinbrechenden Schwierigkeiten getäuscht werden. Wer aber diese Schwierigkeiten und Unruhen als Zeichen des nahen Endes verkündet, ist ebenso ein Lügenprophet. Denn wann das Ende kommt, soll der Mensch nicht wissen. Durch Christi Wort haben wir Sicherheit über das »Dass«, aber nicht über das »Wann«, über das Kommen, aber nicht über den Zeitpunkt des Kommens. Wer darum glaubt, glaubt an das Ende, glaubt aber nicht an Zeitbestimmungen dieses Endes.

DAS ENDE MIT SCHRECKEN

(Lk 21,20–38)

»Wenn ihr Jerusalem von Kriegsheeren umringt, eingeschlossen seht, dann wisst, dass seine Verwüstung nahe ist. Dann sollen die, die in Judäa sind, in die Berge fliehen, und die, die mittendrin sind, sollen es verlassen, und die, die auf dem Lande sind, sollen nicht hineingehen. Denn es sind die Tage der Vergeltung, an denen alles sich erfüllt, was geschrieben steht. Wehe den Schwangeren und den Stillenden in jenen Tagen. Denn es wird große Not über das Land kommen und Zorngerichte über dieses Volk. Durch die Schärfe des Schwertes werden sie fallen und unter Heidenvölker weggeführt werden. Jerusalem wird von den Heiden zertreten werden, bis die Zeiten der Heiden vollendet sind.

Und es werden Zeichen erscheinen an Sonne, Mond und Sternen, und auf der Erde wird Angst die Völker erfassen. Sie werden ratlos stehen vor dem Tosen und dem Wogen des Meeres. Die

Menschen werden über die ganze Erde hin vor Furcht und Erwarten der kommenden Dinge vergehen. Die Kräfte des Himmels werden erschüttert werden. Dann werden sie den Menschensohn kommen sehen auf der Wolke mit Macht und großer Herrlichkeit. Wenn all das beginnt, dann richtet euch empor und erhebt euer Haupt, denn eure Erlösung ist nahe.«

Er sprach zu ihnen in einem Gleichnis: »Seht den Feigenbaum und alle Bäume. Wenn sie ausschlagen und ihr das seht, dann wisst ihr, dass der Sommer bereits nahe ist. So wisst ihr auch, wenn all das geschieht, dass das Reich Gottes bereits nahe ist. Wahrlich, ich sage euch, dieses Geschlecht wird nicht vergehen, bevor das geschieht. Himmel und Erde werden vergehen, aber meine Worte werden nicht vergehen.

Achtet auf euch, dass eure Herzen nicht durch Rausch, Trunkenheit und irdische Sorgen sich belasten, sodass jener Tag unversehens, wie ein Fallstrick, über euch komme und über alle, die den ganzen Erdkreis bewohnen. Darum wachet und betet allezeit, damit ihr allem, was kommen soll, entfliehen und vor dem Menschensohn bestehen könnt.«

Während des Tages lehrte er im Tempel. In der Nacht ging er hinaus zum Berg, der Ölberg heißt. Und alles Volk kam in der Frühe zu ihm, um ihn im Tempel zu hören.

Das Ende kommt plötzlich. Das gilt für das Ende Jerusalems und für das Ende der Welt.

1. Das Ende Jerusalems

Wenn die Stadt bereits vom feindlichen Heer eingeschlossen ist, werden sich die Menschen erst bewusst werden, dass das Ende dieser Stadt und die Zerstörung bevorsteht. Es werden einige dann noch in die Berge fliehen können und die, die ohnehin außerhalb der Mauern sind, sollen nicht zurückkehren. Denn das

Ende wird furchtbar sein. »Es wird große Not über das Land kommen und Zorngerichte über dieses Volk. Durch die Schärfe des Schwertes werden sie fallen und unter Heidenvölker weggeführt werden.« Das Volk, das sich jetzt so sicher fühlt und auf seine Stadt und den ragenden Tempel so stolz ist, wird dann Stadt und Tempel in Trümmer fallen sehen und wird das Ende der eigenen nationalen Existenz erleben. Dann ist die Einsicht zu spät. Das Ende ist ein Ende mit Schrecken.

Dieses irdische Zeichen soll den Menschen ein Warnsignal sein. Denn genauso, wie es Jerusalem im Kleinen geht, wird es eines Tages der Welt im Großen gehen.

2. *Ende der Welt*

Plötzlich bricht das Ende herein. Wenn die astronomische Katastrophe kommt, wird eine furchtbare Angst die Menschen erfassen. Wenn Erdbeben und Sturmfluten hereinbrechen, wird die Verzweiflung sie überfallen. Dann wird der Menschensohn in der Herrlichkeit auf den Wolken des Himmels kommen. Es ist das Ende der Welt und damit das Ende aller Feinde Christi, das Ende derer, die sich auf dieser Erde gesichert glauben und stolz auf ihre Leistungen und Errungenschaften sind.

So ist auch das Ende der Welt ein Ende mit Schrecken. Aber nur für die Gegner. Für die lebendigen Christen, die auf den Herrn gewartet, sein Kommen herbeigesehnt und herabgebetet haben, ist es die Stunde der Befreiung. »Wenn all das beginnt, dann richtet euch empor und erhebt euer Haupt, denn die Erlösung ist nahe.« Was für die anderen Schrecken bedeutet, ist für die Christen Freude. Was für die anderen das Ende ist, bedeutet für sie den Anfang. Denn dieses Ende ist die Umstellung und Umkehr aller Dinge. Dieser Christus, der jetzt in Jerusalem der Macht der Feinde ausgeliefert ist und durch ihren Richterspruch zum Tod verurteilt wird, ist dann der, der in Macht kommt und als Richter das

Urteil über die Gegner fällen wird. Darum soll der Mensch sich nicht von der Welt und ihrem Tun beeindrucken lassen und nicht der Welt verfallen. Er soll ans Ende denken und danach sein Leben ausrichten. Dann wird das Ende für ihn nicht ein Ende mit Schrecken, sondern aufgrund der Frohbotschaft von der Wiederkunft Christi ein Anfang der Freude.

3. *Zeichen*

Es gibt keine Vorzeichen, aus denen man erkennen und berechnen könnte, wann das Ende der Welt kommt. Die Zeichen, die Jesus angibt, sind bereits der Beginn der Katastrophe. Dann ist eine Vorbereitung zu spät. Ausdrücklich betont Christus, dass man weder den Tag noch die Stunde wissen kann. Gäbe es Vorzeichen, so wären sie dem Menschen keine Hilfe, sondern ein Hindernis. Denn dann würde er leichtsinnig drauflos leben, um erst umzuschalten, wenn die drohenden Zeichen sichtbar würden. So aber lebt er wesentlich in der Ungewissheit, die eine ständige Bereitschaft fordert.

Und doch gibt es ein Zeichen. Und gerade von diesem einen und einzigen spricht Jesus. Es ist nicht ein Zeichen zur Berechnung, sondern ein Zeichen zur Warnung. Dieses Zeichen ist der Untergang Jerusalems, oder weiter gefasst, das Schicksal Israels. Das Judentum ist in der Weltgeschichte ein großes Fragezeichen. Denn die Tatsache seiner Existenz, die Eigenart seines Glaubens, seiner heiligen Schriften, seiner Ethik und vor allem der merkwürdige Verlauf seiner Geschichte bis zum heutigen Tag sind Dinge, die mit rein natürlichen Faktoren nicht völlig erklärt werden können. Israel ist ein metaphysisches und im Tiefsten ein religiöses Problem. Es ist Volk Gottes in der Erwählung, der Verwerfung und der endgültigen Rettung. Die Verwerfung des erwählten Volkes ist das große Warnzeichen. Der Untergang Jerusalems und die Zerstörung seines Tempels sollen allen Menschen und Völkern ein

Zeichen im Kleinen sein, aus dem sie erkennen können, was ihnen allen im Großen droht, wenn sie sich von Christus abkehren. Das ist das Zeichen. Und hier liegt der Grund, dass Jesus das Ende Jerusalems und das Ende der Welt immer in Zusammenhang setzt und beinahe als ein und dasselbe hinstellt. Die Reden Jesu vom Ende besagen immer das Ende Jerusalems und das Ende der Welt, nicht als eine zeitliche Einheit, aber als eine religiöse Einheit. In diesem Sinne hat das Ende Jerusalems Zeichencharakter. Man darf diese Warnung nicht überhören. Das schreckliche Ende Jerusalems sollte die Welt bewahren vor einem Ende mit Schrecken.

Der Kampf in Worten und Reden ist zu Ende. Jesus lehrt weiterhin in den letzten Tagen, die ihm noch bleiben, das Volk. Er greift die Gegner nicht mehr an und diese greifen ihn nicht mehr an. Die Fronten sind endgültig abgesteckt und die Stellungen bezogen. Darum sagt Lukas kurz und sachlich: »Während des Tages lehrte er im Tempel. In der Nacht ging er hinaus zum Berg, der Ölberg heißt. Und alles Volk kam in der Frühe zu ihm, um ihn im Tempel zu hören.«

Ebenso sachlich und erschütternd wird hinzugefügt: »Priester und Schriftgelehrte suchten ihn umzubringen. Aber sie fürchteten das Volk.«

DER KAMPF
IN TOD UND AUFERSTEHUNG

JUDAS

(Lk 22,1–6)

Es nahte das Fest der Ungesäuerten Brote, Pascha genannt. Priester und Schriftgelehrte suchten ihn umzubringen. Aber sie fürchteten das Volk.

Da fuhr der Satan in Judas, genannt Iskariot, einen aus den Zwölfen. Er ging hin und erkundigte sich bei den Hohenpriestern und Befehlshabern, wie er ihn an sie ausliefern könne. Sie freuten sich und versprachen, ihm Geld zu geben. Er sagte zu und suchte eine günstige Gelegenheit, ihn, ohne dass das Volk es bemerkte, auszuliefern.

Der Verrat des Judas bleibt ein nicht ganz zu lösendes Rätsel. Denn es birgt sich dahinter ein Mysterium, das unserem Verständnis im Letzten unzugänglich ist.

1. Die Überraschung

Völlig unmotiviert und überraschend fährt der Bericht des Evangeliums fort: »Da fuhr der Satan in Judas, genannt Iskariot, einen aus den Zwölfen. Er ging hin und erkundigte sich bei den Hohenpriestern und Befehlshabern, wie er ihn an sie ausliefern könne.« Die Hilfe für die Feinde kommt von einer Seite, mit der sie nicht gerechnet hatten und auf die sie nie hoffen durften. Denn es meldet sich ein Überläufer. So kommt die Aktion durch einen aus dem engsten Mitarbeiterstab Jesu ins Rollen.

Judas muss ein Mensch mit sittlichen Qualitäten und ausgesprochen religiöser Anlage gewesen sein. Sonst hätte ihn Jesus entweder nicht in die Zahl der zwölf besonders Erwählten gerufen oder Judas hätte der Berufung nicht Folge geleistet. Er hat auch mehrere Jahre durchgehalten, mancherlei Strapazen ertragen, Verzichte auf sich genommen und auch Angriffe vonseiten der Gegner Jesu über sich ergehen lassen. So fing alles gut an und ging auch einige Zeit gut weiter. Judas war außerdem in einem Kreis, in dem eine sehr intensive und doch zugleich gesunde religiöse Atmosphäre herrschte. Denn die Zwölf waren sehr natürliche, gesunde Menschen und zugleich ständig mit religiösen Fragen und Aufgaben beschäftigt. Außerdem hatte Judas die volle geistige Klarheit, wie sie die ständige Belehrung durch Christus mit sich brachte. Und er hatte durch Jesus eine seelische Leitung und Führung, eine seelsorgliche Betreuung und Hilfe, wie sie besser nicht gedacht werden kann. Kein Psychologe, kein Menschenkenner, kein Priester, kein Heiliger hätte einen solchen Einfluss auf Judas ausüben können wie Jesus. Und mit diesem Jesus lebte er in täglicher Lebensgemeinschaft. Endlich war Judas von der messianischen Bewegung getragen, die durch Johannes den Täufer ausgelöst war und nun in der Begeisterung für Jesus zur vollen Entfaltung kam. Judas war bei den Elfen, mit denen er ständig zusammenlebte, in keiner Weise als Fremdkörper aufgefallen, als einer, der innerlich nicht mitging, anders dachte, sich distanzierte oder innerlich sich abwandte. Er schien nicht besser und nicht schlechter als die anderen. Darum kommt diese Meldung des Evangeliums völlig überraschend und unfasslich.

2. *Die Erklärung*

Wenn man nach einer natürlichen Erklärung sucht, wird man sie am ehesten in den falschen Vorstellungen und Wünschen finden, die Judas mit dem Messias, der messianischen Bewegung und dem messianischen Reich verband. Er erwartete, wie viele aus dem Volk und von den Feinden, einen Messias, der für Israel die politische Macht und die irdische Wohlfahrt bringe. Er erhoffte also die messianische Bewegung und ihr Ergebnis hier im Diesseits, und zwar als einen sofortigen äußeren Umschwung aller Dinge. In dieser Erwartung hatte er sich Jesus angeschlossen, den er wirklich für den Messias gehalten hatte. Mit diesen Vorstellungen hatte er Jesus begleitet, mit diesen Ideen dessen ganzes Reden und Tun beurteilt. Die Wunder des Herrn waren Öl in dieses Feuer. Die Begeisterung der Volksmasse bestärkte Judas in seinen Hoffnungen und der triumphale Einzug in Jerusalem war das letzte Aufflammen seines Feuers. Aber inzwischen hatte Judas mit großer Besorgnis die Leidensvoraussage des Meisters aufgenommen, seine Ablehnung irdischer Ziele kennengelernt. Das unfassliche Nichtauswerten der Volksbegeisterung in Jerusalem, die Nichtbenutzung der Macht, das Brachliegenlassen aller irdischen Möglichkeiten hatten ihm die Augen geöffnet. Und die Reden Jesu von den Letzten Dingen, vor allem auch von der Zerstörung Jerusalems, hatten ihm endgültig gezeigt, dass das Reich Jesu etwas ganz anderes war, als was er, Judas, erwartet und erhofft hatte. Daher die Abkehr von Jesus. Es blieb ihm nichts anderes übrig, als sich in letzter Stunde zu retten, d. h. ins andere Lager überzugehen, um sich selbst in Sicherheit zu bringen und auch materiell wenigstens aus dem Ganzen noch einen Gewinn zu ziehen. So wird man sich den Verrat des Judas in etwa erklären können. Und doch bleibt der Widerspruch zwischen dem bisherigen Leben dieses Apostels und dem jetzigen Tun nicht völlig gelöst.

Die eigentliche, aber eben geheimnisvolle Lösung liegt im Übernatürlichen, im Satz des Evangeliums: »Da fuhr der Satan in Judas.« So wie Gott in Jesus Mensch geworden ist, so ergreift Satan seinerseits von einem Menschen Besitz, um sein satanisches Werk gegen das Werk Gottes auszuführen. Es ist der Aufstand Satans gegen Gott. Dass der »Lügner von Anbeginn« mit Verrat arbeitet, dass der gestürzte Engel einen Apostel ins Verderben führt, dass

Satan, der von Gott abgefallen war und damit Verrat an Gott verübt hatte, nun einen Erwählten zum Abfall bringt und zum Verräter am menschgewordenen Gott macht, entspricht seinem innersten Wesen. So wird hier gleich beim Beginn der Passion der dunkle Hintergrund gezeigt und es wird die eigentlich treibende Kraft sichtbar. Hinter aller menschlichen Gemeinheit, die nun im Leidensbericht des Herrn aufscheint, wird das dunkle Mysterium der Dämonie als jenes Geheimnis dargetan, das allein das Geheimnisvolle des ganzen dunklen und tödlichen Geschehens einigermaßen erklärt. Gemeinheit und Hass, die im Tode triumphieren, sind das dämonische Mysterium der Bosheit. Liebe und Leben, die sich in der Auferstehung als größer und stärker erweisen, sind das Geheimnis Gottes. Das sind die Hintergründe, und so ist in den ersten Versen des Passionsberichtes alles in diese übermenschliche und untermenschliche, himmlische und höllische, göttliche und satanische Perspektive gestellt.

DAS ABENDMAHL

(Lk 22,7–20)

Da kam der Tag der Ungesäuerten Brote, an welchem das Osterlamm geschlachtet werden musste. Er sandte Petrus und Johannes und sprach zu ihnen: »Geht und bereitet für uns das Ostermahl, damit wir es essen können!« Sie antworteten ihm: »Wo sollen wir es bereiten?« Er antwortete: »Wenn ihr in die Stadt kommt, wird euch ein Mann begegnen, der einen Krug mit Wasser trägt. Folgt ihm in das Haus, in das er geht, und sagt dem Herrn des Hauses: ›Der Meister lässt dich fragen, wo ist der Ort, an dem ich mit meinen Jüngern das Paschamahl essen könnte?‹ Er wird euch einen großen Saal zeigen, der mit Polstern ausgestattet ist. Dort sollt ihr es bereiten.« Sie gingen und fanden alles, wie er es gesagt hatte, und bereiteten das Paschamahl.

Als die Stunde gekommen war, setzte er sich zu Tisch und die Apostel mit ihm und er sprach zu ihnen: »Mit Sehnsucht habe ich danach verlangt, dieses Ostermahl mit euch zu essen, bevor ich leide. Denn ich sage euch, ich werde es nicht mehr essen, bis seine Erfüllung im Reiche Gottes gekommen ist.« Dann nahm er den Kelch, dankte und sprach: »Nehmt ihn und teilt ihn unter euch, denn ich sage euch, ich werde von jetzt an vom Gewächs des Weinstockes nicht mehr trinken, bis das Reich Gottes gekommen ist.«

Dann nahm er das Brot, dankte, brach es, gab es ihnen und sprach: »Das ist mein Leib, der für euch dahingegeben wird. Tut dies zu meinem Andenken.« Ebenso nahm er nach dem Mahle den Kelch und sprach: »Dieser Kelch ist der Neue Bund in meinem Blut, das für euch vergossen wird.«

Die Reden und Auseinandersetzungen mit den Feinden sind zu Ende. Bevor Jesus ins Leiden schreitet, sammelt er die Seinen, die Zwölf, zum letzten Mal um sich im engen Kreise der Tischgemeinschaft. Dieses Mahl hat den Doppelcharakter einer liturgischen Feier und einer persönlich menschlichen Feier des Abschieds.

Die liturgische Feier ist ihrerseits deutlich in zwei Teile aufgeteilt: in die Feier des jüdischen Paschamahles und in die neue liturgische Feier des christlichen Opfermahles.

1. *Das Paschamahl*

Die Vorbereitung ist schlicht und doch in ihrer Größe und Feierlichkeit eigenartig. Jesus schickt Petrus und Johannes, die kommenden Vertreter des Amtes und der Liebe aus, um das Mahl zu bereiten. Und zwar verfügt er souverän als Herr über alles. Er weiß genau, wie alles kommt und verlaufen wird, und zwar bis in die Einzelheiten. So kann er hier sagen: »Wenn ihr in die Stadt kommt, wird euch ein Mann begegnen, der einen Krug mit Wasser trägt ... Er wird euch einen großen Saal zeigen, der mit Polstern ausgestattet ist. Dort sollt ihr es bereiten.« Zum Wissen kommt das Verfügen. Sie sollen dem Mann ganz einfach den Bericht übermitteln: »Der Meister lässt dich fragen, wo ist der Ort, an dem ich mit meinen Jüngern das Paschamahl essen könnte?« Wissen und Macht verbinden sich in Christus gerade in der Stunde, in der die Jünger trotz aller Voraussage nichts wissen und nichts ahnen und wo sie ihn nach wenigen Stunden in der Ohnmacht vor den Menschen sehen werden. Seine ruhige Überlegenheit hat gerade in dieser Stunde etwas besonders Eindrucksvolles.

Christus feiert mit den Aposteln das jüdische Paschamahl. Er denkt daran, dass nun die Gefangenschaft nicht nur Israels, sondern der Menschheit, und zwar nicht durch die Ägypter, sondern durch Satan zu Ende ist und dass nun der Messias als der wahre Moses gekommen ist, um das Volk Gottes in die Freiheit zu führen. Die jüdische Feier findet in dieser Stunde ihre eigentliche Erfüllung und Vollendung. So ist seine Paschafeier die letzte wirklich sinnvolle Feier in Israel. Durch die Erfüllung wird sie für die Zukunft überflüssig. Jesus hat auf diese Stunde der Erfüllung gewartet. »Mit Sehnsucht habe ich danach verlangt, dieses Ostermahl mit euch zu essen, bevor ich leide. Denn ich sage euch, ich werde es nicht mehr essen, bis seine Erfüllung im Reiche Gottes gekommen ist.« Und noch einmal wiederholt er die gleichen Worte beim Kreisen des Kelches: »Ich werde von jetzt an vom Gewächs des Weinstockes nicht mehr trinken, bis das Reich Gottes gekommen ist.« Die religiöse Bedeutung Israels und seiner Paschafeier ist nun erfüllt. Es beginnt mit Jesu Tod und Auferstehung die Geschichte des neuen Israel. Es ist der Anfang des Reiches Gottes und es wird darin eine neue Paschafeier geben mit einem neuen Opfer und einem neuen Mahl.

2. *Das eucharistische Mahl*

Es ist jetzt nicht mehr das Fleisch eines Lammes, das gegessen, und nicht mehr das Blut eines Lammes, das vergossen wird, sondern nun ist er selbst das Osterlamm. Sein Leib ist es, der geopfert, sein Blut ist es, das vergossen wird. Damit sie aber im Mahl an diesem seinem Opfer teilhaben können, schenkt er ihnen seinen Leib und sein Blut, also seinen Opferleib und sein Opferblut, in der Gestalt von Brot und Wein. So spricht er über das Brot die schöpferischen, umwandelnden Worte: »Das ist mein Leib, der für euch dahingegeben wird.« Hingabe des Leibes ist das Opfer. Genuss dieser Speise ist also ein Opfermahl. Und über den Kelch spricht er die Worte: »Dieser Kelch ist der Neue Bund in meinem Blute, das für euch vergossen wird.« Sein vergossenes Blut ist das Opferblut. Und sie haben wieder daran Anteil durch den Genuss im Opfermahl.

Es kommen aber noch zwei Elemente hinzu. Einmal der Auftrag: »Tut dies zu meinem Andenken.« Das, was er hier getan hat, sollen auch sie weiterhin tun. Sie sollen also wie er das Brot wandeln in seinen Opferleib und den Wein wandeln in sein Opferblut. Das tun sie im Gedenken seines Opfers. Es ist somit in der Messe nicht nur der geopferte Leib und das vergossene Blut des nunmehr verklärten und erhöhten Herrn gegenwärtig, sondern es wird auch sein damaliges Opfer dargestellt, und zwar durch die getrennten Gestalten von Brot und Wein als Zeichen der Trennung seines Blutes von seinem Leib. Die Messe als Opferfeier hat hier ihren Ursprung und die Kommunion als Opfermahl ist hier durch sein Wort und seinen Willen grundgelegt.

Dazu kommt das Weitere. Es ist, wie Jesus sagt, »der Neue Bund in meinem Blute«. Der Alte Bund wurde am Sinai geschlossen im Blute eines geopferten Tieres. Der Neue Bund wird geschlossen im Blute des Messias. Blut ist das Zeichen des Lebens und das Opferblut ist Beweis der liebenden Hingabe. Der Neue Bund soll durch den lebendigen Gott den Menschen das wahre

Leben spenden und die Liebe des Herrn, der sich für die Menschen geopfert hat, um sie an Gott zu binden, soll in diesen Menschen die wahre Liebe wecken, durch die sie bereit sind, sich ihrerseits Gott zu opfern und sich auch für die Menschen aufzuopfern. So ist die Einheit von Gott und Menschheit und der Menschheit untereinander Leben und Liebe, die ihre Kraft schöpft aus dem Opfer des Herrn.

Die Opferfeier Israels findet somit ihre Erfüllung im neutestamentlichen Opfer Christi, weitergeführt im Opfer der Messe. Und das Paschamahl Israels findet seine Erfüllung in diesem Abendmahl des Herrn, weitergeführt im Opfermahl der Messe. So ist diese liturgische Feier das Ende Israels und seiner Opfer, der Anfang der Kirche und ihres Opfers, das Ende des Alten Bundes und der Anfang des Neuen Bundes, das Ende der bloßen Zeichen und Symbole von Tieren mit ihrem Fleisch und ihrem Blut, vom Kelch und seinem Wein, der Anfang der Wirklichkeit des Herrn und seines Leibes, des Kelches mit dem Blut Christi. Die Liturgie der christlichen Kirche hat hier beim Abendmahl des Herrn ihren feierlichen Anfang genommen. Sie hat seitdem nicht mehr aufgehört und wird nicht aufhören, bis der Herr wiederkommt. Denn dann geht das Opfermahl über in das Hochzeitsmahl mit der wahren *communio*, der Einswerdung, zwischen Gott und Mensch, zwischen dem verklärten Christus und der verklärten Kirche.

Das Abendmahl hat neben dem liturgischen Gepräge auch noch den persönlichen Charakter des Abschieds Jesu von den Seinen. Die letzten Worte des Herrn bei diesem Abschiedsmahl sind im Johannesevangelium ausführlich dargelegt. Dort ist vor allem von der Sendung des Heiligen Geistes und deren Wirkung die Rede. Lukas greift nur einige wenige Worte auf und es ist darin mehr vom Menschlichen, Persönlich-Privaten die Rede. Umso mehr Gewicht kommt diesen Worten von Mensch zu Mensch zu.

DAS ABSCHIEDSMAHL

(Lk 22,21–23)

»Seht, die Hand dessen, der mich verraten wird, ist mit mir auf dem Tisch. Der Menschensohn geht hin, wie es bestimmt ist. Wehe aber dem Menschen, durch den er verraten wird.« Sie begannen untereinander zu fragen, wer von ihnen es wohl sei, der das tun wolle.

Noch einmal stellt sich das Judasproblem. Aber diesmal nicht vom Menschen her, als psychologische Frage, sondern von Gott her, und damit als theologisches Problem. Es ist das geheimnisvolle Zusammenwirken menschlicher Freiheit und göttlicher Bestimmung.

Die menschliche Freiheit ist Voraussetzung für die moralische Schuld. Darum das Wort Jesu: »Wehe dem Menschen, durch den der Menschensohn verraten wird.« Das Wehe ist nur sinnvoll, wenn der Verrat schuldhaft ist. Dieses Wehe in Gegenwart des Judas ist eine nochmalige Mahnung und Warnung. Die Verkehrtheit und Bösartigkeit des freien Judas-Entschlusses zum Verrat wird hier besonders spürbar. Denn unmittelbar neben der Liebe des Herrn, die sich in der Hingabe des eucharistischen Opfers und des eucharistischen Mahles zeigt, steht dieses Wort vom Verrat. Und die Verbindung beider, der Hingabe und des Verrates, der Liebe und der Verschmähung, ist noch besonders betont: »Seht, die Hand dessen, der mich verraten wird, ist mit mir auf dem Tisch!« Die Liebe des Herrn im Gegensatz zur Hinterlist des Verräters zeigt sich auch darin, dass er zwar Judas warnt, aber es zugleich so diskret und zurückhaltend tut, dass die anderen nicht erkennen können, um wen es sich handelt. »Sie begannen untereinander zu fragen, wer von ihnen es wohl sei, der das tun wolle.« Das Wirkliche scheint allen unmöglich. Denn die Abgründigkeit dieser Gesinnung ist so verworfen, dass sie in diesem Kreis undenkbar scheint.

Nun aber das theologische Problem. Gott weiß um den Verrat und lässt ihn zu. Denn Christus zeigt durch seine Worte, dass er völlig im Bilde ist, die Absicht und das Tun des Verräters kennt, infolgedessen ohne Weiteres den Verrat verhindern, den Verräter unschädlich und den Verrat wirkungslos machen könnte. Trotzdem tut er es nicht. Gott lässt das Böse zu und lässt weithin den Bösen und die Bösen machen. Er gibt ihnen das Feld frei. Weil er eben den Menschen zur Freiheit erschaffen hat und damit dem Menschen die Möglichkeit zum Ja und zum Nein, zum Guten und zum Bösen, zur Liebe und zum Hass, und im konkreten Fall zur Treue und zum Verrat gegeben hat. Die Freiheit ist ein Wagnis. Aber gerade dieses Wagnis hat Gott in der Erschaffung des freien Menschen auf sich genommen. Müsste Gott alles Böse verhindern, so wäre er letztlich vom Menschen abhängig. Denn der Mensch könnte durch sein Handeln Gott nötigen, immer wieder schützend und korrigierend einzugreifen. Oder er könnte Gott zwingen, ihm so viel Gnade zu geben, dass zwar theoretisch die Freiheit noch bliebe, aber praktisch ein Nichtmitwirken ausgeschlossen wäre. Es wäre dann der Mensch, der das Gnadenmaß festlegte, und nicht mehr Gott. Und so wäre Gott praktisch nicht mehr der souveräne Herr und die Gnade nicht mehr im vollen Sinne des Wortes Gnade. Gerade in der Zulassung des Judas-Verrates wird die Wichtigkeit der Freiheit, aber auch der Verantwortung des Menschen als Träger dieser Freiheit sichtbar.

Dazu kommt ein Weiteres. Es liegt in dem Wort Christi: »Der Menschensohn geht hin, wie es bestimmt ist.« Der Plan Gottes erfüllt sich somit, und zwar erfüllt er sich mit absoluter Sicherheit und Präzision. Jesus kennt diesen Gottesplan und fügt sich in Freiheit ihm ein, Judas sucht ihn zu durchkreuzen. Aber Gottes Plan verwirklicht sich auf alle Fälle und unter allen Umständen. Und zwar so, dass alles in diesen Plan miteinbezogen ist: Jesu Gehorsam und Treue und des Judas Ungehorsam und Verrat. Die Pläne

Gottes können auch durch Sünde und Sünder nicht gestört werden. Selbst der Böse und das Böse müssen Gott dienen. Gott lässt wegen der menschlichen Freiheit das Böse zu, benutzt es aber in göttlicher Größe, um selbst aus dem Bösen Gutes zu machen. So steht neben der menschlichen Freiheit die absolute unantastbare Macht und Souveränität Gottes. Er ist der Herr auch über den freien Willen der Menschen und übt diese Herrschaft so aus, dass die Freiheit bleibt und doch sein Gotteswille sich erfüllt. Das ist dieses unerhört und erstaunlich Große, das eben nur Gott möglich ist. Die beiden Sätze »Der Menschensohn geht hin, wie es bestimmt ist. Aber wehe dem Menschen, durch den er verraten wird« stellen die unerschütterte und unerschütterliche Verwirklichung der Gottesherrschaft und die Freiheit des Menschen mit Gebrauch und Missbrauch unmittelbar nebeneinander und zeigen, dass selbst missbrauchte Freiheit noch der Verwirklichung des Gottesplanes dienen muss. Menschliche Kleinheit und göttliche Größe, menschliche Schlechtigkeit und göttliche Güte, menschlich begrenzte, missbrauchte Freiheit und die Freiheit, mit der Gott seine frei gefassten Heilspläne allen Hindernissen zum Trotz, ja gerade mit Hilfe dieser Hindernisse verwirklicht. Das Nein des Judas wird in das große Ja Christi einbezogen und durch dieses Ja überwunden. Der Mensch ist treulos, aber Gottes Treue ist stärker. Judas' Verrat wird ihm zum Verhängnis. Aber der Verrat verwirklicht zugleich das Heil durch Gott. So ist das Zusammenwirken menschlicher Freiheit und göttlicher Bestimmung ein Mysterium der Gnade des unendlich großen und unendlich barmherzigen Gottes.

DIE JÜNGER

(Lk 22,24–30)

Es entstand unter ihnen auch ein Streit, wer von ihnen der Größte sei. Er sprach zu ihnen: »Die Könige der Heidenvölker herrschen über diese, und die Machthaber lassen sich Wohltäter nennen. Ihr aber sollt nicht so tun, sondern wer unter euch der Größere ist, soll wie der Jüngste sein, und der Hochstehende wie der Diener. Denn wer ist größer: der zu Tische sitzt oder der bedient? Doch wohl der, der zu Tische sitzt. Ich aber bin unter euch wie der, der dient. Ihr habt in den Prüfungen bei mir ausgeharrt, und ich vermache euch das Reich, wie der Vater es mir vermacht hat. Ihr sollt essen und trinken an meinem Tisch in meinem Reich und sollt auf Thronen sitzen und die zwölf Stämme Israels richten.«

Bei der Frage, welchem unter ihnen der Verrat zuzutrauen sei, entsteht ein Streit über die Frage, wer eigentlich unter ihnen der Größte sei. Die Jünger haben offenbar weder die Feierlichkeit des liturgischen Geschehens noch den Ernst und die Größe der Abschiedsstunde auch nur entfernt erfasst. Jesus benutzt den Streit, um ihnen noch einmal die falsche und die wahre Größe zu zeigen.

Falsche Größe ist dann vorhanden, wenn der Mensch sich in seiner Menschlichkeit überhebt und unter seinesgleichen mehr sein will. Die Machthaber sind meist Gewalthaber, denn sie missbrauchen die Macht, um andere zu vergewaltigen. Sie glauben, dadurch groß zu sein, dass sie die anderen kleinhalten, und dadurch hochzukommen, dass sie die anderen erniedrigen. Bei einem Jünger des Herrn soll es umgekehrt sein. Wer sich seiner Kleinheit bewusst ist, ist bereit zur wahren Größe, die Gott gibt. Wer den Willen zum Dienen hat, der erfasst, dass nur einer der Herr ist, Gott. Wer aber weiß, dass sein Dienen Gottesdienst ist, ist zum Dienen bereit und gewillt. Die irdisch Gesinnten machen sich das Leben möglichst angenehm. Sie wollen zu Tische sitzen, andere sollen ihnen aufwarten. Wer aber weiß, dass Christus nicht gekommen ist, sich bedienen zu lassen, sondern zu dienen, will auf der Seite Christi stehen, also unter den Dienern sein.

Die wahre Größe gibt Gott. Sie ist von ganz anderer Art als die Größe unter den Menschen. Jesus feiert Abschied von dieser Erde und diesem Leben. Darum will er nun das Vermächtnis den Seinen übergeben. Es ist nichts Geringeres als das Reich Gottes: »Ich vermache euch das Reich, wie mein Vater es mir vermacht hat.« Es ist das Größte, was ein Mensch empfangen kann, Anteil an der Herrlichkeit Gottes. Gott allein ist Herrscher. Nur wer an ihm teilhat, hat wirkliche Herrschaft und damit wirkliche Macht und Größe. Damit ist dann aber auch eine Vertauschung der Rollen, eine völlige Umwandlung der Situation gegeben. »Ihr sollt essen und trinken an meinem Tisch in meinem Reich.« Das himmlische Hochzeitsmahl ist Lohn für diejenigen, für deren irdisches Leben das Wort Jesu gilt: »Ihr habt in meinen Prüfungen bei mir ausgehalten.« Teilnahme an der Herrschaft Christi ist auch Teilnahme an seinem Richteramt. »Ihr sollt auf Thronen sitzen und die zwölf Stämme Israels richten.« Christus in der Verklärung ist König und Richter. Wer darum an ihm teilhat, wird etwas Königliches haben und das Gericht des Herrn über die anderen teilen. Die Großen dieser Erde, die Machthaber, die andere vergewaltigen, die Genießer, die nur schlemmen wollten und die anderen nur zu ihrem persönlichen Dienst missbrauchten, werden dann gerichtet. Das ist die große Umkehr und Umwandlung. Wahre Größe ist dort, wo man sich nicht vom vorübergehenden Irdischen beeindrucken und bestimmen lässt, sondern durch alles hindurch an das Letzte denkt, an das Jenseitige, Ewige, und weiß, dass erst dort wahre Größe und wahre Lebensfreude sein wird. Dieses Wort des Herrn über Kleinheit und Größe, über Dienen und Herrschen ist ein Hinweis auf dieses Letzte und damit ein wirkliches Wort des Abschieds. Ein geistiges Vermächtnis, das die Seinen rüsten soll, das Vermächtnis seines Reiches richtig zu verwalten.

PETRUS

(Lk 22,31–34)

»Simon, Simon, der Satan wird euch sieben, wie man Weizen siebt. Aber ich habe für dich gebetet, damit dein Glaube nicht wanke. Und wenn du einst bekehrt bist, stärke deine Brüder.« Er antwortete ihm: »Herr, ich bin bereit, mit dir in Gefängnis und Tod zu gehen.« Er aber sagte zu ihm: »Ich sage dir, Petrus, der Hahn wird heute nicht krähen, bevor du dreimal geleugnet hast, mich zu kennen.«

Nach den Jüngern folgt der eine besonders Erwählte: Petrus. Von der falschen und wahren Größe hat der Herr gesprochen. Nun zeigt er dem zu amtlicher Größe Berufenen die wahre und falsche Sicherheit.

Wahre Sicherheit ist nur in Gott, denn der Mensch ist in gefahrvoller Situation. »Der Satan hat verlangt, euch sieben zu dürfen wie Weizen.« Der Mensch ist wesentlich in Prüfung. Aber der ihn prüft, ist nicht ein wohlwollender, gutmeinender, hilfsbereiter, auch nicht einmal ein rein sachlich Prüfender, unerbittlich Feststellender, sondern es ist ein Feind, ein Hasser, ein Verderber. Aus dieser Gefahr rettet nur Gott. Und darum gibt es vom Menschen her nur die Sicherheit des Glaubens, die sich an Gott hält. »Ich habe für dich gebetet, damit dein Glaube nicht wanke.« Dieser Glaube an Gott ist gesichert in Christus, denn Christus ist menschgewordener Gott, in welchem der Mensch zu Gott gelangen kann. Wenn Christus für den Menschen betet, ist die Sicherheit der Gebetserhörung gegeben. Denn der Vater liebt den Sohn und hört ihn. So soll Petrus wissen, dass er in seiner Gefahr durch Christus gehalten wird. Das allein ist Sicherung.

Falsche Sicherheit ist Selbstsicherheit, die auf eigene Kraft und eigenen Mut vertraut. »Herr, ich bin bereit, mit dir in Gefängnis und Tod zu gehen.« Die Bereitschaft war ehrlich und die Versicherung durchaus ernst gemeint. Aber dieses »Ich bin bereit« klingt zu sicher. Darum die erschütternde Antwort Jesu: »Ich sage dir, Petrus, der Hahn wird heute nicht krähen, bevor du dreimal geleugnet hast, mich zu kennen.« Die Selbstsicherheit wird also sehr rasch, noch vor dem Hahnenschrei des Morgens, ins Gegenteil umschlagen. Und die Bereitschaft zu Tod und Kerker wird vor einem Mädchen kapitulieren. Trotzdem wird der Herr seinen erwählten Jünger nicht verstoßen. Er lässt ihn durch den Fall die Selbstsicherheit preisgeben und die Sicherung allein in ihm, in Christus, finden. Die Szene der Sturmesnacht auf dem See wiederholt sich. Petrus wandelt über die Wasser, schaut dann aber von Christus weg auf sich selbst und beginnt sofort zu sinken. Aber die Hand des Herrn erfasst ihn und führt ihn wieder auf festen Boden. Selbstvertrauen verlässt das Gottvertrauen. Gottvertrauen verzichtet auf Selbstvertrauen. Wer sich stark fühlt, wird seiner Schwäche überlassen. Wer um seine Schwäche weiß, sucht und findet die Kraft in Christus. Unsere Existenz ist durch die Brüchigkeit des eigenen Wesens und die satanische Versuchung wesentlich unsicher und gefährdet. Aber sie findet Sicherheit durch Christus in Gott. Wer diese Sicherheit gefunden hat, soll sie weitertragen und diesen Weg aus der Gefahr zur Rettung auch anderen zeigen. »Stütze und stärke dereinst deine Brüder.« Das Abschiedswort des Herrn an Simon Petrus ist Geleitwort an das Papsttum, an jedes kirchliche Amt und an die ganze Kirche. Sie wird vom Satan gesiebt, sie wird immer wieder, wo sie Selbstvertrauen zeigt, fallen, aber immer wieder durch Christi Gebet und Hilfe, trotz aller Gefahr und allen Versagens, im Letzten gesichert sein.

RÜSTUNG ZUM STURM

(Lk 22,35–38)

Er sprach zu ihnen: »Als ich euch ohne Beutel und Tasche und Schuhe aussandte, hat euch da etwas gefehlt?« Sie sagten: »Nein, nichts.« »Aber jetzt soll jeder, der einen Beutel hat oder eine Tasche, sie nehmen. Und wer keinen hat, verkaufe den Mantel, um sich ein Schwert zu kaufen. Denn ich sage euch, das Schriftwort muss sich an mir erfüllen: ›Er ist unter die Übeltäter gezählt worden.‹ Es geht jetzt in Erfüllung, was mir bestimmt ist.« Da sagten sie: »Herr, siehe, hier sind zwei Schwerter.« Er antwortete: »Es ist genug.«

Die letzten Worte des Herrn an seine Jünger sind eine nochmalige letzte Bereitung zum unmittelbar bevorstehenden Sturm, der ihn und sie treffen wird. Deutlich wird die Trennungslinie zwischen Vergangenheit und Gegenwart gezogen.

In der Vergangenheit hatte ihnen nichts gefehlt. Sie stellen es selbst auf seine Frage hin ausdrücklich fest. Äußerlich genommen war die Situation bei der Aussendung keineswegs einfach. Ohne Tasche, ohne Beutel, ohne Schuhe wurden sie ausgesandt. Aber wenn auch äußerlich alles fehlt, fehlt im Grunde genommen nichts, wenn der Mensch Christus hat. So wussten die Apostel sich bei der Aussendung in ihm gesichert und durch ihn gehalten. Auch innerlich kann dem Menschen vieles fehlen. Solange er aber bei Christus und Christus bei ihm ist, und erst recht, wenn er in Christus und Christus in ihm ist, bedeutet dieses Fehlen nichts, weil alles ausgeglichen und überhöht wird durch den größeren Christus. Darum weiß sich der Christ in jeder Situation gehalten. Er hat die innere Ruhe und Geborgenheit im Herrn.

Jetzt aber wird das für die Jünger während des Sturmes der Passion nicht mehr der Fall sein. Denn jetzt wird er »unter die

Übeltäter gezählt« und das Schicksal der Verbrecher erdulden. Von allen verlassen, von der Justiz verurteilt, von den Machthabern hingerichtet, wird er aus ihren Augen entschwinden. Es ist der große Sturm, der über sie wegfährt. Darauf sollen sie sich rüsten, wie man sich zum Sturm rüstet. Der Mann, der dem Ansturm des Feindes entgegengeht, verkauft alles Überflüssige, um sich ein Schwert zu verschaffen. In dieser Situation stehen nun die Jünger. Es ist die Stunde unmittelbar vor dem Sturmangriff des Feindes. Aber sie verstehen die Worte des Herrn nicht. Sie nehmen sie wörtlich, anstatt sinngemäß, und weisen darauf hin, dass sie zwei Schwerter haben. Es ist geradezu grotesk, wie weit ihr Unverständnis und ihre völlige Ahnungslosigkeit gehen. Unmittelbar vor der Passion wollen sie noch immer nichts davon verstehen und sich nicht darauf rüsten. Die Antwort Jesu: »Es ist genug«, ist ein resignierter Verzicht auf weitere Erklärungen, ein stilles Aufhören mit Sprechen, denn weitere Worte werden doch nicht verstanden. Er hat das Seine getan, um es ihnen zu sagen und sie zum Sturm zu rüsten. So ist es auch immer wieder mit dem Menschen. Er überhört Warnungen oder will sie nicht hören. Und so ist es mit der ganzen Menschheit. Sie weiß, dass eines Tages das Ende kommt und die Parusie des Herrn. Aber weder der Mensch noch die Menschheit rüsten sich darauf, und doch kommen sie.

Mit dem »Es ist genug« hören die Worte des Herrn auf. Das, was er gesagt hat, kann und muss genügen. Nun ist die Zeit des Sprechens zu Ende und die Stunde der Passion beginnt.

AM ÖLBERG

(Lk 22,39–46)

Dann ging er hinaus und begab sich seiner Gewohnheit entsprechend auf den Ölberg, und die Jünger folgten ihm. Als er dort angekommen war, sprach er: »Betet, dass ihr nicht in Versuchung fallet.« Dann ging er einen Steinwurf weit von ihnen weg, fiel auf die Knie und betete: »Vater, wenn du willst, so lass diesen Kelch an mir vorübergehen. Aber nicht mein Wille geschehe, sondern der deine.« Es erschien ihm ein Engel vom Himmel und stärkte ihn. Er geriet in Angst und betete noch inständiger, und sein Schweiß wurde wie Blutstropfen, die zur Erde rannen. Als er sich vom Gebete erhoben hatte, ging er zu den Jüngern und fand sie vor Traurigkeit schlafend. Dann sprach er zu ihnen: »Was schlaft ihr? Steht auf und betet, dass ihr nicht in Versuchung fallet.«

Jesus schreitet schlicht, aber mit innerer Größe in die Passion. Er beginnt sein Leiden mit Gebet. Bei Lukas ist die ganze Ölbergszene in Gebet getaucht. Fünfmal steht in diesen sieben Versen das Wort »Gebet«.

1. Die Notwendigkeit des Betens

Das ist das Erste, was betont wird. Zweimal lautet die Forderung an die Jünger: »Betet, dass ihr nicht in Versuchung fallet.« Das Wort, das der Herr im Vaterunser die Seinen gelehrt hat, ist hier in entscheidender Stunde der Gefahr wiederholt. Der Mensch kann der Versuchung nicht ausweichen, denn der Satan will die Menschen sieben. Und gerade in der Versuchung soll der Mensch sich entscheiden für oder gegen Gott und so kann und soll seine Haltung in der Versuchung Verherrlichung Gottes werden. Irdische

Existenz ist Sein in Gefahr. Aber der Mensch soll in der Gefahr zu Gott aufschauen und sich an Gott halten. So ist das Gebet seine eigentliche Kraft und die Waffe in seiner Hand. Der nicht betende Mensch wird entweder von der Versuchung überrascht und unvorbereitet, also ohne Bereitschaft, überrannt. So bringt ihn die Versuchung zu Fall. Oder er begegnet der Versuchung in falschem Gottvertrauen, nimmt sie zu leicht und glaubt, ihr ohne Weiteres gewachsen zu sein. Da aber Hochmut vor dem Fall kommt, ist der Fall hier notwendige Folge. Nur der betende Mensch ist mit Gott verbunden und dadurch bereit, der Gefahr mit der inneren Demut und doch mit dem Vertrauen auf Gottes Hilfe zu begegnen.

2. *Der Inhalt des Gebetes*

Der Inhalt des Gebetes ist aus dem Beten Jesu selbst ersichtlich. »Vater, wenn du willst, so lass diesen Kelch an mir vorübergehen, aber nicht mein Wille geschehe, sondern der deine.« Es ist also die Bitte um das Vorübergehen des Leidens, um Abwendung des Übels. Aber zugleich ist das Geschehen völlig dem Willen Gottes überlassen, der Betende selbst ganz in den Willen Gottes eingeschmiegt. Menschlicher Wille und Gottes Wille decken sich keineswegs immer. Sie sind auch in Jesus getrennt: »Nicht mein, sondern dein Wille.« Denn der Mensch will naturhaft oft etwas anderes als Gott. Aber Gottes Wille ist weiser und liebender. Wieder erfüllt sich hier das Wort des Vaterunsers »Dein Wille geschehe«. Das Nein zum Willen Gottes war die Ursünde der Menschen. Das Ja zum Willen des Vaters ist das Urwort des Erlösers. Der Gehorsam des zweiten Adam steht im Gegensatz zur Auflehnung des ersten. Demütige Anerkennung Gottes als des Herrn im Gegensatz zur Selbstherrlichkeit des Stolzen. Der Mensch kann und darf Gott um alles bitten. Aber immer so, dass er gewillt und bereit ist, Gottes Willen anzunehmen. So wird das Gebet hinauswachsen über die eigene

Kleinheit und Enge, das eigene selbstsüchtige Wollen, hinauf und hinein in die Weite, Größe und Liebe des Vaters im Himmel.

In äußerer und innerer Einsamkeit beginnt Jesus sein Leiden. Nur die Jünger sind bei ihm und selbst von diesen trennt er sich noch einen Steinwurf weit. Auch die innere Sicherheit und Kraft verlassen ihn, sodass er in die Knie sinkt und in der Nacht der Einsamkeit seine Ölbergstunde verlebt. Aber das Gebet bringt den Einsamen in die Gemeinschaft mit dem Vater im Himmel. Gerade dann, wenn der Mensch äußerlich einsam ist, führt ihn das Gebet in die Verbundenheit mit Gott, und dann ist der Verlassene am wenigsten verlassen. Wenn der Gebetsinhalt Hingabe an den Willen Gottes ist, so führt diese Hingabe zur Verbundenheit mit Gott.

3. *Die Wirkung des Gebetes*

Die Wirkung des Gebetes ist damit schon angedeutet.

Äußerlich ändert sich am Geschehen nichts. Der Herr wird den Kelch trotzdem trinken. Das Leiden wird weder verhindert noch gemildert. Es nimmt unerbittlich seinen Lauf, weil es so dem Willen Gottes entspricht. So ist es häufig beim Gebet des Menschen. Gott, der dieses Gebet von Ewigkeit her voraussieht, hat es in seinen Plan miteinbezogen, sodass dieses Gebet den äußeren Ablauf mitbestimmen kann. Aber es muss ihn nicht mitbestimmen. Gott ist in der Anordnung der Dinge völlig frei.

Innerlich ändert sich zuerst bei Jesus ebenfalls nichts. Die Angst wird nicht von ihm genommen. Ausdrücklich wird bei Lukas betont, dass die Todesangst erst nach dem Gebet ihn überfallen hat, und zwar so, dass der Schweiß aus allen Poren tritt und wie Blutstropfen zur Erde rinnt. Jesus wird hier in seiner ganzen Menschlichkeit sichtbar. Die Angst vor dem Kommenden hat ihn erfasst. Er geht keineswegs mit der Kühle des Stoikers oder mit dem Lächeln des Menschenverächters in sein Leiden, sondern er fürchtet sich davor. Tapferkeit besagt nicht, dass man keine Angst hat, sondern besagt, dass man trotz der Angst auf dem Posten bleibt oder sogar vorwärtsschreitet und der Gefahr die Stirn bietet.

Der betende Mensch darf also nicht ohne Weiteres erwarten, dass ihm durch das Gebet das natürliche Empfinden der Furcht, des Bangens und der Traurigkeit genommen wird.

Aber eine Wirkung hat das Gebet des Herrn vor allem. »Es erschien ihm ein Engel vom Himmel und stärkte ihn.« Das Gebet gibt die innere Kraft. Trotz der seelischen Angst und der Not seines Herzens richtet er sich auf, schreitet nun in ruhiger Sicherheit dem Kommenden entgegen. Das Gebet gibt dem Menschen eine Kraft, die er aus sich nicht hat. Der betende Mensch wird zum starken Menschen. Sein äußeres Schicksal kann unverändert bleiben. Auch seine innere Not wird weiterdauern. Aber er hat nun die Kraft, beides zu tragen und zu ertragen. Das ist das Entscheidende. Diese Kraft von oben wird nur dem Betenden gegeben. Aber sie wird ihm auch wirklich gegeben. Der Menschengeist wird durch den Gottesgeist gehalten, Menschenschwäche durch Gotteskraft gestärkt.

So ist der Beginn der Passion echt menschlich und echt göttlich. Es ist der Gottmensch, der mit der ganzen Schwäche des Menschlichen, aber eingebettet in die Kraft des Göttlichen ins Leiden schreitet.

GEFANGENNAHME

(Lk 22,47–53)

Als er noch am Reden war, kam ein Volkshaufen. Und vor ihnen schritt der, der Judas heißt, einer von den Zwölfen. Er näherte sich Jesus, um ihn zu küssen. Jesus aber sprach zu ihm: »Judas, mit einem Kuss verrätst du den Menschensohn?« Als die, die bei ihm waren, sahen, was bevorstand, sagten sie: »Herr, sollen wir mit dem Schwerte dreinschlagen?« Und einer von ihnen schlug den Knecht des Hohenpriesters und hieb ihm das rechte Ohr ab. Jesus antwortete: »Lasst es damit genug sein.« Und er berührte das Ohr und heilte ihn. Jesus sagte zu den Hohenpriestern und den Hauptleuten des Tempels und den Ältesten, die gekommen waren: »Wie gegen einen Räuber seid ihr ausgezogen, mit Schwertern und Knütteln. Ich bin doch täglich mitten unter euch im Tempel gewesen, und ihr habt nicht Hand an mich gelegt. Aber dies ist eure Stunde und die Macht der Finsternis.«

In der Szene am Ölberg ist der Umschlag von der Angst zur überlegenen Ruhe und Sicherheit in die Augen springend. Hat sich Jesus beim Beginn des Leidens in seiner ganzen Menschlichkeit des Bangens gezeigt, so tritt jetzt seine innere Größe in Erscheinung.

Die Größe zeigt sich gegenüber Judas. Der Jünger, »einer von den Zwölfen«, kommt an der Spitze einer Rotte auf ihn zu und verrät ihn mit dem Kuss der Liebe. Christus antwortet weder im Zorn über den Verrat noch mit Bitterkeit über den Verräter. Er denkt überhaupt nicht an sich selbst, sondern sein Gedenken gilt noch einmal seinem unglücklichen Jünger. Sein Wort »Judas, mit einem Kuss verrätst du den Menschensohn« enthält eine letzte Mahnung, einen letzten Appell ans Herz, einen letzten Hinweis, dass es sich hier um den Menschensohn, also um den Messias handle. Aber auch diese letzte Warnung verhallt ins Leere. Verscherzte Gnade, Missbrauch des Göttlichen bewirken eine seelische Verkrustung und eine Verhärtung des Gemütes, das für alles Gute unzugänglich wird. Der innerlich verstockte Mensch hört nur noch äußerlich, sieht nur äußerlich. Es dringt nichts mehr ins Innere. Es gibt Zeiten, in denen die Gnade verscherzt wird und der Mensch aus eigener Schuld in der Finsternis noch die Augen schließt, um das Licht nicht zu sehen, und in der Gottesferne sich noch die Ohren zuhält, um die Stimme Gottes nicht zu hören. Das Geheimnis der Freiheit birgt in sich auch das Geheimnis endgültiger Abkehr.

Gegenüber den Feinden zeigt Jesus die gleiche Größe. Er verbietet den Jüngern Widerstand, heilt durch ein Wunder das Ohr des Knechtes, der durch das Schwert getroffen wurde, tritt den Feinden mit überlegener Ruhe entgegen und betont nur, dass die ganze Aufmachung mit List und Gewalt, der nächtliche Handstreich, die Hilfe Bewaffneter doch gar nicht notwendig gewesen wären. Sie hätten ihn ja tagsüber ergreifen können, wo er mitten unter ihnen weilte. Dann überlässt er sich ihnen in Ruhe und Gelassenheit. Es ist nicht der geringste Widerstand in ihm zu spüren, weder äußerlich noch innerlich. Keinerlei Aufbegehren, kein Zurückschrecken, kein Ausweichen, keine Fluchtgedanken, keine Drohung, kein Gebrauch seiner Wundermacht zur eigenen Hilfe, kein Appell an seine Jünger, nichts von alldem. In völliger Bereitschaft und sicherer Entschlossenheit überlässt er sich ihnen.

Auch gegenüber Gott ist die Größe seiner Bereitschaft völlig vorhanden. Er weiß, dass nach Gottes Willen und Heilsplan nun die Stunde der Feinde gekommen ist und die Finsternis nun ihre Macht entfalten darf. In der Menschwerdung, in seinem ganzen öffentlichen Leben, in seinem Lehren und Wirken, in der Wahl seiner Jünger, in der Grundlegung seiner Kirche, in allem hat er sich an den Willen des Vaters gehalten. So auch jetzt. Die Stunde der Finsternis ist gekommen, also schreitet er in die Finsternis. Der Allmächtige lässt die Macht der Finsternis gewähren, also leistet er keinen Widerstand. Der Vater bestimmt Tag und Stunde. Nun ist dieser Tag und ist diese Stunde gekommen, also ist das Jawort Jesu mit ruhiger Größe gegeben. Dass diese Größe keine Selbstverständlichkeit war, hat die vorausgehende Todesangst gezeigt. Umso erstaunlicher und bewundernswerter ist sie jetzt, wo die Wirklichkeit, vor der er doch gebebt hatte, über ihn hereinbricht. Das Große am Leiden des Herrn ist nicht so sehr das äußere Geschehen, sondern die innere Haltung. Gerade Lukas, der als Arzt einen besonderen Sinn für alles Menschliche hat, betont diese seelische Größe in besonderer Weise. Matthäus zeigt Jesus als den leidenden Messias, Markus bringt wertvolle Einzelheiten,

Johannes lässt die Göttlichkeit durch alles hindurchleuchten. Aber Lukas, der Seelenkenner, zeigt diese innere Größe des Herrn. Man liest seinen Leidensbericht nur dann richtig, wenn man immer wieder auf dieses Seelische des leidenden Christus achtet. Darum geht das Beben des Herzens in der Todesangst voraus, wird aber nun in der Gefangennahme durch die innere Größe Jesu, der sich völlig der Führung seines himmlischen Vaters überlässt, abgelöst. Diese Größe wird nun in allen Stadien des Leidensweges sichtbar.

VERLEUGNUNG DES PETRUS

(Lk 22,54–62)

Sie nahmen ihn fest, führten ihn ab und brachten ihn in das Haus des Hohenpriesters. Petrus aber folgte von ferne. Als sie mitten im Hof ein Feuer angezündet und sich darum gelagert hatten, setzte sich Petrus mitten unter sie. Da sah ihn eine Magd beim Feuer sitzen, blickte ihn an und sagte: »Auch dieser war bei ihm.« Er aber leugnete es und sagte: »Weib, ich kenne ihn nicht.« Kurz darauf sah ihn ein anderer und sagte:«Auch du bist einer von ihnen.« Petrus aber sprach: »Mensch, ich bin es nicht.« Nach Verlauf von ungefähr einer Stunde bekräftigte es ein anderer und sagte: »Wahrhaftig, auch dieser war bei ihm, denn er ist ein Galiläer.« Petrus sprach: »Mensch, ich weiß nicht, was du sagst.« Als er noch am Reden war, krähte sogleich der Hahn, der Herr wandte sich um und blickte Petrus an. Da erinnerte sich Petrus des Wortes des Herrn, wie er ihm gesagt hatte, dass er ihn dreimal verleugnen werde, bevor der Hahn heute krähe. Er ging hinaus und weinte bitterlich.

An zwei Jünger hatte der Herr beim Abendmahl besondere Worte der Warnung und Mahnung gerichtet, an Judas und an Petrus. Bei beiden ohne Erfolg. Judas ist trotzdem zum Verräter geworden und Petrus zum Verleugner.

1. Petrus

Petrus ist der Mann des zu großen Selbstvertrauens. Schon im öffentlichen Leben des Herrn hatte er immer als Erster das Wort ergriffen. Und er war es, der gesagt hatte: »Herr, ich bin bereit, mit dir in Gefängnis und Tod zu gehen.« Und nun, wenige Stunden nachher, erklärt er, Jesus nicht zu kennen, nichts mit ihm zu tun zu haben. Auf eine dreimalige Anfrage antwortet er mit einem dreimaligen Nein der Verleugnung. Selbstvertrauen zeigt, dass der Mensch die Anfälligkeit seiner Natur, die Brüchigkeit seines Wesens und die Unzuverlässigkeit seines Wollens völlig unterschätzt. Vertrauen ist die Existenzbasis des religiösen Menschen, aber nicht Selbstvertrauen, sondern Gottvertrauen. Wo Selbstvertrauen vorhanden ist, überlässt Gott diese Menschen sich selbst. Dann wird der Fall unvermeidlich. Wo dagegen das Selbstvertrauen durch Demut abgelöst wird, ist der Weg zum Gottvertrauen frei.

Zum Persönlichen kommt bei Petrus noch das Amtliche. Er ist der von Christus an die Spitze des Zwölfer-Kollegiums gestellte Apostel. Ihm ist die Leitung der Kirche verheißen. Sein Fallen heißt nicht Hinfälligkeit der Verheißung und des Amtes, denn Christus hat ihm dieses nach der Auferstehung mit ausdrücklichen, feierlichen Worten dennoch übertragen. Wohl aber zeigt diese Verleugnung durch Petrus, dass zwar die Ausübung des Amtes von der Person abhängig ist, aber nicht das Amt als solches in seiner Existenz und Rechtsgültigkeit. Kleinliche Päpste haben der Kirche Schaden zugefügt, großzügige haben ihr Weltweite gegeben. Unmoralische Päpste waren das Ärgernis für Christen und

Nichtchristen. Sie haben die Kirche dauernd mit großen Hypotheken belastet. Heilige Päpste haben ihr den leuchtenden Glanz moralischer Strahlungskraft verliehen. So ist die Führung des Amtes von der Größe und Kleinheit der Person abhängig. Das erhöht die Verantwortung eines jeden kirchlichen Amtsträgers. Darum ist der Fall des Petrus für jeden Mahnung und Warnung. Aber das Amt als solches ist nicht Menschenwerk. Darum ruht auch seine Existenz nicht in menschlichen Händen. Es ist das Werk Christi und ist darum auch durch Christus gesichert. Wer zwischen Amt und Person nicht zu unterscheiden vermag, hat Kleinheit und Größe des Petrus, wie der biblische Bericht sie zeichnet, nicht verstanden.

2. *Jesus*

Jesus zeigt sich auch in dieser Szene in seiner göttlichen und menschlichen Größe. Die göttliche Größe wird sichtbar, weil die Voraussagungen Jesu mit einer geradezu mathematischen Genauigkeit eintreffen. Von der dreimaligen Verleugnung hat Christus gesprochen, und zwar mit genauer Zeitangabe. Dreimal erfolgt in der Tat das Nein, und noch während des letzten Nein beginnt schon der Hahnenschrei als Zeichen der Erfüllung. Zugleich ist aber Jesus auch in dieser Szene ganz menschlich. Denn in diesem Augenblick des Hahnenschreis wendet er sich um und schaut Petrus an. Es ist nicht der triumphierende Blick dessen, der recht hatte, auch nicht der vernichtende Blick des strafenden Richters, auch nicht der gequälte Blick dessen, dem Unrecht geschieht, sondern der Blick der Erbarmung, der trotz allem auf den Sünder schaut, um ihn nicht fallen zu lassen. Darum ist die Wirkung eine ins Innerste greifende. Petrus geht in sich und tut Buße. Die Sünde ist geschehen, aber die Reue der äußeren und inneren Abkehr erfolgt sofort. Petrus, rasch im Fall, ist auch rasch im Aufstehen. Rasch beim Sündigen, ist er auch rasch in der Buße. Und es trifft sich Göttliches und Menschliches, wenn der Herr nach der Auferstehung dem reuigen Sünder das Amt der Kirchenleitung überträgt.

VOR DEM JÜDISCHEN GERICHT

(Lk 22,63–71)

Die Männer, die ihn bewachten, verspotteten ihn, gaben ihm Schläge, verhüllten sein Haupt und sprachen: »Prophezeie uns, wer hat dich geschlagen?« Und noch viele andere Schmähungen stießen sie gegen ihn aus.

Als es Tag wurde, trat der Hohe Rat der Ältesten des Volkes, die Hohenpriester und Schriftgelehrten zusammen. Sie ließen ihn in ihre Ratsversammlung führen und sagten: »Wenn du der Messias bist, so sage es uns.« Er antwortete ihnen: »Wenn ich es euch sage, glaubt ihr mir nicht, und wenn ich euch frage, antwortet ihr mir nicht. Von jetzt an wird der Menschensohn auf den Wolken des Himmels, zur Rechten der Macht Gottes, sitzen.« Da sagten sie alle: »Du bist also der Sohn Gottes?« Er sprach zu ihnen: »Ihr habt es gesagt. Ich bin es.« Sie riefen: »Was brauchen wir noch Zeugnis? Wir haben es selbst gehört aus deinem Mund.«

1. Die Soldaten

Zu allen Zeiten hat es Soldaten, Aufseher und Wärter gegeben, die an den Gefangenen ihre seelische Rohheit und sadistische Grausamkeit ausgelassen haben. Und je höher der Gestürzte vorher stand, desto hemmungsloser brechen in der Behandlung und Misshandlung Schadenfreude, verborgene Eifersucht und eine Art

Rachegelüste durch. Geht es gar um das Religiöse, so sind Menschen, die zuerst aus einer geheimnisvollen Scheu und inneren Angst zurückhaltend waren, nun, nachdem der religiöse Nimbus gefallen ist und sie keine Zauberwirkung mehr zu befürchten haben, doppelt hemmungslos. Es ist zum Teil enttäuschte Hoffnung, zum Teil grausamer Spott und Zynismus, die nun zur Auswirkung kommen. All das trifft bei Jesus zusammen. So treiben sie ihren Spott mit seinem prophetischen Wesen und seinen messianischen Aussagen. Er soll seine Allwissenheit gebrauchen, um ihren höhnischen Spielereien zu genügen. Entweder machen sie einen Spaß mit ihm oder er soll mit seiner Wundermacht ihnen Spaß machen. Die Menschwerdung Gottes und das Leiden des menschgewordenen Gottes ist aber nichts weniger als ein Spaß. So ist diese Szene eine äußerste Schmähung und Erniedrigung, ein blasphemisches Sichvergreifen an Gott. Nie ist die Menschheit mehr erniedrigt worden als durch die Erniedrigung Gottes durch die Menschen in dieser Szene.

2. Die Richter

Und doch ist die zweite Szene noch demütigender. Das Benehmen der Soldaten ist wenigstens offen und ehrlich. Sie verhüllen ihre niedrige Gesinnung in keiner Weise. Die Richter dagegen wahren den äußeren Schein des Rechtes, führen einen Schauprozess vor, als ob es ihnen um Recht und Gerechtigkeit ginge, wo sie in Wirklichkeit den Tod Jesu bereits beschlossen haben. Die ganze Gerichtsszene ist eine einzige Farce. Ihre Bösartigkeit wird noch dadurch erhöht, dass es um Religiöses geht. Sie sind die Führer des Volkes und haben die Aufgabe, dieses Volk auf das Kommen Gottes vorzubereiten. Jetzt, da der Messias vor ihnen steht, also das Kommen Gottes verwirklicht ist, lehnen sie ihn nicht bloß ab, sondern verwerfen ihn als einen Gottlosen, als Verführer und als Lästerer. Äußerlich ist alles in Ordnung. Der Hohe Rat ist regelrecht versammelt. Alle drei Gruppen, die ihn bilden, sind beisammen, die Ältesten als Vertreter der politischen Gruppen, die Priesterschaft als Vertreter des Tempels und die Schriftgelehrten als Vertreter des Gesetzes. Scheinbar wird auch ein regelrechtes Verhör und damit eine Untersuchung der Rechtslage vorgenommen. Sie stellen auch die entscheidende Frage, die in die Mitte der Verhandlungen greift: »Wenn du der Messias bist, so sage es uns« und die weitere Frage: »Bist du also der Sohn Gottes?«. Seine bestätigende Antwort genügt ihnen als Tatsachenbeweis, aufgrund dessen sie ihn zum Tode verurteilen. Nun haben sie den Schein des Rechts auf ihrer Seite, stehen als Gerechte vor dem Volk und haben doch in Wirklichkeit das Recht mit Füßen getreten, denn die Ungerechten haben den allein Gerechten zu Unrecht mit Berufung auf das Recht verurteilt.

3. Jesus

Christus steht mit Ruhe und Würde mitten in seiner Erniedrigung. Bei der Misshandlung durch die Soldaten spricht er kein Wort. Zu diesen tierischen Menschen zu reden, wäre völlig sinnlos. Es gibt Situationen, in denen Schweigen die einzig mögliche Antwort ist. Den Richtern zeigt er, dass er ihre Gesinnung völlig durchschaut. Es geht ihnen gar nicht darum, die Wahrheit festzustellen und aufgrund der Wahrheit Recht zu sprechen. Denn wenn er ihnen durch sein Wort die Wahrheit mitteilt, sind sie in keiner Weise bereit, die Antwort des Glaubens zu geben. Wenn er ihnen aber Gegenfragen stellt, sodass ein Gespräch hin und her beginnen würde, so weigern sie sich, Antwort zu geben, wie sie es vor wenigen Tagen noch bei seiner Frage nach dem Wesen des Messias als Sohn und Herr Davids gezeigt haben (Lk 20,41). Darum geht er auf ihre Fragen in dieser Gerichtsverhandlung gar nicht ein, sondern weist mitten in der Erniedrigung auf seine Erhöhung hin. Die Richter sollen bedenken, dass er einmal als Richter kommen wird. »Fortan wird der Menschensohn zur Rechten der Macht Gottes sitzen.« Seine Antwort ist Zeugnis für seine Größe und sein Wesen. Er, der durch Menschen hier geschmäht und verurteilt wird, wird durch Gott erhöht und wird einmal über diese Scheinrichter urteilen. So schließt die Verhandlung äußerlich mit seiner Niederlage, in Wirklichkeit mit seinem Sieg. Die Feinde sind nicht auf ihre Rechnung gekommen. Sie haben ihm lediglich die Möglichkeit gegeben, noch einmal in feierlicher Form seine Messianität und seine Gottessohnschaft zu bekunden. Der Verurteilte ist der eigentliche Sieger in diesem ungleichen Kampf.

VOR DEM HEIDNISCHEN GERICHT

(Lk 23,1–7)

Die ganze Menge erhob sich und führte ihn zu Pilatus. Sie begannen ihn anzuklagen und sagten: »Wir haben gefunden, dass dieser unser Volk verführt und es hindert, dem Cäsar Abgaben zu entrichten. Er sagt, er sei der Messias und König.« Pilatus fragte ihn: »Bist du der König der Juden?« Er antwortete ihm: »Du hast es gesagt.« Pilatus aber sprach zu den Hohenpriestern und der Volksmenge: »Ich finde keine Schuld an diesem Menschen.« Aber sie behaupteten immer heftiger, er wiegle das Volk auf und lehre im ganzen Judenlande, von Galiläa bis hierher. Als Pilatus das hörte, fragte er, ob der Mann ein Galiläer sei. Als er vernahm, dass er aus dem Machtbereich des Herodes sei, sandte er ihn zu Herodes, da dieser in jenen Tagen ebenfalls in Jerusalem war.

Die Juden können Jesus nicht hinrichten ohne Einwilligung des römischen Hochkommissars. So führen sie ihn denn vor dessen Gerichtshof.

1. Die Ankläger

Die Führer Israels gehen klug und zielbewusst voran. Sie wissen, dass bei diesem Heiden ihre religiösen Auffassungen kein Gewicht haben. Wenn sie daher Jesus als Messias verklagen, zählt das vor Pilatus überhaupt nicht. So drehen sie vor dem Politiker die Anklage ins Politische: Er wiegelt das Volk auf und verbietet, dem Kaiser Steuer zu bezahlen, und gibt sich für den Messiaskönig aus. Streng genommen sind drei Anklagen in diesem Vorwurf enthalten. Er trägt Unruhe ins Volk, ist also ein Revolutionär. Pilatus muss somit daran interessiert sein, diesen Unruhestifter zu beseitigen. Er verbietet, dem Cäsar Steuer zu zahlen, ist somit ein Feind Roms, schädigt Rom finanziell und damit auch und gerade den Vertreter Roms, also Pilatus. Diese Anklagen sind sehr berechnend formuliert, denn man weiß, wie sehr die Landpfleger darauf ausgingen, sich auf Kosten des Volkes zu bereichern. Das dritte Element der Anklage ist das Königtum. Und erst hier klingt das Religiöse leise mit: Messias-König. Seit der Absetzung des Archelaus üben die Römer selbst und unmittelbar die Herrschaft in Judäa aus. Wenn also einer nach der Krone verlangt, ist er ein Empörer gegen die Macht und die Herrschaft Roms. Die Anklagen sind somit derart formuliert, dass Pilatus sie ernst nehmen muss. Trotzdem verfehlen sie völlig ihre Wirkung. Zwar stellt Pilatus in aller Form fest, dass Jesus tatsächlich sich als König der Juden betrachtet. Aber diese Einbildung erscheint ihm derart lächerlich, dass er wirklich nichts gegen diesen Kronprätendenten und Thronanwärter unternehmen muss. In der Tat klingt dieser Anspruch schlechterdings unmöglich. Jesus steht allein, gefesselt, beschmutzt und bespien, ohne jede Macht vor Pilatus, dem Vertreter der römischen Weltmacht, der im Bewusstsein seiner Machtstellung hier zu Gericht sitzt: der Ohnmächtige vor dem Träger der Macht. Dieser religiöse Schwärmer ist in den Augen des Pilatus völlig ungefährlich. Und so stellt der Römer in aller Form fest, dass er keine Schuld an ihm finde.

Der Vorwurf einer falschen Verquickung des Religiösen mit dem Politischen ist seitdem immer wieder erhoben worden. Träger der Staatsgewalt haben die Kirche und die Christen gefürchtet, weil sie sich in religiösen Dingen der Staatsmacht nicht beugen wollten. Und so wurden die Christen immer wieder als Staatsfeinde betrachtet. Andererseits haben die vom Willen zur Macht beseelten Politiker immer wieder die Christen verachtet, weil diese nicht an die Mittel der äußeren Macht glaubten und ihre Überzeugung nicht mit dem Schwert verbreiten wollten. So kamen ihnen die Christen als weltfremde Schwärmer und religiöse Fantasten vor. Die Anklage auf politische Unzuverlässigkeit und aufrührerisches Schwärmertum ist seit der Verhandlung vor Pilatus nie mehr verstummt.

2. *Der Richter*

Pilatus seinerseits lässt sein Vorgehen ebenfalls nur von der Politik bestimmen. Politisch gesehen ist dieser Jesus ungefährlich. Im Namen und im Interesse der römischen Politik kann und muss er ihn somit freisprechen und freilassen. Das stellt er in aller Form fest. Aber er kann mit ihm einen politischen Vorteil erzielen. Denn Jesus als Galiläer kann dem Oberhaupt Galiläas, dem von der römischen Macht abhängigen, aber doch mit einer gewissen Vollmacht ausgerüsteten Herodes übergeben werden. Damit ist Pilatus einerseits den unangenehmen Fall los und kann die Verantwortung auf einen anderen abwälzen. Andererseits gewinnt er die Freundschaft des Herodes, weil er vor den Juden dessen Zuständigkeit anerkennt. Herodes wird für diesen Höflichkeitsgestus nicht unempfänglich sein. So ist denn sowohl das Urteil wie auch die Weitergabe des Gefangenen an Herodes zwar inkonsequent, aber politisch und diplomatisch klug. Und das allein entscheidet. Politiker laufen immer Gefahr, die Dinge nur vom Politischen her zu sehen. Wie oft muss sich das Recht nach der Politik richten und wie oft wird die Moral von der Politik vergewaltigt: nichts Neues unter der Sonne.

3. *Der Angeklagte*

Christus antwortet auf die Frage »Bist du der König der Juden?« nur mit einem kurzen Satz, mit einem klaren »Ja, ich bin es«. Diese Antwort ist diplomatisch unklug und ungeschickt. Er konnte ja vor diesem politisch denkenden Richter ohne Weiteres betonen, dass es ihm nur um Religion gehe. Er tut es aber nicht, denn in Wirklichkeit ist sein Reich zwar nicht von dieser Welt, umfasst aber doch die ganze Welt. Gott ist der Herr auch über die Staaten und ihre Machthaber. Und so hat der Sohn des Allmächtigen auch Macht über die Mächte dieser Welt. Jesus ist der König der Juden. Gewiss ist sein Königtum völlig anders, als die Juden es erwartet haben. Sie erhoffen einen Messias-König, der tatsächlich das Volk aufwiegelt und es dann von der römischen Herrschaft befreit. Das, was sie Christus hier vorwerfen, ist eigentlich ihre geheime Hoffnung. Weil sie aber sehen, dass Jesus gerade das nicht tut, klagen sie ihn an. Gerade darum bezieht aber auch Jesus eindeutig Stellung. Er ist der König der Juden, aber ihre Vorstellungen und Erwartungen sind falsch. Sein Königtum hat ein anderes Gepräge. Es ist Herrschaft Gottes, damit sein Volk und alle Völker wirklich ganz sein Eigentum werden, d. h. sich völlig seinem Willen unterstellen und ihn wirklich als den Herrn erkennen und anerkennen. Sein Königtum ist größer als die Erwartungen der Juden. Die Tatsache, dass er auch in seiner Erniedrigung an seiner Größe festhält und in seiner Ohnmacht seinen Machtanspruch geltend macht, könnte ihnen die Augen öffnen, wenn es ihnen um die Wahrheit und die Erkenntnis der Pläne Gottes ginge. So ist seine Antwort nicht nur menschlich tapfer, weil er sich damit dem Römer ausliefert, sondern sie ist auch von besonderer religiöser Größe, weil sie das falsche Königtum jüdischer Hoffnungen ablehnt und das wahre, gottgegebene Königtum klarstellt.

HERODES

(Lk 23,8–12)

Als Herodes Jesus sah, freute er sich sehr. Denn schon seit längerer Zeit hatte er sich gewünscht, ihn zu sehen, weil er von ihm gehört hatte und hoffte, dass er ein Wunder wirken werde. Er fragte ihn mit vielen Worten aus. Aber er gab ihm keine Antwort. Die Hohenpriester und Schriftgelehrten standen dabei und klagten ihn an. Herodes und sein ganzes Gefolge trieben ihren Spott mit ihm, ließen ihm zum Hohn ein weißes Kleid anziehen und sandten ihn zu Pilatus zurück. Herodes und Pilatus wurden an diesem Tag Freunde, denn vorher hatten sie in Feindschaft miteinander gelebt.

Ging es vor dem jüdischen Gericht um Hoheit und Erniedrigung, vor Pilatus um Macht und Ohnmacht, so geht es vor Herodes um Weisheit und Torheit.

1. Herodes

Herodes kommt sich weise und klug vor. Klugheit war es, dass er sich bisher Jesus gegenüber zurückgehalten hatte, obwohl doch dieser als Galiläer in seinem Machtbezirk gelebt und gewirkt hatte. Aber Herodes hatte schon durch die Gefangennahme des Täufers viele Sympathien verloren. So war es ein Gebot der Klugheit, Jesus in Ruhe zu lassen. Außerdem gewann er an Prestige, wenn er Distanz wahrte und sich nicht herabließ, in die Geschehnisse und Bewegungen des niederen Volkes einzugreifen. Und schließlich konnte man nie wissen, welche Folgen und Wirkungen eine Aussprache mit dem galiläischen Propheten hätte. So hat sich denn Herodes aus Klugheit bisher ferngehalten. Klugheit gebot jetzt, die Geste des Pilatus zu beantworten und ein Urteil über Jesus zu fällen. Damit gewann Herodes Ansehen in der Öffentlichkeit, vor allem vor den jüdischen Führern, die nun vor seinem Richterstuhl ihre Klage gegen Jesus vorbringen mussten. Und endlich war es Klugheit, diesen Jesus, der auf keine Frage antwortete und mit dem offenkundig nichts anzufangen war, als das zu beurteilen, was er war, ein ungefährlicher, törichter Schwärmer. Kein gefährlicher Verbrecher, sondern ein verblendeter Narr. Das ist das Urteil, das Herodes fällt, und so schickt er den Häftling im Narrengewand zu Pilatus zurück und erwidert damit die politische Höflichkeit. Das kluge Vorgehen verfehlt seine Wirkung nicht. Denn »Herodes und Pilatus wurden an diesem Tag Freunde, denn vorher hatten sie in Feindschaft miteinander gelebt«.

Immer wieder erduldet die Kirche Christi und erfahren die Jünger Christi, was Christus selbst vor Herodes zuteilgeworden ist: Spott und Hohn. Halbgebildete beurteilen mit Berufung auf Bildung die Lehre dieser Kirche. Unwissende wenden sich mit Berufung auf die Wissenschaft von der Lehre Christi ab. Lebemenschen beurteilen die christliche Moral und ihre strengen Forderungen als unsinnig, nur um ihr eigenes Gewissen zu betäuben und für ihre moralische Hemmungslosigkeit freie Bahn zu bekommen. Ehrgeizige Streber machen sich über die christliche Demut lustig. Machtpolitiker verlachen die christliche Liebe. Geldmenschen verhöhnen das Ideal der freiwilligen Armut. Stolze Überheblichkeit weiß mit der Forderung christlichen Gehorsams nichts anzufangen und alle Diesseitsmenschen schütteln den Kopf über den Jenseitsglauben der Christen.

Jesus ist für Herodes in der Tat ein Narr. Denn er weiß seine Chance nicht zu nutzen. Er könnte beim galiläischen Herodes auf die Zugehörigkeit zur gleichen Nation pochen, könnte die antirömische und vor allem pilatusfeindliche Haltung des Königs zu seinen Gunsten ausnutzen, könnte durch seine klugen Antworten alle Angriffe der jüdischen Führer entwaffnen. Kurz, er hätte genügend Möglichkeiten, ein günstiges Urteil zu erwirken. Aber Jesus schweigt. Es ist nicht das Schweigen der Verlegenheit, sondern das Schweigen der Weisheit. Es gibt Menschen, denen gegenüber jedes Wort verlorene Mühe ist. Jesus weiß, dass dieser Herodes seine Frau verjagt hat, um mit der Frau eines seiner nächsten Verwandten in unerlaubtem Verhältnis zu leben. Er weiß, dass Herodes auf seinen Wallfahrten zu den jüdischen Festen Frömmigkeit heuchelt und sich doch in Wirklichkeit über die Juden lustig macht und mehr heidnisch als jüdisch lebt. Er weiß, dass Herodes Pilatus gegenüber den Römerfreund spielt und doch ein geheimes Waffenlager angelegt hat für den Fall, dass es gelingt, eine militärische Macht gegen Rom zu konzentrieren. Er weiß, dass Herodes hier den Richter spielt, dem es um Recht und Gerechtigkeit, um Gottes Wort und Gottes Wunder zu tun ist, während er in Wirklichkeit nur eine Sensation erleben und seine gesellschaftliche und politische Stellung möglichst zur Geltung bringen will. Einem solchen Menschen, dem der Schein wichtiger ist als die Wirklichkeit und dessen ganzes Auftreten in Jerusalem nur Fassade ist, antwortet Jesus nicht. Eine Antwort hat nur dort Sinn, wo eine ernst gemeinte Frage gestellt wird. Das ist hier nicht der Fall. Darum schweigt Jesus.

Auch die Kirche schweigt zu vielen Angriffen. Wie will sie die Größe des Gotteswortes denen klarmachen, die alles für nicht existierend betrachten, was sie nicht mit ihren körperlichen Augen sehen und mit ihren groben Fingern berühren können! Oder die den kleinen Maßstab der eigenen Intelligenz an alles anlegen, um alles danach zu beurteilen. Die mit ihren Begriffen alles begreifen wollen und denen darum die wogenden, uferlosen Meere des Gottesgeistes immer fremd bleiben. Mit Spöttern, die nichts ernst nehmen, kann man nicht über den Ernst der Lebensentscheidung sprechen und Narren, die nur ums eigene Ich kreisen, kann man die Weisheit der Liebe nicht verständlich machen. Es gibt ein Schweigen der Weisheit, das die einzig mögliche Antwort auf närrisches Gerede ist.

DER PÖBEL

(Lk 23,13–25)

Pilatus rief die Hohenpriester und die Führer des Volkes zusammen und sprach zu ihnen: »Ihr habt diesen Menschen mir vorgeführt als Volksaufwiegler. Ich habe ihn in eurer Gegenwart verhört und keinen Grund für eure Anklage gefunden. Ebenso wenig Herodes, denn er hat ihn zu uns zurückgesandt. Er hat nichts getan, was den Tod verdient. Ich will ihn somit züchtigen und freilassen.«

Sie schrien alle zusammen: »Weg mit ihm, gib uns den Barabbas frei.« Dieser war wegen eines Aufstandes in der Stadt und wegen eines Mordes ins Gefängnis geworfen worden. Wieder sprach Pilatus zu ihnen, denn er wollte Jesus freilassen. Sie aber riefen und sprachen: »Kreuzige ihn, kreuzige ihn!« Zum dritten Mal redete er ihnen zu: »Was hat er denn Böses getan? Ich habe nichts Todeswürdiges an ihm gefunden. Ich will ihn also züchtigen und freilassen.« Sie aber setzten ihm mit lautem Geschrei zu und verlangten, dass er gekreuzigt werde. Und ihr Geschrei setzte sich durch. Pilatus entschied, dass ihr Begehren erfüllt werden solle. Er gab den frei, der wegen Aufstand und Mord ins

Gefängnis geworfen war und den sie sich frei erbaten. Jesus dagegen gab er ihrem Willen preis.

Herodes schickt Jesus wieder zu Pilatus zurück. Aber diese zweite Szene ist keine Gerichtsverhandlung mehr, sondern ein Volksauflauf. Pilatus ist in Verteidigungsstellung und gibt schließlich dem Druck des Volkes nach.

Vom Pöbel, der durch die Pharisäer und Schriftgelehrten fanatisiert wurde, geht die Initiative aus, dass Pilatus ihnen den Barabbas freigebe. Pilatus will Jesus freilassen. Um das zu verhüten, verlangen sie, den Volksaufwiegler und Mörder Barabbas freizulassen. Vom Volk geht auch der Ruf aus: »Kreuzige ihn!« Dreimal betont Pilatus die Unschuld des Gefangenen. Er will sogar der Forderung des Volkes entgegenkommen und den unschuldig Gefangenen auspeitschen lassen. Aber sie sind damit nicht zufrieden. Das Ganze endet mit einer eigentlichen Lärmszene: »Sie aber setzten ihm mit lautem Geschrei zu und verlangten, dass er gekreuzigt werde. Und ihr Geschrei setzte sich durch.« Resigniert endet der Bericht in der Feststellung: »Jesus gab er ihrem Willen preis.« Es ist also in dieser Szene von Untersuchung, Gerechtigkeit, Bestrafung gar keine Rede, sondern lediglich von schwächlicher Nachgiebigkeit gegenüber der Wut des Pöbels.

Zwei wichtige Erkenntnisse ergeben sich daraus. Einmal die Unzuverlässigkeit der Volksmasse. Es gibt wirkliches Volk mit gesundem Empfinden, nüchternem Urteil und verantwortungsbewusster Haltung. Es gibt daneben aber auch Masse, die nicht den Namen Volk verdient, sondern Pöbel. Es ist ein zusammengerotteter Haufen, in welchem der Einzelne sein klares Urteil verliert, seine persönliche Meinung überschwemmen lässt vom Geschrei der Massen. Die Einzelnen sind vielleicht durchaus manierliche Menschen, aber zusammengerottet zu einem Haufen werden sie wie Tiere. Sie folgen dem, der am lautesten schreit. So kann ihr Hosanna jäh ins *Crucifige* umschlagen, Begeisterung in Ablehnung, Liebe in Hass, Ehre in Verachtung. Es ist die Masse, die heute nach links drängt und morgen nach rechts, Flugsand, der dahin und dorthin getrieben wird. Diesem verhetzten Pöbel ist auch Jesus geopfert worden. Selbst der Vertreter der römischen Weltmacht hat die Masse gefürchtet.

Ein Zweites. Warum hat dieses Volk den Barabbas Jesus vorgezogen? Barabbas war einer aus ihrer Mitte. Er war von ihrem Schlag. Jesus war ganz anders. Er stand unendlich höher als sie. So konnten sie ihn wohl verehren, aber er blieb ihnen doch unheimlich, fremdartig. Der Pöbel kann die Heiligen achten, aber er liebt sie eigentlich nicht. Sie sind ihm ein ständiger Vorwurf, eine Stimme des Gewissens. Sie fallen aus dem Rahmen, überragen den Durchschnitt, fügen sich nicht ins Gewöhnliche. Die Mittelmäßigen lieben die Größe nicht. Sie wollen, dass alles auf ihr Maß zugeschnitten ist. Alles andere lehnen sie ab. Und so endet das Ganze in der erschütternden Tatsache, dass der Pöbel für einen Volksaufwiegler und Mörder die Freiheit fordert, dagegen Jesus, der wirklich das Wohl des Volkes bringt und ihm das Leben spendet, zum Tode führt. Sie retten dem Mörder das Leben und liefern den Lebensspender dem Tode aus. Sie nennen den Volksaufwiegler einen Volksbeglücker und machen dem, der das Heil des Volkes bringt, den Vorwurf, er wiegle das Volk auf. So verliert der verhetzte, fanatisierte Pöbel jedes Urteil. Er nennt das Gute bös und das Böse gut, das Schöne hässlich und das Hässliche schön, das Leben Tod und den Tod Leben, den Feind Freund und den Freund Feind.

Die Kirche wird sich jederzeit an das Volk wenden, denn sie ist Volkskirche, die das Heil des Volkes will. Aber sie wird auch jederzeit dem Hass des Pöbels ausgeliefert sein und immer wieder aus seinen Reihen das *Crucifige* vernehmen.

MENSCHEN AM KREUZWEG

(Lk 23,26–32)

Als sie ihn hinausführten, griffen sie einen gewissen Simon aus Cyrene, der vom Felde kam, auf und legten ihm das Kreuz auf, damit er es Jesus nachtrage. Es folgte ihm eine große Volksmenge und auch Frauen, die über ihn klagten und weinten. Da wandte sich Jesus zu ihnen und sprach: »Töchter von Jerusalem, weint nicht über mich, sondern weint über euch und eure Kinder. Denn es werden Tage kommen, an denen sie sagen werden: ›Glücklich die Unfruchtbaren, der Schoß, der nicht geboren, die Brust, die nicht gestillt hat.‹ Und man wird zu den Bergen sagen: ›Fallt über uns‹, und zu den Hügeln: ›Bedecket uns.‹ Denn wenn es am grünen Holze geschieht, was wird dann am dürren geschehen?«

Es wurden auch zwei Verbrecher mit ihm zur Hinrichtung geführt.

Vom Kreuzweg des Herrn wird bei Lukas nichts berichtet, was das Leiden Christi unmittelbar betrifft, also nichts von seinem Fall, von Verspottung und dergleichen. Der Blick ist auf andere gerichtet.

1. Simon von Cyrene

Simon von Cyrene ist ein Unbekannter, der mit Jesus nichts zu tun hat und zufällig des Weges kommt. Er bietet sich auch nicht freiwillig an, Christus zu helfen, sondern wird zum Kreuztragen genötigt. Und doch ist, wie wir aus der Tradition wissen, dieser Zwang ihm zum Heil geworden. Immer wieder erneuert sich das im Leben der Menschen. Völlig unerwartet trifft sie irgendein Leid und unvorbereitet werden sie zum Kreuztragen genötigt, durch

Krankheit, finanzielle Schläge, Familienleid, Berufsschwierigkeiten, Ehekrisen, politische Katastrophen, ungerechte Behandlungen usw. Sie setzen sich anfangs zur Wehr. Aber der Widerstand ist fruchtlos und so müssen sie sich, ob sie wollen oder nicht, mit dem Kreuz auseinandersetzen. Kommen sie dann auf diese Weise Christus näher, so wird die bisherige bloß äußere Beziehung allmählich zu einem inneren Verständnis und damit wird der Taufscheinchrist zu einem Herzenschristen. Die theoretische Überzeugung wird zu einer praktischen Betätigung. Das Grundsätzliche wird zum Tatsächlichen und damit bekommt das Leben ein völlig neues Gesicht, bis die Menschen so weit sind, dass sie die Stunde preisen, die sie anfänglich verflucht, und Gott für das danken, wogegen sie sich zuerst aufgelehnt haben. Die unabsehbare Reihe derer, die hinter Simon von Cyrene steht, reißt nicht ab.

2. Die Frauen

Die Frauen, die Jesus beklagen, scheinen im Gegensatz zu Simon eine bessere Haltung zu haben, denn sie stehen offenbar auf der Seite Christi und haben Mitleid mit ihm. Und doch ist es nicht so. Christus lobt sie keineswegs. Seine Antwort ist Tadel. Sie sollen nicht über ihn trauern, sondern über sich. Nicht er ist zu beklagen, sondern sie. Sentimentales Mitleid eines bloß gefühlsmäßigen Eingehens auf sein Leiden ist sinnlos. Es gibt Tränen, die zwecklos sind und keinerlei Wert haben. Zu beklagen ist nicht der, der leiden muss, dem aber das Leiden ein Weg zur Seligkeit wird, sondern zu beklagen ist der, dessen Leben fruchtlos verbraucht wird und der nicht ans Ende denkt und dementsprechend sein Leben gestaltet. Es gibt eine Verbundenheit mit Christus, die nur Gefühlssache ist. Sie zählt bei Jesus nicht. Sentimentale Frömmigkeit ist seinem Wesen fremd. Er lehnt sie ab. Denn er hat nichts davon, und die Gefühlsmenschen haben noch weniger davon. Es ist zweckloses Getue. Wer in der Erinnerung an die Passion nur in

Stimmung macht, hat deren Sinn nicht verstanden. Die Reihe hinter den Frauen am Kreuzweg ist ebenfalls unübersehbar und reißt ebenfalls nicht ab. Man kann diesen Menschen nicht deutlich genug das warnende Wort Christi zurufen: Sie sind dürres Holz.

3. Christus

Christus denkt mitten im Leiden nicht an sich. Jetzt, wo er doch eigentlich völlig auf sich gestellt ist und wie jeder schwer Leidende kaum an etwas anderes als an sich denken kann, gehen in Wirklichkeit seine Gedanken über die Umstehenden und über die Gegenwart hinaus. Sein Blick ist auf die Letzten Dinge gerichtet. So wie er schon im Abendmahlssaal und dann wieder vor dem jüdischen Richter über das Ende seines Lebens hinaus an das Ende Jerusalems und das Ende der Welt gedacht hat, so auch hier. Er sieht die Endkatastrophe: Die Zeit, da die Menschen den Bergen zurufen: »Fallt über uns«, und den Hügeln: »Bedecket uns«. Hätte Israel ihn als Messias aufgenommen, hätte der ganze weitere Verlauf der Weltgeschichte eine andere Wendung nehmen können. Jetzt aber ist das Nein Israels vollzogen. Darum wird Israel untergehen, Jerusalem zerstört werden; und das ist nur ein kleines Zeichen des großen Geschehens im Weltuntergang am Ende der Zeiten. Dann erst wird aber auch sichtbar werden, welche Bedeutung der Weg zum Kreuz hat, den er hier schreitet, welche Kraft zur Erneuerung in diesem Untergang liegt und welches Leben er durch seinen Tod schenkt. Der Einzige, der hier am Kreuzweg die richtige Haltung hat und die wahre Größe zeigt, ist er selbst, dem der eine nur gezwungen folgt und für den die anderen nur ein falsches Verständnis haben. Nur wer auf das Denken und die innerste Gesinnung Jesu achtet und eingeht, steht richtig am Kreuzweg des Herrn.

KREUZIGUNG

(Lk 23,33–43)

Als sie zu dem Ort kamen, der Schädelstätte heißt, kreuzigten sie ihn dort, und auch die Verbrecher, den einen zur Rechten, den anderen zur Linken. Jesus aber sprach: »Vater, verzeih ihnen, denn sie wissen nicht, was sie tun.« Sie warfen das Los, um seine Kleider unter sich zu verteilen.

Das Volk stand da und schaute zu. Die Führer verspotteten ihn: »Andere hat er gerettet, er rette sich selbst, wenn er der Gesalbte Gottes, der Erwählte, ist.« Auch die Soldaten verspotteten ihn, traten hinzu und reichten ihm Essig und sagten: »Wenn du der König der Juden bist, rette dich selbst.« Es war eine Inschrift über ihm angebracht: »Der König der Juden ist dieser.«

Einer der hingerichteten Verbrecher lästerte ihn: »Bist du nicht der Messias? Rette dich und uns.« Der andere aber schalt ihn und sprach: »Hast du keine Furcht vor Gott, wo du doch dem gleichen Urteil verfallen bist? Wir sind es mit Recht. Denn wir empfangen das, was unsere Taten verdient haben. Dieser aber hat nichts Unrechtes getan.« Und er sagte: »Jesus, gedenke meiner, wenn du in dein Reich kommst.« Er antwortete ihm: »Wahrlich, ich sage dir, heute wirst du mit mir im Paradiese sein.«

Lukas berichtet auch in dieser Szene nichts über das körperliche oder seelische Leiden Christi. Es geht ihm vielmehr darum, Jesus als den Heilsbringer, den Heiland, zu zeichnen, freilich den Heilsbringer, der von vielen abgelehnt wird.

Der Widerspruch. Er liegt einmal in der Tatsache der Kreuzigung. Zwischen zwei Missetätern zu seiner Rechten und zu seiner Linken, wie Lukas ausdrücklich betont, schlagen sie Christus ebenfalls als Missetäter ans Kreuz. Der Verurteilung zum Tod folgt somit die Hinrichtung des Verbrechers. Damit ist er von

Israel, seinem Volk, in aller Form verurteilt, verworfen und, wie sie meinen, aus der Welt geschafft. Dass es endgültig ist, geht aus der Tatsache hervor, dass sie seine Kleider verteilen, also das Los werfen über den letzten Rest seines Besitztums.

Der Widerspruch zeigt sich aber auch in Worten. Der Hohe Rat verspottet ihn, und zwar ausdrücklich als den Gesalbten und Erwählten des Herrn. Er ist nach ihrer Überzeugung nicht der Messias. Sein Untergang am Kreuz ist der schlagende Beweis dafür. Sie wollen und erwarten einen anderen Messias und haben zu diesem, der am Kreuze hängt, ihr Nein gesprochen. Das Gleiche gilt für die Soldaten. Ihr Spott gilt dem König der Juden, also seinem Königtum. Pilatus gibt seiner Verachtung entsprechend Ausdruck, indem er über dem Kreuz des Hingerichteten die höhnische Inschrift anbringen lässt: »König der Juden«. Und schließlich wird der Widerspruch auch von einem der beiden mit ihm Gekreuzigten formuliert: »Bist du nicht der Messias? Dann rette dich und uns.« Diese Worte werden als hämische Lästerung vorgebracht.

Heil und Heiligung durch das Kreuz stoßen immer wieder auf Unverständnis, Widerspruch und Ablehnung. Wenn der Mensch vom Heil spricht, ist das für ihn der Inbegriff von Wohlstand, Gesundheit, Annehmlichkeit und Lebensfülle. Kreuz ist gerade das Gegenteil und so ist Heil durch das Kreuz für den Menschen ein Widerspruch, dem er widersprechen muss. Und doch hat Christus durch das Kreuz das Heil gebracht. Denn dieses liegt auf einer anderen Ebene und kommt in einer anderen Zeit zur Auswirkung. Es ist hier in der Unsichtbarkeit des Seelischen und Übernatürlichen und es ist erst drüben und droben in der leibseelischen sichtbaren Verwirklichung vollendet. Und so ist das Kreuz das Zeichen Jesu als des Heilsbringers.

Die Antwort Christi auf diesen Widerspruch ist in den beiden einzigen Worten gegeben, die Lukas berichtet. Das erste gilt allen. Es ist das Wort des Sterbenden: »Vater, vergib ihnen, sie wissen nicht, was sie tun.« Sein Wort ist nicht Vorwurf oder schneidender Richterspruch, sondern eigene Verzeihung und Bitte an den

Vater im Himmel, dass auch er ihnen verzeihe. So ist er sterbend der Helfer und der Heilende. Er gibt sein Leben hin zum Heil der Menschen und darum ist sein letztes Gebet die Bitte um das Heil aller. Sie wissen nicht, was sie tun. Denn wenn sie richtig erfasst hätten, was eigentlich in dieser Stunde geschieht, dass es die Geburtsstunde einer neuen Menschheit, der Anfang der Kirche, der Umschlag vom Unheil zum Heil, vom Tod zum Leben ist, würden sie anders handeln. Sie wissen es wirklich nicht. Die Frage ist nicht berührt, ob ihre Unwissenheit schuldhaft ist oder nicht. Es wird einfach festgestellt, dass sie es nicht wissen und darum spricht der Verurteilte während seiner Hinrichtung zugunsten seiner Richter und Gerichtsvollzieher. *Nemo contra Deum nisi solus Deus* (»Nur Gott selbst kann gegen Gott sprechen«, Anm. d. Verl.). Hier spricht Gott zugunsten der Menschen gegen Gott. Die Gnade Gottes im Sohn spricht gegen die Gerechtigkeit Gottes im Vater, damit Gnade vor Recht ergehe und die starre Gerechtigkeit überwunden werde durch die Kraft der Liebe.

Das zweite Wort gilt dem einzigen Menschen, der sich hier beim Kreuz bittend an Christus wendet. Er ist einer der beiden Verbrecher. Seine Bitte lautet: »Jesus, gedenke meiner, wenn du in dein Reich kommst.« Der Einzige, der in der Stunde der Erniedrigung von seiner Herrlichkeit spricht, der Einzige, der den hingerichteten Verbrecher als König anerkennt, ist dieser Schächer. Er bekennt seine eigene Sündhaftigkeit: »Wir empfangen das, was unsere Taten verdient haben.« Und er erkennt Christus als den Unschuldigen: »Dieser aber hat nichts Unrechtes getan.« Und bekennt ihn als den in der Herrlichkeit Wiederkommenden. Der Glaube mit dem Blick auf die Endzeit ist hier von einem Menschen angenommen worden. Darum wird er gerettet. Die Antwort Jesu lautet: »Wahrlich, ich sage dir, heute wirst du mit mir im Paradiese sein.« Die Sünde, die das Paradies verschlossen hat, wird hier durch die Erlösung, die das Paradies wieder öffnet, überwunden. Die Heimkehr der verstoßenen, ruhelos wandernden Menschheit beginnt. Die Verirrung ist an ihrem äußersten Endpunkt angekommen. Die große Umkehr, die entscheidende Wende vollzieht sich. Und der Erste, der hier diese Wendung vollzieht, ist ein verurteilter Verbrecher. Entscheidend für das Leben eines Menschen sind nicht die Sünden, die er begangen hat, sondern der Glaube, durch den er sich zu Christus wendet und die Gnade aufnimmt. Einkehr zur Erkenntnis der eigenen Sündhaftigkeit ist die Vorbedingung zur Umkehr wirklicher Bekehrung und zum Anfang des neuen Lebens in Christus und damit im Heil.

So liegt über dieser Kreuzigungsszene bei Lukas die Dunkelheit und erschütternde Tragik des Nein, aber sie wird überwunden durch die beiden großen Worte des Herrn, die ein Ja bedeuten zur Liebe des verzeihenden Vaters und zu dem um Verzeihung bittenden sündigen Menschen. Unheil wird überwunden durch das Heil. Der Sterbende ist der Heiland der Welt.

DER TOD JESU

(Lk 23,44–49)

Es war ungefähr die sechste Stunde. Da kam eine Finsternis über das ganze Land, bis zur neunten Stunde. Die Sonne verlor ihren Schein und der Vorhang des Tempels riss mitten entzwei. Da rief Jesus mit lauter Stimme:« »Vater, in deine Hände befehle ich meinen Geist.« Als er das gesagt hatte, verschied er.

Als der Hauptmann sah, was geschah, pries er Gott und sagte: »Wahrhaftig, dieser Mensch war ein Gerechter.« Und die ganze Volksmenge, alle, die gekommen waren, um das Schauspiel mitanzusehen, und nun das sahen, was geschah, schlugen sich an die Brust und kehrten zurück. Alle seine Bekannten aber standen von ferne und die Frauen, die ihm von Galiläa gefolgt waren, sahen es.

Die Erniedrigung ist zu Ende. Der Umschlag zur Erhöhung beginnt schon vor dem Tod des Herrn. Dieses Sterben ist bei aller Schlichtheit des Berichtes als etwas unerhört Großes und Bedeutendes gezeichnet.

1. Die Ereignisse

Finsternis bricht über das Land herein. Bei der Geburt Christi wurde die Nacht erleuchtet, beim Tod Christi wird der helllichte Tag verdunkelt, weil das Licht der Welt, das in der Nacht zu Bethlehem aufflammte, im Dunkel von Golgotha erlischt. Die Natur, als deren Herr sich Christus durch die Wunder ausgewiesen hatte, gibt dem sterbenden Herrn Zeugnis. Durch das Wort ist alles geworden und das erste schöpferische Wort lautete: »Es werde Licht.« Nun verstummt dieses Wort im Tode. Darum bricht die Finsternis über das Land herein. Israel hatte das Licht der Offenbarung. Nun lehnt es durch die Hinrichtung des Messias dieses Licht ab. Und so wird das äußere Dunkel der Natur Zeichen der Verdunklung des Geistes.

»Der Vorhang des Tempels riss entzwei.« Die Verkündigung Jesu begann im Tempel beim Opfer des Zacharias. Beim Tod Jesu, dessen Sterben das eine große Opfer der Menschheit ist, hört die Daseinsberechtigung der Tempelopfer Israels auf. Das Zerreißen des Vorhanges deutet dieses Ende der liturgischen Feiern an. Der schwere Vorhang verschließt das Allerheiligste und trennt es vom Heiligtum. In seinem Sterben schreitet aber, nach den Worten des Hebräerbriefes, Jesus mit der gefüllten Opferschale seines Herzblutes ins eigentliche Allerheiligste des Himmels. Irdisches Heiligtum und Allerheiligstes werden jetzt zwecklos, denn das wirkliche Heiligtum des geistigen Tempels der Kirche und das wirkliche Allerheiligste des Himmels treten nun an die Stelle der bloßen Symbole. Und dieses Allerheiligste des Himmels ist jetzt durch Christus geöffnet. Die absperrende, verschließende Trennung zwischen

Erde und Himmel, zwischen diesseitiger und jenseitiger Kirche ist durchbrochen. Der trennende Vorhang ist sinnlos geworden. Es gibt nur noch das eine Heiligtum des Herrn, das nun streng genommen nicht mehr geteilt ist und in dem es keinen verschlossenen Bezirk mehr gibt.

Jesus rief mit lauter Stimme: »Vater, in deine Hände befehle ich meinen Geist.« Es ist nicht ein langsames, grausames Sterben, ein immer Schwächerwerden in völliger Ohnmacht, sondern es ist ein Rufen mit lauter Stimme. Ein feierlich majestätisches letztes Wort schließt das Leben ab. Galten seine Worte am Kreuzweg und am Kreuz selbst den umstehenden Menschen, so wendet sich sein letztes Wort an den Vater. Er stirbt betend. Es ist nicht der Aufschrei eines Verzweifelten, nicht das ängstliche Bitten in Todesnot, sondern das feierliche Sprechen dessen, der heimkehrt. Es ist das Wort aus dem Psalm, dessen Beter aller irdisch-menschlichen Gefahr entrinnt, hinein in die Geborgenheit in Gott. Vom Vater ist Jesus ausgegangen, zum Vater kehrt er wieder zurück. Der Kreislauf schließt sich. Das Leben ist abgerundet. Es ist ein vollendetes, vollkommenes Ganzes. So liegen über diesem ganzen Scheiden und Verscheiden eine stille Größe und ein feierlicher Ernst.

2. *Die Wirkung*

Der Umschlag ist auch bei den Menschen zu beobachten. Das Gespött verstummt. Als Erster gibt der heidnische Hauptmann Zeugnis. Von ihm war es zuletzt zu erwarten. Aber er ist der Erste. Schon beginnen Erste Letzte und Letzte Erste zu sein. Die Kirche aus Juden und Heiden fängt hier unter dem Kreuz an. Der Heide preist Gott, denn er erkennt, dass dieses Sterben im Tiefsten nicht verbrecherisches Menschenwerk, sondern gnadenvolles Werk Gottes ist. Dieses Sterben ist von übermenschlicher Größe. Darum ist Gott zu preisen, der den Menschen einen solchen Menschen gesandt hat. Der Hauptmann rühmt Jesus als einen Gerechten. Als

Missetäter und Verbrecher ist er hingerichtet worden, als Gerechter wird er bei seinem Tode anerkannt. Das Urteil hat sich gewandelt. Hinter dem römischen Zenturio steht die ganze Heidenwelt, die den Weg durch Christus zu Gott findet.

Das Volk schlägt sich an die Brust und kehrt heim. Sie standen teils spöttisch, teils auf eine Sensation wartend, teils apathisch um das Kreuz. Aber jetzt erkennen sie, dass sie nicht bloß Zuschauer sind, sondern mitschuldig an diesem Tod. Sie erkennen ihre Schuld und Sündhaftigkeit an. Ihre Heimkehr nach Jerusalem ist zugleich eine Umkehr der inneren Bekehrung. Das Kreuz des Herrn beginnt mit seiner Wirkung als Mahnung zur Buße.

Von den Frauen heißt es einfach, dass sie ihm von Galiläa her gefolgt waren und all das mitansahen. Sie sind die stummen Zeugen. Ihre Nachfolge war nicht nur eine äußerliche, vom erfolgreichen, sonnigen Wirken auf Galiläas Hügeln bis zur Katastrophe im Dunkel von Golgotha, sondern es war auch ein inneres Mitgehen bis zum Letzten, bis zu seinem Verscheiden. Ihrer Treue hat das Evangelium hier ein Denkmal gesetzt. Sie gehören zu den ersten Zeugen, denn sie berichten das, was sie mitangesehen haben, weiter an die, die es nicht sehen durften.

So ist die Schilderung des Todes Christi keine schmerzerfüllte Darstellung, kein Vorwurf voll Bitterkeit, sondern die Darstellung eines großen Geschehens, das als Wendepunkt unmittelbar sichtbar wird und auch im Großen zur Auswirkung kommen wird. Natur und Geschichte geben Zeugnis und die Menschen bekehren sich. So steht das Kreuz in der Mitte des Kosmos, in der Mitte der Geschichte und in der Mitte der Menschenschicksale.

BEGRÄBNIS

(Lk 23,50–56)

Und siehe, da war ein Mann namens Joseph, ein Ratsherr, ein guter und gerechter Mann. Er hatte ihrem Rat und ihrem Tun nicht beigestimmt. Er war aus Arimathäa, einer Stadt der Juden, und wartete auf das Reich Gottes. Dieser ging zu Pilatus und erbat sich den Leib Jesu. Er nahm ihn herab, wickelte ihn in Linnen und legte ihn in ein ausgehauenes Grab, in dem noch niemand gelegen hatte.

Es war Rüsttag, und der Sabbat leuchtete schon auf. Die Frauen, die ihm von Galiläa aus gefolgt waren, sahen das Grab und wie sein Leib hineingelegt wurde. Da kehrten sie zurück und bereiteten Kräuter und Salben. Am Sabbat hielten sie Ruhe, nach dem Gesetz.

Der Leib des Herrn wird nicht wie der eines hingerichteten Verbrechers irgendwo hingeworfen und verscharrt. Sein Begräbnis hat etwas Feierliches.

Der Mann, der ihn begräbt, ist nicht irgendjemand, auch nicht einer seiner Jünger, sondern ein vornehmer Ratsherr aus Jerusalem. Es war also nicht der ganze Hohe Rat gegen Christus. Eine kleine Schar, eine Elite, hat sich ein selbstständiges Urteil bewahrt und sich vom Weg des Rechts nicht abbringen lassen. Nicht ganz Israel steht auf der anderen Seite. Joseph von Arimathäa ist einer der ersten Vertreter des wahren Israel. Die Guten, die bisher furchtsam abseitsstanden, treten nun furchtlos auf. Auch das ist Zeichen einer Wendung. Joseph von Arimathäa geht zum römischen Machthaber, erbittet und empfängt das Recht, den Leib des toten Christus würdig zu bestatten. Die Erlaubnis deutet auch eine Wende bei Pilatus an. Hat er bisher den Feinden Jesu nachgegeben, so will er sie offenbar jetzt nicht mehr machen lassen. Er kommt den Freunden Jesu entgegen. Das Blatt hat sich gewendet.

Das Grab, in das der Herr gelegt wird, ist nicht eines, in dem schon andere liegen oder lagen. Es ist ein neues, aus dem Felsen gehauenes Grab für Vornehme. In einen unberührten jungfräulichen Schoß ist Jesus bei seiner Empfängnis gelegt worden. In ein unberührtes Grab wird sein Leib nach dem Tode gelegt. Aus Erde ist der erste Mensch genommen, zur Erde soll er als Wirkung der Sünde wieder zurückkehren. So kehrt auch der zweite Adam, Christus, der die Sünde der Welt auf sich genommen hat, zur Erde zurück. Freilich wird er nicht lange und nicht dauernd in ihrem Schoße ruhen. Die Grablegung des Herrn zeigt seine kosmische Verbundenheit. Seine Fleischwerdung ist ein Kommen in die Welt, eine Teilnahme an der Erde. Mit dieser Erde wird nun sein toter Leib verbunden und ruht in ihr. Wenn er dann bei der Auferstehung aus dem Schoß dieser Erde hervorgeht, hat er den tödlichen Charakter des Kosmos überwunden und die Erde zum Mutterschoß gemacht, aus der neues Leben geboren wird. Das *sepultus est* (»ist begraben«, Anm. d. Verl.) des Credo ist nicht etwas Nebensächliches. Es enthält das Stehen des Herrn unter dem Gesetz der Sünde, aber auch die Erdverbundenheit des menschgewordenen Gottes und zugleich die Weihe der Erde und ihre Umgestaltung zu fruchtbarem Boden, aus dem das Leben wächst.

Die Zeit der Grablegung wird eigens hervorgehoben: »Als der Sabbat schon aufleuchtete.« Am Vorabend des Sabbats zünden die Juden in allen Häusern Lampen an. Die ganze Stadt beginnt zu leuchten im Glanz vorfestlicher Freude. Im Dunkel ist der Herr gestorben. Aber nun beginnt das wahre Licht zu leuchten. Der Sabbat ist nach dem Schöpfungsbericht der Tag, an dem der Herr nach vollendetem Schöpfungswerk ruhte. Nun hat auch Jesus sein Erlösungswerk vollendet. Seine Sabbatruhe ist Zeichen der Erfüllung und Vollendung seines Tuns. Seitdem liegt über jedem christlichen Grab jene feierliche Ruhe und jenes stille Sabbatleuchten, in dem nicht Trauer und Schmerz überwiegen, sondern das

Wissen um die Vollendung des Lebenswerkes und das Warten auf den Tag der Auferstehung. Christliches Begraben ist ein Zwischen. Es ist nicht mehr menschliches Tun und noch nicht die Vollendung der Ruhe. Wohl ist die Seele in die ewige Ruhe eingegangen und wohl liegt auch der Leib in der Grabesruhe. Aber erst wenn Leib und Seele wieder verbunden in Gott ruhen, ist alles vollendet. Dieses Zwischen hat die geheimnisvolle Stille und das feierliche Warten jenes Sabbats zwischen Christi Tod und Auferstehung.

So schließt der Leidensbericht des Lukas mit dem Aufleuchten des Sabbats als Hinweis auf das Aufleuchten des ewigen Sabbats dereinst in der Vollendung, wenn das Leiden und der Tod des Herrn ihre erlösende Wirkung vollenden.

DAS LEERE GRAB

(Lk 24,1–12)

Am ersten Tag der Woche kamen sie schon in aller Frühe zum Grabe und nahmen den Balsam mit, den sie bereitet hatten. Sie fanden den Stein vom Grabe weggewälzt. Als sie hineingingen, fanden sie aber den Leib des Herrn nicht. Als sie darob ratlos waren, standen dort zwei Männer in leuchtendem Gewand. Sie fürchteten sich darob sehr und neigten ihr Antlitz bis zur Erde. Sie aber sprachen zu ihnen: »Was sucht ihr den Lebenden bei den Toten? Er ist nicht hier, er ist auferweckt. Denkt doch an das, was er zu euch gesprochen hat, als er noch in Galiläa war, wie er sagte, dass der Menschensohn den Händen der Menschen ausgeliefert werden müsse, dass er gekreuzigt werde und am dritten Tage auferstehe.« Sie erinnerten sich dieser Worte, kehrten um vom Grab und verkündeten all das den Elfen und allen übrigen.

Es waren Maria Magdalena, Johanna und Maria, die Mutter des Jakobus. Und auch die anderen, die mit ihnen waren, berichteten den Aposteln. Aber ihre Worte kamen diesen wie einfältiges Geschwätz vor, und sie glaubten ihnen nicht. Petrus aber stand auf und lief zum Grabe. Als er sich hineinneigte, sah er da drinnen nur die Linnen liegen. Voll Staunen über das Geschehene kehrte er zurück.

Nach dem Sabbat, der dem Gesetze entsprechend in Ruhe verbracht wurde, nehmen die Ereignisse am ersten Tag der neuen Woche ihren Fortgang. Das Erste, was berichtet wird, ist die Verwunderung und das Staunen der beteiligten Menschen.

1. *Verwunderung*

Die Frauen haben die Gewürze, Kräuter und Salben schon bereit. Am Vorabend des Sabbats musste die Bestattung rasch vor sich gehen, weil mit Einbruch der Sabbatruhe um sechs Uhr abends jede Arbeit verboten war. So hatte man den Leichnam des Herrn nur noch rasch einwickeln und bestatten können. Aber es war keine Zeit mehr zur Einbalsamierung. Die Frauen wollten diese nun am ersten Tag der Woche vornehmen, d. h. den Leib des toten Herrn mit den duftenden Salben einreiben, mit wohlriechenden Kräutern bedecken und dann sorgfältig einbinden. Aber als sie zum Grabe kamen, sahen sie zu ihrer ersten Überraschung, dass der Stein vom Eingang des Grabes entfernt war und zu ihrer noch größeren Überraschung fanden sie die Grabkammer leer. »Sie waren ratlos.« Es ist das, was sie in keiner Weise erwartet hatten.

Die Jünger sind ebenso überrascht. Denn die Frauen, denen durch Engel die Tatsache der Auferstehung kundgetan war, berichteten den Elf, was vorgefallen war. Aber diese sind so überrascht, dass es ausdrücklich heißt: »Die Worte der Frauen kamen ihnen wie einfältiges Geschwätz vor und sie glaubten ihnen nicht.« Petrus will sich persönlich überzeugen, eilt zum Grab, sieht aber nur die Linnentücher dort liegen. Der Leib des Herrn ist nicht da. »Voll Staunen über das Geschehene kehrte er zurück.«

Daraus ist ersichtlich, wie wenig die Frauen und die Jünger auf die Auferstehung seelisch vorbereitet oder gar zu diesem Glauben disponiert waren. Wenn sie trotzdem nachher die Auferstehung des Herrn verkündet haben, so ist dieser Glaube nichts weniger als das Ergebnis seelischer Erschütterung, verborgener Hoffnung, geheimer Erwartung, sondern das gerade Gegenteil. Sie haben auf die Auferstehung nicht gewartet, sondern sind von dieser Tatsache außerordentlich überrascht, ja geradezu bestürzt.

2. *Antwort*

Die Lösung der Verwunderung geschieht durch ein Doppeltes. Einmal durch die Anwesenheit der Engel: »Zwei Männer in leuchtendem Gewande«, die den Frauen antworteten: »Was sucht ihr den Lebenden bei den Toten? Er ist nicht hier, er ist auferweckt.« Engel hatten die Empfängnis des Herrn an Maria verkündet, Engel hatten die Botschaft der Geburt Christi den Hirten kundgetan, Engel verkünden nun auch seine Geburt in eine andere Welt hinein und tun sie den Menschen kund. Sie geben auch den inneren Grund der Auferstehung an. Christus ist der Lebendige schlechthin. Weil er aus Gott geboren ist, hat er das Leben wesentlich in sich. Weil er Erlöser ist, der die Sünde überwindet, ist er der Lebensspender. So kann er unmöglich dem Tod verfallen bleiben. Es liegt in seiner Natur, dass er den Tod überwindet und lebendig ist. Darum darf man ihn, den Lebendigen, nicht unter den Toten suchen.

Das Zweite ist die Erkenntnis und das Verständnis der Worte Jesu selbst: »Denkt doch an das, was er zu euch gesprochen hat, als er noch in Galiläa war, wie er sagte, dass der Menschensohn den Händen der Sünder ausgeliefert werden müsse, dass er gekreuzigt werde und am dritten Tage auferstehe.« Die Jünger hatten diese Worte immer wieder gehört, aber nie innerlich aufgenommen, sich nicht damit auseinandergesetzt und sie infolgedessen nicht verstanden. Jetzt erst, da sie Wirklichkeit geworden sind, erinnern sie sich dieser Worte und fangen an, sie zu verstehen.

Beides ist wichtig. Die Tatsache, dass die Jünger seelisch nicht zur Annahme der Auferstehung disponiert waren, aber auch der Glaube an die Auferstehung aufgrund der Worte und des wirklichen Geschehens, also Annahme dieser Auferstehung trotz mangelnder seelischer Bereitschaft. Der Auferstehungsglaube stammt nicht von unten und von innen aus dem menschlichen, seelischen Verlangen, sondern von oben und von außen durch Gottes Wort und Gottes Tun. Seine Grundlage ist die Offenbarung Gottes, der sich in der Auferstehung den Jüngern kundtut. So ist der Bericht des Evangeliums über die Verwunderung der Frauen, der Elf und besonders des Petrus, aber auch der Bericht über die Worte des Engels und über die nachfolgenden sichtbaren Erscheinungen des Herrn die Grundlegung des Auferstehungsglaubens.

DIE EMMAUSJÜNGER

(Lk 24,13–35)

Zwei von ihnen machten sich am gleichen Tage auf in ein Dorf namens Emmaus, das sechzig Stadien von Jerusalem entfernt ist. Sie sprachen miteinander über all das, was sich zugetragen hatte. Als sie so miteinander redeten und sich besprachen, nahte sich Jesus selbst und ging mit ihnen. Ihre Augen waren gehalten, sodass sie ihn nicht erkannten. Er sprach zu ihnen: »Was sind das für Reden, die ihr auf der Wanderung miteinander führt?« Sie blieben voll Trauer stehen. Einer von ihnen namens Kleophas antwortete ihm: »Bist du der einzige Fremdling in Jerusalem, der nicht weiß, was in diesen Tagen dort geschehen ist?« Er sagte: »Was denn?« Sie antworteten: »Mit Jesus von Nazareth, der ein Prophet war, mächtig in Tat und Wort, vor Gott und allem Volk, wie die Hohenpriester und unsere Führer ihn ausgeliefert haben zur Hinrichtung und wie sie ihn gekreuzigt haben. Wir aber hatten gehofft, dass er es sei, der Israel erlösen werde. Aber nun ist nach alldem schon der dritte Tag, seitdem das geschehen ist. Freilich haben uns einige Frauen von uns erschreckt. Sie sind des Morgens zum Grabe gekommen, haben seinen Leichnam nicht gefunden und kamen mit dem Bericht, dass sie eine Erscheinung von Engeln gehabt hätten, die versicherten, er lebe. Einige von uns sind zum Grab gegangen und fanden es so, wie die Frauen berichtet hatten. Aber ihn selbst sahen sie nicht.« Da sprach er zu ihnen: »Ihr Unverständigen, wie schwer wird es euren Herzen, all das zu glauben, was die Propheten gesagt haben. Musste denn nicht der Messias das leiden und so in seine Herrlichkeit eingehen?« Und er begann mit Moses und allen Propheten und legte ihnen aus, was in allen Schriften von ihm gesagt wird.

Sie näherten sich dem Dorf, zu dem sie gehen wollten. Er tat, als ob er weiterziehen wollte. Da nötigten sie ihn und sagten: »Bleibe bei uns, denn es will Abend werden und der Tag hat sich geneigt.« So ging er hinein, um bei ihnen zu bleiben. Als er mit ihnen zu Tische saß, nahm er das Brot, dankte, brach es und reichte es ihnen. Da gingen ihnen die Augen auf, und sie erkannten ihn. Er aber wurde für sie unsichtbar. Sie sprachen zueinander: »Brannte nicht unser Herz in uns, als er auf dem Wege zu uns sprach und als er uns die Schrift erklärte?« Sie machten sich noch in der gleichen Stunde auf, kehrten nach Jerusalem zurück und fanden die Elf versammelt und andere mit ihnen. Diese riefen ihnen zu, dass wahrhaftig der Herr auferweckt und Simon erschienen sei. Und auch sie erklärten, was auf dem Weg geschehen war und wie sie ihn beim Brotbrechen erkannt hatten.

Die erste Erscheinung des auferstandenen Herrn, von der Lukas berichtet, erfolgt an die Jünger von Emmaus. Dieser Bericht ist besonders ausführlich gestaltet und zeichnet den Übergang von der Trauer der Verlassenen zur Freude der Besitzenden, jenen Übergang, der sich durch die Auferstehung des Herrn nicht nur bei den Emmausjüngern, sondern bei allen gläubigen Menschen vollzieht.

1. Ohne Jesus

Diese Jünger sind keine Ungläubigen, die von Jesus nie gehört haben. Auch keine Ungläubigen, die zwar von Jesus gehört, seine Botschaft aber nicht angenommen haben, sondern sie sind gläubige Menschen. Sie haben ihn erkannt als »Prophet, mächtig in Wort und Tat vor Gott und allem Volk«. Darüber hinaus haben sie ihn erfasst als den, der »Israel erlösen wird«. Aber diese Menschen sind durch das Leiden an ihrem Glauben irregeworden. Ein gekreuzigter Erlöser ist ihnen etwas Unfassliches. Sie werden mit dieser Tatsache innerlich nicht fertig. An die Auferstehung glauben sie nicht. Sie haben die Meldung der Frauen noch gehört, aber sie nehmen diese Botschaft nicht an. Die Tatsache des Kreuzes hat sie völlig verwirrt, und zwar so sehr, dass sie nun bereits Jerusalem verlassen und als Enttäuschte ihre Hoffnung aufgeben.

Das Leiden ist immer wieder der Stein des Anstoßes, das große Ärgernis, das, was die Menschen in ihrem Gottesglauben unsicher macht. Sie können es mit dem Glauben an die Macht und Liebe Gottes nicht vereinbaren. Und so führt sie das Leiden von der vermeintlichen Täuschung ihres Kinderglaubens über die Enttäuschung, die das harte Leben mit sich bringt, zum ernüchterten, illusionslosen Unglauben. Der Weg der Emmausjünger, fort von Jerusalem, ist der Weg, den viele Tausende gehen.

Er erklärt ihnen die Schrift. Und aus der Schrift den Sinn des Leidens als großen Heilsplan Gottes. »Ihr Unverständigen, wie schwer wird es euren Herzen, all das zu glauben, was die Propheten gesagt haben. Musste denn nicht der Messias das leiden und so in seine Herrlichkeit eingehen?« Leiden und Kreuz des Gesalbten Jahwes entsprechen dem geheimnisvollen Plan Gottes. Und dieser Plan Gottes ist aus der Schrift ersichtlich. »Er begann mit Moses und allen Propheten und legte ihnen aus, was in allen Schriften von ihm gesagt wird.« Daraus ist ersichtlich, dass richtige Exegese christologisch ist. Ausdrücklich wird gesagt, dass sogar Moses wie alle Propheten, ja sogar »alle Schriften« vom Messias handeln. Wer also das Alte Testament christozentrisch auslegt, vergewaltigt keineswegs den Text, sondern deutet ihn, wie der größte aller Schrifterklärer ihn gedeutet hat. Christologische Exegese, christozentrische Erklärung des Alten Testamentes ist durch Christus selbst grundgelegt und gerechtfertigt. Nur wer diese Schrifterklärung vornimmt, versteht den eigentlichen Sinn der Heiligen Schrift. Jede andere Bibelauslegung bleibt am äußeren Wortlaut hängen und verschließt sich dem Verständnis für das innerste Geheimnis und den tiefsten Sinn der Schrift.

Darüber hinaus offenbart sich Jesus noch persönlich im Brotbrechen. »Da gingen ihnen die Augen auf und sie erkannten ihn.« Zur Schrifterklärung kommt das Geheimnis des Brotbrechens und in beidem die Selbstmitteilung als die eigentliche Offenbarung, durch die Christus sich selbst kundtut. Der Mensch kann studieren, nachdenken, vorsehen und beten. Es ist trotzdem letztlich Gnade Gottes, wenn sich Christus ihm kundtut. Ohne diese Selbstmitteilung des Herrn bleiben die Augen geschlossen. Und erst wenn der Herr sich zu erkennen gibt, vollzieht sich das Gleiche wie bei den Emmausjüngern: »Es gingen ihnen die Augen auf und sie erkannten ihn.« Brotbrechen ist Tischgemeinschaft mit Christus. Nur wen der Herr zu dieser Tischgemeinschaft ruft, erkennt ihn richtig.

3. *Mit Jesus*

Schon bevor die Emmausjünger ihn erkannten, war er in ihrer Mitte, und schon da war die Wirkung spürbar. »Brannte nicht unser Herz, als er auf dem Weg zu uns sprach und als er uns die Schrift erklärte?« Es geht ein geheimnisvolles Feuer von Christus aus. Ein apokryphes Jesuswort lautet: »Ich bin das Feuer; wer mir nahe ist, ist dem Feuer nahe.« Verbundenheit mit Christus bewirkt ein brennendes Herz. Und ohne Christus sind die Herzen kalt und erloschen.

Die Wirkung der Erkenntnis Jesu ist bei den Jüngern geradezu handgreiflich: »Noch in der gleichen Stunde machten sie sich auf und kehrten nach Jerusalem zurück.« Es vollzieht sich die Wendung um 180 Grad, die Wendung von der Betrübnis zur Freude, von der Hoffnungslosigkeit zur Hoffnung, vom Weglaufen an die Peripherie zur Hinwendung in die Mitte aller Dinge, von der verzagten Mutlosigkeit zu freudigem Vertrauen. Wie die Emmausjünger zu den Elfen im Abendmahlssaal kommen, erfahren sie von diesen, dass der Herr dem Simon erschienen ist. Die gegenseitigen Berichte bestätigen somit die gleiche entscheidende Tatsache: dass wahrhaftig der Herr auferweckt ist! So ist der Bericht der Emmausjünger die Zeichnung des Lebens ohne den Herrn, das Eingreifen des Herrn und das völlig veränderte Leben mit dem Herrn. Zum Staunen über das leere Grab, zur Botschaft der Engel über die Auferstehung kommt als eigentliche Erfüllung der Herr selbst, der sich den Seinen kundtut, zuerst nur dem einen Simon und den zwei Emmausjüngern, dann aber sämtlichen versammelten Aposteln.

DER AUFERSTANDENE BEI DEN APOSTELN

(Lk 24,36–49)

Als sie noch darüber miteinander sprachen, da stand er selbst in ihrer Mitte und sprach zu ihnen: »Friede sei mit euch.« In ihrer Aufregung und Furcht glaubten sie, einen Geist zu sehen. Er sagte zu ihnen: »Was seid ihr verwirrt und was steigen da für Zweifel in euren Herzen auf? Seht meine Hände und meine Füße. Ich bin es. Berührt mich und seht! Ein Geist hat nicht Fleisch und Bein, wie ihr es bei mir seht.« Nach diesen Worten zeigte er ihnen seine Hände und Füße. Als sie noch vor Freude ungläubig waren und staunten, sprach er zu ihnen: »Habt ihr etwas zu essen?« Sie gaben ihm ein Stück gebratenen Fisch. Er nahm es und aß es vor ihren Augen.

Dann sprach er zu ihnen: »Das sind meine Worte, die ich zu euch gesprochen habe, als ich noch bei euch war, dass sich nämlich alles erfüllen müsse, was im Gesetz des Moses und in den Propheten und Psalmen von mir geschrieben steht.« Dann erschloss er ihnen den Sinn zum Verständnis der Schriften und sagte ihnen: »So steht doch geschrieben, dass der Messias leiden und am dritten Tag von den Toten auferstehen muss und dass auf seinen Namen hin allen Völkern Buße zur Vergebung der Sünden verkündet werden muss, angefangen von Jerusalem. Ihr selbst sollt Zeugen von alldem sein. Ich sende die Verheißung meines Vaters auf euch herab. Ihr aber bleibt in der Stadt, bis ihr mit der Kraft von oben ausgestattet seid.«

Im Bericht über diese Erscheinung sind drei Gedanken besonders hervorgehoben.

1. Die Tatsache der Auferstehung

Der Herr steht plötzlich in der Mitte der Apostel. Wieder erschrecken sie und können die Tatsache nicht fassen, obwohl nun doch bereits die Meldung der Frauen, des Simon und der Emmausjünger vorausgeht. Das Geschehen ist für diese Apostel derart unfasslich, dass Jesus sich ihnen förmlich aufdrängen muss: »Seht meine Hände und meine Füße, ich bin es. Betastet mich und seht, ein Geist hat nicht Fleisch und Bein, wie ihr es an mir seht.« Und weil sie auch jetzt noch unsicher sind und kaum wagen, der Tatsache in die Augen zu schauen, fragt er sie: »Habt ihr etwas zu essen da?« Und dann isst er vor ihren Augen. Nun kommen sie um die Tatsache nicht mehr herum. Er ist körperlich zugegen. Seine Auferstehung ist nicht nur ein geistiges Weiterleben, sondern eine körperliche Existenz.

Ein Weiteres ist hier ersichtlich. Wenn es heißt: »Er zeigte ihnen seine Hände und Füße«, und wenn er hinzufügt: »Seht meine Hände und meine Füße, ich bin es«, so wird daraus deutlich, dass er die Zeichen der Kreuzigung, die Wundmale, auch nach der Auferstehung hat. Es ist also der Gekreuzigte, der mit seinem gleichen Leib auferstanden ist. Die Apokalypse wird den verklärten Herrn »das geschlachtete Lamm« nennen. Die Wundmale sollen in Erinnerung rufen, dass sein Leib ein geopferter Leib ist und also die Kreuzigung die Darbringung eines Opfers. Damit ist die Kreuzigung des Herrn nicht bloß ein geschichtliches Ereignis, das in die kurze Zeitspanne einiger Stunden zusammengedrängt war, sondern es ist ein weiterwirkendes und ständig bleibendes Ereignis, denn die Opfergabe besteht weiter. Der verklärte Herr ist immer der Geopferte, sodass die Kraft seines Opfers weiter andauert.

2. *Der Sinn der Auferstehung*

»Der Messias muss leiden und am dritten Tag von den Toten auferstehen und in seinem Namen soll allen Völkern, angefangen von Jerusalem, Buße und Vergebung der Sünden gepredigt werden.« Der Gekreuzigte und Auferstandene ist also der im Gesetz, bei den Propheten und Psalmen Verheißene. Das Geschehen, das die Apostel so überwältigt hat, ist nichts anderes als die Verwirklichung des großen Heilsplanes Gottes, des Heilsplanes, der im Alten Testament skizziert und im Neuen Testament verwirklicht worden ist. Die durchgehende Linie durch alle biblischen Bücher ist damit aufgezeigt: das Kommen, das Wirken, das Opfer des Messias. Und die Wirkung des Geschehens und damit sein eigentlicher tiefster Sinn ist die Vergebung der Sünden, und zwar für alle Völker. Die Universalität des Heils und damit die Weltbedeutung des Kreuzesopfers liegt in diesen Worten. Das Kreuzesopfer ist Sühnopfer. Der Messias, der dieses sühnende Opfer darbringt, ist nicht nur das Heil Israels, sondern der ganzen Menschheit.

3. *Die Verkündigung der Auferstehung*

»Ihr seid Zeugen davon.« Christliche Verkündigung ist nicht schöpferisches Denken, genialer Einfall neuer Erkenntnisse, Erforschung von Wahrheiten, sondern Bezeugen einer Tatsache, nämlich der Tatsache des Todes und der Auferstehung Jesu. Christentum ist somit in erster Linie ein Geschehen und somit Geschichte. Und dieses Geschehen ist nicht ein Tun von Menschen, sondern ein Tun Gottes. Dieses Tun Gottes ist das Opfer des menschgewordenen Gottes. Und seine Wirkung ist die Sündenvergebung für alle Völker. Verkündigung heißt dieses Geschehen bezeugen, für diese Tatsache einstehen. Es ist Zeugnis des Wortes, des Lebens und unter Umständen Zeugnis des Blutes.

Für diese Bezeugung empfängt der Mensch die Kraft des Gottesgeistes. »Seht, ich sende die Verheißung meines Vaters auf euch herab.« Der eigentliche Zeuge ist der Heilige Geist. Er bezeugt es den Menschen im inneren Glauben und diese bezeugen es nach außen in der vernehmlichen Botschaft. So bildet die Auferstehung des Herrn den Hauptinhalt der christlichen Verkündigung. In den Predigten der Apostel, wie sie in der Apostelgeschichte und in den Apostelbriefen sichtbar ist, tritt alles andere hinter diesem großen Geschehen zurück. Christliche Predigt ist nicht in erster Linie Aufstellung von moralischen Gesetzen, Mitteilung dogmatischer Wahrheiten, Darlegung des Lebens Jesu, sondern es ist in erster Linie Bezeugung des Todes und der Auferstehung des Herrn. Denn diese bilden die Mitte des Heilsgeschehens.

ABSCHIED

(Lk 24,50–53)

Dann führte er sie hinaus nach Bethanien, erhob seine Hände und segnete sie. Während er sie segnete, wurde er vor ihren Augen hinweggenommen und in den Himmel erhoben. Sie beteten ihn an, kehrten dann zurück nach Jerusalem, voll großer Freude. Sie waren allzeit im Tempel und priesen Gott.

Zum letzten Mal ist der Herr in der Mitte seiner Apostel, um in der Nähe von Bethanien, also draußen vor der Heiligen Stadt, von ihnen Abschied zu nehmen. Lukas ist in seinem Bericht auffallend kurz, kommt aber dann im ersten Kapitel seiner Apostelgeschichte noch einmal, und zwar ausführlich auf die Himmelfahrt des Herrn zu sprechen. Hier im Evangelium geht es nur um den Abschluss der Frohbotschaft.

1. Christus

Zweimal wird betont, dass er sich segnend von den Aposteln verabschiedet habe. Es fällt kein Wort der Belehrung mehr und kein Auftrag. Alles Dunkel ist verschwunden. Trotz der Flucht in der Passion, der Verleugnung des Petrus, des Zweifels nach der Auferstehung und der Unsicherheit noch bei der letzten Erscheinung ist nun alles in Licht getaucht. Und im Segen des Herrn endet alles in Freude. Dieser Segen soll und wird ihnen auch die Kraft geben, ohne die sichtbare Gegenwart ihres Meisters zu leben und zu wirken und sein Werk weiterzuführen. Die Erinnerung an den segnenden Herrn wird in ihnen lebendig bleiben.

Seine Auffahrt in den Himmel ist nicht nur für ihn selbst die Rückkehr zum Vater und seine Verklärung an Leib und Seele, sondern ist auch für die Jünger ein letzter Hinweis auf seine Wiederkunft und danach auf ihre eigene Himmelfahrt. Sie wissen von dieser Stunde an, dass ihr Leben ein Schreiten zum Licht ist und dass trotz allem Dunkel irdischer Existenz in feindlicher Verfolgung am Ende alles im Licht und in der Klarheit der Verklärung endet.

2. Die Apostel

Sie fielen anbetend nieder. Auch von ihrer Seite ist nun jedes Dunkel des Zweifels, des Schwankens und der Unsicherheit geschwunden. Es endet alles in anbetender Huldigung. Die Auferstehung des Herrn und seine Himmelfahrt haben ihnen den göttlichen Ursprung, das göttliche Wesen und die Erhöhung zur Rechten des Vaters endgültig gezeigt. Bewundernde Anbetung ist der einzig mögliche Ausdruck ihrer staunenden Freude. Dann »kehrten sie hocherfreut nach Jerusalem zurück, waren allzeit im Tempel und priesen Gott«. Die Frohbotschaft endet in der Freude und die Heimkehr des Herrn in die Herrlichkeit ist den Aposteln Anlass zur Verherrlichung des Herrn. Wenn sie von diesem Ende aus zurückblicken auf die Verkündigung an Zacharias und an Maria, auf die Botschaft der Engel an die Hirten, auf die Darstellung des Herrn im Tempel und dann auf ihre eigene Berufung und ihre Teilnahme an den Worten und Wundern des Herrn, wenn sie jetzt vom Ende her sehen, dass aller Widerstand der Feinde fruchtlos geblieben ist, ja, dass er durch die Passion und das Kreuz das entscheidende messianische Wirken, sein Sühnopfer zum Heil der Welt, ermöglicht und verwirklicht hat, und wenn sie endlich sehen, wie nun der Herr leidlos in der Verklärung lebt, können sie nichts anderes und nichts Besseres tun, als Gott zu loben und zu preisen. Sein Plan ist verwirklicht, sein Werk ist getan, seine Ehre ist gemehrt, seine Herrlichkeit den Menschen gezeigt. Im Lob Gottes endet darum die Frohbotschaft nach Lukas.

Richard Gutzwiller

wurde am 26. Mai 1896 in Basel geboren. Nach dem Abitur trat er 1915 in die »Gesellschaft Jesu« ein. Er studierte Theologie und Philosophie und empfing 1926 in Innsbruck die Priesterweihe. 1928 begann Pater Gutzwiller seine 30-jährige Tätigkeit in Zürich als Studenten- und Akademikerseelsorger. Durch Predigten, Vorträge und zahlreiche Beiträge in Zeitungen und Zeitschriften – er initiierte und prägte die Wochenbeilage »Christliche Kultur« der *Neuen Zürcher Nachrichten* – vermittelte er dem Zürcher und Schweizer Katholizismus ein neues Selbstbewusstsein; seine Stellungnahmen waren meinungsbildend.

1952 wurde Pater Gutzwiller Direktor des Apologetischen Instituts des Schweizer Katholischen Volksvereins in Zürich und Honorarprofessor für bibeltheologische Fragen an der Universität Innsbruck. Seine Meditationen zu den Evangelien fanden große Verbreitung. Pater Richard Gutzwiller starb am 29. Mai 1958 in Zürich.